# 中国工业企业管理创新成果选编

Selection and Compilation of Management Innovation Achievements of China's Industrial Enterprises

苏子越◎主编

中国财富出版社有限公司

**图书在版编目（CIP）数据**

中国工业企业管理创新成果选编／苏子越主编．—北京：中国财富出版社有限公司，2020.9

ISBN 978－7－5047－7243－5

Ⅰ.①中…　Ⅱ.①苏…　Ⅲ.①工业企业管理—成果—汇编—中国　Ⅳ.①F426

中国版本图书馆CIP数据核字（2020）第178821号

**策划编辑**　宋　宇　　**责任编辑**　齐惠民　刘静雯
**责任印制**　梁　凡　　**责任校对**　张营营　　**责任发行**　董　倩

**出版发行**　中国财富出版社有限公司
**社　　址**　北京市丰台区南四环西路188号5区20楼　　**邮政编码**　100070
**电　　话**　010－52227588转2098（发行部）　　010－52227588转321（总编室）
010－52227588转100（读者服务部）　　010－52227588转305（质检部）
**网　　址**　http：//www.cfpress.com.cn　　**排　　版**　宝蕾元
**经　　销**　新华书店　　**印　　刷**　天津市仁浩印刷有限公司
**书　　号**　ISBN 978－7－5047－7243－5/F·3213
**开　　本**　787mm×1092mm　1/16　　**版　　次**　2020年9月第1版
**印　　张**　25.75　　**印　　次**　2020年9月第1次印刷
**字　　数**　564千字　　**定　　价**　398.00元

# 编委会

# 目　录

# 国有企业子公司深化改革实践

中铁高铁电气装备股份有限公司

## 前言

1958年，中铁高铁电气装备股份有限公司（以下简称“高铁电气”）伴随中国第一条电气化铁路宝成（宝鸡—成都）线的修建而诞生，是中国中铁股份有限公司（以下简称“中国中铁”）下属四级子公司，注册资本2.82亿元。2018年3月27日，高铁电气在原中铁电气化局集团宝鸡器材有限公司基础上完成股份制改造。2018年10月16日，成功在全国中小企业股份转让系统（以下简称“新三板”）挂牌。

高铁电气是国内电气化铁路接触网零部件和城市轨道交通供电产品研发、设计、制造和销售的龙头企业。先后被授予国家高新技术企业、国家知识产权优势企业、中国轨道交通企业自主创新50强企业、国家技术中心分中心等荣誉称号。高铁电气是国内城市轨道交通供电系统、电气化铁路接触网行业技术标准和试验标准主要起草单位之一。产品涵盖时速160千米及以下、200～250千米及300～350千米电气化铁路全套接触网零部件；柔性悬挂、刚性悬挂、移动悬挂、第三轨、磁浮、跨座式单轨及有轨电车等城市轨道交通全套接触网（轨）零部件；电力金具、施工工具、感应板、紧固件及各种铝合金铸件。产品可满足轨道交通在重载、高寒、强风强沙、重污等特殊条件下的使用要求。公司年生产能力可满足6000千米正线电气化铁路和1000千米城轨交通的建设需要。

公司成立60多年来，累计为我国已建成的80000多千米电气化铁路生产供应了占总需量67%以上的接触网器材。公司自1996年进入城市轨道交通领域以来，为我国已建成的北京、上海、广州、深圳、武汉、成都、大连、长春、天津、南京、重庆、沈阳、杭州等39个城市180多个项目，累计5000多千米城市轨道交通线路供应了刚性、柔性、钢铝复合轨等接触网零件、设备近1100万套（件）。先后为我国具有完全自主知识产权、第一条全国产化的郑西（郑州—西安）高铁；世界上运营里程最长、标准最高的京沪（北京—上海）高铁；穿越国内极寒地带的哈大（哈尔滨—大连）高铁；第一条国产化城市轻轨上海明珠线；第一条刚性接触网国产化地铁广州地铁二号线；国内首次采用全国产化钢铝复合接触轨供电系统的广州地铁四号线；国内第一条智能高铁京张（北京—张家口）高铁等国家和行业标志性项目提供了全系列的供电产品。产品曾批量输出中国香港、伊朗、乌兹别克斯坦、白俄罗斯、埃塞俄比亚、巴基斯坦等地区和国家。

## 一、实施背景

### （一）符合党的十八大以来对国有企业深化改革的要求

党的十八大以来，以习近平同志为核心的党中央举旗定向、谋篇布局，以前所未有的决心和力度推进国有企业改革，作出一系列重大决策部署。习近平总书记多次发表重要讲话、作出重要指示批示，为国有企业改革指明了方向，提供了根本遵循。

关于国企改革，党的十九大报告提出："要完善各类国有资产管理体制，改革国有资本授权经营体制，加快国有经济布局优化、结构调整、战略性重组，促进国有资产保值增值，推动国有资本做强做优做大，有效防止国有资产流失。深化国有企业改革，发展混合所有制经济，培育具有全球竞争力的世界一流企业。"混合所有制改革、战略性重组成为新一轮国有企业改革的突破口，是中央对推动国有企业改革发展、国有资产保值增值、国有资本做强做优做大战略性的安排，是对国有企业和中央企业改革发出的新的动员令。

新三板是中国多层次资本市场的重要组成部分，是国家专门针对成长性、创新性企业打造的资本运作平台。近年来，新三板市场加速扩容，融资规模、挂牌数量进一步提升，作为中国多层次资本市场的枢纽，新三板市场可以与交易所市场和区域性股权转让市场衔接，新三板将打通中国多层次资本市场，加速中国资本市场改革进程。新三板在未来必将不断深化改革，其价值发现、融资、资本运作等功能将不断强化。

### （二）符合中国中铁落实国企深化改革的实践要求

中国中铁第四次党员代表大会确立今后五年的奋斗目标为：实现一大战略性目标，突出两大时代性主题，推进三大历史性突破。鼓励和发展直接融资，把发展直接融资放在重要位置，加快发展多层次资本市场体系。基于国企性质及中国特色，中央提出要发展建立多层次的资本市场体系，新三板是多层次资本市场的重要组成部分，是创新型、成长型企业直接融资的主要渠道，在鼓励发展直接融资、提升直接融资比例的金融改革中担负重要责任。

股份公司命名高铁电气，新三板挂牌为"宏远项目"，是中国中铁资本运作的又一个里程碑。该项目体量虽小，但属于股份公司在新三板市场的尝试，是资本运作和市值管理的重要实践和新探索。适时利用中铁电气化局集团有限公司（以下简称"电气化局"）工业制造板块的资本运作平台，可对股份公司内部以及行业内高铁电气装备制造产业链进行资源整合，进一步优化工业制造板块的产业结构。通过打造中铁工业

（600528）A 股上市公司和高铁电气（873023）新三板挂牌公司两个资本运作平台，做强做优做大股份公司工业制造板块，提升企业核心竞争力，助推特大型综合产业集团建设。实现对子企业独立性相对较强、成长性好、体量不大的优质业务进行分拆，使优质资产实现重新估值、溢价发行，是现有上市公司子企业分拆上市政策限制下的最优选择，有利于“增权益、降杠杆、减负债”，提高企业发展质量。

### （三）符合电气化局做强做优做大的要求

工业制造是电气化局的独特优势，是电气化局核心竞争力的重要组成部分，通过宏远项目在资本市场“试水”，巩固和强化这种竞争优势，作为电气化局转型升级的载体和突破口，推动电气化局做强做优做大的积极探索及尝试。为稳步增加工业板块经济贡献比重，将工业制造板块打造为电气化局新的战略支撑和经济增长点，为巩固和扩大电气化局的综合竞争优势奠定坚实基础。

高铁电气在新三板挂牌后，通过多种资本运作手段，加快中铁电气化局工业制造板块的系统整合重组，利用资本市场通过内外部的并购、重组，扩大企业规模，完善产业链条，带动电气化局工业板块整体协同发展。同时，作为电气化局工业板块的骨干企业，高铁电气在新三板挂牌后，成为非上市公众公司，有利于提升公司治理透明度和规范化水平；利用新三板市场实现快捷的股权及债权融资，为企业发展提供持续的资金支持。

## 二、创新内涵和主要做法

### （一）基本内涵

在国家国有企业改革方针的指引下，结合国家金融市场体系逐步健全和完善的市场环境的实际情况，提出实施宏远项目方案，希望通过操作高铁电气在新三板资本市场的挂牌，达到国有资本“放活、管好、优化、放大”的目标，践行国有企业改革。

高铁电气通过进入新三板资本运作平台，实现对公司治理透明化和规范化提升的同时，增强国有企业竞争力和活力，打造符合现代企业管理标准的企业治理体系；通过新三板引入多元化资本，实现混合所有制改革，优化公司股权结构，规范内部管理，并为企业发展提供持续的资金支持；通过资本市场运作，将进一步优化电气化局工业制造板块的产业结构，提升产业规模和整体影响力。

### （二）主要做法

#### 1. 计划决策阶段

为实现借助资本市场，积极稳妥推进混合所有制改革，有利于放活、管好、优化、放大国有资本，中国中铁提出宏远项目的初步设想，并逐步进行可行性研究，明确了总体工作思路及推进计划。2015 年 8 月，相继通过了电气化局总经理办公会、董事会相关决策程序后，正式向股份公司行文上报《中铁电气化局关于宝鸡器材有限公司拟在新三板挂牌上市的请示》（电企〔2015〕458 号），并多次向股份公司相关领导、董事会办公室进行专题汇报，根据股份公司要求自 2016 年 6 月 1 日为基点，细化方案和计划，推动宝鸡器材有限公司（以下简称“宝鸡公司”）在新三板挂牌上市的相关事宜。

（1）成立组织机构及确定中介机构

为明确各级公司职责，确保项目的顺利推进，2016 年 7 月，中国中铁、中铁电工、宝鸡公司成立了相应组织领导机构，明确了各自职责，提供了组织保障。2017 年 6 月，电气化局成立了由电气化局、中铁电工、宝鸡公司三级单位联合组成的宏远项目领导小组办公室（以下简称“宏远办公室”），下设综合、业务、财务、法律四个工作组，统一驻北京办公，负责与股份公司、项目相关各级公司、中介机构的整体组织协调领导。随后股份公司董事会办公室也派专人全程参与宏远办公室指导协调项目推进，为项目顺利实施发挥了统一领导，四级单位垂直联动，高效运行的保障作用。

根据《国务院关于全国中小企业股份转让系统有关问题的决定》《全国中小企业股份转让系统有限责任公司管理暂行办法》的要求，2016 年 8 月，中铁电工按股改领导小组会议要求，通过宝鸡市政府金融服务办公室，分别与数家券商和投资公司进行深入交流沟通。综合考量资质、业内排名、国企经验、成功案例、报价等方面因素，完成相关决策程序后，决定选用天风证券为宝鸡公司股改主办券商，2016 年 11 月，宝鸡公司与天风证券、瑞华会计师事务所、北京天元律师事务所三家中介机构签订了服务协议。

（2）尽职调查

尽职调查是主办券商决定是否推荐公司挂牌的基础。通过尽职调查，主办券商能判断拟推荐挂牌公司是否符合挂牌条件，其拟披露信息是否真实、规范，进而决定是否推荐其挂牌。尽职调查主要调查的范围是公司财务状况、公司持续经营能力、公司治理、公司合法合规事项，判断受限项目及存在问题是否不符合挂牌条件造成实质性影响。

在确定天风证券为宝鸡公司股改主办券商后，2016 年 11 月，中介机构进驻宝鸡公司正式开始尽职调查。中介机构先后对公司业务、治理结构、财务、合法合规等事项进行调查。尽职调查过程中发现宝鸡公司在法律事务方面的主要问题是工商登记备案变更、公司章程变更问题。为了解决这些问题，中铁电工出具了相关股东决定，配合宝鸡公司完成了工商登记备案变更，修改完善了宝鸡公司章程。涉及财务方面的主要问题有：坏账准备、应付暂估款、存货－在产品计价、存货－发出商品、收入确认、计入其他应付款的政府补助、关联交易及资金占用关联交易及资金占用等十四项问题。电气化局、宏远办公室、中铁电工、宝鸡公司会同中介机构经过多次研究讨论，针对发现的问题确定了解决方案并逐项进行了整改，为下一阶段工作顺利开展奠定了坚实基础。

2. 股份制改造阶段

根据《全国中小企业股份转让系统业务规则》，新三板的挂牌主体要求为股份有限公司，而宝鸡公司是以有限责任公司形式存续的，股份制改造是有限责任公司新三板挂牌的必经之路。《中华人民共和国公司法》（以下简称《公司法》）第九条规定："有限责任公司变更为股份有限公司，应当符合本法规定的股份有限公司的条件。"基于《公司法》第七十六条，宝鸡公司在股份制改造阶段做了如下重点工作。

（1）战略投资人引进

根据股转系统要求，为了实现宝鸡公司在新三板挂牌，须先引进战略投资人，改造为有两个及以上股东的股份公司。

本着有利于宝鸡公司今后发展的原则，中国中铁提出宝鸡公司拟引进战略投资人要"优先选择上游设计单位"的工作思路，先后组织与铁一院、铁二院、铁三院、中铁咨询及铁六院进行交流洽谈，初步选定中铁二院为战略投资人。2017 年7 月，与其达成战略合作协议并就合作关键事项达成一致意见。

为增强高铁电气在行业中的竞争实力，在本次引进战略投资人前，高铁电气原股东中铁电工向高铁电气增加注册资本 1. 68 亿元。并委托具有相应资质的中介机构开展审计和资产评估工作。以审计后的净资产作为战略投资人增资的依据。

根据《企业国有资产交易监督管理办法》（国资委、财政部令第 32 号）第 35 条、第 46 条和第 47 条的规定，宝鸡公司增资、战略投资人引进、股份制改造、挂牌等事项需经国家出资企业的授权机构中国中铁审议决策。2016 年 11 月 5 日、11 月 9 日，宝鸡公司、中铁电工先后向各自股东提交《关于宝鸡公司股改拟引进战略投资者的请示》，就宝鸡公司引进战略投资人相关具体情况向股东请示汇报。拟确定中铁二院的全资子公司四川艾德瑞电气有限公司（以下简称"艾德瑞公司"）作为战略投资人入股宝鸡公司。2017 年 8 月 4 日，中铁电工向中铁电化局提交《关于四川艾德瑞电气有限公司对宝鸡器材有限公司进行投资的请示》，就艾德瑞公司入股宝鸡公司事项向股东请示。

为加快审批程序，缩短审批时间，经过与中国中铁项目负责人多次汇报和沟通后，中国中铁同意中铁电化局将宝鸡公司新三板挂牌中引进战略投资人、股改和新三板挂牌等阶段事项"一揽子"上报。2017 年 11 月 17 日，中铁电化局向其股东中国中铁上报《中铁电气化局关于对中铁电气化局集团宝鸡器材有限公司实施股改并申请在新三板挂牌的请示》，包括宝鸡公司基本情况介绍、战略规划以及不同阶段需要通过的法律文件等所涉 36 个附件。中国中铁在经过党委会、总裁会、董事会审议通过后，于 2018 年 1 月 12 日，向中铁电化局下发《中国中铁关于中铁电气化局集团宝鸡器材有限公司实施股改并申请在新三板挂牌事宜的批复》，同意宝鸡公司新三板挂牌相关事宜并提出相关工作要求。同日，中铁电化局向中铁电工、宝鸡公司下发《集团公司关于中铁电气化局集团宝鸡器材有限公司实施股改并在新三板挂牌工作的通知》。至此，宝鸡公司引进战略投资人、股份制改造和新三板挂牌等事项取得国家出资企业的批准，履行完审批决策程序。

2017 年 12 月 18 日，中铁电工、艾德瑞公司和宝鸡公司法定代表人在成都完成股东合作协议、增资协议和保密协议的签订。股东合作协议、增资协议和保密协议生效，正式对各方产生法律约束力，战略投资人引进阶段工作圆满结束。

（2）完善法人治理结构

完成战略投资人的引进后，将对公司进行改制工作，设立董事会和监事会是股份有限公司的必要条件，因此，在有限公司阶段设立董事会和监事会，有利于保证机构的连续性和人员的稳定性。

根据《公司法》，各方当事人签订股东合作协议和增资协议后，根据双方股东谈判结果，完善了宝鸡公司法人治理结构，主要包括股东会、董事会和监事会的设置，形成了新的公司章程、“三会一层”议事规则以及相关会议文件。

宝鸡公司于 2017 年 12 月 18 日召开第一次股东会，此次会议的重要事项为成立董事会会议、监事会会议，通过公司章程及相关议事规则，并审议通过相关议案。2017 年 12 月 19 日，宝鸡公司召开职工代表大会，选举职工董事和职工监事，与股东会选举的董事、监事共同组成董事会和监事会。此外，根据《公司法》第十八条的规定，企业研究决定改制的，应当通过职工代表大会听取职工的意见和建议，此次会议上审议通过了股份制改造方案。同日召开董事会会议、监事会会议，全体董事和监事以及高级管理人员候选人出席、列席会议，会议主要审议通过了《关于选举董事长的议案》《关于聘任总经理的议案》《关于聘任其他高级管理人员的议案》《关于制定〈总经理工作规则〉的议案》《关于选举监事会主席的议案》。至此股份制改造前的两人有限责任公司阶段法人治理结构各项工作完成。

（3）股改审计

根据《公司法》第九十五条的规定，由中介机构对公司章程、组织资料、公司三会相关资料、财务管理制度及财务数据、工商资料、工程数据等全部的资料进行审计并出具审计意见。

（4）国资委股改审批

根据《国有资产评估管理办法施行细则》，国有企业改制的资产评估结果应逐级上报国有资产管理行政主管部门进行审核确认。根据《关于股份有限公司国有股权管理工作有关问题的通知》，中央企业的国有股权管理事宜由财政部审核批准。

国有股权管理设置报批文件有：①中国铁路工程集团有限公司关于中铁高铁电气装备股份有限公司（筹）国有股权管理方案的请示；②国有资产评估备案表；③可行性研究报告；④国有股权管理方案；⑤中国铁路工程集团有限公司董事会决议；⑥中国中铁关于中铁电气化局集团宝鸡器材有限公司实施股改并申请在新三板挂牌事宜的

批复；⑦发起人协议；⑧宝鸡公司营业执照、企业产权登记表；⑨中铁电工、艾德瑞公司营业执照、企业产权登记表；⑩法律意见书；⑪宝鸡公司股改公司章程。

2018 年 3 月 26 日，国务院国有资产监督管理委员会（以下简称“国资委”）下发《关于中铁高铁电气装备股份有限公司（筹）国有股权管理有关问题的批复》，同意宝鸡公司国有股权管理方案。

（5）创立股份公司

根据《公司法》及双方股东签署的《发起人协议》，股份有限公司成立股东大会作为最高权力机构，成立董事会、监事会和经营管理机构行使法律法规和公司章程规定的职权。在完成审计、评估等工作后，召开创立大会等一系列会议，完成各机构的组建，是完成股份制改造的必要决策程序，也是新三板对拟挂牌公司的要求。在战略投资人引进后，宝鸡公司已提前初步完善了法人治理结构。在创立股份公司时，坚持了延续有限公司阶段人员方案的原则，避免董事、监事、高级管理人员（以下简称“董监高”）的重大变动。

2018 年 3 月 27 日，宝鸡公司召开创立大会。全体股东及董事、监事候选人出席、列席会议，会议审议通过了《关于设立股份有限公司的议案》《关于股份有限公司筹办情况的报告》《关于制定股份有限公司章程的议案》《关于制定〈股东大会议事规则〉的议案》《关于制定〈董事会议事规则〉的议案》《关于制定〈监事会议事规则〉的议案》《关于选举股份有限公司第一届董事会董事的议案》《关于选举股份有限公司第一届监事会监事的议案》《关于股份有限公司设立费用的议案》《关于发起人用于认购股份的财产的作价的议案》《关于有限公司 2018 年 1 月 1 日至整体变更为股份有限公司之日的期间内产生的损益由整体变更后的股份有限公司享有和承担的议案》《关于授权董事会办理股份有限公司注册登记事宜的议案》《关于聘请会计师事务所的议案》《关于制定〈对外担保制度〉的议案》《关于制定〈关联交易管理制度〉的议案》《关于制定〈对外投资管理办法〉的议案》《关于制定〈重大经营决策程序规则〉的议案》《关于制定〈关联方资金往来管理制度〉的议案》《关于制定〈重大信息内部报告制度〉的议案》《关于制定〈承诺管理制度〉的议案》《关于制定〈利润分配管理制度〉的议案》。召开职工代表大会主席团会议，选举出职工董事和职工监事。

2018 年 3 月 28 日，宝鸡公司召开董事会会议和监事会会议。全体董事人员及高级管理人员候选人出席、列席董事会会议，会议审议通过了《关于选举董事长的议案》《关于聘任总经理的议案》《关于聘任其他高级管理人员的议案一》《关于聘任其他高级管理人员的议案二》《关于制定〈总经理工作细则〉的议案》《关于制定〈董事会秘书工作细则〉的议案》《关于制定〈投资者关系管理制度〉的议案》《关于制定〈信息披露管理制度〉的议案》《关于制定〈内幕信息知情人登记管理制度〉的议案》《关于制定〈年报信息披露重大差错责任追究制度〉的议案》。

在经过验资、工商登记变更与产权登记变更后，2018 年 4 月 16 日，中铁电气化局集团宝鸡器材有限公司近期完成股份制改造并更名为中铁高铁电气装备股份有限公司。

中铁高铁电气装备股份有限公司揭牌仪式在宝鸡举行。

3. 挂牌申报阶段

（1）联交所挂牌审批

依据《香港联合交易所证券上市规则》《第 15 项应用指引》（“PN15”）的规定，发行人呈交的将现有集团全部或部分资产或业务在香港联合交易所（以下简称“联交所”）或其他地方分拆作独立上市（分拆上市）的，其分拆上市的建议必须呈交联交所审批。经与中国中铁及律师事务所沟通后，聘任中国中铁境外律所年利达律师事务所为宝鸡公司分拆上市事项提供法律服务。

年利达律师列出联交所在考虑分拆上市申请时所采用的政策及原则，由宏远办公室和宝鸡公司补充填写内容。联交所就宝鸡公司基本情况、宝鸡公司业务和财务的独立性等方面提出反馈。后又针对宝鸡公司主要管理人员，宝鸡公司招投标具体情况，公司财务和业务方面进一步深入提出问题。宝鸡公司和宏远办公室积极配合，年利达拟制回复材料。2018 年 8 月 3 日，联交所下达了同意中国中铁建议分拆上市申请的批复；8 月 6 日，下达同意豁免遵守第 15 项应用指引第 3（f）段有关提供保证配额的申请。

（2）券商内核及申报挂牌资料

对于申报挂牌资料，天风证券统一协调、统筹准备，理出清单，制订计划，各方分工协作，准备了应出具的文件：①挂牌公司声明（加盖公司全体董监高签字）；②申请股票在股转系统挂牌及股票发行的报告（红头文件、加盖公章、由法定代表人签发）；③企业法人营业执照（正、副本）；④股东名册及股东身份证明文件；⑤董监高名单及其持股情况；⑥申请挂牌公司最近两年原始财务报表与申报财务报表的差异比较表；⑦申请挂牌公司全体董监高签署的《董监高声明及承诺书》；⑧有关税收优惠、财政补贴的依据性文件；⑨历次验资报告；⑩对持续经营有重大影响的业务合同；⑪申请挂牌公司全体董事对申请文件真实性、准确性和完整性的承诺书；⑫申请挂牌公司、主办券商对电子文件与书面文件保持一致的声明；⑬证券简称及证券代码申请书；⑭关于股票采取集中竞价转让方式的申请；⑮公司章程；⑯有关股票在股转系统公开转让的董事会决议和股东大会决议；⑰国有资产管理部门出具的国有股权批复文件；⑱主办券商要求的其他材料。

主办券商内核机构根据《全国中小企业股份转让系统主办券商内核工作指引（试行）》的规定进行了现场核查、内核会议等工作流程开展内核工作。2018 年 6 月 3 日，天风证券完成高铁电气现场核查。主办券商完成内核会议、申报材料标准格式制作等工作流程，于 2018 年 6 月 16 日将申报材料正式提交股转系统。

（3）股转公司审核及最终挂牌

2018 年 7 月 3 日，主办券商收到股转系统《关于中铁高铁电气装备股份有限公司挂牌申请文件的第一次反馈意见》，意见共提出高铁电气公司特殊问题 38 项；申请文件的相关问题5项，收到第一次反馈意见后，主办券商立即组织瑞华会计师事务所、北京天元律师事务所、高铁电气开展反馈意见的答复工作。在主办券商的统一协调组织下，经过各方共同努力，2018年7月30日按时上报股转系统。同时，瑞华会计师事务所根据股转公司《关于中铁高铁电气装备股份有限公司挂牌申请文件的第一次反馈意见》的要求，对反馈意见中提出的问题进行了逐项落实，并提交了《关于中铁高铁电气装备股份有限公司挂牌申请文件的第一次反馈意见有关财务事项的专项说明》。

2018年8月，主力券商收到股转系统第二次反馈意见，组织高铁电气于2018年8月20日完成了答复。同时，中铁电工针对本次提问的问题出具了专项承诺函。

在经过全国股转公司同意后，商铁电气按照相关要求和流程，开展了后续缴费、挂牌前首次信息披露、上传股票初始登记申请表、办理股份初始登记、办理股票挂牌等相关收尾工作，并在规定时间内完成，实现了最终挂牌。

## 三、实施效果

中国中铁电气化局集团有限公司（以下简称“电化局”）下属子公司高铁电气在新三板的成功挂牌，对中国中铁、电气化局及高铁电气的未来发展都具有积极深远的意义，取得了良好的效果。

### （一）对股份公司的意义

①是股份公司对深化企业改革的有益探索和尝试。深化改革、提高发展质量是当前国有企业的一项重要任务。习近平总书记在党的十九大报告中指出，要深化国有企业改革，推动国有资本做强做优做大，显著增强我国经济质量优势。中共中央、国务院《关于深化国有企业改革的指导意见》中也提出，要根据不同企业的功能定位，逐步调整国有股权比例，形成股权结构多元、股东行为规范、内部约束有效、运行高效灵活的经营机制。高铁电气新三板挂牌工作，是股份公司全面落实国家深化国企改革部署的有益尝试，将对创新企业体制机制，增强企业活力和竞争力，实现做强做优做大，放大国有资本功能起到重要推动作用。

②对提升股份公司整体估值发挥积极的作用。对于上市公司而言，市值管理的关键之处在于公司股价管理。股价的决定因素一方面是公司的经营基本面，另一方面是公司的资本市场面。高铁电气新三板挂牌，能够使股份公司突破现有政策限制，从而实现优质子公司分拆进入资本市场，使低估值的优质资产得以重新估值，进一步提升股份公司的资产价值、品牌价值以及在资本市场的未来预期，为股份公司的整体估值带来积极的正向效应，从而实现国有资本的持续增值。

### （二）对电化局的意义

①是落实电化局发展战略的重要举措。2015年电化局重新修订了企业发展战略

（新“五四”战略），确定的企业宗旨是：提供绿色智能轨道交通产品和服务。新“五四”战略是：引领国际轨道交通四电发展方向，突出产业链一体化优势；做强轨道交通、房屋建筑、工业制造、海外四大业务；创新研发、投融资、营销、管理四大体系；构建人才、技术、资本、文化四大要素高效配置、深度融合的体制机制；推进精细化、专业化、协同化、国际化四化发展。目前，工业板块在电化局整体发展中的地位和作用日益凸显。作为工业板块的核心企业，高铁电气新三板挂牌能够为电化局创新发展模式、推进机制体制改革、构建以产品带动市场的整体布局、加快国际化发展、全面实现战略发展目标提供有力的保障。

②有利于提升企业的核心竞争力。工业板块是电化局完善轨道交通电气化产业链条的关键环节，更是保持行业领先地位的重要支柱，在企业整体发展中处于重要的核心地位。高铁电气挂牌后，可以通过新三板资本运作平台，采取并购、重组、投资等方式，快速提高电化局工业板块的技术创新能力、制造能力、市场竞争力和影响力，不断扩大企业规模，完善产业链条，逐步建立起结构完善、运行稳定、绿色环保的工业制造体系，以此带动电化局设计研发、工业制造、施工安装、运营维护四电产业链条的快速发展完善，进一步增强铁路“四电”产品的集成能力，从而推动企业核心竞争力和品牌影响力的全面提升。

③有利于电化局业务结构调整。长期以来，电化局坚持以“调结构、转方式”为主线，不断优化业务结构，最终形成业务结构完善、各业务单元协同发展的经营局面。到 2020 年，工业板块要逐步显现出支柱产业的地位，工业板块营收占电化局营收的比例由 2015 年的 7.6% 提升到 15.6%。高铁电气新三板挂牌后，能够推动企业进一步快速发展，带动工业板块整体做强做大，全面实现电化局业务结构调整目标。

④有利于“走出去”战略目标的实现。从西门子等国外企业进入中国的方式和方法来看，占领海外市场的关键是企业的核心产品和系统集成技术。高铁电气通过在新三板挂牌，提升产品集成竞争力和企业品牌影响力，实现企业做强、做优、做大，能够为电化局实施“以工业产品为核心，带动海外工程、设计咨询、运营维管等业务发展，全面提升国际综合竞争实力，最终发展成为国际知名企业”提供有力的支撑。

⑤有利于带动工业板块协同发展。目前工业板块各公司的企业规模、产品种类、经营情况差异较大。高铁电气新三板挂牌后，可以有效利用该平台，整合内部资源，择机通过资产重组等方式，将局内工业板块中具有核心技术的企业装入挂牌公司，带动工业板块整体协同发展。

### （三）对高铁电气的意义

①利用资本平台完善产品结构，推进企业快速发展。通过新三板挂牌，可以充分利用这一资本平台，为高铁电气下一步实施并购、重组、投资控股等资本运作提供更便捷、更快速、成本更低的通道和途径。高铁电气作为行业龙头企业，在传统的主导

产品——国内轨道交通接触网零件领域已经有较高的市场占有率，拓展空间有限，因此，当前公司的首要任务就是凭借公司在市场、技术、装备、人才等方面的优势向相关领域发展，拓宽业务领域、延长产品链条、完善产品结构。

②高铁电气在行业中居于领先地位，但近年来，产能不足、资金短缺等问题日益凸显，新三板挂牌成功后，一方面，高铁电气将充分享受到资本市场"价值发现"的红利，公司整体估值将大幅提升；同时，可以获得来自媒体、政府以及客户更多的关注和认同，提升公司的知名度，进一步强化品牌效应。另一方面，可以通过这一资本平台融入企业发展所需资金，近期虽然新三板市盈率较前段时间有所回落，但融资规模仍在不断扩大。未来公司根据发展需要，在适当时机可选择定向增发、优先股、可转债、股权质押贷款等多种方式实现快捷的股权及债权融资，为企业发展提供持续的资金支持。

③优化企业资产结构，促进企业资源整合。高铁电气新三板挂牌后，可以运用兼并重组等资本运作手段，优化企业资本结构，整合企业资源，引进投资者，实现股权结构多元化，进一步发现企业价值，提高企业资本配置和运行效率，增强企业核心竞争力，实现企业做强、做优、做大。

④规范企业管理，增强持续发展能力。公司改制挂牌的过程，同时也是企业明确发展方向、完善公司治理、夯实基础管理、实现规范发展的过程。高铁电气挂牌成为非上市公众公司后，整体运营必须接受相关机构的全面监管以及主办券商的持续督导，以此促进企业管理不断趋于规范化，进一步增强挂牌公司的持续发展能力和在市场中的竞争力、影响力。

主创人：赵戈红

参与人：张厂育　杨春燕　王海旭　王学锋　黄畅

# “三建”党建工作品牌：将党建建在心上、建在行动上、建在实效上

中国巨石股份有限公司

## 前言

中国巨石股份有限公司（以下简称“中国巨石”）是中国建材集团旗下玻璃纤维板块的核心企业，是全球最大的玻璃纤维专业制造商。公司成立于1993年，由中国建材集团与振石控股集团联合组建，1999年在上海证券交易所上市。几经改革，中国巨石已发展成为由国有资本监管、民营资本参股、外资股东入股的混合所有制企业，成为国家混合所有制改革的先行者和实践者。

中国巨石玻璃纤维年产能180万吨，位居全球第一，占中国玻璃纤维产能的40%左右，占世界玻璃纤维产能的22%左右。公司总资产超300亿元，拥有浙江桐乡、江西九江、四川成都、埃及苏伊士、美国南卡五大玻璃纤维生产基地，在生产规模、技术装备、节能减排、生产效率、自动化水平等方面引领行业进步。公司专注于以玻璃纤维“为复合材料发展作贡献”为使命，以“保持全球玻璃纤维工业领导者地位”为愿景，践行“品行、创新、责任、学习、激情”的企业核心价值观，确立了“制造智能化、产销全球化、管控精准化、发展和谐化”的新“四化”战略目标，成为并保持规模第一、技术领先、队伍优秀、管理精细、执行有力、业绩优良、高质成长的国际化企业集团。

中国巨石党委下设16个基层党支部，包括1个海外支部。现有党员745人，其中预备党员33人。正式党员的学历分别为博士研究生5人、硕士研究生30人、本科193人、大专172人、高中19人、职业高中27人、初中55人、小学12人。

## 一、实施背景

作为国有控股企业，中国巨石旗下的部分单位在党的十八大前不同程度地存在“四化”问题。一是重经济，轻党建。部分单位把抓党建工作与生产经营业务对立起来，对党的工作重视不够、措施不力，导致党建和业务“两张皮”。二是重发展，轻教育。部分单位仅注重企业发展的进程，轻视职工的思想教育，导致一些党员和职工不

能正确对待企业发展和用人制度的变革，甚至失落感和抱怨、抵触情绪较重，导致企业党组织“两力”（思想引领力和群众组织力）大打折扣。三是党员教育管理工作“退化”。有的单位由于专注于经营发展，疏于抓思想政治工作，给党员教育管理工作带来许多困难，不仅“三会一课”制度无法落实，就是民主生活会、民主评议党员等一些重要的党内活动也落实不了。此外，个别党员与企业解除劳动关系后，该转的组织关系本人不转，仍留在企业，还有的转出组织关系就放在“口袋”里，出现了党员“丢失”现象，造成党员教育管理工作的“真空”。四是党建工作方法“老化”。有的单位党建工作方法枯燥单一，缺乏新意，组织的活动内容形式老套、呆板，没有吸引力，因此参与度不高。

## 二、内涵

中国巨石党委在发展中总结出了“三建”工作法，即将党建建在心上、建在行动上、建在实效上。

建在心上：不忘初心，时刻牢记使命，忠诚于党、忠诚于事业、忠诚于巨石，心无旁骛，在思想上与党中央保持高度一致。不断学习，提升组织与个人的能力与水平，为实现公司长远发展，推动行业进步，同心、同向、同德。

建在行动上：处处不忘担当，严于律己，言出必行，言行一致，执行有力。在实际工作、生活中，自觉按照党的要求，履行党员义务、责任，以集体利益为重，顾全大局，听从指挥，强学习、树榜样、讲大局、谋发展。

建在实效上：实干兴邦，实业报国。全体党员要带领广大员工一起实现“玻纤梦”，为企业创造更大价值和效益，为国家创造更多的税收和价值，脚踏实地，想干事、能干事、干出业绩、干出成效，持续引领行业发展，为实现“中国梦”添砖加瓦。

## 三、主要做法

### （一）坚持把党建建在心上，强化主责、主业意识，在准确把握“三个注重”中形成党建工作新常态

#### 1. 注重思想引领，始终把学习教育作为首要任务抓紧不放

坚持从加强思想建设入手，在思想认识上求突破、理论基础上求拓展、关键环节上求实效，不断提升广大党员干部的理论素养、政治定力和使命担当。在用好基本载体中坚定信念和信心。按照上级统一部署，公司深入开展学习教育，每项教育都坚持夯实思想根基、打牢理论基础，做到学有目标、学有载体、学有方法，确保学习教育的质量效果。突出学好习近平总书记系列重要讲话精神，特别是重视做好党的十九大

精神学习贯彻工作，组织全体党员收听、收看党的十九大直播，以多种形式组织学习党的十九大报告和习近平总书记嘉兴南湖重要讲话精神，紧紧围绕新时代中国特色社会主义思想这条主线，着重把握“十个深刻领会”，坚决落实“五个到位”，努力实现“五个全覆盖”，不断强化“四个意识”、坚定“四个自信”，进一步教育引导广大党员干部职工把思想统一到党的十九大精神上来，把力量凝聚到党的十九大确定的各项任务上来。

在落实基本制度中强化党性原则。坚持党委中心组学习制度，以“抓学习、强素质、促合力、见成效”为目标，探索专题学习、课题研讨、成果交流的机制，围绕中心工作，每年每名党委委员开展1～2个重大现实问题研究，使理论学习与工作实践有效对接。坚持“三会一课”制度，统筹安排党委委员落实联系点上党课，推动习近平总书记系列重要讲话特别是党的十九大精神向基层延伸、向党员普及，每年定期开展1次优质党课评选活动，确保党内教育常抓、常新。落实党委委员过双重组织生活，以实际行动影响大家，互帮互促、共同提高。在创新基本形式中深化理解认知。积极拓展“互联网+党建”的工作思路，通过“党建红云”平台，定期学习党的方针政策和各种教育视频，不断提高党员干部的思想政治素质。组织“先锋承诺”活动，做到年初有承诺、定期有监督、年终有考评，使全体党员自觉接受组织群众监督。开展重温党章、重温入党誓词、重温党的历史“三重温”党员特色活动，举办“习近平总书记治国理政的新理念、新思想和新战略”“7·26重要讲话精神”“嘉兴南湖重要讲话”等学习会，开展建党96周年“一战到底”手机答题知识竞赛，组织“红色小延安”——新四军苏浙军区司令部旧址实地学习体验活动。让党员干部学习教育成为自觉，不断打牢党员干部热爱党、信赖党、忠诚党的信念之基。

2. 注重层层传导，始终把逐级示范作为关键环节抓紧不放

中国巨石坚持把党建工作与企业改革发展同步谋划、同步推进，形成了层层传导、逐级示范、合心合力的生动局面。一是健全组织设置，做组织推动的表率。2016年，中国巨石召开第三次党员代表大会，选举产生新一届党委和纪律检查委员会，确保党委在企业生产经营中的政治核心地位。在组织设置上，经营班子成员均是党委领导班子成员，党委书记和党委副书记为董事会成员，处理好公司党委和其他治理主体的关系，既维护董事会对企业重大问题的决策权，又保证党委的意图在重大问题决策中得到体现，确保党委把方向、管大局、保落实。二是厘清工作职能，做推动融合的表率。注重把握好、协同好对重大决策的参与权、党员干部从业行为的监督权、职工群众合法权益的维护权、思想政治建设和企业文化的领导权，推动党的建设各项工作不断创新发展。重点是围绕参与决策、带头执行、有效监督等方面，探索形成党建工作与企业经营在组织架构、制度体系、目标导向和活动载体上的“四个融合”，有效发挥党委在促进经营目标完成和推进改革发展中的政治优势。公司党委认真贯彻民主集中制原

则，每月定期召开党委会议，对公司重大问题形成意见建议，及时准确地传递到董事会、经营班子。三是坚持党性原则，做好严实标准的表率。班子成员在八小时内、八小时外都严格要求自己，遵守组织纪律、廉洁纪律、群众纪律、生活纪律，成为职工群众的表率。

3. 注重强化担当，始终把落实责任作为职责所系抓紧不放

工作中，中国巨石认真履行党建工作主体责任，始终担当敬业，忠实守责，落实全面从严治党要求，全力推动党建工作落实，确保抓实抓细抓到位。经党委会、董事会、股东大会研究通过，依法完成党建工作要求写入公司章程的工作。严格落实党建工作责任制，层层压实责任链条，按照"一岗双责""一把手"负总责、分管领导各负其责的要求，把党建工作责任制贯穿到党务工作、生产建设、经营管理中，建立责任体系。坚持把执行党风廉政建设责任制作为党建工作的重点，借助党风廉政建设"两个责任"落实，强化问责意识，形成问责机制，保持问责常态。近年来，公司党委与上级党委、公司纪委与各党委委员和基层支部均层层签订党风廉政建设责任书，确保"两个责任"在基层落地见效。探索建立党建工作考核评价体系，坚持把书记抓党建述职评议考核作为党建工作的重要制度。完善工作格局、强化工作责任、加大考核力度，使党建工作考评由"软指标"变成"硬约束"。重点是做到"六个考评"，进一步督导各级把管党治党责任扛起来、做到位。实行常态化监督检查机制，坚持与其他工作一并督导检查，及时准确掌握党建工作开展情况、党员教育管理情况、主体责任落实情况等内容，督查结果纳入年内考评结果。坚持构建全方位监督体系，充分发挥党组织监督、纪检监察监督、党员监督、职工民主监督、职能部门稽查等主体作用，加大监督力度，规范职权和职业行为。坚持班子相互监督与思想沟通相结合，公司领导班子成员之间每天进行早餐会和午餐会，把党建工作作为一项重要内容进行沟通和交流，分析前期工作成效，明确近期工作重点，形成党建共识，推动工作落实。

（二）坚持把党建建在行动上，自觉融入生产经营，在大力实施"三四五"机制中彰显党建工作新魅力

中国巨石正处于"第三次创业"的攻坚期，面对复杂多变的外部环境，必须坚持把党建工作融入企业管理全过程、生产经营各环节，在服务生产经营中凝神聚力，在提升能力素质中攻坚克难，在发挥"三个作用"中彰显威力，不断为企业发展注入活力、增添动力，让企业焕发生机。

1. 坚持"三个突出"，不断激发党员员工的内生动力

工作中，中国巨石一要突出增强党员学习提高的原动力。公司党委坚持把"学习"作为核心价值观培育的重要组成部分，当作提升企业价值和职工自身价值的重要途径。

注重提升党员队伍理论素养，结合“两学一做”学习教育，实施党员“双先”指数考评，通过党委（支部）统一学习、党小组自主学习、党员个人自发学习相结合的办法，使每位党员都成为党的理论的忠实践行者、坚定追随者。注重抓好党员队伍普及教育，利用巨石大学开展各项学习活动，采用内部培训和外部培训相结合的方式，对党员干部进行培训，做到信息共享、经验共享、技术共享、知识共享。注重借助外部资源优势，把上级办班培训成果、地方优势教育资源、企业自身发展优势，作为培养教育党员的重要资源。二要突出激发党员追求卓越的创新力。着眼实现建设“规模第一、技术领先、队伍优秀、管理精细、执行有力、业绩优良、高质成长”的国际化企业目标，开展开放式教学，组织模块式授课，培养敢于担当的魄力，激发干事创业的热情，砥砺真抓实干的行动，积极打造一支与之相符合的党员干部队伍。结合企业转型发展、改革创新加快的实际，坚持用“四大转型”“隐形冠军”“工匠精神”“企业家精神”等灌注思想、更新观念，助推能力提升。针对党员队伍有担当、有热情、有冲劲的实际，主动交任务压担子，提供展示平台，激发创新活力。三要突出发挥党员先锋模范的带动力。坚持目标牵引，每年制订工作计划目标，让生产任务、关键指标、重点难题体现在每个党小组的战斗力上和每名党员的具体行动上，按照经济责任制要求，千方百计保生产、保任务、保质量、保安全。坚持严实标准，在技术攻关、精细管理、成本节约、节能减排、安全生产等企业生产经营的各个方面，做到党员标准比群众更高、能力比群众更强、业绩比群众更突出。坚持树好导向，强化“一名党员、一面旗帜、一个标杆”的观念，引导党员自觉做到企业发展谋在前、爱岗敬业干在前、文明新风树在前、奉献社会争在前，以实际行动影响和带动身边普通员工。

2. 开展“四大活动”，有效汇聚企业发展的智慧能量

组织开展活动，是党建工作延伸到基层的有效抓手，是增强基层党组织凝聚力、向心力和吸引力的基本途径。一是以开展“创先争优”活动为有效抓手，积极打造活力型企业。重点是树好三个层次导向、抓好三个层次典型，即：在企业员工中，坚持以党内带党外、党员带职工，开展以比劳动技能、比安全生产、比工作效率，争当劳动技能排头兵“三比一争”为主要内容的“百日竞赛”活动，在追求产品质量、提高技能技术中勇于争先。在班组、车间、工段中，深入开展“优胜班组”“创新班组”“优胜质量单位”“优胜 TPM（全员生产维护）单位”评比活动，在提高生产效率、服务生产发展中勇当先锋。在部门、分厂、子公司中，深入开展“最佳工厂”“最佳部门”“年度标杆单位”的评比活动，不断形成“比学赶超”“勇争第一”的良好局面。二是以“创新降耗”活动为有效抓手，积极打造创新型企业。突出培育创新能力，鼓励全员创新，制定《重大科技项目管理办法》《技术难题招投标管理办法》《一般创新与改进项目管理办法》《节能减排管理办法》等措施办法，建立玻璃配方、产品研发、工艺装备、增收节支降耗等内容的科技创新体系，不断提高创新能力、增强创新责任

意识、完善创新机制、明确创新目标。突出浓厚创新氛围，公司结合年终工作总结、新春团拜等节点，举办年度颁奖盛典，为获奖同志颁发技术创新突出贡献大奖、技术创新大奖、技术创新特别嘉奖等奖项，并固化为制度，形成了长效激励机制。三是以“提质增效”活动为有效抓手，积极打造高效型企业。积极倡导全面质量管理，组织引领党员在转变生产经营方式，深入推进卓越绩效模式中争当先进，推进“质量经理人”制度，设立质量管理标杆、生产效率标杆，使党员员工进一步强化质量意识和效率意识。四是以“争当金牌销售员”活动为有效抓手，积极打造开拓型企业。突出市场开拓、加强营销，组建党员营销突击队，开展“最佳销售员”争创活动，采取积极、稳妥、灵活的营销策略，通过市场考察、客户走访、产品推销等措施，引导党员员工在调整产品结构、抓好高端产品销售上集智攻坚。通过实行末位淘汰制，月度、季度、年度销量评比，经济责任制考核，金点子管理等措施，激励党员销售人员带头提高营销水平。

3. 深化“五项工程”，积极营造干事创业的良好环境

近年来，公司党委积极推动“五项工程”，着力打造助推企业发展的基础工程、窗口工程和暖心工程，营造精干高效、干事谋事、团结友爱的浓厚氛围。一是深化转型攻坚工程，提升企业综合实力。2015 年“中国玻纤”更名为“中国巨石”，按照公司管控要求，积极推进“三统一”工作步伐，探索建立从“统一销售、统一财务、统一采购”到“统一计调、统一技术、统一管理”转变等管控模式，进一步精简机构、提升效率、降低成本、保护技术。实行大部制改革，精简部门数量，减少管理层级，优化干部员工编制配备。厂部级单位从原来的 37 个调整到 29 个，精简比例达 21%；国内定编总人数从 11000 人调整到 7000 人，下降了 36%。二是深化党员人才工程，提升党员干事创业能力。坚持把优秀人才培养成党员，把优秀党员培养成干部。建立与现代企业制度要求相适应的选人用人新机制，公司党委按照“八才”方针做好人才选拔工作，每两年组织一次中层干部竞聘上岗，通过竞聘演讲、评委打分、群众评议等环节，把业绩突出、表现优异、群众公认的党员骨干选拔到领导岗位。积极创新党员人才培育方式，建立浙北地区首个企业博士后科研工作站，通过“上挂下派外练互动”的形式，不断优化人才培养，创造成长进步环境。建立入党积极分子的培养、教育、考察和预备党员的继续考察教育制度，做好发展党员的基础工作，使每一位发展对象都有考察记录和思想汇报，做到及时了解、及时教育，确保新发展党员思想积极、健康向上。三是深化和谐劳资工程，维护职工合法权益。严格遵守和执行国家劳动保障法律法规，不断改善生产和生活条件，主动关心企业职工疾苦，努力让员工分享到公司经营成果。按照党委部署，工会每年与公司签订《工资集体协商合同》，分阶段、分步骤提高员工待遇，把企业改革的成果体现在职工群众的身上，顺利实现到“十二五”规划末人均薪酬五年翻倍的目标。依法为员工缴纳各类社会保险和住房公积金，不断

改善工作生活条件，塑造和谐发展的企业文化，有效提升职工幸福指数，推动企业和职工的和谐共赢发展。四是深化关心关爱工程，主动承担社会责任。公司党委不断探索完善维权和帮困救助工作机制，落实帮困救助各项措施。秉承“存储爱心、播撒温暖”的宗旨，成立100万元的“爱心基金会”，建立“爱心银行”，收集好人好事和志愿者爱心行动，营造互帮互助的氛围。倡导企业内部建立“师傅带徒”培训模式，以中层干部及优秀技术管理人才帮带年轻员工，对员工学习情况进行跟踪了解，帮助年轻员工掌握硬本领，增长知识才干。五是深化清风廉洁工程，营造廉洁务实的工作环境。深入开展党风廉政宣传教育活动，组织党员员工学习廉洁规定，观看廉政宣传片和教育警示片，进一步增强廉洁自律意识。细化廉洁从业风险防控点，完善单位内部廉洁从业机制，组织全体中高层领导干部、关键管理和技术岗位人员签订廉洁自律承诺书，加强对廉政风险点的排查、分析、评估和监督。公司党委班子带头廉洁自律，公开项目收支情况，主动接受群众监督，以党风廉政建设的实际成果影响和感染公司员工。

### （三）坚持把党建建在实效上，紧密联系形势任务，在有效契合组织需求和员工诉求中打造党建工作新亮点

近年来，公司党委始终在强化组织功能发挥、建强用好党员队伍、营造风清气正环境、促进企业健康发展上下功夫求实效，不断推动党建工作向纵深发展、向基层延伸、向末端问效。

#### 1. 向基层组织要效益，确保功能有效发挥

坚持建强帮强，着力提升基层自转能力。围绕建设“特色型”党支部，结合本企业本单位业务特点、岗位特点实际，严格基层组织设置，选强配强支部成员，不断形成工作能自转、问题能自解、安全能自保的工作局面。近期，公司借助集团基层党委书记培训班的学习成果，组织400余名党员开展“支部委员讲党课”活动，在面对面传授、手把手帮教中提升基层党建工作能力。坚持延伸触角，确保基层全面覆盖。近年来，随着“走出去”战略深入推进、海外市场积极拓展，中国巨石及时增设埃及公司海外临时支部，并不断探索海外党建经验。紧跟公司转型升级、改革创新的实际，调整原有国内党支部架构，对党支部权责进行明确，确保基层组织建设延伸到每个区域、覆盖所有业务。在海外项目建设、技术项目攻关、销售市场开拓等领域，基层党组织时刻伴随企业生产经营任务，深入一线了解企业员工的困难，细致做好一人一事思想和帮扶解困工作，已成为广大职工思想上的贴心人、工作中的主心骨。

#### 2. 向党员队伍要效益，确保模范作用明显

注重党员培养的层次性，覆盖领导干部、大学生、基层管理人员和一线员工等各

个层次，让每个行业都有党员的典型代表和示范带动。注重培养使用党员，近几年，按照地方党委下达指标数，中国巨石在生产管理、技术研发等环节，有重点地培养了43名党员骨干，这些同志先后走上基层领导、技术骨干等关键岗位，成为企业发展的中坚和骨干力量。回顾企业发展历程，中国巨石在争创世界一流玻璃纤维企业的征程中，每当关键时刻、困难面前，都有党员干部冲在前、干在前。在推进企业转型发展、精简改革过程中，广大党员干部主动承担责任，担负繁重任务，主动深入企业发展第一线，进一步提高了工作质量、工作效率和经济效益。在公司本部池窑冷修技改、国际化项目等工程建设中，全体党员干部带领职工群众"白加黑""五加二"，连续奋战，吃住在现场，为圆满完成任务争分夺秒、坚持标准向质量要效益。中国巨石的党员队伍，在不同领域、不同职业、不同岗位，始终以打造精品的目标在生产产品、挑剔的眼光来检验产品、严谨的态度来做好质量改进，捍卫着公司的质量生命线，用自身形象潜移默化感召和影响身边的人。

3. 向和谐关爱要效益，确保工作氛围良好

中国巨石始终注重建立健康的人际关系、浓厚友爱的工作氛围、提升员工的生活指数，广泛开展"送温暖、送爱心、送关怀"活动，定期召开总裁与员工座谈会，适时开通员工热线，深入一线走访慰问员工。这些有力举措，极大激发了企业员工的工作热情，使得每名员工都把温暖化为动力、把感动变为激情，奋战在本职岗位；极大提高了企业员工的爱岗爱企意识，维护企业形象、遵守企业章程、珍惜岗位平台，越来越成为每个员工的行动自觉；明显提升了企业员工的胜任本职能力，员工队伍稳定性和满意度呈逐年稳步提高态势，确保了员工潜心钻研业务、力求精益求精；切实改善了企业员工的工作环境，呵护人文环境、纯洁同志关系，进一步提高了广大员工的归属感、幸福感、成就感。公司每年召开总裁与员工对话交流会，员工代表以提案的形式递交员工切身关心的利益等问题，总裁当场回答员工的提问，五年来，已经帮助员工解决了子女就学等问题300个左右。

4. 向结合融合要效益，确保服务保障有力

近年来，公司党委不断强化"党建强，才能发展强"的思想，以"三建"工作品牌为抓手，以提质增效为中心工作，大力推进国际化战略，整体效益大幅增长，实现了公司持续健康发展。核心技术研究再赢突破，自主研发的E8配方模量达到95 MPa并实现池窑化生产，高强高模玻璃配方领域再添利器。技术改造升级成效显著，总部新一轮生产线技改升级全部完成，优势产能进一步扩大，生产效率和技术水平达到历史最高。中国巨石玻璃纤维产业智能制造基地正式奠基，标志着公司智能制造已从战略落实到行动。国际化战略稳步推进，埃及生产基地于2018年第三季度建成。创新成果奖项捷报频传，独立承担的"高性能玻璃纤维低成本大规模生产技术与成套装备开

发”项目，荣获2016年国家科学技术进步二等奖，中国巨石也被评为全国首批制造业单项冠军示范（培育）企业。

## 四、实施效果

2018年度，公司实现营业收入100.34亿元，同比增长15.96%；归母净利润23.74亿元，同比增长10.43%；扣非净利润24亿元，同比增长14.55%。

E8配方模量达到95 MPa并实现池窑化生产；中国巨石智能制造基地建成投产，成为中国巨石高质量发展的新引擎。

中国巨石独立承担的“高性能玻璃纤维低成本大规模生产技术与成套装备开发”项目荣获2016年国家科学技术进步二等奖；荣获2018年中国工业大奖；中国巨石被评为全国首批制造业单项冠军示范（培育）企业、国家技术创新示范企业、国家火炬计划重点高新技术企业、国家知识产权优势企业、国家外贸转型升级型示范基地、国家认定企业技术中心、国家“资源节约型 环境友好型”试点企业；荣获全国质量奖、全国五一劳动奖状、模范职工之家荣誉；等等。

公司党委先后被评为中央企业先进基层党组织、中国建材集团创建“四好”领导班子先进集体、嘉兴市先进基层党组织、桐乡市先进基层党组织等荣誉称号。

主创人：张毓强

参与人：周省霖　朱惠顺

# 电力企业以“PMRES”模式为指导的海外抽蓄投资决策管理实践

中国电建集团海外投资有限公司

## 前言

中国电建集团海外投资有限公司（以下简称“电建海投公司”）是中国电力建设集团有限公司（以下简称“中国电建”）重要骨干控股子公司，于2012年7月1日在北京挂牌设立，注册资本金54.1亿元。电建海投公司是中国电建专业从事海外投资业务市场开发、项目建设、项目运营与投资风险管理的法人主体，为推动中国电建国际业务优先发展战略落地作出了突出贡献。电建海投公司以投资为先导，带动海外EPC（工程总承包）业务发展，成为中国电建调整结构、转型升级、推动国际业务优先发展的重要平台与载体。在实践中，电建海投公司也探索出一套融投融资、设计、监理、施工、运营等于一体化的开发模式，有效带动了中国电建投融资结构优化和产业升级，促进了中国电建海外业务产业链向价值链的转变。电建海投公司将秉承“开发清洁能源，投创美好生活”的战略使命，践行“全球绿色清洁能源的优质开发者、项目属地经济社会的责任分担者、中外多元文化融合的积极推动者”的战略定位，坚持“自强不息，勇于超越；海纳百川，投创未来”的企业精神，继往开来，合作共赢，科学发展，努力构建以海外电力能源投资开发和资产运营为主，具有国际竞争力的专业化投资公司。

## 一、实施背景

### （一）积极参与全球可再生能源投资的必要需求

随着国际社会对保障能源安全、保护生态环境、应对气候变化等可持续发展问题的日益重视，加快开发利用可再生能源已成为世界各国的普遍共识和一致行动。2016年年底在摩洛哥召开的联合国摩洛哥气候大会，有超过100个国家官方加入《巴黎协定》，47个国家提出2030—2050年实现100%可再生能源的目标。

可再生能源已经成为全球“能源转型”的核心，几乎所有发达国家和发展中国家都提出了支持可再生能源发展的相关政策，即使传统化石能源丰富的加拿大、澳大利亚和中东、北非地区的国家，也提出了可再生能源发展目标，以减少对化石能源的依赖。

风电、光伏等新能源出力具有波动性和随机性，特别是高比例新能源电源接入电力系统后，要实现有效消纳，减少间歇性可再生能源出力对电网的冲击，这就需要有大规模、高效环保的安全保障辅助服务和储能需求设备作为系统调节器。抽水蓄能电站发展已有上百年的历史，经历了从单纯的蓄水配合常规水电运行，到电网内承担调峰填谷、调频调相、事故备用等多项任务的漫长转变。它以水能转换为载体，通过提供系统储能服务和多工况调度运行，在电网中承担调峰、填谷、调频、调相、事故备用、黑启动等任务，已经成为现代电力系统不可或缺的重要组成部分。根据国际水电协会发布的《2018 水电现状报告》，目前仍有 100 个合计装机 75GW 的抽水蓄能电站项目在开发中，到 2030 年将使全球抽水蓄能装机总量上升 50% 达到 225GW。作为能源领域的投资公司，积极参与全球可再生能源的投资势在必行。

### （二）保障“一带一路”对外投资项目安全性的需要

当前国际市场环境深刻变化，不确定性因素增加。在这一历史背景下，“一带一路”倡议应运而生。“一带一路”倡议为中国对外承包工程商会会员企业带来了新的发展机遇，更为各国推进基础设施建设、实现经济和社会发展注入了新的发展动能。“一带一路”倡议为世界提供了一种全新的合作模式和发展架构，沿线国家基础设施投资与建设的关注度持续提升，未来相当长一段时间内，“互联互通”仍将是各国基础设施建设的重点。能源和电力是各国优先发展的领域，特别是电力网络、清洁能源将成为重点投资方向。

“走出去”战略实施以来，我国对外承包工程企业在全球，特别在发展中国家承建了大量项目。越来越多的国家希望对外承包工程企业具备更强的能力：能有效整合及利用政策性、商业性和开发性资金，由承包商向开发商转变；能提供项目全产业链的综合服务方案，包括规划、设计、融资、咨询、建设、运营、维护等；能由单一项目承包施工转向投资建设运营一体化施工，带动当地升级和经济发展。

境外的投资给企业带来巨大的挑战，企业必须以“全局”的视角从全生命周期的收益和风险管控入手来认识境外投资，提高对投资行为的保障，确保投资项目的安全性，获得健康稳定的投资回报。

### （三）妥善落实公司能源投资发展规划的需要

根据集团公司“十三五”规划要求，专业投资平台公司应充分发挥投资引领作用，发挥专业化投资优势，强化产业投资，采取自主投资及兼并重组等多种形式，促进电建集团产业投资规模化运营。

为落实集团公司战略，电建海投公司作为专业投资平台公司将发挥投资引领作用，聚焦主业，全球拓展，积极开展海外新能源投资业务，把电建海投公司打造为以海外电力能源投资开发及资产运营为主，具有国际竞争力的专业化投资公司。电建海投公司投资规划海外可再生能源业务开发重点将关注风电、光伏发电项目以及抽水蓄能电站，为确保公司能源投资发展规划妥善落地，规划目标成功实现，因此有必要提高投资决策管理的质量和效率，以更高的安全性、保障性，以及更精准的判断力、决策力，为海外投资保驾护航。

## 二、内涵

电建海投公司坚持科学引领，注重自主创新能力培养，主动梳理和总结海内外抽蓄项目投资实践，创新提出机遇要素管理的“PMRES”决策评估模式，并以该模式作为海外抽蓄项目投资决策管理的指导工具，明确投资决策管理的目标任务，确定抽蓄项目筛选评估原则，并结合对抽蓄项目战略环境的分析，识别出抽蓄项目特点及其优势、制约、机会和外部风险，建立了一套全面、系统的评估指标和竞争力研判机制，为公司更好地进入全球可再生能源市场投资板块提供了机会，为安全、稳妥开展“一带一路”抽蓄项目投资提供了坚实保障，也为公司能源规划目标落地、决策管理提质增效提供了可靠支持。

## 三、主要做法

### （一）确定投资决策目标，明确项目筛选原则

电力项目投资，特别是海外抽蓄项目具有装机规模大、投资金额大的特点，对企业未来现金流量和财务状况都会产生较大影响。具体表现为：影响时间长，对企业未来的生产经营活动和长期经营活动将产生重大影响；变现能力差，项目投资一旦完成，短期变现的难度和代价是较大的；投资风险大，由于不可控因素或随机因素的影响，实际投资收益可能与预期收益相偏离。因此，根据目前海外抽蓄项目投资的实际需要，建立一种可以科学高效指导海外抽蓄投资决策的管理方法和体系具有重要意义，也是保证项目投资顺利实施的基础。

#### 1. 确定投资决策目标，提升企业投资决策效率

为保障企业在投资活动中的经济效益与可持续发展能力，需要充分考虑影响决策管理目标的相关影响因素，以衡量和比较项目投资可行性为目的，筛选出海外抽蓄项目投资决策评估指标，以便进行投资决策管理方法和体系设计，提升企业投资决策效率。结合电力企业决策管理要点，以及海外抽蓄项目特点，投资决策管理的目标有：减轻或消除企业投资活动过程中外部环境中不确定性因素的影响，提高企业投资决策

的效率，改善企业投资决策的质量，增强投资项目的可实施性，有助于电力企业积极参与全球可再生能源投资，保障“一带一路”对外投资行为的安全。

#### 2. 明确项目筛选原则，设计有层次的投资决策评估指标

（1）科学性原则

评估指标是理论与实际实践相结合的成果，应能够反映评价对象的客观实际情况，有严谨、合理的基本概念和逻辑结构，可以反映最重要、最本质和最有代表性的结果。

（2）通用可比原则

评估指标应适用于不同国别、不同市场机制下的抽蓄项目投资决策管理。无论在何种情况下，收资到任何国家的任何抽蓄项目时，都可通过该模式对项目进行研判。

（3）实用性原则

评估指标应具有实用性、可行性和可操作性。在能够基本保证评估结果的客观性、全面性的条件下，评估指标应尽可能设计得明确、简单，去掉一些对决策管理影响甚微的指标。数据应易于采集和获取，其信息来源渠道必须可靠，并且容易取得。

（4）系统优化原则

评估指标的数量和体系结构应以系统优化为原则，即以较少的指标较全面系统地反映评估项目。评估指标要统筹兼顾各方面关系，指标之间应尽可能界限分明，按照影响程度对评估指标进行重要级别分类，以达到评估指标体系的整体功能最优。

### （二）开展战略环境分析，识别抽蓄项目特点

电建海投公司对抽水蓄能电站进行战略环境分析，着重分析考虑优势、劣势，将抽蓄项目的自身特点及其与同类竞争类型电站进行比较，对抽蓄项目的优势、劣势有客观的认识。

#### 1. 通过近似方案比选，识别抽蓄项目特点

抽水蓄能电站不仅属于清洁能源，还可以根据系统用电的特点进行灵活的调节，避免在系统负荷处于高峰时拉闸限电或用电负荷处于低谷时发电机组被迫关闭或降低出力运行。当系统用电负荷较小时，火电厂或者风电厂产生的电能有富余，抽水蓄能电站可以利用过剩的电能将下水库的水抽到上水库，将电能以势能的形式存储，从而使这部分腰荷转变成基荷，使火电机组能在均匀、稳定的负荷下高效率运行，这样不仅改善了火电机组的运行条件，提高了机组设备利用率，还降低了水电厂用电率和煤耗；当系统负荷需求增加时，发电厂难以满足要求时，抽水蓄能电站放水发电，改善电力系统的电能紧缺问题。相比于常规水电站和调峰机组，抽水蓄能电站的这种调峰填谷能力要更大，最高能达到其装机容量的两倍。

储能技术按照储存介质进行分类，可分为机械类储能、电气类储能、电化学类储

能、热储能和化学类储能，储能类型的电站均可在更高程度上平滑风光发电系统的输出特性，但相比压缩空气、飞轮、电磁、电化学等其他类型储能电站，抽水蓄能电站依旧占据领军地位，这也是目前发展最为成熟的储能技术。

2. 借助分析评估工具，评估抽蓄项目战略环境

通过“优势—劣势”工具，对抽蓄项目战略环境展开分析，结果如表1所示。

**表1　　抽蓄项目战略环境“优势—劣势”分析**

| 优势 | 描述 | 劣势 | 描述 |
| --- | --- | --- | --- |
| 技术成熟 | 拥有100年历史的成熟技术 | 地理限制 | 抽水蓄能电站的地下工程相对较多，因此宜建在地震稳定地带。上下库需要有较大的高度差 |
| 装机规模大 | 目前世界上最大的抽水蓄能电站高达3600兆瓦 | 初期投资巨大 | 对于一个可行的1000兆瓦装机规模的抽水蓄能电站项目，项目单位造价水平为1700~2500美元/千瓦；对于装机小于1000兆瓦的项目，其单位造价水平会更高。但是，征地、电网接入和其他业主费用变化范围较大，需要视具体情况而定 |
| 使用寿命长 | 在不考虑外部条件的情况下，抽蓄可有长达80年甚至100年的使用寿命 | 建设周期长 | 由于需要大量的土建工作且技术复杂，因此抽水蓄能电站的建设周期一般在5年左右 |
| 储存效率极高 | 目前的技术可实现高达80%的整体效率 | — | — |

## （三）构建“PMRES”投资决策评估体系

“PMRES”模式为电建海投公司首创的指导海外抽蓄投资决策的评估模式，包含从政策与规划评估（P）、经营模式评估（M）、国别风险评估（R）、经济发展状况评估（E）、能源结构评估（S）五大要素，借助对应的评价指标对项目国别及项目本身的经济可行性进行重点筛查及研判。

1. 政策与规划评估

电建海投公司跟进的不同国别储能市场成熟度不同，因此政策与规划研判应分类别开展。

第一类，在抽蓄储能尚未推广或刚刚起步的国家或地区。应调研发展储能是否被

纳入国家战略规划，政府是否已开始制定储能的发展路线图。

第二类，在储能已具备一定规模或产业相对发达的国家或地区。调研政府出台的税收优惠、补贴方式或储能激励计划，探求在政策的促进下，储能成本下降趋势和应用规模的改变。

第三类，在储能逐步深入参与辅助服务市场的国家或地区。政府通过开放区域电力市场，为储能应用实现多重价值、提供高品质服务创造平台。如德国继 2016 年大量调频储能项目上线以及一次调频辅助服务市场逐渐饱和之后，2017 年为了鼓励储能等新市场主体参与二次调频和分钟级备用市场，德国市场监管者简化了新市场参与者参与两个市场的申报程序，为电网级储能的应用由一次调频转向上述两个市场做准备。继德国之后，2017 年荷兰、奥地利和瑞士等国开始尝试推动储能系统参与辅助服务市场，为区域电力市场提供高价值的服务。

除明确政策支持外，更要调研政策和规划的落实情况。

2. 经营模式评估

以电力投资及建设运营为主业的电建海投公司，十分关注项目在运营期的生命力和项目盈利能力。电站的经营模式直接影响开发商的收入水平，全球抽蓄电站的经营模式大体可分为电网统一经营、租赁经营及独立经营三类模式。

第一类，电网统一经营模式。电网企业持有抽蓄电站的所有权和经营权，对电站进行统一调度、经营和核算。一般来说，在该模式下，电站的投资、经营、运行维护、调度、还本付息等均由电网企业（或其子企业）承担；电站向电网企业供电而取得的收入不受竞价上网机制的制约；电网企业则通过从终端电力消费者收取电费的方式回收抽水蓄能电站的投资、运行费用等，并获得合理利润。

第二类，租赁经营模式。电站由独立法人开发，建成后，电站租赁给电网企业经营、管理和调度，电站的所有权和经营权分离；电网企业向抽水蓄能电站的所有者支付电站租赁费，抽水蓄能电站的所有者承担项目开发风险，通过取得的租赁费进行还本付息并获得一定的利润。若租赁费合理，则可以鼓励投资，且方便电网的统一调度。

第三类，独立经营模式。电站的企业法人向电网企业提供电量、容量及辅助服务，独立经营抽水蓄能电站；电网企业按约定调度并向电站支付电量、容量及辅助服务费。该模式适用于电力市场发展较为成熟、已建立辅助服务市场的国家或地区，如英国、美国加利福尼亚州等，抽蓄电站主要承担尖峰负荷，尖峰负荷的电价一般为基荷价格的数倍，同时辅以辅助服务价格，一般可满足电站的正常经营。

3. 国别风险评估

电建海投公司作为投资人，风险是投资过程中需要经常面对的问题，境外投资不确定因素多，偶发情况多，面临的风险更为复杂。风险与收益并存，但国别层面的风险，是投资人应首要关注的重点内容。国别风险，是指东道国特定的国家层面事件通过直接或间接的方式，导致国际经济活动偏离预期结果并造成损失。国别风险的核心是国家层面的风险事件，外延是一切国际经济活动。

在进行市场研判时应从政治风险、市场经济风险、法律合规风险、自然与事故风险、社会与文化环境风险等方面入手。

4. 经济发展状况评估

由于抽水蓄能项目对电网的作用较为特殊，因此电建海投公司对各国的人均 GDP（国内生产总值）及抽蓄项目装机规模进行了大量的整理和回归分析，得出了抽水蓄能发展趋势和建设需求与人均 GDP 的拟合关系为：人均 GDP 高于等于 2000 美元时，为抽蓄电站建设的高速发展期。根据此方法，可辅助决策项目的投资开发时机。

5. 能源结构评估

根据电建海投公司的业务性质，对于投资建设后投产运营的项目，公司计划继续在运营期持有该资产，因此在项目跟踪前期应充分进行东道国的电力情况与电力消纳分析，以了解该国的电力装机情况及电力装机是否满足当地用电需求。如该国电力装机已满足用电需求且根据当地工业发展情况短期内不需要大量的新的电力能源，也无能源替换需求，说明该国市场已饱和，进入该国进行抽蓄项目投资显然不是最合适的时机。

负荷特性与电源结构的双重考虑，也是较为直接的研判思路。应关注该地区是否存在明显的峰谷负荷差，是否需要在峰荷期及时迅速提供优质应急电力。若有电力结构调整及明显峰谷负荷差的地区，还应关注当地的电源结构，是否以调峰能力差的基荷电源为主，是否需要可迅速提供优质峰荷应急电力的电源。若该地区有此需求，则可考虑投资抽蓄项目。

## （四）设置“PMRES”投资决策评判标准

1. 政策与规划研判标准

对于尚未推广或刚刚起步的国家或地区，可列为长期跟踪的潜在国别，应以电建集团理念“规划先行、高端切入”为思路，为东道国提供资源普查、咨询、规划、可行性研究和方案设计等前期工作，培育、谋划一批长远项目，形成“一带一路”建设重大项目储备库，并积极推动、争取进入政府间“一揽子”合作框架。

对于储能已具备一定规模或产业相对发达的国家或地区，应重点关注政府出台的各类税收优惠、补贴方式或储能激励计划，了解政策颁布的动机与始末，实施开始时间及适用范围，把握政策的窗口期，迅速、高效地响应与制订项目开发计划。同时也应有前瞻能力，意识到税收优惠或补贴等政策仅为过渡产物，最终市场化才为稳态模式。应测算补贴优惠等取消后电站的盈利能力，着眼于整个项目生命周期进行投资决策分析。

对于储能逐步深入参与辅助服务市场的国家或地区，在该种市场化的状态下，项目不确定性更大，项目本身的可融资性面临挑战。应着重进行动态的电价预测，以推断项目的确定收益。

2. 经营模式研判标准

对于电网统一经营模式，由于该类模式为电网企业或其关联公司通过内部的调节自负盈亏，不是其他开发商可适用的投资模式，无法参与其中，应及时放弃。

对于租赁经营模式，应在项目尽量详尽的设计方案及成本测算的基础上，以可接受的收益率为目标，测算合理的租赁费，与当地电网公司协商租赁费用及其他的责任划分事宜。

对于独立经营模式，应具体量化各类收益，通过充分的市场调研和第三方机构的专业意见，综合研判，将假设降到最低。

3. 国别风险研判标准

政治风险方面，可参考中国出口信用保险公司、标准普尔、惠誉国际及穆迪公司等主权国家信用评级，对于风险评级较高的国别应谨慎投资。

市场经济风险方面，包括市场竞争、市场消纳、价格变动、设备供应短缺、宏观经济变化、利率变化、汇率变化等。

法律合规风险方面，包括法律体制差异、法律变更、投资准入、当地成分要求等，做好充分的法律尽调，做到心中有数后再进行投资决策。

自然与事故风险方面，包括自然灾害、意外事故及其他不可抗力风险，对抽蓄项目而言，地震等自然灾害对项目的建设及运营会起到致命伤害，应注意避让高危地震带。

社会与文化环境风险方面，包括宗教习俗差异、语言文化差异等，应充分理解并尊重东道国的习俗与文化传统。

4. 经济发展状况研判标准

人均 GDP 高于等于 2000 美元时，为抽蓄电站建设的高速发展期。以人均 GDP 的提升作为抽蓄电站发展的研判基础，在无特定因素影响的情况下，应保持两者的正相关性，以人均 GDP 的水平衡量抽蓄发展潜力。

5. 能源结构研判标准

不同电力结构下所需要的抽水蓄能电站比例没有严格的统一标准，需根据电网需求和系统经济性确定，以既能有效满足系统要求，又能取得良好的经济效益为宜。对于风电站和太阳能电站等间歇性电源而言，装机容量超过一定比例时，应配备一定数量的蓄能容量。研究表明，当风电装机容量不超过电网总容量的10%时，风电不会影响电网的质量。对于核电而言，由于核电站特殊的运行特性，它所在的电力系统内必须配置一定比例的抽水蓄能电站，以充分利用核电的低谷发电量，保证核电站能以最佳状态安全运行。对于火电而言，有研究表明，在以火电为主的电网中，配置8%～15%的抽水蓄能电站容量比较合适。

## 四、实施效果

### （一）成功突破发达国家可再生能源市场

电建海投公司在“PMRES”模式指导下的海外抽蓄投资决策管理，紧紧围绕海外投资业务升级转型，以进入发达国家可再生能源市场为目标，以提升项目研究工作效率和决策科学性为宗旨，使电建海投公司突破传统国别，吹响进军发达国家可再生能源市场的号角。2017年年初起，电建海投公司研判选中爱尔兰某抽水蓄能电站项目，并与合作方签订项目合作备忘录及明确前期工作开展的责任与费用分摊原则，按部就班全面展开项目尽职调查工作，将五方面内容进行充分调研后，进行落实与决策。

### （二）有效提高“一带一路”对外投资项目的安全性

在“PMRES”模式的指导下，电建海投公司扎实推进市场开发，提升市场开发能力，积极获取项目信息，安全、稳健地抢抓国家扩大开放的有利时机，深度参与“一带一路”和“六大经济走廊”的建设。电建海投公司团队在对爱尔兰市场进行了充分的调研后，聘请了专业的第三方咨询机构，在不同的假设方案下，对电价收益进行预测，细化电量收益、容量收益、辅助服务收益及平衡市场收益。采用各风险处理手段与各项尽职调查充分结合的方式，深入细致尽职调查，为确定风险处理手段奠定了基础。并在发现某项目有颠覆性风险时，坚持底线原则，坚决采用风险规避的防控手段，及时止损，提高了“一带一路”对外投资项目的安全性。

### （三）大幅提高公司对外投资决策的质量和效率

在“PMRES”评估体系的基础上，依照评判标准，电建海投公司在6个月内高质高效地完成了决策前包括技术方案等具体细节的研究：政策方面，爱尔兰属于储能逐渐深入参与辅助服务市场的国家，政府计划通过构建合理的市场交易机制及监管机制，使抽蓄等储能项目在需求及辅助服务收益的激励下适量涌现。发电、输电、配电、售电各环节分工明确，并正在进行从 SEM 至 ISEM 机制的转变，新的 ISEM 机制将调高用来计量辅助服务的 DS3 系统的总预算，这将使能够提供辅助服务的新电站投资获得一定程度上的最低收益保证。经营方式方面，在改革后，爱尔兰的全部电站都将为独立经营模式，因此聘请专业第三方协助研判项目收益。消纳方面，由于爱尔兰全岛将在 2020 年逐步淘汰和关停燃煤电站和泥煤电站，且电力互联和出口日益增加，因此电力消纳不存在较大问题。经济发展方面，从经济危机中复兴后，爱尔兰 2015 年经济增长率高达 26. 3%；能源结构方面，由于欧盟及爱尔兰的 2020 年和 2030 年可再生能源目标，爱尔兰国内日益增长的风电装机过大带来的电力系统不稳定性，因此为确保电力系统的正常运行和灵活性，同时起到调峰填谷的作用，抽蓄项目亟须开展。通过"PMRES"模式的指导，公司决策效率得到有效提升，而在对项目的研判上，借助"PMRES"各大评估标准，也有效提高了项目研判的质量，从提质增效的角度全面提高了投资决策的安全性。

主创人：盛玉明　杜春国

参与人：何书海　张凌　冯道雨　罗军　赵飞

# 电煤供应链集采平台建设

国家电投集团贵州金元股份有限公司

## 前言

国家电投集团贵州金元股份有限公司（以下简称“贵州金元”）是贵州省大型综合性能源企业，主要有火电、水电、光伏发电、瓦斯发电、煤炭、煤电锰、工程建设、房地产、酒店经营及物业管理等产业。电力总投产装机容量1018.305万千瓦，位居贵州省统调电力装机第二，其中火电装机852万千瓦，规模位居全省第一，包括习水电厂、纳雍一厂、纳雍二厂、黔北电厂、黔西电厂、鸭溪电厂、茶园电厂7个全资或控股火电厂。30万千瓦的绥阳煤电锰项目自备火电厂已具备投产条件。

## 一、电煤供应链实施背景

贵州省已经形成了火水并济（火电与水电发电量7∶3）的能源供给结构，火电全年上网电量占贵州省全年上网电量的70%左右，电力生产结构仍以火电为主，火电仍是贵州省目前最主要的电力能源供给方式，电煤也是当前省内煤炭行业的最大需求市场。由于水力发电受季节性影响较大，在夏秋季丰水期，火电开工率较低，对煤炭的需求量下滑，导致煤炭企业产能利用率不足；在冬春季枯水期，火电开工率较高，对煤炭的需求量上升，但煤炭企业短期生产能力不足。这样供需不匹配的矛盾，导致煤炭企业产能利用不平衡和煤炭需求结构失衡，煤炭价格波动较大，给煤炭企业和火电企业均带来较大的风险，也不利于煤、电产业的合理有效生产和行业稳定。

2012年后，贵州省取消了煤炭订货会，不再制定政府电煤保障指导框架和政府指导价格，电煤价格完全根据市场供求关系决定。随着国家对煤矿去产能政策的持续推进，在全国各个区域出现了不同程度的燃煤供应紧张、电煤价格大幅上涨、市场信号失真、电厂边际利润被大幅挤压以致亏损等问题。此外，由于贵州省内煤炭矿井与火电企业分布不均，电煤供应量与火电企业发电能力存在暂时性匹配不足，导致省内电煤价格大幅上涨。同时，受国家宏观金融政策影响，火电行业及煤炭行业被认定为产能过剩行业，属于国家供给侧改革的对象；银行等金融机构大幅缩减了对火电企业及煤炭企业的融资额度，导致火电企业电煤采购资金不足、煤矿企业获得流动性资金来源受限，更加重了区域内资源不足和电煤价格上涨的情况。

为减轻电力企业电煤资金支付压力，使煤炭企业能及时回收资金，正常平稳生产，促进地方建设持续稳定发展和电力、煤炭行业协同发展，贵州金元根据火电及煤炭市场规律，采用电煤供应链管理的方式结算电厂与煤矿间的煤款，在帮助火电及煤炭企业解决融资问题的同时，用经济激励手段引导并监督双方电煤长协的执行，并支持火电企业择机进行电煤的战略贮备。

采用电煤供应链管理是为了构建一套持续稳定煤炭产能和煤炭价格的长效机制，推进贵州省内煤炭平稳生产，煤炭价格保持稳定，保障煤炭行业平稳发展，以达到火电企业、煤炭企业、政府与银行的多方共赢局面。通过电煤供应链运行机制的构建，初步可实现以下功能。

首先，采用电煤供应链管理后，将对煤炭现货交付提供实时资金支持，保障煤炭行业健康发展。先期在政府指导下制定长煤协议价格，后期引进期货交易原理制定市场化的长煤远期价格策略。

其次，将保障交易顺利进行。通过电煤供应链管理构建煤、电企业利益共赢和利益绑定机制，保障煤、电企业《电煤采购协议》的顺利实施。逐步实现将大部分电煤交易纳入电煤供应链，牢固电煤供应链的功能和价值。

最后，将增进火电企业燃煤采购量和价格的稳定性，为稳定和提高火电企业发电小时数，推进省内经济持续稳定的发展打下基础。

## 二、电煤供应链运营情况

贵州金元电煤供应链管理采用电煤保障基金和电煤供应链集采平台两种形式进行运作。

### （一）电煤保障基金运营情况

电煤保障基金以有限合伙制的方式设立，由毕节市工业投资集团、贵州金元、金融机构按照1∶3∶6的比例共同发起认购出资设立，暂定名为“毕节民生电煤保障基金”，暂定基金规模为30亿元，采用分期认购到位的方式，首期认购基金规模为10亿元，期限为三年，注册地为毕节市，基金托管银行为民生银行贵阳分行。其中，毕节市工业投资集团认购的基金份额为劣后级，贵州金元认购的基金份额为次级，民生银行认购的基金份额为优先级。基金经营运作过程中，产生的风险及资金损失依次按照劣后级、次级和优先级的顺序予以全额承担。

电煤保障基金以委贷形式将资金贷给火电企业用以购买电煤，基金采用会员管理方式，利用基金资金进行煤款结算的电厂和煤企需经审批后，签订入会协议，成为电煤保障基金的会员。资金成本由电厂同煤矿双方共同承担，其中电厂占60%，煤矿占40%，每笔资金按3个月周期向基金支付资金成本，3个月后电厂以取得的电费收入向基金支付该笔款项本金，以此实现基金一年内 4 次流转。

1. 基金的运行管理

①设立投决会：由政府、发电企业和民生银行联合组成投决会，以投票表决方式，确定基金规模、融资成本、运作规则、会员资格、结算规模、收费标准和收益分配等重大事项。

②设立交易管理中心（与有限合伙人合署办公）：制定规则文件，提交投决会审批；按规则审查会员资格，履行交易审查确认职责，监督基金运作，开展基金核算，编制运营结果报告，提出违规处罚建议等。

③搭建交易监控平台：依托上海煤炭交易中心开发的交易软件，实现会员资质审查管理、电煤长协审查备案、电煤交易审核确认、资金使用动态监管、长协履行情况监督等方面的实时信息化管理。

2. 基金使用的操作流程及收费标准

①支持电煤结算：交易管理中心通过交易监控平台，对电厂提供的电煤结算单和煤矿提交的发票影印件进行审核后，运用基金项下的资金，向煤矿支付煤款，并收取部分资金成本；同时向电厂发放 3 个月的委贷；委贷到期后电厂负责还本付息。

②支持电煤战略贮备：根据电煤贮备需要，经投决会审批同意，3 个月的委贷到期，可以通过续贷方式转为战略贮备资金。

③商业汇票提高资金规模：经投决会审批同意，基金可拿出部分资金作为保证金，由民生银行通过其“代付通”系统，采取商业承兑汇票开立及贴现的方式，支持电煤的结算，贴现成本超出基金使用收费标准时，超出部分由电厂与煤矿共同承担；贴现成本低于基金使用收费标准时，相应部分形成基金收益。

④资金使用收费标准：假定基金年周转 4 次（每次需承担基金融资成本及运行成本的 1/4），电煤交易结算时，以优先级金融机构实际融资利率 + 1 为基础，计算每次电煤结算使用资金的成本，按煤矿和电厂分别承担 40% 和 60% 的原则，分别向双方收取资金占用成本；交易结算资金转为战略贮备资金时，按劣后级和次级不再收取资金占用费的原则，电厂仍按交易结算时的费率标准支付资金成本，以满足优先级资金的收益需求。同时，为鼓励电厂提前还款，增加资金周转次数，对提前 1 个月归还委贷的电厂，资金占用成本按标准的 90% 收取。

## （二）电煤供应链集采平台运营情况

贵州金元电煤供应链集采平台以贵州金元下属的金沙配售电公司和金碧配售电公司为主体，贵州金元配售电公司和当地县政府共同出资成立，出资比例为金元售电占 60%，当地县政府占 40%，属于贵州金元的控股单位。在当前国家煤炭去产能的政策背景下，电煤供应链集采业务通过售电公司在当地为区域内火电企业集中购买电煤，以售电公司为融资主体，以售电公司和火电企业、售电公司和煤炭企业的电煤交易为贸易背景，向金融机构融资，支付煤款，这样避免了因银行将煤矿生产企业排除在融资业务链条以外而导致煤款无法及时结算的情况。

1. 电煤供应链集采平台职责与分工

①贵州金元计财部及火电部负责电煤供应链集采业务管理工作，制定电煤供应链管理制度并组织实施，负责组织电煤供应链集采业务监督与评价工作。

②贵州金元售电公司负责配合计财部与火电部，统筹指导下属金碧配售电公司与金沙配售电公司开展实施电煤供应链集采业务具体工作，包括电煤购销合同的签订、进行供应链融资、支付电煤款项、定期进行电煤供应链业务清算等相关工作。

③贵州金元下属火电企业负责按照贵州金元计财部及火电部要求，配合配售电公司开展实施电煤供应链集采业务具体工作。

2. 电煤供应链集采业务管理要求

电煤供应链集采业务以金碧配售电公司和金沙配售电公司（以下简称“配售电公司”）为平台，各火电厂应根据贵州金元统一安排，通过各自区域内的配售电公司集中采购电煤。原则上各火电厂应按贵州金元计财部及火电部安排，通过配售电公司集中采购电煤，如有特殊原因需直接与煤矿企业签订购煤合同采购电煤的，应向贵州金元计财部及火电部提交书面申请，经计财部与火电部审查同意后，可直接向煤矿企业采购电煤。

（1）配售电公司与煤矿企业的电煤采购

与煤矿企业（含贸易公司）的电煤采购合同谈判仍由各火电厂负责，煤矿企业分担的供应链融资成本应通过煤价让价来实现，配售电公司根据火电厂与煤矿企业谈妥的让价后的电煤价格和煤矿企业进行电煤采购结算。

收煤、过磅、采样、化验等流程仍然按照火电厂原有流程执行，电厂与配售电公司以及配售电公司与煤矿之间的电煤结算，均以电厂提供的过磅、采样、化验等结算数据为基础，相关结算单据由电厂提供。电厂应保证燃煤过磅、化验等结算数据的真实性和及时性，电厂相关人员应在结算单据上签字并加盖相关印章。

（2）电厂与配售电公司的电煤采购

配售电公司与火电厂签订燃煤购销合同，结算煤价应以配售电公司与煤矿电煤结算价格为基础，上浮一定比例。

每月结算的只是暂定上浮比例，各火电厂与配售电公司应于每半年结束的次月进行清算，将配售电公司的实际融资成本与运营费用折算到当月结算煤价中，并根据双方确认后的电煤结算数据，签订补充协议。根据调整后的燃煤价格进行结算，配售电公司运营费用包含因提价而产生的税金附加费、电煤集采管理费以及其他经过双方认同的相关费用。

清算单据由配售电公司编制，经电厂和配售电公司双方相关人员签字盖章确认后作为财务处理的依据。各单位应做好基础数据管理，登记好有关台账，并与配售电公司核对无误后，及时清算，以保障供应链渠道的畅通。

配售电公司与各火电厂之间的电煤结算，应以配售电公司与煤矿之间的电煤结算数据为基础，由煤矿开具发票和配售电公司结算后，配售电公司再开具发票和电厂结算，除贵州金元计财部另有安排外，原则上结算必须一一对应。

各参与火电厂应指定专门的厂领导及专人对接配售电公司电煤供应链集采平台业务，并协调好地方政府与煤矿、配售电公司及电厂之间的联系，保障贵州金元以配售电公司为基础的电煤供应链集采平台顺利平稳运行。

3. 电煤供应链集采业务考核评价

各火电厂应大力推行融资费用分摊机制，煤矿企业应通过煤价让价，分担一定比例的融资费用，对充分使用供应链集采平台进行电煤采购且大力推行融资费用分摊机制的火电厂，贵州金元计财部在月度和年度考核的时候给予加分奖励，各火电厂参与供应链集采平台购煤而增加的电煤采购成本，经计财部及火电部审核无误后，作为月度和年终考核的调整因素，调增该电厂考核利润，并同时调整火电厂考核煤价。

煤矿通过煤价让价承担的融资费用，数据由各火电厂提供，贵州金元火电部负责对各火电厂提供的数据进行审核，确定煤矿是否通过煤价让价承担了融资费用，审核无误后调整火电厂考核煤价，并提交计财部作为考核奖励的依据。

## （三）贵州金元电煤供应链风险及预期成效分析

1. 主要风险点

筹集资金闲置及挪用风险、结算资金回收风险、融资成本回收风险、预期目标实现风险。贵州金元供应链业务是建立在真实的煤贸交易及购煤资金的快手周转基础上的，电煤保障基金或供应链平台融入的资金如不能快速周转，在基金管理中心或供应链平台上沉淀，则会形成大量的资金成本，侵蚀供应链业务的收益，推高供应链业务融资成本；如管理不善，大额资金的沉淀甚至会造成资金挪用风险。

2. 风险管控措施

电煤供应链交易参与者实行会员制，成立投决会及供应链平台委员会对重大事项进行决策，成立交易管理中心进行日常运营和监管，搭建交易监控平台对过程进行实时监控，建立违规处罚机制。

3. 预期成效

政府通过经济手段调节，均衡电煤供求，稳定电煤价格，监督电煤长效的执行，最终实现区域能源行业乃至整体经济的平稳运行；煤矿通过及时取得煤款，补充经营发展资金，增强市场预期，保障煤矿的连续生产运营；电厂通过延期结算，取得流动资金支持，解决煤炭贮备资金，获得稳定的电煤供应和价格预期。

## 三、电煤供应链实施效果

### （一）火电企业

贵州金元自2018年年初开始实行电煤供应链业务至今，已取得各相关银行及其他金融机构共计25亿元的授信额度，通过电煤供应链业务支付煤款45亿元，为贵州金元下属火电企业采购电煤超过1000万吨，为贵州金元完成贵州省政府下达的发电任务和电煤储煤任务提供了有力保障。贵州金元供应链业务通过金融行业的资金注入，煤矿共担融资成本，有效地控制了自身的财务费用，盘活了自有资金；通过为下属火电企业集中采购电煤，将电煤合同签订、结算、支付等环节有机统一起来，可将各火电单位的燃煤采购信息迅速收集汇总，提供更通畅的燃料管理信息平台，为贵州金元火电板块的生产经营决策提供大数据支撑，为火电板块下一步扭亏为盈打下坚实的基础。

### （二）煤炭企业

煤炭企业加入电煤供应链业务以后，现金流得到了及时保障，并且因煤炭企业承担了部分融资成本，其通过电煤供应链业务结算的煤款都是由现金支付，已无票据支付。在采用电煤供应链业务结算之前，火电企业支付煤款的现金与票据比例，往往是根据电网公司支付给火电企业的现金与票据比例来决定的，通常已达到现金与票据各占50%。煤矿企业参与电煤供应链业务以后，虽然分担了部分融资成本，但收到的煤款全是现金，没有票据，其贴现费用大幅下降，减少了对外融资的需求，降低了融资成本。煤矿企业通过电煤供应链业务获取的资金在满足日常生产经营需求的基础上，有能力加大投入新采掘面的开发，进一步释放其产能，保障电煤供应，从而实现煤炭企业与火电企业的双赢。

主创人：邹岚　张涛　杜靖
参与人：沈玥　周玲珑

# 党建生产融合“123”工程实践与探索

延长油田股份有限公司吴起采油厂

## 前言

吴起采油厂组建于1993年，2005年重组后隶属于延长油田股份有限公司（以下简称“延长石油”）。现有职工7002名，下设生产单位31个、职能部门37个；控制资源面积2377平方千米，探明原油储量6亿多吨；现有油水井16717口，日产原油6700余吨，累计产油3765万吨；拥有总资产208.2亿元。先后荣获“全国文明单位”“全国精神文明建设工作先进单位”“陕西省先进集体”“全省先进基层党组织”等称号。

吴起采油厂的发展历程分为四个阶段：一是创业阶段（1993—2000年）。依靠两口旧油井和3万元贷款艰难起步，原油产量逐年递增，2000年达到10万吨产销规模。二是发展阶段（2001—2010年）。这一阶段是大跨越、大发展时期，综合实力不断增强，原油产量突破百万吨大关，成为陕西延长石油（集团）有限责任公司（以下简称“延长石油集团”）首个年产原油200万吨级的采油厂。三是提升阶段（2011—2015年）。围绕“增长方式大转型、文化管理大推进、综合实力大提升”总体思路，原油生产保持200万吨规模“六连增”，企业转型升级和内涵式发展坚实起步。四是转型阶段（2016年以后）。深入贯彻落实“创新、协调、绿色、开放、共享”的发展理念，坚持稳中求进的总基调，以党建生产融合工程为主线，以转变开发方式为支撑，加快改革转型，夯实管理基础，并确立了200万吨以上稳产到2035年的战略目标。

## 一、实施背景

党的十八大以来，以习近平同志为核心的党中央对国有企业坚持党的领导、加强党的建设、推动高质量发展作出了一系列重要论述。延长石油秉承其企业精神和红色文化传统，建立了“强根固魂、引领发展”党建工作体系，深入推进党建文化建设工程，促进企业党建与生产深度融合，以高质量党建推动企业高质量发展。对照党中央的要求和延长石油集团的部署，针对吴起采油厂已进入转型升级、提质增效阶段，后备接替资源严重不足，横向上无法拓展空间的现状，以及面对日益激烈的市场竞争环境和经济高质量发展需求，与同行业石油企业比较，吴起采油厂还存在着党组织和党员的作用发挥不充分、党建与生产融合不紧密、管理和技术薄弱等突出问题。吴起采油厂通过在近年来对党建，生产和管理工作再调研、再思考的基础上，实施党建生产深度融合“123”工程，推进管理创新和技术创新，提高全员综合素质和企业核心竞争力，是实现原油生产200万吨以上稳产到2035年战略目标的有效途径，对于吴起采油厂可持续高质量发展具有十分重要的意义。

## 二、主要做法

党建生产融合“123”工程，其中“1”指一个总目标，即原油年产量200万吨以上稳产到2035年；“2”指两个创新，即科技创新和管理创新；“3”指“三优”创评，即优秀党员领导干部、优秀技术人员和优秀员工创评。以科技创新和管理创新为抓手，以“三优”创评为驱动力，确保“原油年产量200万吨以上稳产到2035年”战略总目标的实现。具体做法有以下几点。

### （一）坚持科技创新，为企业高质量发展提供技术支撑

#### 1. 整合技术资源

与石油大学、西北大学地质系、西安科技大学等高校签订合作协议，定期邀请高校教授开展技术专题培训，从知识、理论、技术、方法等方面为科技队伍答疑解惑。专家、教授所带的项目团队参与吴起采油厂科技项目立项、验收及攻关等工作，采油厂优秀技术人员也参与高校和科研院所的课题研究，从而有效提高采油厂科技攻关能力。高薪返聘先进企业退休技术骨干，建立灵活的合作方式，定期到采油队、站调研考察，对现有科技管理工作提出建设性意见，并参与科技项目攻关。组织技术干部和业务骨干到中石油、中石化等行业标杆企业对标考察学习，不断提升技术人员的综合素质。

#### 2. 重视队伍建设

结合自身发展需求，不断壮大科技队伍。鼓励一线专业技术人员向机关技术岗位回流，解决科技人才短缺的问题。最大限度地发挥外聘专家的作用，增强科研能力。实行科技人员竞聘上岗制度，每两年对技术部门、采油队技术人员组织一次竞聘，不断更新科技队伍血液。广泛应用“互联网＋”等高端技术，为员工提供立体化、体验式培训。推行师带徒活动，明确培养目标，通过定向培养、角色换位、岗位培训等方式，由经验丰富、有较高水平和知名度的技术专家担任师傅，选拔素质较高、基础较好的青年员工作为培养对象，对于表现突出的师带徒对子进行表彰奖励，从而快速增加全厂的技术创新活力。

3. 强化项目攻关

科技项目的立项、分级、监管、验收、经费使用等管理办法及时到位，组建成立科委会，系统编制科技攻关项目计划，明确科技攻关方向，统一在全厂发布实施，并加强日常监管。为保证科研项目质量和科研成本的有效利用，评审时，以当年计划为指导进行分级审定。科委会不定期对科技项目实施过程进行抽查，并进行通报批评，对推进不力的课题一律叫停。同时，逐步完善配套评估制度，对成果推广程度、科技投资收益率等方面进行量化评定，并将结果与绩效挂钩，严考核硬兑现。除此之外，瞄准短板弱项，突出重点领域，设立专项技术创新工作室，由专项技术带头人牵头负责，面向全厂召集专业技术人才，外部专家、教授定期提供指导，大力开展专业领域技术交流，不断总结经验，认真查找不足，同步整改落实，团队攻坚克难优势充分彰显。

4. 建立激励机制

一方面，将科技项目列入领导干部工作任务书内容，由勘探开发研究所进行分类分级，每月从项目进度、项目质量、项目成本、项目档案等方面进行考核，年终进行综合打分。另一方面，将科技人员述职答辩纳入考核范畴，由分管领导、技术部门及人力资源科负责人组成联评小组，全面推行技术人员述职答辩考核，年度考核与任职资格关联，年度考核不合格的技术负责人，次年降级使用，若连续两年不合格，调整使用；年度考核不合格的技术组组长，次年降级使用，若连续两年不合格则被解聘；当年考核不合格的技术带头人，次年解聘。为鼓励技术人员快速成长，不断提升自主攻关能力，根据技术人员贡献大小，配套建立采油厂激励制度，加大对科技人员奖励力度，如优秀技术带头人奖励10000元，技术攻关能手奖励5000元。

### （二）坚持管理创新，为企业高质量发展注入不竭动力

1. 实行油井三级承包管理

对生产油井进行三级承包管理，自上而下抓单井产量。由厂级领导承包采油队，科级领导干部承包工作站，党员承包新井、低效井和偏远井。推行井位分级管理，根据油水井的位置、井位产量等指标要素，对井位进行统一梳理分级，针对不同级别井位制定相应的人员配备标准、技术指标、绩效基准等。承包指标完成情况与干部职工的绩效工资挂钩，按月考核兑现，形成“按劳分配、多劳多得”的薪酬分配机制，同等级职工月度工资最大差距达1000元以上，这样逐渐培育形成“管理油井我负责、呵护油井我受益”的油井文化。

2. 推进“一卡通”积分管理

从2018年起，吴起采油厂全面推行全员竞聘上岗制度，建立全员周期性竞聘管理

机制，对热点和重点岗位进行定期轮岗换岗，不断提高全员的工作积极性和创造性。2019年，吴起采油厂探索将员工积分卡与上岗证进行有机融合的新机制，开启全员“一卡通”管理模式，实现技能操作类岗位持证上岗、日常违规扣分与年度考核管理工作一体化推进。为巩固劳动用工改革实施效果，确保持续深入推进，吴起采油厂重新梳理岗位设置，科学调整岗位人员编制，制定了岗位说明书和操作流程，全面推行人员“四定”动态管理，为劳动用工改革提供了依据。同时，深入摸排人员现状，鼓励符合停薪待岗、离岗退养、提前退休等政策的人员有序退出，不断优化人员结构，为企业高质量发展提供坚实的人才保障。

#### 3. 实现全面标准化管理

在OA（办公自动化）系统搭建标准化信息查询平台，大力普及标准化管理知识，实现国家、行业和地方标准在线查询与应用，提高企业标准化管理水平。建立吴起采油厂标准化体系，在集团、油田公司已发布的标准体系基础上，经过系统梳理总结，形成了涵盖部门职责标准37项、主要业务流程90项、岗位工作标准226项的标准体系。同时，制定了《联合站管理手册》《联合站标准化操作手册》，实现了各项工作标准化和模块化。吴起采油厂着眼于提升技术能力和管理水平，逐步完善各类技术标准和管理标准。标准化体系建成后，优选“工区相对集中”的石百万联合站推行标准化试点，积累经验，逐步推广。结合实际，制定《6S管理操作手册》，全面实施6S达标创建，现场管理水平稳步提升。

### （三）坚持党建引领，为企业高质量发展提供政治保障

#### 1. 学习固融合之本

坚持“日读万字、月明一理、周写一文”优良传统，将学习型企业建设纳入党建工作规划，引导全员主动学习、快乐工作、健康生活。建立三级教育培训体系，扎实开展领导班子实务培训、中层干部“学讲计划”和职工“万千教育”。建设机关阅览室和基层职工书屋，开展“全员阅读、书香吴采”学习活动，通过“职工夜校班”“日学两小时”等形式，广泛开展岗位练兵活动。编发领导干部知识荟萃“口袋书”，随机抽考检验学习成效，并纳入干部业绩考核。近年来，全员坚持记写读书笔记，累计奖励达200万余元。特别是2019年以来，吴起采油厂党委借助“学习强国”平台，将学习积分纳入党员终身制积分管理，形成了浓厚的比学赶超氛围，全员综合素质不断提升。

#### 2. 文化铸融合之魂

坚持以延安精神和长征精神引领企业改革发展。充分利用吴起红色革命资源，大

力开展爱国主义教育，弘扬社会主义核心价值观，引导职工群众在生产经营中发挥才智，在企业发展中贡献力量，增强共同筑梦的自觉性和坚定性。制定“主动求变、自我完善”三年规划，扎实开展“厂兴我荣、厂衰我耻”主题教育活动，引导职工群众坚定道路自信、理论自信、制度自信、文化自信。建成吴起采油厂廉政教育基地，强化廉洁从业教育，营造风清气正的干事创业环境。整合各类资源，持续完善职工活动中心、职工夜校、职工书屋等阵地建设，广泛开展文艺创作、文化宣传、文体竞赛和志愿服务活动，促进职工自我管理、自我成才。以“党建引领文化，文化提升管理”为主线，着力打造“奋起吴采”企业文化，形成了“6 + X”、胜利文化、三园文化、狼鹰文化等 12 个支部特色文化品牌，凝聚起推动企业加速追赶超越高质量发展的磅礴力量。

3. 创优聚融合之心

围绕“200 万吨以上规模稳产到 2035 年”战略目标，开展优秀党员（干部）、优秀技术人才和优秀员工的“三优”创建活动。优秀领导干部创建以工作任务书为抓手，按照“业绩考核、垂直评价、综合测评”的考核体系，评选优秀人员。2018 年，评选出优秀科级干部（管理能手）39 人，兑现奖金 20 万余元，择优提拔 7 人，领导干部的履职能力显著增强；优秀党员创评以终身制积分为抓手，制定“履职 + 示范”评价标准，按照年度积分和累计积分兑现奖励，党员示范作用充分彰显。优秀技术人才创评以绩效卡为抓手，由科委会联评产生，2018 年，兑现技术奖励 42 万元。2019 年，在 6 个潜力油区推行项目化管理，设置评价等级和奖励标准，激励技术人员潜心钻研、大胆实践。优秀员工创评以“一卡通”为抓手，推行“正面激励 + 负面清单”管理模式，积分与岗位任职资格、薪酬分配和评优树模挂钩。近两年来，累计评选优秀员工 152 人，全员工作热情和奋斗激情空前高涨。

4. 示范凝融合之力

创新开展党员干部“三承包三承诺三创建”活动，班子成员承包 16 个注水项目区，科级干部承包 104 座注水站，党员承包 2261 口注水井。根据承包单元运行现状，党员干部签订承诺书，设立责任牌，主动深入承包单元开展调研，认真学习注水业务，找准短板弱项，确定攻坚重点，做到有的放矢，形成了全员参与精细注水的强大合力。机关党员干部立足本职岗位，发挥职能优势，协调解决设备设施维修、作业环境改善、水源协调等实际问题。同时，运用“互联网 +”优势，将打卡系统引入注水示范管理，实时跟踪工作动态。在此基础上，将党建生产融合项目纳入目标责任管理，配套制定《吴起采油厂注水工作“三项机制”实施办法》，组建联合督导组，纪检监察部门跟进监督执纪，按月发布工作简报，交流典型经验，通报存在问题。运行两年来，注水生产时效显著提升，注水开发区域综合递减率逐年降低。

## 三、实施效果

吴起采油厂在“十三五”期间，全厂上下深入贯彻习近平新时代中国特色社会主义思想，坚持稳中求进总基调，全面落实油田技术创新和管理创新“两条腿走路”战略部署，创新实施党建生产融合的“123 工程”，重点工作扎实推进，综合管理大幅跃升，技术创新不断增强，党建引领作用凸显，全员素质全面提升。几年来，企业顶住了多方压力，克服了多重困难，各项工作稳中有为、稳中有进，企业效益不断提升。

### 1. 科技创新降本增效

近年来，吴起采油厂坚持把科技创新列为“头号工程”，不断完善保障体系，积极争取有关政策，配套出台了 7 项保障制度。依靠科技创效，2034 万吨储量计算通过油田评审，单井日产油同比提高 0. 17 吨，恢复注水受益井 317 口、措施挖潜 250 井次，增油 3. 7 万吨。恢复关停井 595 口，释放产量 3. 52 万吨。开展注水大会战，推行注水“三承包三承诺三创建”活动，形成了党建引领、党员示范、技术支撑、综合保障的高效运行机制，党员干部协调解决各类问题 576 项，配注合格率提高 12. 5 个百分点，水质达标率提高 15 个百分点，注水井利用率提高 3. 8 个百分点，两级注水项目区日产油同比增加 433 吨，自然递减率下降 2 个百分点，相当于少打新井 230 口，节约投资 4800 万余元。

### 2. 管理创新降本增效

通过推行油井承包责任制管理，全员“管理油井我负责、呵护油井我受益”的思想共识更加牢固，“爱井敬业”的油井文化已经形成。深化全员积分卡管理，启动上岗证与积分卡“一卡通”管理，着力打造具有“吴采特色”的标准化管理体系，形成了系统规范、科学高效、务实管用的管理标准、技术标准和工作标准，权责界面更加清晰，运行管理更加高效，形成了“事事有标准、件件有落实”的管理格局。同时，打造石百万联合站标准化管理样板，推行王洼子采油队“全巡井”管理模式，分流人员 157 人，有效缓解了劳动用工压力，企业管理体系焕发出勃勃生机。落实“定量—限时—夯责”工作法，油井管理更加精细，生产任务更加主动，油井免修期相比“十二五”期间延长 36 天，直接节约生产成本 2700 万元。

### 3. 深度融合提质增效

吴起采油厂着力推动党建生产深度融合，党建工作始终坚持“融入生产、服务大局”的鲜明导向，将党的思想优势、组织优势、群众优势转化为企业的管理优势、发展优势和竞争优势，形成了党建生产统一领导、统一计划、统一检查、统一考核、统一奖惩的工作格局，凝聚起推动“四个吴采”（ 智慧吴采、活力吴采、美丽吴采、幸福吴采）建设的强大合力。通过“三优”创建活动，评选出优秀管理干部 39 人，择优提拔 7 人，交流调整 23 人。党员领导干部主动作为，履职能力显著增强，带头作用充分发挥；技术人员立足岗位、攻坚克难，参与科技创新和技术攻关的工作热情高涨，攻克了一批制约油田发展的技术难题；广大员工主动求变、拼搏进取，敬业、勤业、精业成为每一名员工的思想自觉和行动自觉。两年多来，吴起采油厂累计建成三基示范队站 16 个，五型示范班组 89 个，党员责任区 109 个，党员示范岗 360 个。实施党建生产融合“123 工程”两年多来，吴起采油厂持续领跑油田产量大厂，为油田贡献原油产量 500 多万吨，完成营业收入 100 多亿元，实现利润 20 多亿元。同时，恢复支付吴起县石油开发费用，缴纳税费达 50 多亿元，直接创造就业岗位 5000 个以上。深度参与地方脱贫攻坚和社会经济建设，累计投入资金达 1 亿多元，修建油区道路 56 千米，修复植被超过 1. 86 平方千米，为吴起县域经济发展作出了卓越贡献。

主创人：马涛　张强

参与人：何文宝　张永银　张兴轩　朱荣强

# 大型装备企业细节管理工作平台构建与实施

兰州兰石集团有限公司

## 前言

兰州兰石集团有限公司（以下简称“兰石集团”）始建于1953年，前身是由“一五”期间156个国家重点项目中的两项——兰州石油机械厂和兰州炼油化工设备厂合并而成，至今已走过六十多年的辉煌历程。兰石集团始终坚持“聚焦客户，正心诚意，以高品质能源装备产品及服务，全力以赴助力客户成功与产业进步”的使命，先后自主研发制造出国内第一台石油钻机、15000米半潜式超深海洋钻机、四合一连续重整反应器、3万吨多缸薄板成型液压机等高端领先产品，填补了国内能源装备领域百余项技术和产品空白，被誉为“中国石化机械摇篮和脊梁”“装备中国功勋企业”，多次荣膺全国五一劳动奖状、装备中国创新榜样企业、全国十佳管理创新单位等荣誉称号。

如今，兰石集团已发展成为以化石能源装备制造、铸造锻热、通用机械为产业基石，以新能源、节能环保、新材料等产业的装备制造及服务为新动力，构建集研发设计、生产制造及检测、EPC（设计采购施工）总承包、投资运营、售后及金融服务等为一体的全产业链发展格局。拥有兰州、青岛、新疆、西安、上海、洛阳等多个研发和制造基地，下属11家二级子公司，1家上市公司（兰石重装，SH603169），1所能源装备工程研究院、3所分院和13个技术中心，1家国际工程公司和8家海外分支机构。市场涵盖石油化工、煤化工、石油钻采、矿山冶金、军工、核电、航空航天、采暖、物流等多个行业，业务覆盖美国、英国、德国、俄罗斯、土库曼斯坦、日本及中东等60多个国家和地区。

兰石集团作为一家省属地方性老牌国企，在六十多年的发展历程中，积淀了深厚的经营管理底蕴，也逐渐培育出具有自身特点的管理方式，其中兰石集团的“细节管理工作”就是集团在长期发展过程中，面对日益激烈的市场竞争、变幻莫测的经营环境，通过不断探索钻研，逐渐形成的一种管理理念和管理方式。兰石集团十四年来坚持不懈地落实该项工作，为企业整体良好发展发挥了不可替代的推进作用。新时期下的兰石集团，将大力发扬“仰望星空，脚踏实地，执着奋斗，追求卓越”的企业精神，以提升国家能源装备水平为己任，以低碳绿色、安全高效为方向，加快能源装备制造业的转型升级，大力发展智能装备制造、节能环保产业，积极培育新能源、新材料等新兴产业，优化调整辅助产业，持之以恒地走产品高端化、经营国际化、产融协同化、管理现代化的道路。细节管理工作作为兰石集团一项长期坚持的管理平台型工作，还将持续做精做细，助推兰石集团成为具有数据洞察和产业整合能力的能源装备整体解决方案服务商。

## 一、兰石集团细节管理工作实施背景

### （一）各行业领域专业化程度越来越高

随着社会分工的持续细化，各行各业的专业化程度越来越高，兰石集团处于完全竞争的市场环境下，生存压力越来越大，从自身管理角度出发对精细管理的要求越来越高，正如许多优秀的企业都是上百年专注于某一领域，秉承精益求精的精神，对产品品质不断追求极致，最终做大做强，成为行业龙头或隐形冠军。

### （二）企业微利时代的要求

随着生产力的不断提高，曾经的卖方市场逐渐成为买方市场，激烈的市场竞争导致利润空间逐渐缩小，整个经济进入微利时代，特别是近些年，兰石集团随着“出城入园”项目落地，产能增加的同时生产成本也逐年递增，利润空间逐步缩小。微利时代是一个细节决定胜负的时代，企业对自己的产品或服务做出某种细节上的改进后，与另一家企业相比而言，也许只给用户增加了1%的附加值，然而消费者在对两种产品或服务进行比较后，相同的功能被抵消，对消费者的购买决策起作用的也许就是这1%的细节，1%的细节优势往往决定了100%的购买行为。

### （三）产品同质化越来越严重

近些年中国市场环境的风起云涌，整体经营环境、资本环境都发生了巨大变化，随着宝石集团、宏华集团等同行企业的不断壮大，兰石集团深刻感受到同行业企业间产品和服务日趋同质化，产品品质也日趋同质化，只有从人性化方面着手，增加产品附加值，才能形成自身的竞争优势，即谁为消费者想得周到、细致，谁就会在竞争中胜出。需要完善的细节层出不穷，根本没有止境，而产品和服务正是在这种无止境的追求中才能得到发展和提高。

### （四）企业自身的危机意识

兰石集团作为老牌国企，经历过从计划经济时代向市场经济时代转型过程中的阵痛，对“祸患始于细节”的说法有着深刻的认识，企业中的细节问题往往是浅层次、显性的问题，是职工每天耳闻目睹，稍加注意就能解决却没有解决的问题，这类问题逐渐累积成为隐患，最后发展成为制约和影响企业生死存亡的大问题。很多企业的领导人出于对此类问题的不断思考和危机意识的不断增强，逐渐认识到了细节问题对企业健康发展的重大影响。

## 二、兰石集团细节管理工作发展沿革

兰石集团细节管理工作是自主开展的一项基础性管理工作，该项工作自2006年开展至今，已持续推进了14年，并由当初一家公司的实施规模逐步扩大到集团范围内的10家职能部门和15家分子（孙）公司，完全走过了一条自主创新发展落实的道路，更为集团各部门、各公司经营管理能力提升作出了巨大贡献。兰石集团细节管理工作的14年实施里程可以划分为三个阶段。

第一阶段：探索实施阶段（2006年至2010年3月），在原兰石有限公司率先开展实施，逐步探索完善细节管理工作方式方法以及细节管理的理论内涵。

第二阶段：发展实施阶段（2010年4月至2017年12月），细节管理工作在以往开展的经验和基础上，工作范围逐步在集团各职能部室、生产单位进行推进，实现合理有效的管理复制，工作方式方法得到进一步优化，细节管理理论持续完善。

第三阶段：创新变革阶段（2018年1月至今），面对集团内外部环境以及自身经营方向的不断深化，细节管理工作在持续实施的基础上，不断创新工作形式，以适应兰石集团经营环境。

## 三、兰石集团细节管理工作定义和内涵

### （一）兰石集团细节管理的定义

细节是微小的事物和情节，事物的细节之间存在着固有的内在联系，能反映事物的规律和本质。细节管理又叫纳米管理，是以科学的精神和认真的态度，对工作微观要素进行管理，包括识别工作的组成环节、功能，研究方法、工艺，设定考核标准、角度，从而找到事物发展的内在联系和规律性，保证各环节的完美实现。

兰石集团细节管理工作是对企业运营中存在的具体事物、事情进行把握和控制，企业的成功是细节在时间和空间上的积累。兰石集团细节管理工作以问题为出发点，以持续改进为基础，以广泛实施为根本，通过坚持不懈查找问题并落实改进，实现企业经营管理从量变到质变的提升，最终实现企业健康有序运行。对兰石集团细节管理工作的定位为实现管理提升、促进全面发展的一项基础性、系统性、承载性工作，是集团管理工作中的重要组成部分。

### （二）兰石集团细节管理的内涵

第一，细节管理是一种科学的管理方法，要求企业建立科学量化的标准和可操作、

易执行的作业程序以及基于作业程序的管理工具。

第二，细节管理是一种管理理念，体现了企业对管理的完美追求，是严谨、认真、精益求精思想的贯彻。

第三，细节管理具有管理二重性，细节管理的艺术性表现在开展形式上，更倾向于自主意识层面的管理，体现内在精神，根据企业实际和发展思路确定工作的开展形式。科学性表现在执行层面，细节的内在操作排斥人治，崇尚规则意识，必须遵循事务的内在规律，否则难以达到目的。

第四，实施细节管理的目的是企业利益的需要，是基于组织战略清晰化、内部管理规范化、资源效益最大化的基础上提出的。

第五，细节管理是永续精进的过程，不是阶段性活动，而是自上而下积极引导和自下而上自觉响应的常态式管理模式。

### （三）兰石集团细节管理的管理角度和层级

#### 1. 管理角度

企业运行过程中，存在着各式各样的先后次序、人员分工、规章制度等，这些事物之间关联有序，形成了企业运行的有机体。细节指的是这个有机体中的微观构成，它包括成百上千个动作、步骤、方法、衔接，以及工作人员自身的习惯养成、内心活动、专业技能等。细节管理就是从微观要素的角度来探究和推进具体的工作方法、过程，设定考核标准，保证各环节的完美实现，最终达到整体管理水平的不断提升。

#### 2. 管理层级

研究细节就需要对企业运行过程进行分解，找到构成过程的要素与环节，即企业运行当中的“点”，对这些“点”进行规范管理，即实施一个点、补充一个点、完善一个点、延伸一个点、超越一个点。若干“点”的有效聚集，便形成了“线”的管理，是企业中层管理、职能管理、流程管理；若干“线”的有效聚集，便形成了“面”的管理，是企业的整体管理、高层管理、战略管理。所以说细节管理是企业整体管理中不可或缺的基础性组成部分。

### （四）兰石集团细节管理的逻辑关系

兰石集团细节管理工作的开展是一个持续认知、持续改进、持续固化、持续创新的螺旋式上升过程，每完成一次循环，企业经营管理水平就会提高一步，通过这个过程不断触碰管理能力的“天花板”，实现企业整体良好发展。整个循环包括以下四个步骤。

#### 1. 认知

端正态度，树立细节意识。细节很小，往往容易被人们忽视，员工认为自己每天处理的是涉及企业生死存亡的大事要事，无暇顾及细节，自己工作中稍许的大意也不会给企业带来太大损失。所以，要想开展好细节管理工作，必须首先树立细节意识，克服思想上的麻痹大意。管理者必须认真学习细节管理知识，形成自身的思想认知，并引入到企业中来，改进企业原有的管理模式，同时领导关注细节能够对下属起到有效的带头引导作用。普通员工细节管理工作也应当从思想教育方面入手，消除抗拒情绪，让员工养成尊重细节、重视细节、把握细节、做好细节的习惯，为实施细节管理打下坚实基础。

2. 执行

制订计划，落实工作执行。管理者应当根据自身的管理意图，确定细节管理工作的实施思路，并组织专门的团队负责将计划落实到各项活动中去，让细节管理的管理方式得以贯彻到企业经营的方方面面。同时建立起对细节管理工作的反馈环节，及时了解和把握工作状况，明确更加合理的工作方法。根据反馈情况，还有助于对工作成果和进度进行考核。企业通过对细节管理工作的认真执行，逐步形成企业成员普遍认可的细节意识和行为规范，经过长时间沉淀，最终营造企业的细节管理文化，实现企业低风险、高效率的良性运行。

3. 制度

细节管理的执行与制度的关系具体来讲就是“管理三段论法”，即把想到的东西记下来，把记下的东西运用正确的方法做出来，把做对的事情再写下来。细节管理工作是建立在对各种规章制度的执行上，理想的制度是指制度已经细化到了所能达到的精细程度，完善到了不可能再有一点隐患的地步，只要照着去做就能达到最佳效果。细节管理就是在实际工作中不断地实践、归纳、总结、完善、细化的过程，最终形成一套有效成熟的规章制度及流程，并落实到实际工作中去，制度化是细节管理工作的必然要求。

4. 创新

创新存在于企业的每一个细节中，创新不只意味着推出新的产品，也可以是对企业经营管理重要细节的改进。细节管理工作的创新表现在每个员工都要充分发挥主观能动性，着力关注能够或可能改善的细节，尝试和研究新方法、新思路，让自己的工作趋向于完美，使企业产品能够在同类产品中脱颖而出，企业的整体经营能力大幅提升。

### （五）兰石集团细节管理的特点

1. 普遍性

兰石集团每项工作都可以细分成若干个具体的环节、步骤，这就是细节。所以细节存在于企业日常经营的方方面面，对细节进行管理是一项普遍存在的活动。

2. 从属性

细节从属于工作各主要组成部分，是一种微观体现，相对于关键业务，如战略决策、市场拓展等宏观工作而言具有从属性。

3. 不可跨越性

兰石集团的成长发展是各阶段细节的积累，这个时间过程是不可跨越的。

4. 独特性

兰石集团发展阶段不同，面临的内外环境千差万别，各项工作也各有特点，存在的细节也各不相同。

## 四、兰石集团细节管理工作的主要做法

### （一）领导高度重视细节工作，工作推进持续有效

兰石集团细节管理工作长期有效落实的根本保证在于领导关注，是集团及各分子（孙）公司的“一把手工程”。在集团层面，集团董事长始终强调推进细节管理工作的重要性，同时坚持每月审阅各单位细节管理报表和反馈单并撰写批示，为细节工作开展提出要求、指明方向。截至目前，董事长已累计撰写细节管理批复116篇，董事长的高度重视是员工做好细节管理工作的源动力。在各分子公司、职能部门层面，细节管理工作由具体分管领导主抓，并由专责部门、专职人员负责推进落实，形成了“六个一”的工作方式，即一个选题、一位领导、一组班子、一位专人、一套措施、一项成果。正是领导的高度重视，体现了兰石集团各级领导关注细节、精益求精的管理风格和全员落实细节的工作作风。

在领导率先垂范的带动下，各实施单位积极落实细节管理工作，将工作深入各个科室、工段，渗透企业经营管理的各个环节，做到了全员参与、全过程参与，可以说细节管理工作是兰石集团开展范围最广、实施时间最长、影响程度最大的一项管理创新活动，深刻影响着企业经营管理的方方面面。

### （二）自主创新细节工作方式，工作内涵持续升华

兰石集团细节管理工作的开展走上了一条自主化创新发展的道路，在发展的过程中既实现了管理创新，又实现了理论创新，是一项系统性的创新工作。一是创新工作方式，逐步建立健全了一套完整有效的细节管理工作实施机制，以项目管理的方式改进问题，多次优化《细节管理实施情况报表》设计，采取防呆处理增设“问题类别”。

二是建立细节管理绩效考核机制，将细节考核纳入集团考核体系中去，形成工作导向。三是结合企业发展的不同阶段和不同阶段的关键业务，开展“出城入园”“现场管理”“六化管理”等主题活动，提高工作解决问题的能力。四是搭建交流学习平台，定期组织细节管理工作交流会、培训会。五是组织细节管理主题活动，要求各单位全年确定一项细节主题，采取剥洋葱的方式将主题细化分解为若干具体问题，采用细节管理的方式加以改进，强调了细节工作的聚集效应。六是采用信息化手段开展细节工作，在集团 OA（办公自动化）系统中设置细节管理报表提交流程和细节管理反馈单审批流程，提高细节管理工作效率，实现工作留痕。七是各单位编制细节管理项目汇总表，并对所有细节管理成果落实到相关制度标准中去，做到工作成果不反弹，管理不浪费。

兰石集团细节管理工作还逐步形成了一套完整有效的方法论，其管理定义、内涵等内容逐渐清晰、具体，由管理性工作向管理方法、管理手段和管理理论层面纵深推进，更好地指导工作落实。兰石集团通过持续探索和大胆创新，细节工作形式不断完善，内容不断丰富，成果不断提升，目前各单位细节管理工作能够聚焦中心业务，有针对性地开展选题，工作方式的创新带来了工作结构上的改变，细节管理工作实施主体下沉，建立起一个系统有效的管理工作规划执行系统，自上而下分解实施、自下而上总结提炼，细节项目聚焦、成果显现。

### （三）建立细节管理工作开展方式，实现成果定标准、入制度

兰石集团细节管理工作经过多年探索实施，建立了一套科学合理的工作开展方式，是保证该项工作落实并取得成果的关键载体。细节管理工作按照集团倡导、集团总部各职能部门、各分子公司按月自主立项，填写兰石集团细节管理实施情况报表报送集团风控和法律事务部并落实执行，风控部撰写细节管理反馈单，分析评价项目填报情况，并报送集团董事长，集团董事长审阅各单位细节报表和反馈单后撰写批示，集团风控部下发各单位学习批示内容并落实改进的工作方式推进执行。风控部牵头规划，确保了工作的统一性和规范性；各单位自主立项，确保了项目的多样性和实用性；按月检查、反馈，确保了工作的执行力和有效性；董事长按月批示，确保了工作开展的高度和方向。

2010 年 1 月 1 日至 2019 年 11 月 30 日，各单位累计上报细节管理项目 3312 项（不包含各单位内部自行落实的项目），如图 1 所示。

细节管理项目落地性呈逐年递增趋势，特别是 2016 年以后每年实施率均达 100%，如图 2 所示。

为了强化细节管理工作开展质效，将工作做到实处，对工作提出一些具体要求：一是各单位必须紧密结合年初集团经营战略目标和要求，组织开展细节工作，其中，集团本部各职能部门要围绕管理职能提升、各公司要围绕经营瓶颈破解予以落实，即细节工作要能够抓重点。二是细节项目要做到立项准确，必须围绕员工工作中存在的

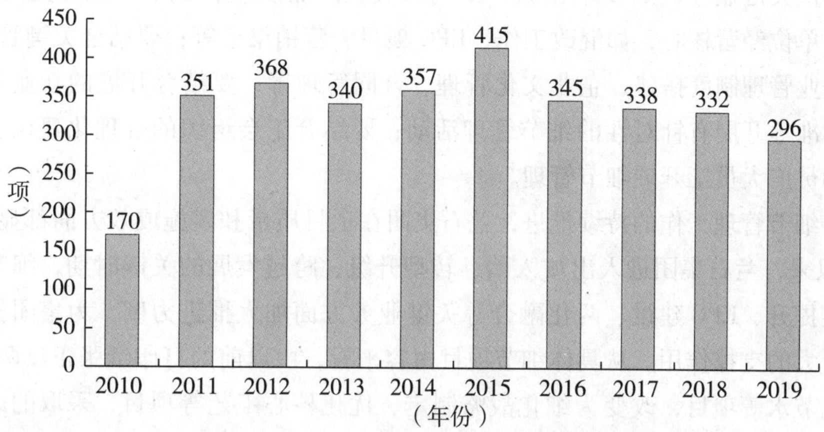


**图 1　2010—2019 年细节管理各年报送数量**

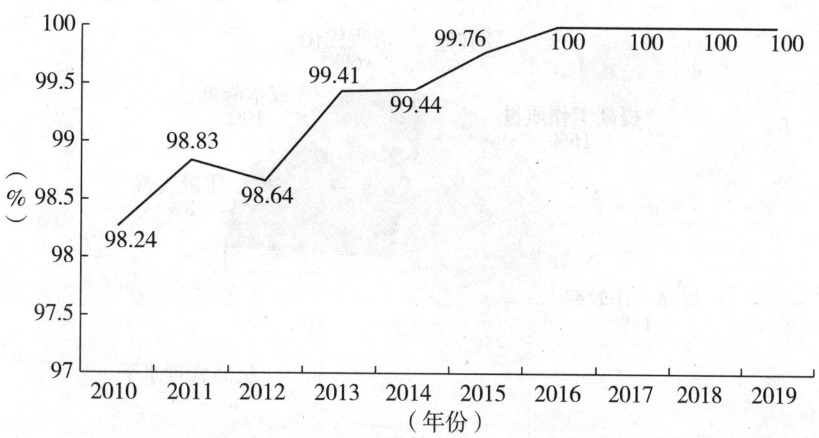


**图 2　2010—2019 年细节管理各年实施率**

具体问题，通过协调自身资源落实改进。三是制定《兰州兰石集团细节管理专项考核实施细则》，形成对工作的正向激励。四是要求定期开展“细节管理工作回头看”活动，采用举一反三的工作风格改进问题。一方面，继续深挖问题，采取扩散性的方式落实改进，确保工作成果最大化；另一方面，检查是否存在管理浪费、问题反弹的情况，对改进不到位不彻底的项目要进一步抓紧落实，保证成效。五是以项目成果定标准、入制度等手段保证工作成果固化，形成闭环管理，同时强调对细节管理的培训宣贯，保证全体员工对细节工作应知应会、入心入行。

### （四）持之以恒开展细节工作，工作取得显著成效

兰石集团细节管理工作的开展注重追求实效，细节管理工作的落实不能脱离企业经营管理的实际业务，始终坚持“五结合”的方式开展该项工作，即细节管理工作要

结合各单位关键业务，如技术创新、工艺攻关、产品质量、成本控制、党建工作等；要结合各单位经营核心，如混改工作、EPC 项目、营销渠道等；要结合关键管理事项，如现代企业管理制度搭建、企业文化管理、合同管理等；要结合开展的新业务、新模式、新标准等开展有针对性的细节管理活动；要结合工会组织的合理化建议、五小创新等，动员广大员工开展细节管理。

随着细节管理工作的持续推进，兰石集团在项目质量和实施成效方面都显著提高。2013 年以来，兰石集团进入出城入园、转型升级、跨越发展的关键时期，细节管理工作在产能提升、EPC 建设、两化融合等关键业务方面加大推进力度，为集团健康发展发挥了巨大的支撑作用。从具体细节项目内容来看，由以前的打印纸张正反两面使用、注意节电节水等项目，改变为细化战略制定、优化核心工艺等项目，采取的改进措施由以前单一简化的方法，转变为更加专业科学的系统化推进方式，细节管理工作由易到难、由浅入深，工作成果也更加显著，实现了从量变到质变的飞跃（见图 3 ~ 图 5）。

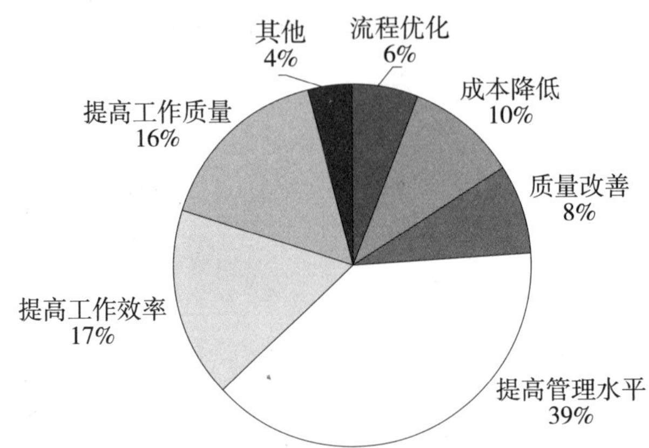


**图 3　2010—2019 年细节项目所改进的问题类别**

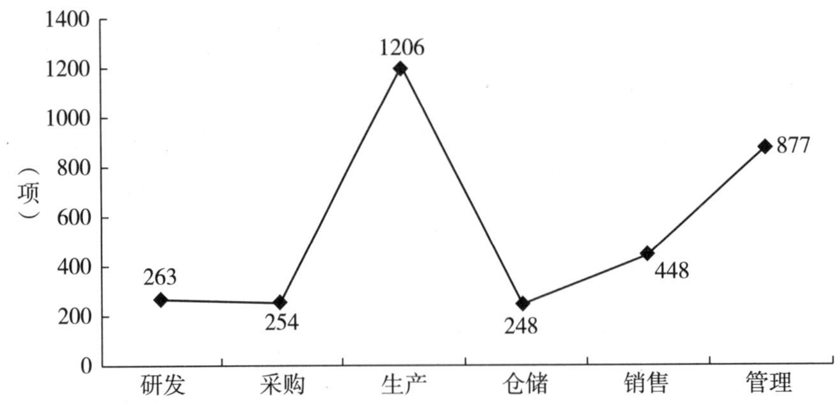


**图 4　2010—2019 年细节管理项目涉及供应链各环节情况**

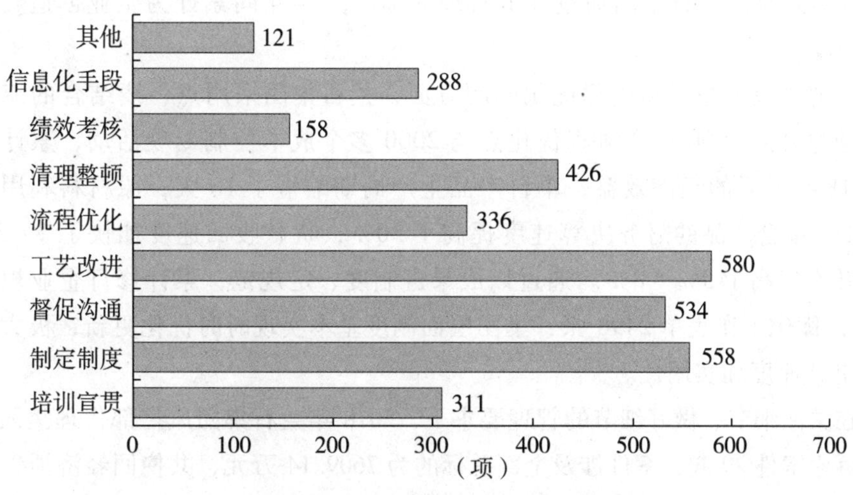


**图 5　2010—2019 年细节管理项目采取的解决手段**

### （五）细节管理工作向思想层面深化，蓄养细节管理文化

兰石集团细节管理工作至今已开展了 14 年，在此期间，兰石集团经历了组织机构调整、子公司股权回购、企业整体出城入园搬迁等重大事项，细节管理工作仍然能够按月立项、按月改进、董事长按月批示，从未间断，究其原因就在于兰石集团细节管理工作已深入人心，深刻影响着每位员工的行为方式，培养了员工关注细节、改进细节的作风，成为兰石人的行为惯性。随着细节管理工作的深入开展，各单位落实工作的积极性、主动性明显增强，一些单位开始思考适合自身的细节管理工作方式，在内部组织召开细节管理工作会议进行安排部署并落实培训，一些单位主动向兄弟单位学习，取长补短，还有一些单位就工作开展方式方法建言献策，这说明员工对细节管理工作的态度重视了、意识跟上了，主动思考的成分多了，照搬照抄的成分少了。特别是近几年随着兰石集团企业文化建设工作的开展，员工更加清晰地认识到，细微改进、水滴石穿的细节管理精神是做好该项工作的内在力量，凝练细节管理文化是常年坚持开展这项工作的根本目的。

## 五、兰石集团细节管理工作实施效果

### （一）经济效益方面

①2018 年，兰石集团累计实现总产值 131.01 亿元，同比增长 7.37%；装备制造板块新增订货 65.66 亿元，同比增长 35.41%，累计订货 113.69 亿元，同比增长 21.85%；人均产值同比增长 12.57%。

②细节管理工作作为有效提升企业资源配置效率的载体，为企业经济效益的提升

带来了显著效果。兰石集团通过细节管理的推广，14 年间累计为企业创造经济效益 8375 万元。

③在解决成本控制和流程优化问题方面，兰石集团采用点、线结合的流程优化方式，通过开展 4000 多个流程优化点与 2000 多个成本控制专项活动，累计为企业创造了 1840 万元的经济效益，单台产品生产周期缩短了 16 天；原材料利用率提升了 1.2%；单台产品的财务决算速度提高了 30%，货款收回速度加快了 2 ~3 个月，资金周转率提高了 5% ~8%。通过以成果进制度、定规范，累计修订企业规章制度 1870 项，优化工作表单 2498 张，集团层面制度基本实现时时优化更新，极大地增加了制度更新速度和实用性。

④在关注细节、做好细节的管理要求下，2018 年兰石集团风控部代理集团及子公司各类诉讼案件 29 起，案件涉及金额总标的为 7609.14 万元，共挽回经济损失 485.88 万元；2019 年兰石集团风控部共承接并办理诉讼案件 28 起，涉及金额总标的为 7317.27 万元，直接挽回经济损失 571.07 万元，较 2018 年在案件数量、标的总额方面均有所下降，挽回经济损失显著增加。同时在涉诉案件中，兰石集团作为原告案件增多，而作为被告案件数量明显减少（以上数据仅统计了 2018 年、2019 年两年的数据）。

### （二）社会效益方面

#### 1. 探索出了一条适合企业自身发展需要的细节管理之路

兰石集团细节管理工作通过 14 年来的摸索推广，已构建起了完整的管理体系，实现了从企业管理、规章制度、部门岗位 3 个不同维度的协调统一。以上工作的开展和取得的成果，都对其他企业起到了极大的示范作用，提升了企业良好运营效果。作为甘肃省地方性国有企业，兰石集团对地方性区域经济发展和国有资产保值增值方面起到了良好的牵动作用。

#### 2. 培养了一支从企业整体全局角度看问题的管理团队

兰石集团在推广细节管理工作过程中，采用交互式的方法，使员工切身参与到管理中来，通过持续的专题培训、研讨、总结、分享等方式，不断纠正、提升自身对细节管理思想和方法的认识，从而逐步培养、建立了一支懂业务、懂管理的管理团队。团队人员将逐步具备全局思考的能力，为企业积累了一批管理储备人才。这些人才在企业管理方面的探索还将持续深化，最终会成为集团乃至整个行业发展的推动力量。

#### 3. 对细节管理在大型国有企业中的适用性做出了有益尝试

从兰石集团细节管理工作的推广结果来看，兰石集团对细节管理工作在大型国有企业中的适用性做出了成功的实践探索。细节管理引入国有企业后，既能结合实际情况，传承几十年来国有企业所拥有的优秀管理经验和方法，又能做到符合当前经济发展的需求，转变过去管理模式中的缺失之处，具有极高的推广价值。特别是针对装备制造行业复杂的生产组织过程如何与细节管理进行有效结合，提供了科学、系统、可行的新方法；同时对一些按单制造过程中管理难点的解决也带来了良好的效果，具有理论和实践的双重意义。

（三）生态效益方面

通过细节管理工作在兰石集团的持续推进，企业的原材料采购、物资采购工作更加明晰，从而减少了材料浪费，提高了原材料利用率，减少了物资消耗；通过流程的优化，减少了不必要的工作流程，改进了工艺，许多原手工作业被自动化取代，不仅提高了工作效率，还减少了水、电等能源的耗费以及废气的排放；通过信息化手段在项目中的运用，进一步提高了内部生产制造、管理系统、支持业务之间的沟通效率，实现了无纸化办公，既提高了工作效率，又减少了浪费。

据统计，细节管理工作开展以来，兰石集团每年节约5%的天然气使用量和3%的用电量，每年可减少烟尘排放75吨，减少二氧化硫排放182吨，减少氮氧化物排放76吨，为兰州市城市空气质量改善作出了巨大贡献。

主创人：张金明　尚和平

参与人：梁永峰　宋丽娟　苏立鑫

# 创新纪检监察监督方式<br>实现企业经营效能的探索与实践

陕西钢铁集团有限公司

## 前言

陕西钢铁集团有限公司（以下简称“陕钢集团”）成立于2009年8月，是陕西省委、省政府为振兴陕西钢铁产业而组建的大型钢铁企业集团，2011年12月重组加入陕煤集团，现已具备年产1100万吨粗钢综合生产能力。2018年粗钢产量位居全国第十七，行业竞争力排名A级（特强），是中国西部最大的精品建材生产基地。2018年陕钢集团实现利润30亿元，同比增盈10.84亿元，创造了历史最佳生产经营效果，同年荣获全国五一劳动奖状和全国钢铁行业改革开放40周年功勋企业荣誉称号，入选国务院国企改革“双百行动”，呈现出良好的发展态势和发展前景。党的十八大以来，按照全面从严治党要求，陕钢集团纪委结合企业实际创新探索推行纪检监察派驻制、内保监督巡查制和经营管理复核制工作（简称“三制”工作），即将纪检监察工作融入生产经营中心任务，在实践中形成查找问题、督促整改、堵塞漏洞、规范管理的良好监督机制，进一步促进监督触角向基层延伸，在集团各单位营造风清气正的干事创业氛围，有效提升企业整体管理水平，增加企业经济效益。

## 一、实施背景

在大环境的影响下，钢铁行业自2013年以来一直处于扭亏脱困的艰难时期，对于陕钢集团来讲，在行业激烈的竞争中逐渐暴露出了企业管理中的诸多问题。其一，党的领导弱化，党组织建设发展不平衡；其二，经营管理流程不规范，制度执行效率低，经营风险较大，现代企业规范化水平亟待提高；其三，企业监督成了“副业”，各级纪检组织力量薄弱，纪检干部时常磨不开脸面，业务不熟，监督不力，党员干部红线意识不强，各单位呈现“监督难”、经营工作“落实难”等现象，纪委不能全面掌握企业经营管理状况，不能发挥出应有的监督作用，不能为企业生产经营管理和健康稳定发展提供坚强的纪律保障。

党的十八大以来，党中央实施全面深化改革，部署全面从严治党总体要求，中央纪委实施中央纪律检查机制改革，要求各级纪检监察机关聚焦主责主业，实行“转职能、转方式、转作风”，向监督执纪问责上转，2018 年中央全面推进国家监察体制改革，促进反腐败工作法治化规范化，同时不断加强派驻监督机制改革，持续释放“越往后执纪越严”的强烈信号。陕钢集团纪委按照党的十八届三中全会《全面深化改革若干重大问题的决定》第三十六条加强反腐败体制机制创新和制度保障的要求，针对企业多年亏损、管理粗放、监督乏力、监督与生产经营呈“两张皮”等问题，尝试采取“纪检监察派驻制 + 内保监督巡查制 + 经营管理复核制工作”的监督模式，在集团、各子公司、厂部单位分层分类推进，力促监督向基层延伸。2015 年 10 月，陕钢集团纪委下发《关于推行纪检委员委派制、内保监督派驻制和经营管理复核制工作的指导意见》，“三制”工作开始在各单位试点运行。

## 二、内涵

（1）纪检监察派驻制

陕钢集团各级纪委在未设立纪委的党委（党总支、直属支部）及重要经营管理部门，根据工作需要或党组织建设要求，派驻纪检组长或纪检员，履行纪检监察工作职责，从而实现纪检人员全覆盖的工作格局。

（2）内保监督巡查制

由企业内保监督人员在原燃料、设备、材料、备品备件的验收、计量、取样、检验、保管、发放、使用等多个环节全方位进行分片包干、巡逻稽查和履职监督的工作机制。

（3）经营管理复核制

由纪委牵头组织相关人员，对企业经营管理中采购、销售、招投标、合同管理、工程管理、人员招录、干部选拔及财务管理等全流程进行复查复核，发现问题，分析原因，完善制度流程，了解问题症结，堵塞漏洞，提升管理的工作机制。

陕钢集团实现了纪检监察工作人员全覆盖，内部监督巡查工作全方位，经营管理复核工作全流程的长效机制，纪检监察监督工作与企业生产经营工作深度融合，取得了良好的监督成效。在角色定位上，派驻纪检员、内保监督员就是设置在经济要害部位的“千里眼”“监控器”，在各类会议、专项检查、重点工作执行过程中履行监督职责。通过在生产经营管理关键环节中发现问题，找出问题背后的深层次原因，深挖制度机制的深层次矛盾问题，提出对策建议，着力增强监督的针对性和有效性，从而将纪律和规矩挺在前，倒逼管理，督促将生产经营管理中发现的问题整改到位，有效挽回经济损失并取得经济效益。

## 三、主要做法

### （一）抓制度，明规矩，实现监督检查工作规范化运作

“不以规矩，不成方圆。”建立体系、严明制度、规范管理、细化职责是新形势下

开展纪检监察工作的重要特征。陕钢集团纪委注重顶层设计，从“善监督”“严监督”中正秩序、要效益。2015 年 10 月，陕钢集团下发《关于推行纪检委员委派制、内保监督派驻制和经营管理复核制工作的指导意见》，经过两年的实践，2017 年根据陕煤集团《关于加强党的基层组织纪检委员队伍建设提高纪检委员履职能力的意见》《集团公司纪委派驻纪检组暂行办法》等文件精神，结合各基层单位实践情况，将“三制”工作内容修改为“纪检监察派驻制、内保监督巡查制和经营管理复核制”。随后印发了《关于进一步加强和规范“三制”工作的通知》《派驻纪检人员和内保监督员的管理办法》《“三制”工作量化考核办法》《关于进一步加强内保监督巡查工作的通知》《关于建立“三制”工作长效机制的意见》等制度，有效推进监督工作与生产经营相融合。目前，陕钢集团各权属子公司结合实际分别制定了《“三制”工作管理制度》《派驻纪检人员工作量化考核细则》《经营管理复核工作实施办法》《经营管理复核制工作流程》《纪检监察“三制”工作实施方案》等 21 个相关制度。

### （二）抓组织，强队伍，实现监督主体的独立性和权威性

只有凝聚合力，才能打出铁拳；只有挺起腰杆，才能强化监督。陕钢集团纪委一方面强化纪检组织，在各级党委设立纪委，另一方面解决监督力量分散的问题，在各党总支、党支部中派驻纪检组长或纪检员，在原燃料进购验收岗位设置内保监督员，将专兼职纪检干部、派驻纪检员、内保监督员统一纳入陕钢集团纪检监察干部队伍，实行集中管理，建立与统一管理相适应的领导体制和工作机制，让派驻纪检员、内保监督员为陕钢集团纪委负责，改变了监督者与被监督者混为一体的现象，监督起来底气足、有力度。

在实践中，各基层单位采取的模式不完全相同。陕钢集团龙钢公司采取“综合派驻”和“单独派驻”模式，陕钢集团汉钢公司采取“直接派驻”模式，陕钢集团韩城公司采取“交叉派驻”模式。改革的广度也不尽相同。龙钢公司加强“内保监督巡查”，对进厂原燃料的质量检验和化验进行重点监督。汉钢公司注重“经营复核”，对一些权力较大、资金较多、审批权较集中的部门实施重点监督。韩城公司在经营销售过程中，紧抓干部与客户之间的廉洁问题。

### （三）抓问题，重落实，推动工作不断取得新成效

“三制”工作不是“闭着眼睛捉麻雀”，而是将监督力量集中布控在生产经营关键点，紧盯关键问题进行严厉整治。为此，陕钢集团纪委实施“五个一”工作法。即“每天”由派驻纪检员到所负责单位了解、收集工作情况；“每周”由内保监督员到某物料进购现场驻点，观察异常情况；“每月”厂部单位对某业务流程进行经营复核；“每季度”各子公司纪委开展一次经营复核，集团纪委召开一次季度例会，通报工作情况，部署下一季度工作任务；“每半年”组织一次综合检查。通过以上措施，各监督单

位与被监督单位保持联系、及时沟通，有效促进监督工作取得良好效果。

陕钢集团汉钢公司将工作重心放在经营管理复核上，其中回收钢渣、挽回经济损失是监督工作中的一大亮点。转炉钢渣是炼钢过程中的一种副产品，钢渣中含有大量的铁，平均质量分数为25%，其中金属铁约占10%。磁选后，可回收各粒级的废钢，其中大部分含铁品位高的钢渣可返回转炉再次冶炼，还可促进化渣，缩短冶炼时间。汉钢钢渣加工业务一直由外协单位负责，验收监管单位为钢轧事业部。2018年，汉钢公司把外协单位钢渣加工业务列为经营复核项目，发现钢渣加工合同中缺少钢渣验收后场地清理相关内容的条款，存在钢渣验收拒收标准不明确等问题。经与相关单位沟通协调，汉钢公司要求外协单位定期收集渣场遗留的物料，重新过磅后退回该外协单位，并在月末结算时将退回的物料重量从当月进购总量中扣除。同时，进一步明确了钢渣验收与拒收标准，制订了详细的大、小块钢渣验收方案，规范了后续钢渣加工业务流程，有效维护了企业利益。据统计，汉钢公司本次复核共回收清理“小块钢残渣”814吨，创效31.3万元。

## （四）抓整改，严追责，发挥警示教育震慑作用

运用“三制”工作来发现问题，目的是解决问题，发现问题不解决，比不监督的效果还坏。陕钢集团纪委整改问题的途径就是在强化日常监督上持续发力，对履职不尽责、问题整改不到位、监督不到位的情况坚决问责，坚决防止前紧后松、虎头蛇尾现象发生。陕钢集团各级纪委结合实际，均建立了整改情况督查督办制度，把督促整改落实作为日常监督的重要内容，协同相关部门抓实整改工作，注重从普遍性问题中深究症结，从症结中总结多维度、立体化监督方式，通过经常性、全过程的监督检查，进一步增强整改工作的外部推力和内生动力，持续为企业挽回损失和增创经济效益。

2018年4月，陕钢集团龙钢公司内保监督员在巡查过程中发现公司内部职工伙同外部人员违规倒卖公司废钢，经纪委调查，倒卖废钢486.6吨，严重损害了企业利益。对此，龙钢公司纪委对涉及的17名责任人进行了处理，行政撤职1人，行政警告1人，解除劳动关系1人，经济处罚13人，其中处级干部12人，科级干部1人，共罚款4.6万元。收缴6家外协单位违规所得97.09万元，违约追责49.5万元，为公司挽回经济损失共计151.2万元。

近年来，陕钢集团各级纪委运用“三制”工作查处不少问题案例，“耐火材料供应商作弊案件”“废钢违规出厂倒卖案件”“口角引发的打架事件”“沉迷赌博挪用公款案件”“律己不严收受贿赂案件”“内外勾结发生球团矿被盗案件”“合同条款和结算把关不严约谈班子成员”“环保项目进度缓慢行政处分相关责任人”，等等。各级纪委坚持对问题早发现、早报告、早处置，坚持问题线索未查清不放过、责任人员未处理不放过、责任人和职工群众未受到教育不放过、整改措施未落实不放过的“四不放过”原则，在全集团树立“有责必问、失责必究”的导向，有效杜绝不作为不担当、履行

责任不到位等问题发生，使干部作风得到好转。

### （五）抓效益，促管理，融入生产经营工作全流程

企业监督只有深入生产经营管理中心工作中，才能真正实现对权力运行的制约和监督，才能发挥监督保障作用。陕钢集团纪委开展内保监督巡查制和经营管理复核制，目的就是在各单位生产经营过程中，原燃料进购全流程，采购营销、项目建设、招投标等关键环节实施有效监督，增加经济效益和挽回经济损失。

在内保监督物料处罚时，陕钢集团龙钢公司是通过 ERP（企业管理计划）系统直接扣款。其工作过程主要是内保监督员现场抽样发现抽样结果与指标相差较大，确认超出允许误差范围后，填报物料稽查通知单，由相关单位业务负责人签字确认。审计监察部确认质量异议后，市场营销部向供应商沟通告知，能源检计量中心及时准确更改 ERP 系统的数据，计划财务中心按通知单进行结算。更改后的 ERP 系统数据是现场抽样、化验后的实际指标，取指标的最差值进行最终结算，更改前与更改后相差的数额为挽回的直接效益。每起质量异议都由相关单位及主管领导签字、部门盖章，真实有效。同时检查是否按合同设定指标值进行结算，出现不合格时要扣减，要及时查看 ERP 结算单据，确保结算扣减。

主动监督找问题是内保监督巡查的特色。2016 年 12 月的一天晚上，陕钢集团龙钢公司内保监督员王波与炼钢厂摇炉工聊天时，了解到近期使用的增碳剂出现质量问题，第二天随即组织人员对增碳剂进购、化验等流程进行检查。查出所供应的增碳剂不合格，及时督促相关单位限期整改，扣罚供应商 20.93 万元，处罚主体部门负责人 2 人，及时挽回了企业损失。

### （六）抓标杆，强基础，营造风清气朗“正”文化监督氛围

一个团队要成长为优秀的团队，选择好“标杆”，挖掘好“标杆”，培养好“标杆”，树立好“标杆”非常关键。“标杆”是团队产生惰性时的推动力，遇到困难时的牵引力，与时俱进的感召力。

陕钢集团纪委通过多种形式发现和宣传那些默默无闻、在基层闪光和发声的优秀事迹，让“标杆”成为一种荣耀，大力营造“比学赶帮超”的良好风气，有效激发干部员工共同完成工作目标的热情，促使纪检监察干部队伍整体素质得到提高。近年来，陕钢集团在“三制”工作方面涌现了一批优秀团队、优秀项目和优秀个人。陕钢集团汉钢公司以问题为导向，结合企业特点探索形成了“三化三性”的监督模式。陕钢集团龙钢公司在生产经营全流程积极探索设置监督岗，形成企业监督工作全覆盖的工作方式。还有一些纪检监察干部在平凡的岗位上作出了不平凡的贡献。内保监督员孙某、刘某、高某面对威胁，紧盯问题不放，刨根问底，连续发现 118 个精矿粉试样掺杂问题。受“标杆”员工的影响，某员工踊跃提供“废钢违规出厂”线索，得到公司肯

定，被奖励 3 万元。

## 四、实施效果

### （一）监督工作得到提升

陕钢集团纪委坚持从实际出发，明确了“三制”工作的基本程序和方法，出台了强化派驻监督职能作用的一系列制度，建立了派驻纪检员职责和考核机制，搭建了全方位监督体系基本框架，制度措施层层落实，监督成效的鲜活实例不断涌现，警示教育、制度建设、监督检查、纪律审查等重点工作协调推进，形成了以问题为导向，强化监督检查，提升工作成效的良好氛围，企业党风廉政建设和纪检监察工作实现新突破。

### （二）监督力量得到整合

目前陕钢集团各单位专兼职纪检干部、派驻纪检员、内保监督员共 122 名，陕钢集团纪委将其统一纳入集团纪检监察干部队伍，实行集中管理，基本做到了纪检监察人员与党组织建设同步设置，监督实现了全覆盖。陕钢集团在二级单位配备专职纪检干部 32 人；三级单位中，在设立党委的党组织配备纪委书记 14 人，配有专兼职纪检干部 22 人，在未设立党委的党组织派驻纪检组长或纪检员 21 人，在物料管理等关键岗位设立内保监督员 33 人。

### （三）执纪审查取得实效

陕钢集团对发生在企业内部的损公肥私、律己不严、吃拿卡要等问题，特别是对职工群众身边的腐败和作风问题，坚持精准监督执纪问责，对问题线索深挖细查。2013—2019 年，陕钢集团各级纪委收到并办理信访举报件 187 件，初核了结 133 件，立案审查办结 39 件，党政纪处分 125 人次，组织处理 251 人次，为企业改革发展、追赶超越，实现高质量发展提供了坚实的纪律保证。

### （四）监督工作成效显现

近四年来，陕钢集团各级纪委共开展经营复核工作 107 次，发现问题 1392 个，提出整改建议 1183 条，挽回经济损失和取得经济效益共计 6661 万余元。开展内保监督巡查 43309 次，发现各类问题 11266 个，提出建议 2961 项，为企业挽回经济损失和取得经济效益 6074 万余元。近四年平均每年为企业挽回经济损失和创造经济效益达 3183 万余元。

## 五、启示

近年来，陕钢集团“三制”工作受到陕煤集团多家单位前来交流学习，2019 年在中国煤炭政研会纪检监察研究学组第24次研讨会上进行学术研究交流，“三制”工作研究成果论文荣获二等奖。实践证明，随着“三制”工作改革的不断完善和深化，“三制”工作机制改革在陕钢集团逐渐释放出了监督威力，党员干部作风建设有效好转，全员遵规守纪、学法用法意识逐渐增强，拒腐防变思想防线逐渐牢固，实现了党风企风持续好转，这对于加强陕钢集团党风廉政建设和反腐败工作具有基础性、长期性的重要作用。

### （一）推进“三制”工作长远发展，必须符合党中央全面从严治党总体要求，得到各级党委的领导支持

“三制”工作机制的实践运用，必须符合党中央纪律检查机制改革要求，围绕企业经营中心，在各级党委的领导和支持下，有效发挥纪检监察部门的监督作用，释放监督成效。

### （二）推进“三制”工作纵深发展，必须结合实际开拓管理思路和方法

必须以改革的思路破解企业纪检监察工作难题，深化“三转”，强化监督执纪问责，明制度、强组织、抓问题、促整改、树标杆，探索派驻监督在企业中的运用和推广，深化企业重点领域、重点岗位和关键环节的监督检查工作，深化机制，巩固成果，提升效益，为进一步推进监督工作向基层延伸奠定基础。

### （三）推进“三制”工作稳步发展，必须建立完善监督工作机制体制

必须以问题整改落实为基本点，加强纪检监察干部统一管理，增强纪检组织独立性，充实纪检监察干部力量，加强选拔交流，加大业务培训，完善纪检监察信息化平台建设，形成集团纪委负责“面”，各子公司纪委负责“片”，各厂部纪检员、内保监督员负责“点”的网络化监督体系。

### （四）推进“三制”工作创新改革，必须与企业生产经营工作深度融合

陕钢集团纪委当立足当前，着眼长远，抓住机遇在深化改革勇毅笃行，在“突破—巩固—再突破—再巩固”中向纵深发展，推动“三制”工作的质量和实效得到新的提升，最终将监督成果体现在国有企业经济效益上。

主创人：杨海峰　王俊龙

参与人：吉晓龙　冀佳刚　王浩　刘芮彤　张伟

# 坚持“三个融入”，推进党建工作与中心工作有机融合的探索与实践

机械科学研究总院集团有限公司

## 前言

提高党的建设质量，是推动央企高质量发展的重要保证。党建工作与中心工作有机融合是全面提升央企党建工作质量的重要抓手，是建设世界一流企业的重要保障。本课题研究从“融入体制机制、融入生产经营、融入思想实际”三种途径入手，对推动央企党建工作和中心工作有机融合进行了分析，以机械科学研究总院集团的探索与实践为研究主线，希望对央企党建工作更好地开展提供理论支撑。

## 一、研究背景：央企党建工作与中心工作有机融合的重要意义

### （一）党建工作与中心工作有机融合是全面提升央企党建工作质量的重要抓手

#### 1. 党的十九大提出新要求

党的十九大报告从党和国家事业的全局出发，提出了新时代党的建设总要求，强调要不断提高党的建设质量。习近平总书记指出，提高党的建设质量，是党的十九大总结实践经验、顺应新时代党的建设总要求提出的重大课题。提高党的建设质量，既要坚持和发扬我们党加强自身建设形成的优良传统和成功经验，又要根据党的建设面临的新情况、新问题大力推进改革创新，用新的思路、举措、办法解决新的矛盾和问题。党的十九大通过的党章修正案，进一步明确了国有企业党委（党组）发挥领导核心作用，“把方向，管大局，保落实”，围绕企业生产经营开展工作的功能定位。国企党建工作既要在改革发展的实践中不断磨砺、不断提升，也要用改革发展的实际成效来检验。

#### 2. 国有企业党建工作会议指明新路径

习近平总书记在全国国有企业党的建设工作会议上指出：坚持党的领导、加强党

的建设，是国有企业的“根”和“魂”；坚持服务生产经营不偏离，把提高企业效益、增强企业竞争实力、实现国有资产保值增值作为国有企业党组织工作的出发点和落脚点，以企业改革发展成果检验党组织的工作和战斗力；把党的领导融入公司治理各环节，把企业党组织内嵌到公司治理结构之中，明确和落实党组织在公司法人治理结构中的法定地位，做到组织落实、干部到位、职责明确、监督严格。

中央企业要提高党建工作质量，就必须推进党建工作与业务工作深度融合，解决党建工作与业务工作融合不紧和“两张皮”的问题，从而提升党建工作的实效性，增强党组织的活力和战斗力。

### （二）党建工作与中心工作有机融合是深化改革创新，建设世界一流企业的重要保障

当前我国经济正由高速增长阶段转向高质量发展阶段，为现阶段国有企业改革发展提出了新要求。中央企业作为中国特色社会主义的重要物质基础和政治基础，在落实“质量第一、效益优先”要求中发挥领军作用，加强企业基层党组织建设，实现企业党建工作与中心工作的有机融合，对优化企业外部环境、提升企业核心竞争力、引领企业深化改革与发展、提高企业经营效益具有重大意义。

党的十九大明确提出培育具有全球竞争力的世界一流企业的宏伟目标。这是我们党在新时代赋予中央企业的重大使命，也是为党的事业夯实“两个基础”的重要保证。一流的企业需要一流的党建，需要牢牢坚持党对企业的领导，自觉把党建工作主体责任、一岗双责扛在肩上，采取一系列措施，着力落实好“把方向、管大局、保落实”的职责，着力解决方法老套、机制不活的问题，着力消除重业务、轻党建的现象，着力创新一些党建与业务工作深度融合的方法，从而为企业生产经营改革发展顺利进行提供动力和保障。

## 二、原因剖析：央企党建工作与中心工作“融合不够”主要表现和原因

课题组通过问卷调查发现，与党中央要求、事业发展需要和职工群众期待相比，央企党建工作与中心工作融合还不够，部分单位党组织对党建转化为企业竞争力、推动企业实现高质量发展的认识不清晰、不到位，还没有找到有效的载体和形式；被调研对象普遍认同：党建工作与中心工作“融合不够”会对央企党建工作整体功能的发挥带来一定影响；推动党建和中心工作有机融合，破解“两张皮”“两条线”，有利于提升央企党建质量，促进企业高质量发展，提升企业的核心竞争力（见图1、图2）。

### （一）党建工作与中心工作“融合不够”主要表现

#### 1. 在思想认识上，轻重不分

尽管新形势下党建工作的重要性与日俱增，但仍然存在“重业务、轻党建”的现

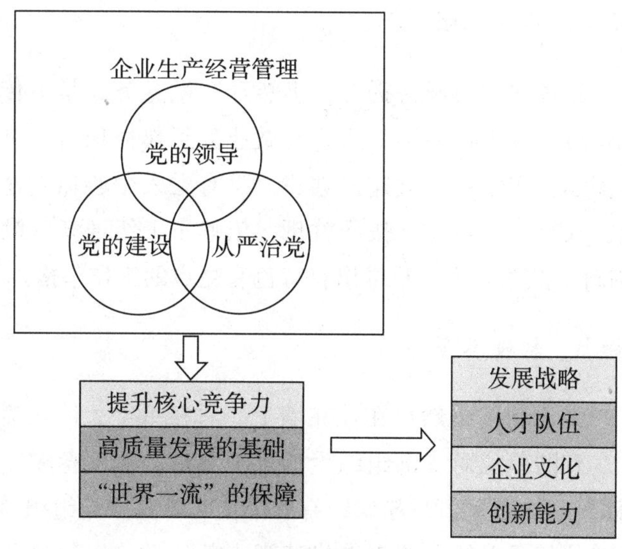


**图1　课题研究背景分析**

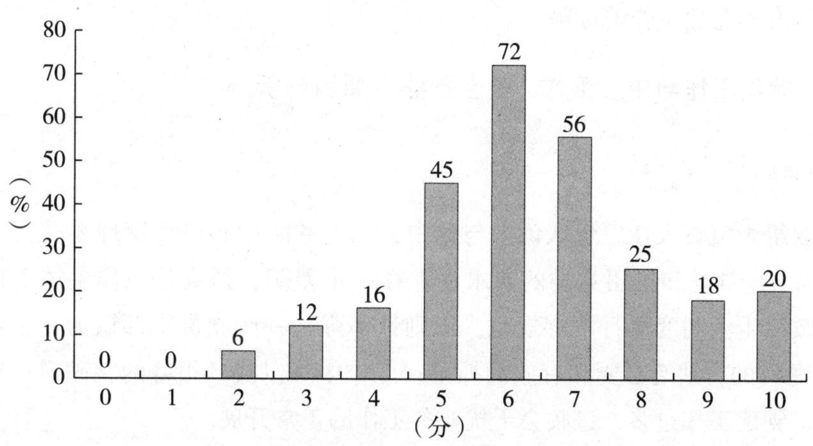


**图2　党建工作与中心工作融合成效调查**

象，认为业务工作是硬指标，常抓紧抓，党建工作是软任务，不抓少抓，以致党建工作无法发挥引领作用。

2. 在工作态度上，冷热不均

个别单位、个别部门的个别党员领导干部思想深处，仍然认为党建工作务虚，难开展、难见效，导致抓党建工作和抓业务工作的热情不相协调，以致抓党建工作经常处于被动状态，思路不宽、办法不多，仍然停留在完成任务的层面上。

3. 在具体抓手上，虚实不明

有的单位党务工作者的素质亟待提升，仍然存在做党务就是上传下达精神，做好党员服务，党建工作与业务工作沾不上边，与做业务工作抓项目、担任务完全无关的错误思想，以致在实际工作中仅就党建抓党建，没有融入中心抓党建。有的单位抓党建工作方法和措施比较单一，习惯于按部就班，依赖于上级通知，没有因地制宜地做足“结合”和“创新”文章，不注重推出有特色有亮点的工作举措。

4. 在制度体制上，软硬不合

在实际工作中，党建制度仍然存在挂在墙上、写在纸上、停在嘴上的情况，具体开展工作流于形式。有的单位对支部组织生活重视不够，制度落实不够全面，对组织生活会、“三会一课”等方面的管理松懈；有的单位对各基层党组织落实各项党建制度的检查较少；有的单位甚至以抓业务工作代替党支部活动，以项目调度会议代替支部组织生活，对党员的思想教育和管理不到位。这样难以引导党员发挥先锋模范作用，无法很好地发挥党建工作的优势。

## （二）党建工作与中心工作“融合不够”原因剖析

1. 思想认识不到位

个别党组织负责人在思想认识上与党中央、国务院国有资产管理委员会（以下简称“国资委”）党委和集团党委的要求还存在一定差距，抓党建工作主体责任意识不够，党内政治生活制度执行不够规范，原则性不强。一些党员干部认为在企业中党建工作是“虚”的，缺乏必要和有效的抓手，工作中难以找到很好的突破口；经营工作才是实事，党建工作过多、过频会干扰业务工作的正常开展。

2. 工作重心有偏差

有的单位在抓党建工作时没有坚持“融入中心抓党建，抓好党建促发展”的思想原则，党建工作与生产经营相脱节、相割裂甚至互斥；在检查党建工作时，往往只看表象，不注重党建工作对业务工作的推动作用。这些重心上的偏差，极易造成党建工作缺乏实效。

3. 考核机制不健全

存在党建考核指标与生产经营指标没有挂钩的现象；党建工作考核量化程度有待提升。个别党组织负责人作为“一岗双责”的兼职党务工作者，往往重行政身份，轻党内身份，在党建上投入的时间和精力明显不足，难免存在“一手硬、一手软”的现象，没有形成合力。

4. 方法缺乏创新

党内组织生活缺少创新，党建工作缺乏特色和亮点。党员学习教育方法单一，抓学习只注重过程不注重效果。有的单位融入中心抓党建的思路和方法不多，没有积极适应新形势下的变化，没有及时改变传统陈旧的工作方法，没有创新符合时宜的工作载体，这使得党建工作缺少活力和生气（见图3）。

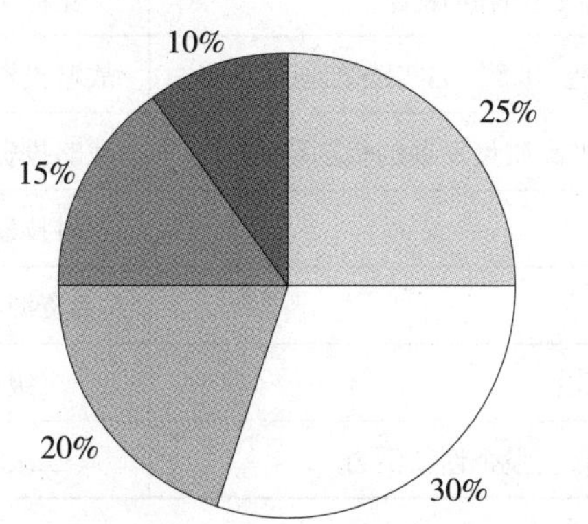


**图3　党建工作与中心工作融合不够原因分析**

## 三、实践探索：央企党建工作与中心工作有机融合的途径与措施建议

党建工作与中心工作有机融合是一项全面多维、异常复杂的系统工程，需要经历一个不断探索、潜移默化的长期过程，要牢固树立用高质量党建引领高质量发展的思想认识，大力弘扬抓党建从生产出发、抓生产从党建入手的光荣传统，坚持把提高企业效益、增强企业竞争实力、实现国有资产保值增值作为集团各级党组织工作的出发点和落脚点，为央企高质量发展提供坚强保证。

机械科学研究总院集团有限公司（以下简称“集团”）是国务院国资委直管的公益类央企集团，始建于1956年，六十余年来始终致力于装备制造业基础共性技术研究，有力支撑和服务国家科技创新战略、机械行业和区域经济发展。集团目前已形成“机械装备技术研究与服务”和“相关设备制造”两大主业，累计取得科研成果7000多项，广泛应用于机械制造、航空航天、交通运输、信息产业、能源电力、冶金、环保、汽车等多个国民经济重点领域和国防军工装备制造领域，为我国重大科技项目攻关、重大工程建设、行业关键共性技术发展作出了巨大贡献，社会价值显著。作为装备制造业基础共性技术研究领域的“国家队”“生力军”，集团紧密结合工作实际，牢牢把握新时代党的建设总要求，坚持以高质量党建引领集团高质量发展，按照“基层党建推进年”工作要求，以“三个融入”为突破口，成立集团“5+2”课题组（见表1），聚焦党建工作与中心工作融合、强化战略引领、发挥集团科技优势、强化人才支撑、党支部发挥作用等问题进行研究，积极探索党建工作融入中心工作的途径与措施，充分发挥党委“把方向、管大局、保落实”作用，以党建促进创新发展，提升装备制造业创新能力，以党建铸就核心优势，将党建优势转化为高质量发展成效，在落实国家创新驱动发展战略和推动制造业高质量发展任务上展现央企担当（见图4）。

**表1　　集团“5+2”课题组**

| 序号 | 课题名称 | 承担部门 |
|---|---|---|
| 1 | 坚持“三个融入”，推进党建工作与中心工作深度融合 | 党群工作部 |
| 2 | 战略引领下高质量发展，助力“中国制造2025”的实践之路 | 战略投资运营部 |
| 3 | 培育核心竞争力，开展体系化改革，推进高质量发展的机制研究 | 战略投资运营部 |
| 4 | 科技创新优势转化为高质量发展优势 | 科技发展部 |
| 5 | 高素质人才支撑高质量发展 | 人力资源与干部部 |
| 6 | 以提升组织力为重点，推进示范党支部建设 | 二级单位 |
| 7 | 构建人才培养发展良好环境，激发人才兴企强企创新活力 | 二级单位 |

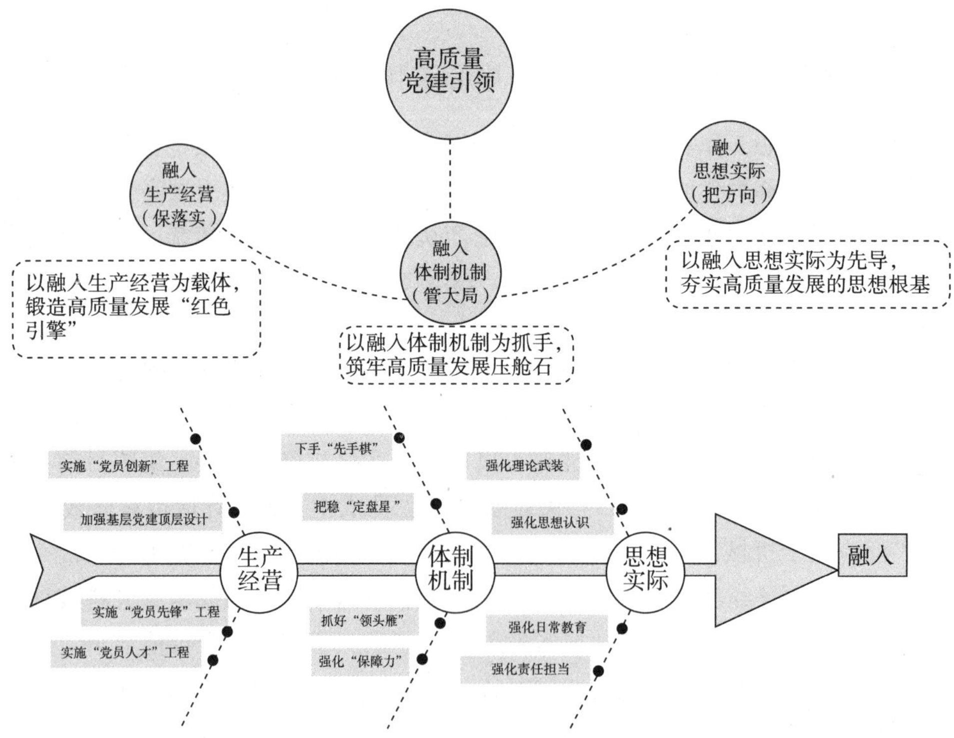


**图4　央企党建工作与中心工作有机融合的途径分析**

## （一）以融入思想实际为先导，夯实改革发展“思想根基”

坚持学思践悟，用理论思想武装头脑，把准政治方向，提高政治站位，增强践行“两个维护”的自觉性和坚定性，强化思想认识，夯实高质量发展的思想根基。

### 1. 强化理论武装

持续推动习近平新时代中国特色社会主义思想大学习，做到“三个全覆盖”，即学习人员、学习内容、学习方式全覆盖；持续推动习近平新时代中国特色社会主义思想大普及，做到“三个紧密结合”，即紧密结合改革发展、紧密结合党建工作、紧密结合经营环境；按照“四项标准”持续推动习近平新时代中国特色社会主义思想大落实。以解决改革发展中的重点难题为主要抓手，抓好两级党委理论学习中心组学习研讨，促进中心组学习学以致用，推动知行合一。组织领导干部和支部书记集中轮训，统一思想、推动工作，增强思想政治工作成效。

### 2. 强化思想认识

结合工作实际，开展形势任务教育，组织动员广大干部员工认清形势、埋头苦干，为企业改革发展奠定良好思想基础，引导全体干部员工深刻认识到党建工作是党的建设的重要组成部分，并切实增强政治意识、责任意识和创新意识，从思想上消除党建工作“不需抓”“不好抓”“不便抓”的认识误区，自觉把党建摆在工作的首要位置。

### 3. 强化日常教育

完善顶层设计，健全教育内容体系，突出问题导向，明确目标定位和教育重点，多层次多渠道开展党员教育培训工作。提高载体针对性，改进方式方法，丰富活动载体，强化过程指导。完善理想信念教育，抓实主题党日活动，强化岗位建功教育。注重文化育人，面向基层一线选树集团先进典型，使广大基层党组织和基层党员学有榜样、行有标杆，思想引领提振党员干部精气神。突出教育培养主旋律，丰富宣传形式，注重宣传效果，大力营造干事创业好氛围。强化经常性纪律教育，运用宣传载体，做好党风廉政建设和反腐败有关法规、政策解读等，不断强化思想教育，筑牢拒腐防变的思想防线。

### 4. 强化责任担当

结合企业自身特点，开展“一年一主题”主题宣教活动，教育引导全体党员干部牢固树立“四个意识”，坚定“四个自信”，做到“两个维护”，坚决贯彻落实党中央重大决策部署，用习近平新时代中国特色社会主义思想武装头脑、指导实践、推动工作。充分发挥集团党委在战略上的把关定向作用，确保企业改革发展始终保持正确方向不偏离；充分发挥各级党委在战术上的统筹推动作用，从讲政治高度推动集团战略目标和重点任务层层落实不打折，让战略思想入脑入心，推动企业高质量发展。

**【案例1】**

**选树集团先进典型，强化岗位建功教育**

选树老当益壮奋战科研一线的老科学家陈蕴博院士、忘我付出的巾帼科技带头人钟素娟、勇立创新潮头的新时代青年徐富家、真情真意换真心的驻村第一书记冯伟4个集团范围先进典型，宣传他们的优秀事迹，传播先进经验，积极营造比学赶超的良好氛围，激励党员人人争当先锋，点燃党员干事创业激情，引导广大干部员工踊跃投身百年科技研发集团建设。

**突出政治引领和目标牵引，推动党建与业务工作在战略规划上同频共振**

制定覆盖党建及业务发展的战略规划体系，将夯实一个基础——思想和干部人才队伍基础，打造一个高端装备领域国家创新中心，实现装备制造业创新力、服务型产业引领力、制造强国支撑力的提升，实施研发体系化、产业专业化、行业平台化、资产证券化、管理价值化的举措作为战略目标，加强战略融合，强化科技型央企引领装备制造业发展的责任与使命担当。

**加大对各级干部的教育培训，增强思想政治工作成效**

2017—2019年，集团相继提出了“不打折扣”“讲政治、敢担当、抓落实”“勇于创新、善于作为”的要求，在持续抓作风建设的同时，加大对各级干部的教育培训力度，连续三年在中央党校（国家行政学院）举办领导干部专题培训班和中青年干部培训班，以提高各级干部的政治意识和责任意识。

### （二）以融入体制机制为抓手，筑牢改革发展“压舱之石”

着力贯彻落实两个“一以贯之”要求，把发挥党建的独特政治优势与发挥现代企业制度优势结合起来，筑牢高质量发展压舱石。

#### 1. 下好“先手棋”

坚持把党的领导融入公司治理各环节，把企业党组织内嵌到公司治理结构中。全面落实将党建工作要求写入公司章程工作，把党组织的职责权限、机构设置、运行机制、基础保障等写入章程。全面推行“双向进入、交叉任职”领导体制，从组织上强化党组织在企业治理结构中的地位，从源头上保证党委参与重大问题的决策。

#### 2. 把稳“定盘星”

落实前置程序，强化党委把关。健全制度机制，强化协同运行。建立健全党委会议、董事会议、总经理办公会议事规则，“三重一大”决策办法等四项基本制度，形成制度合力。厘清权责边界，有效发挥党委领导作用。持续完善“三会决策事项权限表”，实行科学决策、民主决策、依法决策，提高决策质量和效率。

3. 抓好“领头雁”

全面构建“压实责任、量化考核、促进提升”的基层党建工作闭环，明确各级党组织、领导班子成员、党员干部管党治党责任分工，细化各级党组织抓党建任务和问责清单，落实各级党组织向上级党组织报告年度党建工作、高质量开展各级党组织书记抓党建述职评议制度，构建“集团党委—二级单位党委—基层党支部”三级党建责任体系全贯通、全覆盖。持续完善党建工作考核机制，科学挂钩党建考核指标与生产经营指标，考核结果作为领导干部综合绩效考核评价、年薪核发、干部任用、追责问责的重要依据，传递管党治党责任压力，强化党建与业务“两手抓两手硬”主责意识。

4. 强化“保障力”

制度建设是全面从严治党、依规治党的必然要求，构建覆盖全面、系统完备、统一通用、一贯到底的制度体系，是高质量党建的根本保障。规范基层党建标准，分层分类完善基层党建制度体系，健全以议事决策、请示汇报、组织生活、发展党员、党员教育管理、党费收缴使用、党内关怀帮扶等为重点的基层党建制度体系。把严格执行党建制度纳入党建考核体系，作为衡量基层党建质量的重要标准，切实提升制度执行力。

**【案例 2】**

**统筹推进党建入公司章程**

集团新成立的三级公司，均第一时间将党建总体工作要求纳入企业章程。目前，集团、16 家二级子企业、29 家三级公司和 4 家四级公司实现“党建进章程”全覆盖。完善“双向进入、交叉任职”领导体制。集团目前符合任职条件的子企业已全部落实党委书记、董事长一肩挑的政策。二级子企业坚持行政班子和党委班子“双向进入、交叉任职”，从组织上强化党组织在企业治理结构中的地位，从源头上保证党委参与重大问题的决策。认真落实党委会议研究讨论是重大事项决策的前置程序。坚持职权与功能定位相匹配、权利与责任相对等、决策质量与效率相统一，制定 110 余项“三会决策事项权限表”和 40 项“前置事项权限表”，厘清权责边界。

**抓好述评考问，落实党建责任不打折扣**

2016—2018 年集团实现二级单位党组织书记现场述职评议全覆盖。充分用活考核这个“指挥棒”，连续三年开展党建考核，考核结果纳入领导班子及成员综合绩效考核评价体系，与年薪核发、干部调整、追责问责等挂钩。年中对党建考核发现问题整改情况进行“回头看”，对履责不力的人员及时约谈，形成了明责、督责、考责、追责的闭环管理体系和压力传导机制。抓住关键人、带动一班人，全面压实各级党组织管党治党政治责任。

### （三）以融入生产经营为载体，锻造创新发展“红色引擎”

坚持党建引领，把党建全方位融入企业生产经营各项工作中，全面加强“三基”建设，实施“三个工程”，锻造高质量发展“红色引擎”（见图5）。

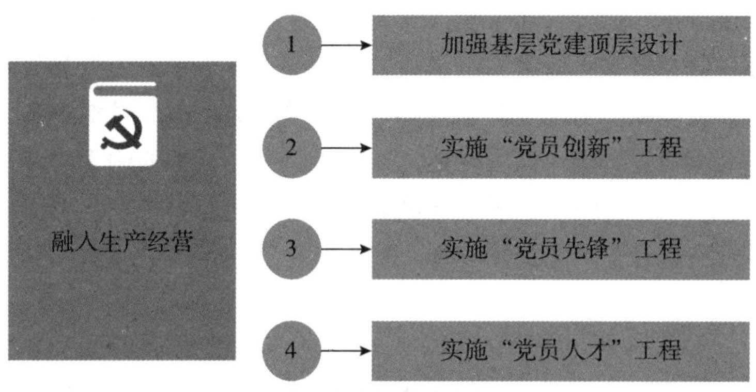


**图5　融入生产经营的途径分析**

#### 1. 加强基层党建顶层设计

加强基层党建工作的顶层设计，企业党组织研究、部署、开展工作要与生产经营工作实现同部署、同推动、同落实，筑牢党建与生产经营融合的“根”与“魂”。积极研究和探寻党建工作规律，不断创新工作理念，既突出重点，又整体推进，自觉做到党建与生产经营互融互促互进。创新基层党建工作理念、机制、手段和内容方式，找准党组织开展活动、发挥作用的着力点，不断提高基层党建工作的精益化、科学化水平，真正成为团结群众的核心、教育党员的学校、攻坚克难的堡垒。

**【案例3】**

集团强化党建规划引领，加强顶层设计指导，提出了集团党建“1－3－5”规划发展目标、7项重点任务、4项保障措施，提出“三个融入”，要求二级单位聚焦企业改革发展稳定的重点难点，积极推动党建工作融入生产经营，充分发挥基层党组织和党员作用，通过攻坚克难实现有为才有位，以生产经营和改革发展成果检验党建工作。其中沈阳铸造研究所党委坚持问题导向，将党支部建设纳入顶层设计，将对应党支部职责嵌入公司绩效考核评价机制，充分激活党支部的内在活力。北京机科国创轻量化科学研究院党委坚持抓党建促科研推动改革，通过落实部门负责人与支部委员交叉任职、提高支委成员岗位系数的措施，有效解决党支部建设与业务工作融合不够、成效不明显的问题。中机寰宇认证检验有限公司党委制定党建工作规划，全面运行党建质量管理体系（PQMS），丰富了基层党建工作机制的有效载体。

#### 2. 实施“党员创新”工程

“党员创新”工程坚持把全体党员置身于集团创新发展大潮中，激励广大党员立足岗位勇于创新、善于创新、融入中心、服务大局、发挥作用，营造“人人皆是创新者”的氛围，同时推进基层党组织工作创新、提高党建工作实效性。紧密结合各单位年度目标任务，针对突出问题、薄弱环节和创新点，强化创新创效的核心需求，以基层党支部为主体，搭建党员创新平台，聚力攻关核心技术，发挥党支部的组织保证和党员的骨干带头作用，通过“党员创新”工程实施促进中心工作任务的完成。

**【案例4】**

集团近年积极推进“一院两制”科技创新体系建设，强化创新创效的核心需求，形成“以纵带横、以横促纵”创新链与产业链紧密衔接的科技创新模式。构建起由1个轻量化国创中心、4个企业国家重点实验室、4个国家工程研究中心等组成的装备制造业先进制造工艺技术及智能制造技术研究开发的坚实国家级平台。各单位在关键岗位加强党员员工的配置，创新活动载体，营造“人人皆是创新者”的氛围。其中哈尔滨焊接研究院党委围绕科研、生产和经营工作，以“党员创新示范岗”为平台和阵地，坚持重创新、求实效，在关键岗位加强党员员工的配置，在承担国家西气东输三线等国内能源动脉管线工程中多个钢管焊接生产线项目中，多名青年党员骨干在新疆克拉玛依大漠狂沙、珠海滂沱大雨的历练中攻克一个又一个技术难题，日复一日地安装调试，助推哈焊院油气钢管焊接装备技术走在国际前列。

### 3. 实施“党员先锋”工程

“党员先锋”工程是围绕生产经营中的急、难、险、重任务，找准工作切入点，在质量提升、管理提升、降本增效等方面为党员发挥先锋模范作用提供多种有效平台。设立“党员示范岗”，亮出身份，创标杆；在重大项目中树立“党员先锋队”，亮出责任，创品牌；在落实年度工作任务中划分“党员责任区”，亮出目标，创佳绩。树立先进典型，宣传优秀事迹，传播先进经验，激励党员人人争当先锋，点燃党员干事创业激情。

**【案例5】**

集团二级单位扎实开展“学习先进、践行标准”“不忘初心、承诺践诺”“科技攻关、质量提升”党员攻关等活动，充分发挥党员先锋模范作用。2018年集团对45个先进基层党组织、139名优秀党员和30名优秀党务工作者进行了表彰，积极发挥创先争优的示范带动作用，引导广大党员职工见贤思齐，立足岗位、勇于担当。其中沈阳铸造研究所党委成立模压叶片项目突击队、“攻坚克难铸叶片”攻关小组等，划分党员责任区，党员作为项目攻关的骨干力量，带头克服重重困难，带头加班奋战在一线，效果显著。郑州机械研究所党委开展“每个党员都是先进人物”活动，组建以党员为带头人的红旗班、攻坚连等系列模范班组，党员亮身份、践承诺，充分发挥党支部战斗堡垒作用。北京机械工业自动化研究所党委通过设立党员示范岗，每年召开项目经验交流会，组织精品工程评比活动，让党员带头亮作风、亮形象、亮业绩，营造锐意进取的浓厚氛围。

4. 实施“党员人才”工程

“党员人才”工程是坚持人才强企，积极发挥聚才育才优势，建设素质高、能力全、创新强的党员人才队伍。搭建全方位的“五支人才队伍”培养体系，优化各职位体系人才发展通道，确保党员人才“能进步”；建立全方位的干事平台，从建立担当榜样、提拔担当干部、适当容错纠错、嘉奖担当干部等多维度入手，确保党员人才“有作为”；构建全方位的激励机制，覆盖新进毕业生、杰出青年专家、杰出专家、首席专家、延退专家等人才队伍，确保党员人才“留得住”。通过坚持把党员培养成人才，把人才培养成党员，为集团高质量发展提供坚强的人才保证和智力支撑。

**【案例 6】**

集团实施“青年百人计划”，为“五支人才队伍”储备力量；实施集团战略目标引导下的干部配置，深入开展干部交流，集团从二级到三级将企业战略目标与干部选任紧密结合；设立人才引进基金，提高各类人才的薪酬水平，推动各单位上至院士、下至“985”院校应届硕士毕业生等人才的引进。通过系列举措，把党员培养成人才，把人才培养成党员，为企业发展提供人才支撑。其中北京机科国创轻量化科学研究院党委在“选才”上严格程序，在“育才”上畅通渠道；在“引才”上创新驱动，打造“老中青梯次优化、科研产业创新发展、整体团队蕴藏后劲”的党员人才队伍。通过打造过硬的团队带头人，以陈蕴博院士等学科带头人为团队“领头雁”，致力于国家科技重大专项等重要科研任务等研发突破；搭建青年成长成才的平台，畅通流动晋升的渠道，在项目中创新创造，在任务历练中成长成才。2018 年，国家轻量化材料成形技术及装备创新中心成功获批。

## 四、实践成果：以高质量党建引领高质量发展

三年来，集团党委高举旗帜，强根铸魂，以党的政治建设为统领，以推进党建工作与中心工作的有机融合为航标，以党建工作责任制为抓手，以履行党风廉政建设“两个责任”为保障，以发挥群团组织作用为依托，集团经营业绩再创历史新高，高质量党建引领高质量发展。

1. 构建党建引领改革发展新格局

集团党委坚持和加强党的全面领导，把党的领导融入集团改革发展全过程，融入集团治理体系，发挥好党委领导作用，牢牢把住重点领域和关键少数，使党建责任、党建措施、党建作用不断增强，构建起了党建引领集团改革发展新格局。集团积极参与地方经济转型升级，助力装备制造企业创新发展，经营业绩屡创新高。营业收入年均增长 10.2%，利润总额年均增长 11.1%，新增合同额年均增长 14.6%。集团深入落实创新驱动发展理念，科技创新成果丰硕。全面参与《中国制造 2025》实施，稳步推

进“一院两制”科技创新体系建设，获批国家制造业创新中心等3个国家级创新平台，荣获国家级科技奖5项。

2. 筑牢集团基层党建新堡垒

集团党委坚持把加强“三基建设”、抓基层打基础作为长远之计和固本之策，将持续推动党的建设与中心工作有机融合作为全面加强“三基建设”的重要举措，加强顶层设计，推动基层党建融入生产经营，提升了基层党组织组织力、党员队伍战斗力和党建工作引领力，筑牢基层党建新堡垒。聚焦全覆盖、深融合，建强基本组织；聚焦夯基础、强素质，建好基本队伍；聚焦严落地、立规范，抓实基本制度。深入实施“党员创新”“党员先锋”工程，持续保持国内装备制造技术领先的独特优势和培养为国家创新的完整科技队伍，打造和强化企业核心竞争力，使党建切实成为提升业务的“加速器”。

3. 激发干部人才队伍新活力

集团党委坚持党管干部、党管人才原则，坚持好干部标准，严格干部选任程序，坚持严管厚爱结合，激励约束并重，培养选拔优秀年轻干部，持续推进战略目标引导下的领导班子配置全覆盖，近三年竞争性选拔干部占比55%以上，集团干部交流人次从2016年至2018年增加了400%，新选拔任用干部年龄在45岁以下占比为63%。实施“党员人才”工程，激发干部人才队伍新活力。制修订人才引进、培养等制度，启动首席专家、政工师序列、财务专业技术序列等，引进硕博士毕业生比例由53%提高到71%，重点高校毕业生比例连续保持70%以上。

4. 激发集团改革发展新动能

集团党委坚持党管宣传思想工作，加强宣传思想阵地建设，唱响主旋律、弘扬正能量，树立集团好形象，践行社会主义核心价值观。积极发挥时代楷模、劳动模范等先进典型铸魂育人塑形作用，积极组织志愿服务和科技公益活动。举办第十期“国企开放日”观摩推进会暨集团首届“国企开放日”活动，组织开展主题为“传承创新发展，筑梦制造强国”的庆祝改革开放40周年系列活动，展示了改革开放以来装备制造技术发展历程和集团最新科技创新成果。围绕“大国顶梁柱阔步新时代”和“我和祖国共成长”等主题宣传活动，开展“五个一”庆祝中华人民共和国成立70周年系列宣传活动。集团党委加强对工会、群团、统战工作的领导，发挥工会桥梁纽带作用和青年生力军作用，团结各方力量投身集团改革发展中心工作，汇聚持续发展新动能。

主创人：王德成　王西峰

参与人：杨玉亭　贺凌华

# 践行“三精管理”：推进矿山资源整合，走转型升级、绿色发展之路，实现经营精益化

安阳中联水泥有限公司

## 前言

安阳中联水泥有限公司（以下简称“安阳中联”）是中国建材集团水泥核心板块中国联合水泥集团有限公司（以下简称“中联水泥”）旗下的核心企业。安阳中联成立于2008年，现拥有一条4500吨/日熟料水泥生产线，一条4000吨/日熟料水泥生产线，9条砂石骨料生产线，13条水泥混凝土生产线，2条水稳拌合材料生产线，1条干混砂浆生产线，形成了熟料产能300万吨/年、水泥产能360万吨/年、骨料产能近4000万吨/年、商品混凝土产能540万立方米/年的大型建材生产企业，实现了集矿山开采、熟料水泥生产、建筑（熔剂）骨料、商品混凝土等的综合建材企业，成为豫北区域新型建材航母。

公司先后通过了国家安全生产标准化一级企业评审，通过了河南省安全文化示范企业评审，通过了清洁生产审核验收，荣获河南省首家建材水泥行业绿色企业称号，获得河南省节能减排先进单位殊荣，完成了熟料水泥生产线超低排放改造，完成了绿色矿山建设，成为区域内创新管理的标杆企业。

多年来，安阳中联在中国建材集团总体部署下，在中国联合水泥集团有限公司正确领导下，践行中国建材集团战略、文化、方针、管理原则、经营措施，以“三精管理”为抓手，持续推进企业转型升级，全面推进区域内业务整合，打造“水泥+”一体化经营模式，使公司保持了高质量的发展势头。

## 一、实施背景

### （一）必要性

党的十九大报告中提出了习近平生态文明思想，生态文明建设是关系中华民族永续发展的根本大计。习近平总书记提出了“绿水青山就是金山银山”“坚持人与自然和谐共生，坚持节约优先、保护优先、自然恢复为主的方针，像保护眼睛一样保护生态

环境，像对待生命一样对待生态环境，让自然生态美景永驻人间，还自然以宁静、和谐、美丽”的生态文明理论。这就要求安阳中联应转变发展观念，不以牺牲环境为代价换取一时的经济增长，不走“先污染后治理”的路子，要把生态文明建设融入经济、政治、文化和社会等各方面建设中，形成节约资源、保护环境的空间格局、产业结构、生产方式、生活方式，为子孙后代留下天蓝、地绿、水清的生产生活环境。

### （二）预期的效果

安阳中联通过推进矿山资源重组以及企业转型升级，编制了矿山中长期开采规划，合理布置工作面，采用“采剥并举，剥离先行”的开采方法，边开采边修复，实现了矿产资源的100%利用。通过延长水泥产业链，实现了矿山开采、建筑（熔剂）骨料、熟料水泥生产、商品混凝土等建材全产业链，引领建材行业实现清洁生产、绿色发展。

## 二、内涵

#### 1. 矿山整合重组

通过与地方政府多次协商，安阳中联于2014年年初出台了《安阳县石灰岩矿山整顿和联合重组工作方案》，正式参与对43家石料企业进行联合重组。依据工作方案的要求，将原分布在安阳市西部矿区无序开采的矿山整合成四大矿区，按照绿色矿山开采方案逐步实施，通过生态修复、矿山开采、绿色矿山建设，实现资源100%利用。

#### 2. 做大骨料

为向资源整合争取效益，安阳中联通过不懈努力，用最短的时间、最少的投资在四个规划区内建设了9条标准化骨料生产线，实现超低排放、清洁生产。

#### 3. 综合利用

骨料生产过程中产生的废渣、收尘灰全部用于水泥熟料生产线，实现了矿产资源的综合利用，具有良好的社会效益和经济效益。骨料生产线运行以来，水泥熟料综合成本明显降低。

## 三、主要做法

### （一）区域背景

安阳市位于河南省最北部，地处山西、河北、山东、河南四省交界处，西隔太行山与山西省长治市交界，北隔漳河与河北省邯郸市相望，向东70千米与山东省相邻，水泥市场协同难度较大。安阳中联60千米范围内市场主要竞争对手有河南同力水泥股份有限公司（以下简称“同力水泥”）、河南省湖波水泥集团有限公司（以下简称“湖波水泥”）、武安市新峰水泥有限责任公司及邯郸金隅太行水泥有限责任公司，河北省和山西省熟料又经常低价进入安阳市场，致使产品价格受到严重影响。

1. 熟料水泥市场

当前安阳市境内有5条新型干法水泥熟料生产线，日产能达2万吨，其中：中联水泥拥有一条4500吨/日熟料生产线和一条4000吨/日熟料生产线；湖波水泥拥有一条1000吨/日熟料生产线、一条3200吨/日熟料生产线和一条7000吨/日熟料生产线。年熟料产能达600万吨，水泥产能超过800万吨，已经满足了豫北市场的需求。除2家熟料企业各自拥有水泥生产线外，还有27家水泥粉磨企业，年产能达1377万吨，产能严重过剩，市场竞争激烈，企业盈利空间大幅缩水。

2. 骨料市场

原安阳县拥有石灰石骨料企业43家，骨料年产能达4500万吨，占全市总产能的80%，主要分布在许家沟、磊口、善应、马家、铜冶、都里6个乡镇，石灰石资源十分丰富。同时林州市年产能约1000万吨，占全市总产能的20%，但林州市大部分矿区靠近旅游景区。

通过对安阳市石灰石骨料生产企业和市场需求进行分析，安阳市骨料需求量为3000万吨/年。石灰石骨料企业资源主要分布在原安阳县和林州市境内，从安阳直线向东250千米，属于平原地区，均无石灰石资源，骨料市场巨大。

## （二）面临机遇

针对原安阳县境内的石灰岩矿山开采布局不合理、无序开采、自然环境恶劣、资源浪费严重、空气污染指数长期超标等现状，2013年5月17日，安阳县人民政府召开专题会议，决定对全县43家石料开采企业进行资源整合，成立了以县长为总指挥的矿山资源整合指挥部，坚持以“市场运作、政府指导、企业自愿”为指导方针，广泛支持有社会影响力、经济实力强和有社会担当的企业，参与安阳县矿山资源整合的决策当中。

## （三）突出经营精益，资源整合与治理并行

1. 充分酝酿

安阳中联领导班子通过从安阳特殊地理位置、市场情况、面临机遇及公司遇到的经营困难综合分析认为，安阳中联只有走矿山资源整合这条路，充分掌控骨料市场和资源，才能摆脱发展瓶颈，突破重围，实现新生。矿山资源整合是一个千载难逢的机

遇，一旦错过，公司将彻底陷入被动，很难有翻身的机会。

2014 年，依据中联水泥的经营管理要求，结合实际情况，中联水泥河南运营管理区成立了安阳片区管委会，黄颂高同志担任安阳片区管委会主任。作为安阳片区总负责人，如何深入贯彻中国建材集团董事长提出的"三阳开泰"战略思想，进一步立足水泥业，延伸产业链，做大利润平台，成为黄颂高就职后工作的重中之重，而矿山资源整合成为最关键的一步棋。

安阳中联于2014 年组织制订了"打造豫北地区核心利润区规划方案"，该方案规划了发展蓝图，通过与政府合作，整合安阳市矿产资源，将安阳片区建成覆盖上下游产业链、辐射豫北地区最具竞争力的新型建材航母，成为环境优美、技术先进、效益领先、管理科学的优秀企业。

2. 整合重组

2014 年年初安阳中联出台了《安阳县石灰岩矿山整顿和联合重组工作方案》，通过与地方政府多次协商，正式开始对 43 家石料企业进行联合重组。

为顺利完成整合工作，在黄颂高的领导下，安阳片区专门成立了矿山资源整合团队，组织大量的人力、物力、财力专门投入这项工作。在将近两年的时间里，安阳中联经受住了原整合合作企业（湖波水泥、安阳钢铁集团公司）的变化，原被整合企业的重重阻挠，一次又一次不可预知的变数，来自方方面面的质疑和不解，以及各种矛盾冲突和打击。最终，在地方政府的强力推进下，在矿山资源整合团队的努力下，矿山资源整合终于迎来了柳暗花明。安阳中联通过与地方政府多次协商后签订了整合协议，与被整合企业谈判，与地方政府一起商讨整合后的矿产开采规划，一件事情接着一件事情，一次交锋接着一次交锋，一个挑战接着一个挑战，在一切合法合规的前提下，矿山资源整合取得了巨大成效。

安阳中联根据安阳西部矿山开采规划，规划了四个矿区，分别是安阳中联水泥骨料、海皇中联水泥骨料、安阳中联熔剂骨料、安阳中联骨料。2015 年 2 月，中国建材集团总经理曹江林在安阳中联视察工作时提出：安阳中联要大力发展骨料业务，使企业尽快转型升级，实现良好的经济效益。在集团公司领导的指示下，安阳中联进一步坚定了整合矿产资源、做大做强骨料的信心。

3. 做大做强骨料

为向资源整合争取效益，通过不懈努力，安阳中联用最短的时间、最少的投资在四个规划区内建设了 9 条标准化骨料生产线，骨料年总产能迅速增长到 3000 万吨。骨料产品目标市场主要定位于安阳、濮阳，山东聊城、菏泽及周边建筑用骨料市场。作为资源综合利用项目，骨料生产线依托先进的生产技术，充分利用废弃的石灰石尾矿，变废为宝。生产过程中产生的废渣、收尘灰可全部用于水泥熟料生产线，实现了矿产资源的综合利用，具有良好的社会效益和经济效益。骨料生产线运行以来，使水泥熟料综合成本大幅降低。

安阳中联在完成骨料生产布局基础上，持续转型升级，通过技术改造，完成了两个机制砂项目的建设，进一步提高了产品附加值，提升了整体效益。因市场机制砂产品奇缺，公司在环保管控异常严峻的情况下，主动出击，利用半年时间建设了年产500万吨的10～20毫米骨料—机制砂生产线。

### （四）树立危机意识，推进矿山生态环境修复

1. 严峻形势

2018年5月，全国人大常委会委员长栗战书率全国人大环保执法检查组在安阳执法检查，对矿山资源整合的重要区域九华山—王家窑原矿区生态环境严重破坏问题提出了批评和整改要求，引起了省、市、区各级政府的高度重视。

2. 修复规划

为全面有效、系统化治理矿区修复工作，按照省、市党政部门和生态环境、国土资源部门要求，由殷都区政府牵头，委托河南省地质环境监测院和浙江大学，分别编制了《安阳市西部九华山—王家窑裸露山体整治方案》《悬岩峭壁修复方案》，应用先进的生态环境技术，分区域、分阶段明确了整治措施，为全面实施矿山环境修复治理提供了技术支持。

3. 精心施工

按照《安阳市西部九华山—王家窑裸露山体整治方案》，矿区修复范围分为3个区域、16个修复点，细化台账、倒排工期，狠抓工程进度。按照整治方案，安阳中联承担了九华山矿区的修复任务。修复过程中，日均出动大型工程机械200余台，日均投入施工人员500余人。该矿区原开采中形成的高陡边坡和残留山体基本完成整体降坡或整体削平、放缓边坡，修建平台已初见成效。在矿区内大面积引入山西漳河水，建设了蓄水量达50万立方米的人工湖，有效解决了生态修复用水问题，矿区共栽植树木2.1万余棵，植被得到初步恢复。

### （五）打造“水泥+”经营管理模式，实现区域一体化运营

1. 压减企业

2018年，根据中联水泥压减工作要求，在不到半年时间内率先完成了安阳中联和原海皇中联重组合并工作，开创了中国联合水泥融窑、磨、骨料线为一体的完整产业

链企业成功合并的先例。合并完成后，安阳中联和原海皇中联两套领导班子精简成了一套领导班子。

2. 一体化运行

安阳中联将安阳区域骨料、商品混凝土企业整合重组完成后，着力推进行政人事一体化、财务管理一体化、骨料及商混营销一体化、安全环保一体化、物资供应一体化、生产技术一体化，充分整合区域内资源，发挥各自优势，努力实现利润最大化。

一是全面推进组织优化和人员结构优化，按照“集中统一”“深化整合”原则，全面推行交叉任职、竞聘上岗管理模式，重新选拔优秀人才，充实管理团队。

二是充分发挥干部“领头羊”作用，严把选人、用人关，合理运用干部特长，将合适的人才放到合适的岗位上，实行管理人员能上能下、岗变薪变制度。

三是进一步优化基层员工，通过技术创新、管理创新、技能培训等措施，不断改善作业环境，降低劳动强度，达到岗位合并、一岗多能的效果，实现人员精干。

3. 企业改制

2019 年，根据中国建材集团、中联水泥在安阳战略部署，安阳中联通过签订战略合作协议，打造了混合所有制一体化经营模式。重组完成后，安阳中联将拥有安阳中联水泥有限公司、安阳中联水泥有限公司龙安分公司等 8 家企业。

## 四、实施效果

安阳中联通过实施矿山资源重组，打造标准化骨料生产线，彻底改变了传统的骨料生产工艺资源浪费、环境污染严重的现状，改变了原骨料生产企业在人们心目中脏、乱、差的负面印象，使安阳中联成为引领行业健康发展的标杆企业，中联水泥在安阳及周边地区的形象更加深入人心。

### （一）经济效益

安阳中联通过转型升级，实现了管理体制与机制的历史性跨越，带来的不仅是规模的扩张，更是质的飞跃，真正实现了经营精益化的目标。2018 年，安阳中联通过“水泥 + 骨料”一体化经营，实现净利润 2. 56 亿元，超额完成中联水泥下达的目标任务，达到历史最高水平，为安阳中联下一步实现“十亿核心利润区”奠定了坚实的基础。

### （二）社会效益

安阳中联的做法引起了有关部门和媒体的高度关注，南方水泥有限公司、宁夏建材集团股份有限公司等同行业及河北省、河南省国土资源厅等省内外 50 余家单位纷纷来安阳考察交流矿产资源整合工作。中国建材企业联合会、中国砂石协会在安阳中联召开转型升级现场观摩会，把安阳中联参与资源整合、治理地质环境、创建绿色矿山的做法称为“安阳模式”。

基于矿山资源整合及“水泥+”模式的经营管理模式的成功应用，同力水泥旗下的所有生产企业整体转让给中联水泥，使中联水泥成为河南省水泥的“排头兵”。

2018年12月，时任河南省省长陈润儿、生态环境厅厅长王仲田莅临现场视察指导，对安阳中联的矿山修复治理工作给予了高度评价，称赞安阳中联为河南水泥行业树立了新标杆。

2019年4月，河南省生态环保厅组织全省主管环保的副市长，市、县生态环保局局长等400余人在安阳中联召开现场会，对安阳中联参与矿产资源整合、修复矿山生态环境的做法给予了充分的肯定和赞扬。

### （三）生态效益

安阳中联通过矿山资源重组，开展绿色矿山建设，实现资源利用与矿山发展相协调的重要举措，对建设资源节约型和环境友好型社会具有重要意义。安阳中联坚持矿产资源开发利用与经济发展、生态环境保护相协调，达到资源利用节约集约化、开采方式科学化、企业管理规范化、生产工艺环保化、闭坑矿山生态化。

安阳中联在矿山建设过程中，坚持“既要促进经济发展，又要保障青山绿水”的目标，在矿山开发中将“绿色”贯穿开发的全过程，在矿山绿化方面开展了大量工作，防止矿产资源开发对生态环境造成的不良影响和破坏，实现了矿产资源开发利用与经济社会及生态环境的和谐发展。

安阳中联始终强调矿山环境保护，通过技术革新提高资源效率，减少污染物的排放，促进矿山循环经济发展，体现了以人为本的精神。

主创人：黄颂高
参与人：马力　张建民　宋正刚

# 轨道交通装备混合制企业推进产业链产学研协同创新模式构建

株洲国创轨道科技有限公司

## 前言

株洲国创轨道科技有限公司（以下简称“国创科技”）始建于2018年2月，注册资本4.8亿元，资产总额1.1亿元，员工63人，是由中车株机与中车株洲所、中车株洲电机、中车株洲投资控股4家中车在湖南省核心企业，株洲国投、株洲高科2家株洲市国有平台公司，清华大学1所科研院所，联诚控股、九方装备2家民营企业，以及麦格米特、南高齿、金蝶软件（中国）3家上市公司，共计12家单位联合组建的国有控股公司。

国务院在《中国制造2025》中，明确提出围绕先进轨道交通装备等10大领域实施制造业创新中心、工业强基、智能制造、绿色制造、高端装备创新5大工程，推进制造强国建设，制造业创新中心首次被写入国家战略。为快速弥补技术创新与产业发展之间的断层，促进实验室技术向实际产品转移转化，进一步抢占未来发展的制高点，轨道交通行业龙头、核心配套企业、高等院校、研发机构、政府平台、上市公司等产业链上下游各方立足优势产业领域，以国创科技运营载体，联合先进轨道交通装备创新联盟，按照“企业+联盟”的协同创新生态模式联合组建了先进轨道交通装备创新中心（以下简称“创新中心”）。2019年1月，创新中心经国家制造强国建设领导小组办公室认定，成为全国第十家、湖南省及非省会城市第一家轨道交通装备行业唯一一家国家级创新中心。

创新中心采取“运营公司+产业联盟”的发展模式，按照优势互补、协同创新、开放共享的原则，集聚科学家、企业家、金融家和工匠家四支队伍。汇聚全国先进轨道交通装备领域的优势资源，形成一支引领行业发展、代表国家参与世界竞争的队伍；以核心团队的技术开发与人才培养为基础，进行行业整合，打造创新链及支撑产业链；构建技术协同创新体系，以前沿技术作为引领，实现关键核心技术与共性技术的突破；在基础研发及市场之间，构建集成创新、技术转移、技术扩散及首次商业化平台，打造产、学、研、用、政、金、商协同的新型可持续发展模式。2018年全年实现营业收入1875万元，上缴税收313万元（其中：企业所得税290万元，个人所得税23万元），成功实现了“当年完成注册、当年实现税收、当年实现盈利”的目标。

## 一、构建轨道交通装备混合制企业推进产业链产学研协同创新能力生成模式的背景

### （一）落实建设交通强国战略，实现行业在新形势下持续创新发展的需要

当前，世界经济格局迎来了重要转折点，贸易保护主义升温，大国博弈加剧，经济摩擦政治化抬头，世界经济充满不确定性，摩擦相继发生，其背后引发社会大众对“卡脖子”技术的深刻思考和关注，制造业的竞争已远远不单是企业个体之间的竞争，更是整个行业乃至是整个国家制造水平的竞争。轨道交通装备产业作为国家“金名片”，在全球同行业竞争领先地位的创新压力下也面临着“不进则退”的发展危机。

纵览全球竞争大格局，德国、法国、日本等传统高铁强国，都纷纷出台下一代高速列车研发计划，在新制式轨道交通、磁浮交通、超高速管道列车等领域竞相争夺；美国、韩国、加拿大等国家也不甘示弱，开始进行大量高速车的理论研究和试验工作，试图在这场科技竞赛中抢占一席之地。面对轨道交通领域日益激烈的国际竞争，需要不断的持续创新以保持并跑，实现领跑。单纯依赖传统单一要素创新驱动的时代已显然满足不了当前激烈的竞争态势，迫切需要构建整合优势产能实现协同创新发展新模式，面向行业，形成“万众创新”的新局面。

### （二）打破技术孤岛缺陷，实现产业创新资源“串珠成链”的需要

中国轨道交通装备企业与西门子、阿尔斯通、庞巴迪、通用电气等国际一流轨道交通装备跨国公司相比仍然存在一定差距和“短板”，也面临“大产品受制于小产品”的尴尬局面：系统解决方案能力不足、关键共性技术仍然薄弱、行业标准建设能力不强、行业协同创新载体缺失等。同时轨道交通装备在“走出去”过程中也面临着发达国家遏制、内力支撑不足、知识产权壁垒等诸多挑战。究其缘由，国内轨道交通行业创新发展存在比较严重的“技术孤岛”现象，创新资源要素在产业链各环节上的多头部署和分散投入，现有众多创新载体在“技术产生、扩散、首次商业化、产业化”的链条上衔接不畅，就像一颗颗散落的珍珠。

突出体现在：一是我国轨道交通装备产业规模虽然大，但创新资源分散在相关企业、科研单位、高等院校等部门，产学研合作效果不明显，未能形成有效的协同创新合力；二是本土同类轨道交通企业之间未形成有序、细化、科学的创新链、产业链；三是我国轨道交通装备产业链上下游领域协同创新能力不足，在上游的材料供应商、中游设备制造商和下游行业应用等相关领域未形成有效协同；四是在轨道交通装备产

业产品标准、质量体系等一系列相关领域缺乏统一的研究合作。

### （三）突破实验室到产业化的瓶颈，弥补技术创新与产业发展断层的需要

目前的科研机制对前瞻性及关键性共性技术的创新方面存在软肋，企业研发机构受限于传统商业模式的盈利要求，难以长期投入对行业发展起到支撑作用的前瞻性技术和基础性技术研发，其结果是慢性的创新能力不足与长期的原始创新能力缺位。如以高等院校为代表的科研院所则困于其机制体制，存在对市场需求不敏感、对应用环境不了解的现象，处在相对有限的研发资源和研发成果转化机会缺乏、远离生产实际的矛盾之中。

轨道交通装备混合制企业推进产业链产学研协同创新模式的构建正是以产业为本体、市场为导向、企业为主体，通过技术创新、模式创新、组织创新、业态创新、体制机制创新等，打造从创新生态到产业生态的中枢与制高点，弥补技术创新与产业发展断层，打造“样品—产品—商品”的快速转换平台，跨越实验室到产业化之间的“死亡之谷”。

## 二、轨道交通装备混合制企业推进产业链产学研协同创新模式构建的内涵和主要做法

### （一）内涵

以创新驱动战略为导向，以协同创新管理理论、技术创新理论为指导，以信息化技术为支撑，通过以战略为引领，构建“企业＋联盟”协同创新体制架构；以技术为驱动，突破产业创新的关键共性技术的瓶颈；以新机制为保障，打造协同创新的运营机制体系；以现代财务为支撑，探索“平台公司＋项目公司”的投融资及资金管控模式；以人才培养为根基，发挥创新人才的创新活力，达到产业链产学研协同创新的生态体系的基本构建，实现高精人才的聚合，推动行业关键共性技术突破，促进企业可持续高质量发展的目的。

### （二）主要做法

#### 1. 以战略为引领，构建“企业＋联盟”协同创新体制架构

（1）构建“企业＋联盟”协同创新体制，坚持创新高质量发展战略

《制造业创新中心建设工程实施指南（2016—2020）》总体部署和要求中明确：要把创新中心打造成创新生态的网络组织、创新服务的公共平台、创新资源的整合枢纽、创新人才的培育基地。这不同于美国制造业创新网络以单个企业作为创新载体、线性链式的创新流程以及技术创新的单一创新模式，不同于英国产业技术创新中心多主体

协同并行、技术创新和商业模式创新并行的方针。结合轨道交通装备行业，国创科技的理解是：它的物理概念包括承载其发展的园区，实施主体包括创新中心运营公司及其股东单位和产业联盟。

创新中心将以习近平新时代中国特色社会主义思想为指导，结合新发展形势，由股东单位企业、高校院所、产业链上下游联盟企业等创新主体和市场主体自愿组合、自主结合，以龙头企业为主体，以产业联盟为依托，面向产业创新发展的重大需求，提供从前沿共性技术研发到转移扩散到首次商业化应用的"企业 + 联盟"跨界型、协同型新型创新载体。重点围绕创新发展、高质量发展的核心任务，有效发挥市场主导作用和政府引导作用，坚持资源整合与人才发展相结合、自主创新与开放合作相结合、企业主体与共建共享相结合的基本原则，汇聚创新资源，突出协同配合，加强开放合作，建立共享机制，发挥溢出效应，打造贯穿创新链、产业链、价值链的制造业创新生态系统，推动我国轨道交通装备制造业向绿色、智能、安全、高效、便捷方向发展。

（2）构建混合所有制公司的组织架构，形成协同创新的组织结构体系

创新中心依托国创科技作为企业主体，通过资本的形式整合"产、学、研、用、政、金、商"等创新主体，形成了利益共同体。一是采用混合所有制，即既有国有资本，又有民营资本以及投资基金，设立核心技术管理人才持股等激励方式，保障了企业发展活力（见图 1）；二是股权分散，12 家股东，没有一股独大，确保了利益的共享和分配（见表 1）；三是高效决策和有效监督，董事会确保了决策高效，监事会保障了有效监督，顾全中小股东的利益；四是股权不固化，注册资本 4.8 亿元，根据经营发展变化，适时吸纳股东和战略投资者，构建了有进有出的股权结构。

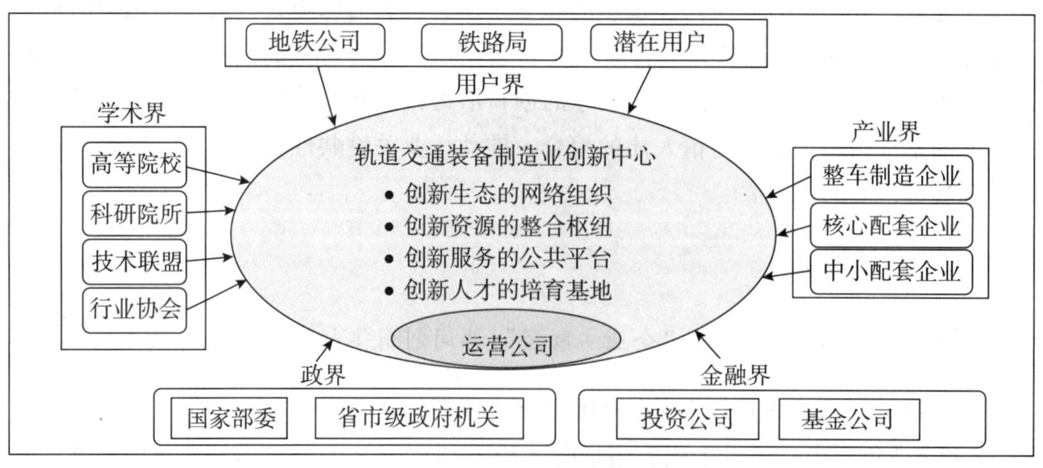


**图 1　协同创新架构**

**表 1　　　　创新中心股权结构**

| 序号 | 股东成员 | 股比 | 产业链布局 |
|---|---|---|---|
| 1 | 中车株洲电力机车有限公司（中车株机） | 15% | 主机企业 |
| 2 | 中车株洲电力机车研究所有限公司（中车株洲所） | 12% | 研究机构 |
| 3 | 株洲高科集团有限公司（株洲高科） | 12% | 产业投资 |
| 4 | 株洲市国有资产投资控股集团有限公司（株洲国投） | 10% | 产业投资 |
| 5 | 中车株洲电机有限公司（中车株洲电机） | 9% | 核心配套 |
| 6 | 株洲联诚集团控股股份有限公司（联诚控股） | 9% | 核心配套 |
| 7 | 清华大学天津高端装备研究院洛阳基地 | 8% | 高校机构 |
| 8 | 中车株洲投资控股有限公司（中车株洲投资控股） | 5% | 孵化平台 |
| 9 | 金蝶软件（中国）有限公司（金蝶软件（中国）） | 5% | 信息化平台 |
| 10 | 株洲九方装备股份有限公司（九方装备） | 5% | 核心配套 |
| 11 | 深圳麦格米特电气股份有限公司（麦格米特） | 5% | 核心配套 |
| 12 | 南京高精传动设备制造集团有限公司（南高齿） | 5% | 核心配套 |

（3）有序整合行业创新联盟，释放不同实体经济活力

目前国内轨道交通装备创新主体主要以中车集团作为核心，其占据了行业 90% 以上的资源，同时以通号集团、铁科院、欧特美、克诺尔、今创集团等为代表的配套企业，以清华大学、中南大学、西南交通大学、北京交通大学等为代表的高校，以及数以百计的创新联盟、行业协会等共同组成创新共同体。由于轨道交通装备产业的产业链比较长，上到核心技术下到运营服务，涉及钢铁行业、有色金属行业、规划设计、电子信息行业、智能制造、管理运营等多个领域，上中下游企业的战线长且分散，不易突破关键共性技术瓶颈。受制于中车集团的绝对强势，轨道交通装备企业虽然围绕中车集团，但由于自身利益的分配，往往组织分散，联而不盟。

致力于打造国家级先进轨道交通装备创新中心，2016 年中车株机、中车株洲所、中车株洲电机、中国铁建重工、联诚控股等单位联合在湖南省民政厅注册成立民办非企业单位——湖南省联合轨道交通装备创新中心，组建了中国先进轨道交通装备创新联盟（以下简称“创新联盟”）。创新中心在相关部门的支持下，接手联盟管理工作。通过设立独立的联络处作为管理部门，运营创新联盟日常工作，一方面解决了联盟经费问题，另一方面通过企业管理解决了以往联盟松散、联而不盟的弊端。2018 年以来，创新中心根据发展需要，按照轨道交通装备行业不同的需求，分别整合了城市轨道交通产业技术创新战略联盟、中国智能无人系统产学研联盟、轨道交通装备产业工业互联网联盟三个分联盟，形成以轨道交通装备行业为基础，覆盖产业链上下游的综合性创新联盟，汇聚了包括上海地铁、广州地铁、青岛四方、长客股份、唐山客车、华为

公司等企业，清华大学、科研院所等各类创新主体，目前联盟成员企业298家，组成了联合研发、利益共享、权责清晰的先进轨道交通装备创新实体（见表2）。

**表2　　创新联盟主要委员及代表**

| 职务 | 姓名 | 备注 |
|---|---|---|
| 理事长 | 周清和 | 株洲国创轨道科技有限公司<br>中车株洲电力机车有限公司 |
| 副理事长（排名不分先后） | 王　浩 | 中国中车股份有限公司 |
| | 刘　健 | 北京市地铁运营有限公司 |
| | 王大庆 | 上海申通地铁集团有限公司 |
| | 谢维达 | 广州市地下铁道总公司 |
| | 刘和龙 | 上海轨道交通检测技术有限公司 |
| 委员（排名不分先后） | 简　炼 | 北京京港地铁有限公司 |
| | 冯江华 | 中车株洲电力机车研究所有限公司 |
| | 战明辉 | 天津轨道交通集团有限公司 |
| | 李　恒 | 重庆市轨道交通（集团）有限责任公司 |
| | 朱瑶宏 | 深圳市地铁集团有限公司 |
| | 杜运国 | 长沙市轨道交通集团有限公司 |
| | 赵明花 | 长春轨道客车股份有限公司 |
| | 陈　凯 | 唐山轨道客车有限责任公司 |
| | 刘可安 | 株洲中车时代电气股份有限公司 |
| | 代津岳 | 青岛四方机车车辆股份有限公司 |

2. *以技术为驱动，突破产业创新的关键共性技术瓶颈*

（1）确定技术创新路线，厘清七大关键共性技术研究方向

创新中心围绕新能源技术、新材料技术、新工艺技术、新技术平台的“四新”方向和核心基础零部件、关键基础材料、先进基础工艺、产业技术基础的“四基”方向，开展技术研究，实现先进轨道交通装备制造业关键前沿技术和共性技术的研发，由刘友梅、丁荣军、田红旗、陈晓红等多位工程院院士领衔的专家委员会（见表3），充分发挥股东优势和创新联盟资源协同，制定了安全可靠、先进成熟、节能环保、互联互通的“绿色智能”谱系化的总体发展规划，确定了重点突破7大关键共性技术路线（见图2），即绿色节能技术、智能化关键技术、运维服务关键技术、体系化安全保障技术、高效能牵引传动技术、互联互通技术和系统匹配性技术。根据技术路线规划要求，按照“总体规划、分步实施”的方式重点实施重大技术专项。

**表3　专家委员会名单**

| 职务 | 院士 | 组织机构 | 研究方向 |
|---|---|---|---|
| 主任 | 中国工程院院士刘友梅 | 中车株机 | 铁路电力牵引技术装备领域 |
| 副主任 | 中国工程院院士丁荣军 | 中车株洲所 | 轨道交通牵引控制、牵引变流和网络控制技术 |
| | 中国工程院院士吴澄 | 清华大学 | 自动控制技术 |
| | 中国科学院院士雒建斌 | 清华大学 | 薄膜润滑；纳米技术在计算机磁盘系统应用研究；表面与界面纳米技术与理论 |
| | 中国工程院院士田红旗 | 中南大学 | 铁路空气动力学和列车撞击动力学 |
| | 中国工程院院士陈晓红 | 湖南商学院 | 金属矿产资源开发利用、资源型企业节能减排、重金属污染区域生态环境综合治理等 |
| | 中国工程院院士陈湘生 | 深圳地铁 | 地下工程、岩土工程、地层冻结和地铁工程 |
| | 中国工程院院士翟婉明 | 国防科技大学 | 高性能计算机系统软件与通用操作系统 |

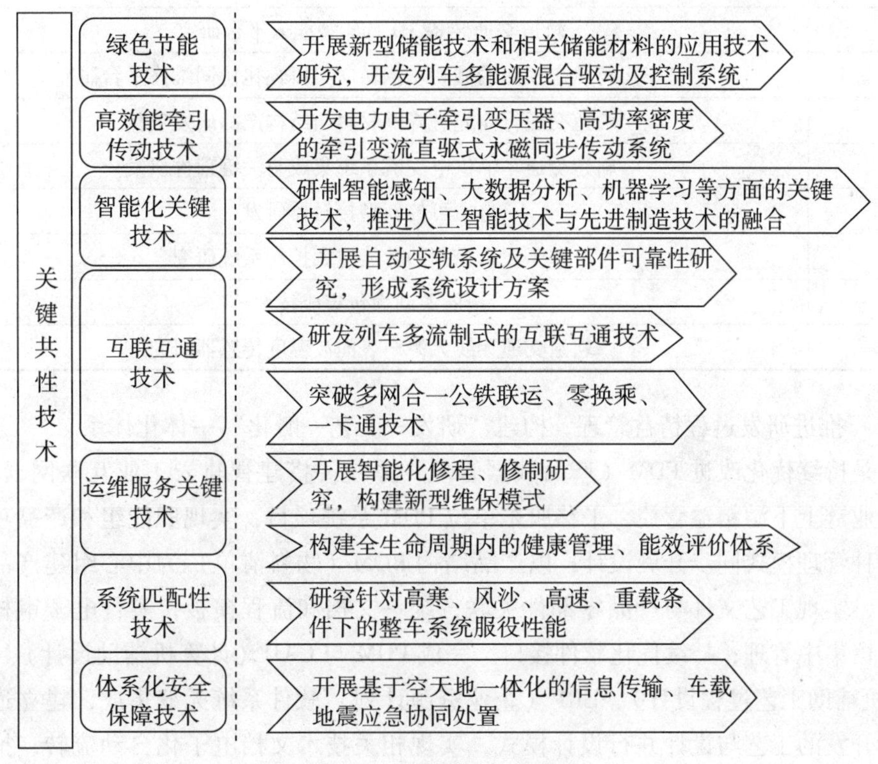


**图2　关键共性技术路线**

（2）确立科研项目，通过科研项目搭建研发平台

创新中心聚焦于先进轨道交通装备领域关键共性技术的研发，根据制定的技术边界与技术路线，整合核心单位的科研资源，有序推进9大科研项目（见表4），通过科研项目带动技术孵化。自主可控新型接触器研发已完成产品研制，与国内领先的轨道交

通电气系统部件供应商江苏泓光签订了首批1200台（套）新型开关器件销售订单，打破国外垄断，成功填补了我国突破该技术领域空白，进一步解决了开关器件类“大产品受制于小产品”的“卡脖子”工程。形成“一中心二所一室”的研发平台架构：技术研发中心为公司技术研发部门，具体承担技术中长期规划及趋势研究，归口技术与质量管理日常工作；研究所立足轨道交通装备行业，解决遏制行业技术发展的关键共性问题，研发关键共性技术，其中工业智能研究所致力于轨道交通行业智能感知、工业网络通信、机器学习、大数据分析、虚拟现实等技术的创新、研究、开发和应用；激光先进制造研究所专注于激光增材制造、激光焊接、激光熔覆、激光清洗、激光喷丸成形等技术的应用研究，助力轨道交通装备制造业向数字化、智能化、绿色化转型升级；专家委员会作为创新中心参谋顾问机构，在搭建9大项目研发平台方面给予实质性的建议。

**表4　　重点科研项目**

| 序号 | 项目名称 |
|---|---|
| 1 | 新型受电弓关键零部件增材制造技术研究 |
| 2 | 轨道交通装备3D打印智能云平台研究 |
| 3 | 基于运行状态预测的城轨车辆转向架可视化协同维修平台研究 |
| 4 | 轨道交通行业先进降噪材料与结构产品研发项目 |
| 5 | 轨道交通车辆供电受流系统集成与关键部件研发 |
| 6 | 自主可控新型接触器研发 |
| 7 | 基于逻辑控制的智能空调控制系统研究 |
| 8 | 新能源动力包集成技术 |
| 9 | 轨道交通无线无源声表面波温度传感器研究 |

（3）推进研发过程精益管理，构建“研发—工艺—孵化”一体化体系

一是持续优化改进PDM（产品数据管理）系统。搭建智轨云工业互联网云平台，实现产业链上下游精益管控，平移股东单位PDM系统项目，实现职能组和产品项目工作组两种管理模式同步开展设计；以产品结构BOM（物料清单）为中心组建产品设计数据库，实现工艺文件与产品零部件关联；统一文档和流程模板，实行电子审核圈阅和图文档集中管理；持续优化软件接口，完成PDM与CAD（计算机辅助设计）、CAPP（计算机辅助工艺过程设计）、ERP（企业资源计划）软件系统无缝集成，建立适合企业产品开发的工艺与设计并行设计模式，实现相关技术文档电子化自动流转，推动研发、工艺和制造一体化。

二是加大投入三维工程化建设。依托智轨云工业互联网云平台，针对研发、工艺、孵化部门统一开展三维工程化建设，开展以UG NX6（下一代数字化产品开发系统）为主的三维产品设计和三维工艺工装设计。逐步开展产品、装备、工艺工装以及重要零部件的仿真建模，形成标准件模型数据库，优化技术创新平台。目前基于逻辑控制的

智能空调控制系统已经完成全套图纸库，通过研发—工艺—孵化体系，已完成样机试制，设计变更率降低到2‰。

3. 以新机制为保障，打造适合协同创新的运营体系

（1）优化运营组织结构，为创新提供组织机构保障

为了适应国家级创新中心建设需要，创新中心按照“平台 + 业务单元 + 子公司”的模式合理优化组织结构。一方面，在公司总部设置相关职能平台，设立了6大职能中心，如共性技术研发中心承担关键共性技术的研发；成果转移扩散中心承担科技成果管理、科技成果转化等；公共服务中心承担产业咨询、政府智库、产业集群管理等；孵化中心承担成熟科研项目的孵化和外部合作项目的孵化等；人才培训中心承担国创教育品牌培训、学术交流、硕博士实训等；国际交流中心承担国际人才的引进、国际会展合作、国际学术合作等。另一方面，根据业务需要平行设置项目子公司，如收购股东单位中车株洲电力机车有限公司（以下简称“株机公司”）、《电力机车与城轨车辆》杂志，设立期刊社子公司，作为会议、论坛、展会、咨询等业务的落地实施机构；与上海轨道交通检测技术有限公司注册成立湖南国基检测认证有限公司，致力于轨道交通装备产品的检测认证服务，目前已经通过国家认证认可监督管理委员会评审，将成为国内第4家具有城轨检测认证资质的企业；整合股东单位株机公司等工业设计资源，成立工业设计公司，独立对外承担工业设计业务。同时为科学高效管理联盟，解决联盟管理、经费问题，设立联络处的常务机构，其人员经费等由创新中心承担，实现“运营公司 + 创新联盟”的有效衔接。

（2）构建六大运营机制，为创新提供系统机制保障

组织机构的设计搭建了协同创新骨架，为了激活各个组织，实现高效运营，必须依靠体制机制构建创新的血液循环系统（见图3）。创新中心因地制宜地构建了市场化运营机制、协同与共享机制、知识产权运用机制、技术研发攻关机制、人才激励机制、责任考核机制的六大运营机制。在市场化运营机制方面，初期以股东出资以及政府财政扶持资金作为启动资金，培育创新中心经营能力，中期依托创新平台资源提供相关服务，实现自我造血，扩大创新中心盈利点，远期通过科技成果转化，孵化高新技术企业，实现可持续发展；在协同与共享机制方面，通过股东内部协同和联盟单位外部协同，科学制定发展战略和技术研发规划、共同组织技术研发、建设协同创新网络平台，按照统一规划、统一组织、统一管理“三统一”的要求，协同开展技术研发、成果转化、行业服务、人才培养和国际合作；知识产权运用机制方面，与湖南新净信知识产权公司共建国家轨道交通装备行业知识产权运营中心，建立创新中心成员单位联合保护、风险分担、开放共享的知识产权协同运用机制；在技术研发攻关机制方面，重点通过研发机构建设、创新团队引进、高技术产业化、科技成果集成应用等方式，加大新技术、新工艺、新产品创新研发力度，保证年度研发投入比例持续稳定在营收30%

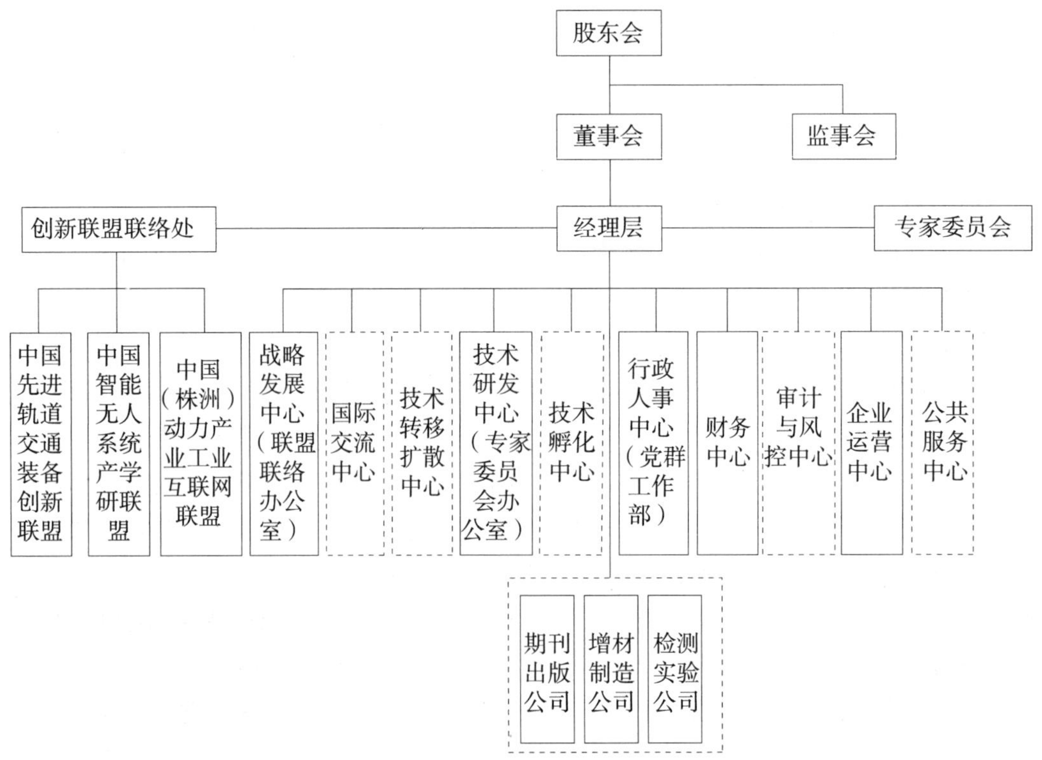


**图 3　协同创新组织架构**

以上；在人才激励机制方面，针对薪酬待遇，重点通过研发机构建设、创新团队引进、高技术产业化、科技成果集成应用等方式，加大新技术、新工艺、新产品创新研发力度，保证年度研发投入比例持续稳定在营收 30% 以上；在责任考核机制方面，针对科技项目激励，建立项目管理及考核奖励制度，做科技项目专项奖励预算及费用的配套制度。

（3）强化目标任务和绩效考核，为创新提供激励机制保障

为确保对标国家级创新中心建设目标，创新中心绩效管理体系构建基于战略的目标任务制全员绩效管理，以战略发展目标为导向，以公司经营目标实现为重点，以工作任务量化管理为手段，根据公司总目标，分发各部门，全面启动“强核”工程。

以建设目标为导向，坚持从关键绩效指标（KPI）、重点工作指标（GS）、责任指标以及执规指标四个维度对组织绩效体系进行了重构。KPI 指标是根据公司各中心目标责任状及职责进行细化分解，基于 SMART（S：具体；M：可度量；A：可实现；R：相关性；T：有时限）原则，对各组织业绩完成情况进行定量评价的关键性指标；GS 指标是对总经理办公会决策事项和日常交办的重点事项以月度对标及跟踪的形式开展管理考评的重点工作指标；责任指标作为评价各组织管理责任和风险的重要指标，主要包括安全事故、质量事故、经济事故、廉政建设等关键责任指标。

建立了 KPI 指标库、GS 标准库以及责任执规考核细则，构建了全方位、立体式、“多层次考评”的考评模式，按照公司、部门、班组、员工的维度，将公司级 KPI 绩效

考评要求细化分解到人，再由班组、部门、公司逐层进行考评。通过逐层负责的考核体系，确保各项工作任务的完成。

为了确保绩效考核机制顺利实行，一是设定评价标准，对KPI实行归口管理，由相应的部门对分管的各个指标制定标准，并跟踪和监控指标实施；二是强化计划、考核对KPI的引领作用，针对市场和生产经营不断变化的情况，定期召开绩效发布会、月度指标计划通报会，及时组织有关部门总结上月指标工作完成情况，查找短板，及时跟进指标，促进生产经营工作按既定的目标顺利进行；三是建立经营责任追踪制度，逐级控制KPI中的成本指标。通过成立成本指标考核小组，创新中心对部门和员工进行考核，针对问题提出切实可行的措施，有效地把部门、员工的责任与企业效益紧密地联系起来。

通过采用KPI绩效考核形式，关键指标间关联关系将员工的行为引向企业的目标方向，推动企业整体绩效指标工作的完成，同时减少基层和管理人员工作量，从而提高工作效率，推动各业务单元在履行职责的基础上，积极作为，敢于承担，激发工作的动力。

#### 4. 以现代财务为支撑，探索“平台公司+项目公司”投融资及资金管控模式

（1）基于全面预算管理理念，建立现代化财务管控机制

一是建立健全制度体系，实行财务管理流程的标准化。创新中心在《中华人民共和国会计法》《企业会计准则》和混合所有制企业的相关规定的基础上，将“全面预算管理理念”与公司具体财务实践相结合，以实现业财融合为目标，明确财务部门与业务部门的职责分工和业务处理流程，对全部财务制度进行梳理，制定了简明、操作性强的财务制度体系，为财务管控工作的开展提供了有效依据，实现了有法可依、有章可循。二是紧跟业务模式创新步伐，建立多维度核算的科研项目财务管控体系。创新中心作为国家战略引领的产物，承担着国家关键领域共性技术研发的重任，公司科研资金一般来自外部扶持资金与自筹资金，而资金的来源与科研项目往往存在多对多的关系，这给项目费用的归集以及项目资金管理带来了较大的挑战。针对上述问题，创新中心以项目为主体厘清项目成员、资金来源之间的关系，建立了一套以项目代号、资金代号、部门代号为主的多维度核算体系，不仅实现了专款专用的财务核算要求，也有效管控了在研发活动中产生的相关风险。三是强化事前、事中管理，建立基于全面预算管理的财务管控模式。财务人员在项目开展初期就介入，参与风险识别、预算编制等相关工作。在项目执行过程中，对项目预算实行系统化、规范化管控，利用预算与执行情况的对比控制，建立全程预警管理模式，做到无预算不开支。同时，财务人员编制的年度计划执行汇总表、月度计划执行明细表、月度计划执行情况表等表单，可以全面、实时地反映预算执行情况，便于公司各层级领导和管理人员实时进行预算的总体管控，并且为各项管理工作提供决策依据。在项目验收阶段编制《项目决算报告》，对整个项目的工作进行全盘梳理与总结，实现财务管控上的PDCA（计划—执

行—检查—处理）循环。

（2）试水“孵化＋创投”模式，发挥金融杠杆作用

创新中心作为定位平台公司，以及自负盈亏的新型研发独立实体，在自负盈亏的同时，需要开展大量共性关键技术研发项目，这些项目往往具备研发周期长、前期投入大、成果转化慢的特点，因而风险较高。为充分发挥资本效益，创新中心按照“平台公司＋项目公司”的模式，在平台公司层面通过科研项目进行基础研究，针对研发推进良好的科研项目，通过“孵化＋创投”的形式，投资组建项目公司，独立运营。为打造轨道交通公共服务平台，打造面向行业的轨道交通装备检测认证机构，创新中心依托株机公司检测试验资源，同时引入上海轨道交通检测技术有限公司，创新中心占股比45%，上海轨道交通检测技术有限公司占股比50%，同时引入社会选聘核心技术人员和经营层人员，依托核心员工组建株洲同创轨道交通检测技术合伙企业，入股并占股比5%。通过孵化先进轨道交通装备产业企业、种子项目融资等方式，将创新成果快速引入生产系统和市场，加快创新成果大规模商用进程。

创新中心与高新区管委会、动力谷创新园合作设立了株洲动力谷产业投资发展集团公司，致力于园区内的中小企业孵化投资。本着“平等合作，互利共赢”的原则，从战略高度为创新中心金融合作提供制度保障，促进金融资源自由合理流动。进行创建综合性经营模式的金融控股公司试点株洲辉锐增材制造技术有限公司，目前已经探讨增资扩股的模式。

（3）探索轻资产资本结构，实现资本高效利用

根据建设原则，创新中心做行业共性技术，不做具体产品技术；做技术转移扩散和首次商业化，不做产品生产，创新中心以“轻资产＋高效益”为目标，打造行业创新网络。一方面，通过租用股东单位、联盟单位厂房、设备等创新资源，实现资源共享；另一方面，针对技术路线和市场需求，与外部企业、高校、科研院所等建立战略合作关系，扩大朋友圈，实现资源整合。将互联网等现代技术和轨道交通装备结合，打造工业云平台，依托平台入口优势，打造以创新中心为核心的创新网络。目前创新中心与湖南大学汽车车身先进设计制造国家重点实验室、武汉理工大学光纤传感技术研究中心、华东交通大学轨道交通技术创新中心、湖南科技大学机械设备健康维护湖南省重点实验室等10家科研院所签订仪器设备共享协议，实现主要科研仪器设备共享。依托中车株机、中车株洲所、中车株洲电机、中南大学等国家级重点实验室、近20家国家级企业技术中心等创新平台，共同组建先进轨道交通装备研发中心，整合打造新型创新链，构建满足产业内生产发展需求的技术供给体系，实现先进轨道交通装备制造业关键前沿技术和共性技术的研发。

通过与大功率交流传动电力机车系统集成国家重点实验室签订仪器设备共享协议，实现主要科研仪器设备共享，目前已按照项目制对设备进行共享，为检测试验公司提

供共有关键设备21台（套），通用设备7台（套）的硬件保障。

5. 以人才培养为根基，发挥创新人才的创新活力

（1）“专职+兼职”内外结合，拓展创新平台的智力支撑

创新中心采用“专职+兼职”的形式，汇聚智力资源。在全职人才方面，一是充分利用各级政府的人才政策，面向海内外招聘高端人才，补充创新中心领军人才和核心骨干人才；二是基于各项目的需要，面向高校，招聘有潜质优秀大学生，实现人才队伍梯度化，扩大创新中心人才队伍力量。在兼职人才方面，采用“不求所有，但求所用”的原则，一方面，根据项目需要聘请高校有关人才到创新中心兼职工作，按照项目合同支付薪酬；另一方面，根据项目研发需要，由各股东企业推荐合适的人才到创新中心的项目团队中兼职工作，按照项目需要，在创新中心的项目团队中工作，薪酬由原单位代发，年底由创新中心与原单位结算。项目结束后，推荐人员返回原单位，或者通过创新中心的录用考核征求本人和原单位同意而留在创新中心，与创新中心签订正式劳动合同，转变为正式职工，这既保障了人员的流动性，也有助于创新中心择优选取人才。通过外部招聘，面向高校、社会招聘全职高层级技术人员近百人，其中30~40岁技术人员超过60%；通过企业共享，探索双方关键共性技术需求，制定和论证关键共性技术研发项目，采取项目制方式进入项目团队的共计39人；依托股东和联盟资源，面向行业优势高校，通过人才共享的形式整合高校才智资源，目前已引入5名院士、17名教授等高端人才（见表5）。

**表5　　项目人员结构**

| 类别 | | 人数（人） | 备注 |
|---|---|---|---|
| 技术团队 | 中国工程院院士 | 3 | 首席科学家为刘友梅院士、陈晓红院士、周祖德院士，学术带头人包括中车首席科学家杨颖和陈勇、陈智豪。核心研发团队大部分来自湖南大学、华中科技大学、清华大学和上海交通大学，具有扎实的理论学识、丰富的技术开发和产业化经验 |
| | 总工程师 | 3 | |
| | 项目骨干成员 | 12 | |
| 技术支撑团队 | 技术支撑人员 | 8 | |
| 管理团队 | 高管 | 10 | |
| | 职能管理 | 6 | 行政、财务、法务、后勤保障人员 |

（2）建立纵向晋升和横向发展相结合的人才发展通道

一是将任职资格与职位晋升挂钩，建立纵向晋升发展通道。将国家职业资格认证与公司内部资格认证系统结合，通过建立员工任职资格标准体系、任职资格认证机制、任职资格认证结果规范运用，系统构建面向全员的任职资格体系。所有从业人员要在

1～2 年内获取相应职业资格证书，每名管理人员至少要通过所从事业务的资格认证考试并取得证书；从现岗位流动到新产业、新模式领域，至少要获得两种以上业务的资格认证；从现职位纵向晋升必须在两种以上业务中获得高级资格认证，这样才能有效确保人才的综合素质和业务水平。

二是建立员工职业横向发展通道。采用“可进可出”的方法，建立“轮岗交流”机制，通过技术层级、管理层级评定，满足不同阶段、不同水平的人才流动需求，逐步实现职位、能力和职业发展的“三位一体”管理，帮助员工实现自我价值。同时，大力倡导工匠精神，鼓励员工立足本职工作，向专业顶尖迈进，建立充足的“内脑”资源储备。

（3）为创客搭建“保姆式”平台服务，滋生创新创业沃土

创新中心致力于为创客提供“保姆式”的创新平台支撑，打造高端创客的宜居家园。一是为创客充分搭建对接外部优秀资源的舞台，通过整合清华大学、武汉理工大学等高校校友会、联盟中小型企业创新资源等来举办轨道交通“三创”大赛，让好的项目找到好的孵化土壤，让行业的创新基金找到好的市场化项目，让创客和创意充分接受市场和资本审视的眼光；二是通过举办国创杯“青年说”、国创杯“我是演说家”、创新中心“思享会”等活动，让不同行业的创客和创意走到一起、汇聚起来，让创新人才走出实验室、表达出来，让创新的点子流动起来、交流起来，真正做到行业无限界、技术无边界，实现创新资源的开放协同和跨界融合；三是形成“一中心＋N 个研究所”的创新生态链条，创新中心自身为创客和创意搭建产业孵化中心平台，为优秀的创新人才、好的创新项目组建创新孵化团队、提供创新启动资金，成立“国创 2025”创新实验室，让创客留下来、住下来，创意真正做起来。

## （三）轨道交通装备混合制企业推进产业链产学研协同创新模式的实施效果

### 1. 系统整合行业资源，促进了千亿产业集群

通过整合产业链上下游企业、科研单位、高等院所、行业协会等创新资源，实现科研人才和设备共享共建，形成跨界融合、协同创新的局面，解决了目前创新资源要素在产业链各环节上的多头部署和分散投入，以及现有众多创新载体在“技术产生、扩散、首次商业化、产业化”的链条上衔接不畅的问题。

一是打造创新交流阵地。针对轨道交通行业的不同需求组建了 4 个创新联盟，拥有 298 家成员单位，通过联盟的辐射作用汇聚行业资源，形成创新资源集聚效应；加强与全球行业专家对话与合作，打造创新交流阵地，扩大创客朋友圈，与国内外 10 余家知名企业、高等院校、行业组织等形成互利共赢的战略合作关系，先后承办 10 余场行业峰会及论坛活动，组织 30 余名专家院士为行业创新发展出谋划策；致力于当好政府与企业的智库，编制了《湖南省轨道交通装备产业发展研究》白皮书，为行业创新发展引领趋势。

二是搭建人才集聚高地。组建了由8名院士领衔，20余名行业专家、近百名中青年骨干组成的专家委员会，建设了一支以首席科学家为龙头、以领军人才为核心、以骨干人才为主体的专兼职结合、形式多样的高水平人才队伍；成功设立陈晓红、周祖德两个院士工作站，企业博士后流动工作站，清华大学株洲硕博实践基地，形成了“创新平台 + 创新基地 + 技术中心 + 技术创新 + 战略联盟 + 院士工作站 + 博士流动站”的全链条、多层次的科技创新服务系统体系。

三是推动千亿产业集聚。通过实施轨道交通装备产业强链、补链、延链重点计划，以共享、共建的方式整合了产业链24家国家级技术创新平台、78家省级技术创新平台，形成了产品研发—生产制造—售后服务—物流配送为一体的完整成熟的产业链，依托中国动力谷自主创新园和轨道交通创新创业园两个园区，集聚以整车制造企业为核心，轨道交通相关200多家配套企业，产业规模突破1000亿元，打造为国内最大的轨道交通装备产业发展集聚区。

2. 推进了技术创新与管理创新的融合，打造从创新生态到产业生态的贯通制高点

轨道交通装备产业链产学研协同创新模式的构建以产业为本体、市场为导向、企业为主体，通过实施技术创新和管理创新双轮驱动模式，打造从创新生态到产业生态的中枢与制高点，打造“样品—产品—商品”的快速转换平台，成功解决了企业研发机构受限于传统商业模式的盈利要求，难以长期投入对行业发展起到支撑作用的前瞻性技术、基础性技术研发以及高等院校受困于对市场需求不敏感、对应用环境不了解，研发成果远离生产实际应用的矛盾。

一是搭建国家级标准和知识产权运营平台。联合湖南新净信知识产权公司，建立了两个标准和知识产品运营平台——国家轨道交通装备知识产权运营中心、株洲—中国轨道交通专利信息中心，形成了跨地域、跨领域、跨学科、跨专业的知识产权信息共享、储备、利益分享、转移及扩散创新机制，秉承开放协同、跨界融合的理念，面向所有成员单位开放知识产权基本信息，实现轨道交通行业与其他行业新技术的跨界融合和双向转移扩散。

二是建设行业唯一国家级工业互联网示范平台。深度对接国家互联网 +、人工智能、大数据等相关政策，与金蝶软件（中国）、华为等深度合作开发国内首个面向轨道交通装备行业的工业互联网平台，推动轨道交通产业链企业上云，打通整个产业集群内各企业间信息传递链，助推国内轨道交通产业集群向数字化、智能化、绿色化方向转型升级，目前该平台已入选省级工业互联网平台，正积极申报国家级工业互联网示范平台。

三是打造国际一流整车检测、认证平台。整合“政用产学研”标准化技术力量，加强轨道交通装备标准的研究和制修订，联合SRCC（中国铁建）试验检测公司共建第三方行业检验检测和标准认证平台，打造以车辆为核心，覆盖零部件、系统到整车等领域，具备国际一流水平的检测、评估、认证机构，对标国际先进行业标准，助推轨

道交通装备“走出去”。

四是构建面向市场与制造的精益研发体系。围绕关键共性方向，采取不同的技术环节和技术攻关模式，通过委托研发、自主研发、合作研发等打造面向市场与制造的协同攻关平台。研发的新型开关接触器成功打破国外垄断，填补了我国该技术领域空白；全球首列智轨列车、储能式有轨电车、双层动车组、动力集中型动车组、永磁电机及控制系统等10余项原创技术实现产业化，动车组、调车机车等产品获得欧盟认证，打入欧美发达国家市场。

3. 企业经济效益显著，社会效益凸显

企业经济效益显著。国创科技2018年自成立以来，实现营业收入1875万元，上缴税收313万元，成功实现“当年完成注册、当年实现营收、当年实现盈利”的目标。与国内领先的轨道交通电气系统部件供应商江苏泓光签订了首批1200台（套）新型开关器件销售订单，填补我国突破该技术领域空白，进一步解决了开关器件类“大产品受制于小产品”的“卡脖子”工程；接触器项目总投资约500万元，年产值达1000万元，实现税收100万元，目前，该项目已完成首批1200台（套）市场订单，着手开发高速断路器、智能接触器等产业化项目，扩大产业化规模和产品类型，下半年再签订千台（套）、千万元级市场订单，逐步提升行业话语权；空调逻辑控制系统项目预计实现上十亿元规模的产值，形成上千万元的税收。

企业的社会效益也逐渐凸显。在2019年中国管理科学大会上，国创科技被评为“中国管理创新先进单位”，经营层核心人员撰写的《轨道交通装备产业“企业+联盟”协同创新生态商业模式的构建》获评中国管理科学大会优秀论文一等奖，助力于管理创新和技术创新双轮驱动的实现夯实理论基础；技术骨干荣获2019年湖南省“湖湘青年英才”称号，促进了高端人才集聚，激发人才创新活力，增强企业创新源动力。智轨云工业互联网平台项目助力湖南“企业上云”工程建设，成功入选2019年湖南省互联网平台建设计划，加快招商引资进程，汇聚资金池，为政府决策提供工业企业实时运行数据，进一步推动湖南产业万亿集群发展；项目建设持续推进，创新中心成功获批市级院士工作站、市创业孵化示范基地，促进关键共性技术攻关和科技成果转化；打造国创教育品牌，构建教育培训体系，助力于人才培训交流中心的构建，依托股东单位和联盟，汇聚行业高端人才专家，举办数十场以“技术大讲堂”为主题的一系列培训，带来了经济效益。技术项目的推进为公司突破市场瓶颈、保持稳定增长，发挥了积极作用。

主创人：周清和　李林
参与人：莫洪波　陈皓　李沛钊

# 创建“五融五力”党建模式
# 聚焦打造混合所有制党建样板

中国葛洲坝集团装备工业有限公司

## 前言

近年来，中国能建葛洲坝装备公司所属杭州华电华源环境工程有限公司（以下简称“华电华源”）紧密围绕“强根铸魂”的关键核心，坚持以习近平新时代中国特色社会主义思想为指导，深入贯彻全国国企党建工作会议精神，牢固树立“强党建就是强发展”理念，坚持围绕中心抓党建、抓好党建促发展，把坚持党的领导、加强党的建设与公司治理、生产经营、企业文化、队伍建设、管理创新深度融合，创造性提出了“五融五力、聚焦打造混合所有制党建样板”的工作思路，有效解决了党建工作和中心工作“两张皮”问题，在深度融合中彰显党建生产力，有力促进了公司生产经营，对公司高质量可持续发展起到了强有力的引领和保障作用。

## 一、“五融五力”党建模式的实施背景

### （一）全国国企党建工作会议对加强党建的顶层要求

党的十八大以来，以习近平同志为核心的党中央高度重视国企党建工作。特别是在2016年10月召开的全国国企党建工作会议上，习近平总书记深刻指出，坚持党的领导、加强党的建设，是我国国有企业的光荣传统，是国有企业的“根”和“魂”，是我国国有企业的独特优势。新形势下，要坚持党对国有企业的全面领导不动摇，发挥党组织的领导作用，保证党和国家方针政策在企业贯彻执行。要坚持服务生产经营不偏离，把提高企业效益、增强企业竞争力、实现国有资产保值增值作为党组织工作的出发点和落脚点。

### （二）葛洲坝集团新班子“强党建就是强发展”理念的客观要求

2018年8月葛洲坝集团新班子上任以来，高度重视党建工作，认真贯彻党的十九大和全国国企党建工作会议精神，在探索实践、总结经验、把握规律的基础上，鲜明

地提出了“强党建就是强发展”理念，强调党建工作做细了就是凝聚力、做实了就是生产力、做强了就是竞争力。各级党组织加强对党建工作的统一领导，推进党建与中心工作深度融合，加强政治建设、思想建设、组织建设、干部队伍建设、作风建设、纪律建设、群团建设等，把党建工作的政治优势转化为经济优势、竞争优势、品牌优势，以高质量党建引领企业高质量可持续发展。

### （三）华电华源公司加强自身党建工作的现实要求

2018 年 8 月华电华源公司被葛洲坝集团收购，并于当月成立了中共杭州华电华源环境工程有限公司党总支部委员会（以下简称“华电华源党总支”），现有党员 62 人。公司属于混合所有制企业，葛洲坝集团属于控股股东。由于华电华源党总支成立时间短，与中央和葛洲坝集团党委的要求相比，与干部职工期待相比，公司党建还存在一些问题和不足。一是思想认识有待提升。部分党员、干部“一岗双责”履行不到位，存在“重经营、轻党建”的思想，对党建引领和保障生产经营的作用认识不足，党建与生产经营“两张皮”现象比较突出。二是党建基础比较薄弱。党建工作的组织基础、队伍基础和制度基础需要进一步强化，党建工作队伍的业务能力和管理能力需要提升，党费收缴、党员发展、“三会一课”等基础工作需要进一步规范。三是表率作用发挥有待增强。工作中存在不严、不实、不深、不闭环的情况，党支部战斗堡垒作用和党员先锋模范作用需进一步发挥。四是支委之间缺乏交流，欠缺合力。支部班子成员开会，谈业务头头是道，搞党建就束手无策、敷衍了事，导致党建工作流于形式，空洞无物。这一系列问题给华电华源党建工作提出了新要求、新挑战。

## 二、“五融五力”党建模式的具体做法

### （一）推动党建与企业治理融合，提升发展政治力

党建工作与企业治理相融合，保证了党的路线方针政策在企业贯彻执行，保证企业发展的政治方向和高质量可持续发展，同时两种制度的相互融合让企业在市场经济中加强自身的建设，从而进一步提升企业竞争能力。

（1）落实党组织的法定地位

将党建工作总体要求纳入公司章程，明确党组织在公司法人治理结构中的法定地位。及时下发通知，多次召开专题会议重点研究，将党组织的机构设置、职责分工、工作任务等党建工作要求写进公司章程，解决了党组织在公司法人治理结构中的缺位问题。

（2）实行“一肩挑”模式

公司董事长、党总支书记由一人担任，加速党组织与公司治理快速融为一体，促使公司更好地适应市场经济的发展；同时，公司小股东代表任总经理、党总支副书记，落实“两个一以贯之”，坚持融入管理、嵌入治理、发挥作用，积极推行双向进入、交

叉任职，从组织架构上强化党组织领导，进一步提高董事会与党组织之间的信息获取能力，降低企业运营成本，提高公司的经济效益。

（3）健全“三重一大”决策制度

依照《中国共产党章程》和《中华人民共和国公司法》及有关法规，制定完善具体参与决策的程序性细则，明确公司党总支研究讨论是董事会、总经理办公会决策重大事项的前置程序，保证党组织在公司决策环节上的话语权真正落实到位。结合公司实际，不断完善党总支会、董事会、总经理办公会议事规则，规范职权职责和工作方式，杜绝开一种会研究所有问题的“一锅煮”现象，严格执行“三重一大”决策制度。

### （二）推动党建与生产经营融合，提升发展保障力

华电华源党组织坚持问题导向，把开展党建工作的重点放在公司生产经营中的难点上，实现公司生产经营与党建的无缝对接，促进公司生产经营和党建工作“同谋划、同部署、同落实、同提高”，努力做到“两手抓、两不误、两促进”，实现党建经营双提升。

（1）坚持党建创新引领，激发党支部的战斗堡垒作用

华电华源党组织打造以党务人员专业化、工作流程标准化、组织活动常态化、支部建设品牌化为目标的党建工作体系。同时选优配强党支部书记和专职党务工作人员，为党建与业务“同部署、同落实、同检查、同考核”提供人才保证。规范设置支委会，充分发挥支委会的作用，解决党支部工作中遇到的实际问题，指导和推动党支部全面进步、全面过硬。

（2）扎实开展“党员示范岗”“党员突击队”的建设

华电华源党组织共设3个“党员示范岗”和1个重大项目“突击队”。以“党员示范岗”“党员突击队”为抓手，树标杆立典型，进一步发挥优秀党员先锋模范作用，带动其他党员和广大群众争创先进的主动性和积极性，激活基层党支部的整体功能发挥，在公司形成比学赶超、积极向上的工作氛围，确保中心工作的顺利完成。

（3）广泛开展群众性经济技术创新活动

积极开展劳动竞赛、技能竞赛，营造干事创业、勇于担当的工作氛围，积极主动作为，充分发挥劳动竞赛综合效能，推动劳动竞赛与公司生产经营工作紧密结合，促进公司各项目节点目标圆满完成。公司目前已举办了华电华源前线焊工技能竞赛、华电华源项目执行劳动竞赛、华电华源 IDC 数据机房业务劳动竞赛等。通过竞赛，激发了党员、职工的积极性和创造性，产生了良好的经济效益和社会效益。

（4）积极开展特色党建活动

为了创新和丰富组织生活形式和内容，培养党员“听党话、跟党走”的政治意识，华电华源党总支组织开展了参观浙江省女子监狱、参观浙江省革命烈士纪念馆、重温入党誓词、“我为七一献热血”、党建共建等活动，进一步增强了党支部的凝聚力和战斗力。将工会、共青团、妇联等群团组织纳入党建工作总体部署，通过召开职工座谈

会、开展“青春心向党·建功新时代”主题爱国主义教育、弘扬五四精神、开展三八妇女节品茗等文体活动，活跃公司文化氛围、推进作风建设，统筹推动党建工作显成效、创亮点、走前列。

### （三）推动党建与企业文化融合，提升发展内涵力

华电华源党组织全面推进文化融合，注重文化熏陶，把文化融入发展战略、经营管理、制度体系、运行机制，积极探索具有科技服务环境的特色企业文化，以先进文化凝聚人心、引领风气、激发活力、塑造品牌，发挥企业文化在企业发展中的引领作用。

（1）狠抓党员思想政治工作

华电华源党组织常态化开展多次研讨学习教育活动，认真落实“三会一课”、“支部主题党日”、组织生活会等规定活动，不断加强党员政治思想理论教育，引导广大党员树立、坚定发展信心。同时，充分发挥企业文化对思想道德建设的推动作用，加强与职工的沟通交流，统一思想、凝聚力量、激励斗志，使广大干部职工拥有务实、坦诚、阳光的健康心态，营造团结和谐、文明高雅的生活环境和健康向上的文化氛围。

（2）打造“学习型”企业

华电华源党组织建立了功能完善的党员活动室，建设了职工书屋，配备了1000余本学习书籍，充分发挥职工书屋的文化阵地作用，更好地满足公司职工的精神文化需求，使职工群众共享企业文化成果，提升职工文化修养，形成企业内部巨大的凝聚力和向心力，增强企业的活力，进而转化为企业的强大生产力，促进企业的健康长远发展。

（3）丰富企业文化载体

充分发挥新媒体作用，运用微信公众号、公司门户网站，大力宣传党的路线方针政策，营造浓厚的党建宣传氛围，积极展现党支部以党建促发展的品牌形象。同时，充分利用“学习强国”App便捷、迅速、共享、互动的特点，在手机上进行集中学习和党内事务讨论，及时掌握时事政治、经济发展、扶贫政策等，增强组织工作的渗透力和影响力，进一步加强企业文化的宣贯作用。目前，企业微信公众号平台关注人数已达到750人。

### （四）推动党建与队伍建设融合，提升发展持久力

人才队伍是企业最重要的战略资源。华电华源党组织坚持党管人才原则，全面实施人才强企战略，以“人才工程”为载体，多渠道、有针对性地培养人才，为企业改革发展提供了源源不断的人才保障。

（1）大力实施党员培养工程

华电华源党组织积极把党员培养成骨干，把骨干培养成党员，把党员骨干培养成企业管理人才，进一步加强公司基层党组织建设。通过建设“党员示范岗”，将评价结

果和政治表现运用在公司岗位晋升、年底各项评优评先中，为公司营造浓厚的积极向上的氛围。

（2）不断推进党员干部年轻化

积极做好共青团“推优入党”工作，注重在公司青年中发展党员，吸收那些年富力强、干劲十足、创新能力出众的青年，以期能够胜任紧张、艰巨的工作，将符合党员条件的青年能手和一线职工作为后备干部进行培养、重点发展，始终保持党员队伍的战斗力和旺盛的生命力。

（3）搭建企业人才库

公司根据企业发展愿景，由公司领导班子牵头，综合管理部人力资源处制定华电华源人力资源三年发展规划。对人才梯队培养做出了系统的部署。按照“管一级，看一级”的原则，明确各级领导对下属的培养责任。并严格贯彻“不能培养或举荐接班人就不能晋升”的职工晋升制度，通过领导干部担任导师的培养制度培养适合企业发展需要的干部人才，进一步激活干部队伍活力，为企业持续经营提供人才保障。

### （五）推进党建与管理创新融合，提升发展引领力

管理是企业发展的基石。华电华源党组织必须持之以恒地加强企业基础管理工作，坚持党管企业规章制度、党管安全生产、党管企业合规经营，着力提升企业管理水平和效率，夯实企业发展根基。

（1）党管企业规章制度

华电华源公司建立一套内容科学、程序严密、衔接配套、运行有效的规章制度体系。通过全面梳理完善公司业务和管理制度，一揽子解决规章制度存在的不适应、不协调、不衔接、不一致问题。实施制度的分层分类分级管理，不断增强制度的系统性、有效性、可执行性。坚持制度执行到人、到事、到底，制度面前人人平等，执行制度没有例外，切实维护制度权威，形成长效机制。

（2）党管企业安全生产

华电华源公司充分发挥党组织在安全生产中的监督作用，从落实责任抓起，认真督促检查各项安全管理制度和安全生产责任制的落实。充分发挥党组织的领导作用、导向作用、保证作用，把“安全第一，预防为主，综合治理”的方针落到实处。通过广泛开展有针对性的安全主题活动，如施工现场生产安全事故警示教育、党总支副书记开展安全生产月主题宣讲活动、发放安全知识宣传册和简易安全小扇子、组织安全承诺签名、成立项目工地党员突击队等，充分发挥党组织在安全生产中的典型示范和引领作用。

（3）党管企业合规经营

华电华源党组织以“管住底线、守住合规、控住风险、防住案件”为目标，强化风险与合规管理全方位、全过程覆盖，加强对新形势、新业态、新模式的风险研究，

切实做到预案在先，着力将风险消灭在萌芽状态。严格落实“三个不得”“十个严禁”要求，加强合规意识深植，做到“人人事事时时处处”合规。通过召开“三个不得”“十个严禁”专项检查会议，建立风险问题清单，切实做好风险排查和相关存在问题的整改工作，确保公司风险控制工作和法律事务工作合法合规，促进公司高质量可持续发展。

## 三、“五融五力”党建模式的实施效果和启示

（1）提升了公司经营业绩

华电华源党总支充分发挥支部的战斗堡垒作用和党员的先锋模范作用，有力地保障了公司持续稳定发展。公司先后参与北京大兴国际机场、上海世博馆中国馆、杭州火车东站交通枢纽、国家博物馆等核心项目制冷、蓄能建设，得到了业主方高度认可，充分展现了公司的综合实力和品牌影响力。2019 年 1—8 月，华电华源取得合同签约 69113.08 万元，营业收入 38240.62 万元，利润总额 2030.94 万元的好成绩，为公司高质量可持续发展提供了坚强的经济保障。公司荣获国家和省部级科技进步奖、“鲁班奖”、中国联通“优秀合作单位”、杭州市滨江区“优秀贡献企业”等多项荣誉称号。

（2）拓展了党建经营融合新思路

全体党员干部牢固树立党建工作和生产经营工作一盘棋思想，摒弃单纯为党建而抓党建的意识，将全面从严治党与全面深化公司改革发展转型相结合，以党建把握方向，用业务展示成效。党总支统筹协调、积极推进，不断强化党建责任，将党建责任压实到每一名党员干部，责任到人、分工明确，形成党建与安全生产经营工作整体联动，构建全面从严治党大格局。

（3）打造了党建工作特色品牌

党总支功能定位、中心任务和面对人群各不相同，应针对各自面对的实际情况分类施策、精准施策。华电华源党组织在品牌创建方面均结合自身实际情况开展。纪委、工会、团委、宣传等部门也分别结合自身实际形成了自己的特色品牌，实现了党建工作在不同的层面、不同的领域都能全面过硬。

主创人：姚明辉　蔡安庆

参与人：罗鸿铸　陈婷婷

# 构建国企党建文化与科研生产深度融合看板体系发挥党的政治优势研究

航空工业昌河飞机工业（集团）有限责任公司

## 前言

国企党建文化是国企在党的建设中所培育形成的既符合中央要求又具有自身特色的一系列价值理念、理想信念、行为规范、环境形象等的总和。健康向上的党建文化不仅能陶冶党员的情操，规范党员的行为，而且能够激励党员更好地发挥先锋模范作用，立足岗位创造更大价值。航空工业昌河飞机工业（集团）有限责任公司（以下简称“昌飞公司”）隶属于航空工业集团中航直升机有限责任公司，现有职工6000余名，在职党员1729人，是中国直升机科研生产基地和航空工业骨干企业，具备研制和批量生产多品种、多系列、多型号直升机和航空零部件生产的能力，产品基本覆盖1吨级到13吨级直升机型号。昌飞公司党委坚持以习近平新时代中国特色社会主义思想为指导，深入学习贯彻党的十九大精神，积极践行“航空报国、航空强国”使命，着力探索构建国企党建文化与科研生产深度融合看板管理体系，推动党建文化与科研生产工作深度融合、无缝串联，切实把党的政治优势转化为推动企业向高质量发展的强大动力。

## 一、内涵

昌飞公司围绕发挥党的政治优势，从“思想引领、文化落地、价值创造、监督考核、成长快乐”五个维度（以下简称“五个维度”），构建包括“党建宣贯、凝心聚力、文化落地、责任使命、战略落地、晒态势促提升、持续改善、成长快乐”八大类看板的党建文化与科研生产深度融合看板管理体系。昌飞公司看板体系通过对各车间的现场看板进行统一、规范的管理，实现党建宣传、文化培育、管理养成及科研生产等方面的有机融合，进一步提高了党建文化的影响力，发挥了基层党组织和广大党员的堡垒先锋作用，对于新时代加强基层党组织建设，保持党的先进性和生命力进行了有益的实践探索，有力地推动了科研生产经营任务的完成。

## 二、主要特点

昌飞公司党建文化与科研生产深度融合看板体系，有力地推动了党建文化工作与科研生产工作、业务工作无缝串联、深度融合，具有以下几个鲜明的特点（见表1）。

**表1　　昌飞公司党建文化与科研生产深度融合各维度看板主要内容**

| 维度 | 各维度看板主要内容 | 常规看板 | 一般要求 |
| --- | --- | --- | --- |
| 1. 思想引领 | ➢党中央、集团党组、直升机分党组及省市上级党组织党建工作要求（顶天）<br>➢公司党建工作主要任务（立地） | 1. 党建宣贯板（CHKP1－1）<br>2. 凝心聚力板（CHKP1－2） | 公司统一内容及版式 |
| 2. 文化落地 | ➢公司企业文化形成及落地<br>➢本单位文化特色 | 3. 文化落地板（GHKP2－1） | 公司统一版式及内容 |
| 3. 价值创造 | ➢单位总体情况及使命责任<br>➢践行公司战略落地，实现数据说话及过程管控<br>➢围绕价值创造，改善提升，形成“我要干”的氛围 | 4. 使命责任板（GHKP3－1） | 内容及版式自行设计 |
| | | 5. 战略落地（FBSC）板（GHKP3－2） | 公司统一版式，内容自填 |
| | | 6. 战略落地（我要干）板（GHKP3－3） | 内容及版式自行设计 |
| 4. 监督考核 | ➢围绕“提升技能，提升业务，提升效率”，开展党小组、党员、班组长及业务骨干等工作绩效对比<br>➢体现监督、考核 | 7. 晒态势促提升板（CH-KP4－1） | 内容及版式自行设计 |
| 5. 成长快乐 | ➢凸显问题、持续改善<br>➢体现法治、精益、活力、美丽、幸福新昌飞，实现共同的成长与快乐 | 8. 持续改善（SQCDP）板（CHKP5－1） | 公司统一版式，内容自填 |
| | | 9. 成长快乐板（GHKP5－2） | 内容及版式自行设计 |

1. 舆论宣传阵地作用进一步强化

各类看板，尤其是党建和文化类看板，是企业党建文化宣传工作深入一线、深入基层的重要载体；体系构建，杜绝了各基层单位宣传内容、宣传口径不一的情况，强化了党建文化工作宣传导入的“最后一公里”。

2. 价值创造导向进一步凸显

每类看板，内容虽各有侧重，但都通过暴露问题、展示亮点、公布绩效数据等方式，营造了“价值创造”氛围，让做得好的员工有荣誉感，做得不足的也红红脸、出出汗。

3. 看板逻辑关系进一步理顺

昌飞公司坚持统一思路、统一方式、统一语言的基本要求，通过“思想引领、文化落地、价值创造、监督考核、成长快乐”五个维度，将单位各类看板按照其功能、定位分别纳入看板体系不同的维度模块中，形成逻辑层次清晰、内容丰富完整并具有单位管理特色的可视化看板管理体系，提升了看板“宣传、展示、统一思想、信息共享”的功能性。

4. 看板可视化作用进一步发挥

看板管理体系主要以视觉信号显示为基本手段，以公开、透明化为基本原则，通过目视化的方式，管理者的要求和意图让大家看得见，推动自主管理和自主控制，提升各层级之间相互沟通与交流，促进单位良好管理生态和文化氛围的形成，有效推动党建文化与科研生产工作无缝串联，深度融合、高效落地。

## 三、主要做法

### （一）注重抓好顶层设计，构建看板体系框架

1. 调查分析，摸清现状

为规范公司各类看板，昌飞公司党委宣传部门组织专人，通过发放问卷和实地访谈，先后在公司 25 个主要单位调研，深入了解干部职工对公司各类看板规范的意见建议。通过调查发现以下三个问题：一是看板种类多，离散布局不均衡。一段时间以来，根据工作需要，各职能部门在车间制作了大量看板，同时，各车间也根据自身情况制作了一些看板，导致看板的种类多，摆放不统一、不均衡。二是车间现场看板数量多，信息不集中。三是各职能部门各管一摊，配合程度低，管控机制需优化。

2. 明确思路，构建体系

一是明确看板运行的总体逻辑——思想引领、文化落地、我要干、干什么、怎么干、干的结果怎么样、监督，它是支撑看板运行的原理和支撑。

二是建立结构化的框架和标准化的模块，确定看板体系主要由五个维度组成——思想引领、文化落地、价值创造、监督考核、成长快乐。

思想引领——传达党中央、集团党组、直升机分党组及省市上级党组织党建工作要求，将公司党建工作主要任务显性化，体现“顶天立地”。

文化落地——公司企业文化形成及落地，以及本单位文化特色，突出“文化在单位的落地”。

价值创造——单位总体情况及使命责任，践行公司战略落地，实现数据说话及过程管控，围绕价值创造、改善提升，形成“我要干”的氛围。

监督考核——围绕“提升技能、提升业务、提升效率”，开展党小组、党员、班组长及业务骨干等工作绩效对比，抓好监督、考核工作，体现“管理是一种严肃的爱”。

成长快乐——凸显问题、持续改善，体现“法治、精益、活力、美丽、幸福”昌飞公司愿景，实现“共同的成长与快乐”。

三是明确管控层级和运行要求。公司级看板为统一设计模式，统一内容及更新管理要求，属于标配；单位级看板由单位设计、单位全员使用、单位指定人员落实管理；班组级看板由班组设计、班组全员使用、指定人员管理。

### （二）注重发挥标杆作用，全面推进看板整合

#### 1. 选择标杆单位，深入现场指导

昌飞公司看板体系整合以“建标杆、促跟进”理念推进，先选择管理基础较好的单位如总装厂、部装厂、数控加工厂、试飞维修总厂、旋翼总厂五个单位为试点，结合各单位业务和管理实际，将之前各单位现场看板统计的结果，按照五个维度原则将看板分类，打造公司级—单位级—工段/班组级的体系化看板“标杆”。

#### 2. 提炼标杆共性，形成看板规范

各联系人将5个单位现场看板初步划分出层级关系图，确定共性看板，按照公司提出的含有“思想引领、文化落地、我要干、干什么、怎么干、干的结果怎么样、监督”七大要素，进一步丰富共性内容，明确每个维度看板体系内容的具体内涵。同时，昌飞公司形成统一规格、统一编号、统一模块的标准化管理模式，并编制《看板体系及设计规范》，建立统一设计标准。

#### 3. 组织团队，分片负责推进看板整合

看板体系标准发布后，推进小组将公司各单位按片区分类，如零件加工片区、热表处理片区、装配试飞片区，划分联络人，具体负责各单位看板体系标准化、规范化推进工作。组织召开全面推进看板体系标准化、规范化启动会，各单位党政主要领导及具体负责对接人员参会，宣贯看板体系意义及推进方式；会后各单位迅速行动，联系片区联络人，就先期本单位摸底汇总看板进行讨论、对标，梳理单位可视化看板的层级结构，保留有效内容、去掉重复或无效版面，添加公司要求的内容，结合单位业务与管理实际形成单位看板管理体系。2017年以来，昌飞公司通过对25个车间120余

块看板进行整合，使各单位现场看板面貌一新。

### （三）注重发挥看板作用，凸显可视化应用效果

#### 1. 通过晒态势、促提升，促进党员先锋模范作用的发挥

保持党的先进性，关键是要持续保持党员队伍的整体先进性。只有绝大多数党员先进了，党的先进性才有保障，企业的兴旺发达才有深厚的基础。昌飞公司通过在各单位看板体系中建立“晒态势、促提升”和“监督考核”看板，围绕价值创造，坚持“数据说话”，开展党小组、党员、班组长及业务骨干等工作绩效对比。通过党员与党员比、支部与支部比，谁更优秀？通过党员自身现在与过去比，是进步、保持，还是倒退？把这些考核数据在看板上“晒”出来，促使广大党员变压力为动力，争创先进，激发党组织活力；同时，深化对“不创造价值”行为认识与责任追究。

昌飞公司试飞维修总厂党总支党员绩效考核已形成“以人为本、优胜劣汰、持续改进、和谐共赢”的工作氛围。考核包括模范带头、工作业绩、践行准则、工作质量、安全生产五个方面。党总支每月将党员考评得分情况进行公示，每个季度根据得分总和推荐出优秀党员，在车间党员承诺看板上公布，晒出业绩、晒出氛围，鼓励先进、鞭策后进。

#### 2. 通过晒问题、促改善，促进科研生产任务的完成

随着直升机产量的提升，日益要求提高现场问题解决的速度和效率。昌飞公司从安全（S）、质量（Q）、成本（C）、交付（D）、人员（P）五个维度全过程记录生产所处的状态。公司要求基层单位尤其是车间，以问题为导向，通过建立车间和班组两级看板，时刻关注“现场问题”，重视问题的暴露和系统解决。班组成员在生产中遇到问题，如果个人无法解决，必须直接在看板上提出。这样，班组长、车间主任等各级管理者便可直观地掌握每天生产的实际情况，并针对生产过程中出现的或已识别的，以及有可能对生产造成影响的问题进行分类记录、原因分析、制定措施、状态标识、跟踪封闭、分析总结，最终实现问题快速解决，降低风险，保持生产稳定可控。

对于车间不能自行解决，需要提升到职能部门或公司来解决的问题，昌飞公司明确由生产调度部、吕蒙园区现场办公室等单位负责，安排专人每天到各单位 SQCDP 看板上收集问题，通过管控例会及时明确责任单位和解决时限。通过畅通问题提出和解决的渠道，从员工到班组、从班组到车间、从车间到部门，甚至公司层面，昌飞公司基本建立了完善的问题提出和解决机制。

为避免因为产品质量问题而导致任务不能按时完成，昌飞公司大梁厂要求每个班组主动将问题暴露在 SQCDP 看板上，成立自检专检巡查组，每周至少一次对自检专检工作进行专项检查，若发现违规情况，立即整改。对于容易出现质量问题的铣

工班，该厂制定了全新的激励制度，每月拿出全班组奖金的20%进行重新分配，奖励当月质量无差错的员工，这样有效地保证了大梁厂的质量，提高了大梁厂的生产效率。

3. 通过晒数据、促管理，促进组织和个人绩效的提升

昌飞公司通过现场看板数据的公开、透明，促进单位积累数据并分析数据，以数据说话，暴露单位目前存在的问题，以管理促提升，形成良好的持续改善环境。可视化看板进行动态展示、全过程管控，让“晒态势”结果不好的员工看到努力的方向和感到“不好意思”，也以此培养员工求真务实的工作态度、勇于负责的担当精神；紧抓快办的执行力，工作的高标准、高质量、高效率，实现员工绩效提升，体现多劳多得、多得多劳、公正公开，论功定酬，做到责任、工作、效果三落实，也进一步体现公司激励制度的改革在单位真正落地。

4. 通过晒榜样、促跟进，促进全员价值创造氛围的形成

为有效激发员工的主观能动性和工作热情，昌飞公司注重做好先进典型的选树工作，以榜样的力量，引导全员向先锋看齐、向先进学习，争当先进、争当明星，使员工个人劳动价值得到充分体现。

（四）注重强化看板管控，形成长效机制

1. 建立管控制度

昌飞公司制定《公司看板体系及管控标准》，定义看板体系管控标准，规定看板体系及其构成，明确所有目视化管理看板制作、管理维护和监督考核的详细要求，保证公司各单位所有看板有专人管理、专人维护（见表2）。

**表2　　可视化看板监管分工**

| 序号 | 主管单位 | 看板监管分工 | 检查频次 |
| --- | --- | --- | --- |
| 1 | 党委组织部 | 负责思想引领维度（包括凝心聚力、党员评比等） | ≥1次/季度 |
| 2 | 企业文化部 | 负责文化落地、成长快乐维度（包括企业文化、成长快乐等） | |
| 3 | 企业规划部 | 负责价值创造、成长快乐维度（包括使命责任、IBSC、SQCDP、班组建设等） | |
| 4 | 生产调度部 | 负责价值创造、监督考核等维度中生产管理相关内容 | |
| 5 | 质量保证部 | 负责价值创造、监督考核等维度中质量管理相关内容 | |

#### 2. 纳入综合管理内审

生产现场可视化看板是管理工具之一，是信息的载体，如果与单位的管理脱节，就不能有效发挥其应有的作用。昌飞公司要求，各单位要把看板与单位的管理实践相结合，发挥看板的载体作用，与重、难点业务工作相结合，简明扼要、可视化地显示优先处理事项及预警级别。通过数据说话、问题透明、日清日毕、持续改善等准则，促进工作、展示形象、营造氛围。看板内容与其他管理工具互联互通、信息共享。看板就犹如一个个扩大的电脑屏幕，相对动态、实时地反映业务进展情况。在公司“四合一”综合管理内审中，考核细则明确要求“业务单位是否对主管业务的可视化看板及标语进行管控”，要各业务主管单位按照公司要求，定期对各自主管的看板体系进行管理、检查、考核，以内审方式促推业务部门履职，督导各单位看板使用效果有效落地，构建良好的管理生态。

#### 3. 常态化检查通报

昌飞公司坚持“看板谁使用，维护谁负责”的原则，明确使用单位作为看板的责任主体，对看板的使用和管理负责。明确各业务职能主管单位承担监督管理责任，做好经常性检查督促工作，及时提供业务指导，避免使用单位和职能主管单位因为职责不清而导致相互扯皮的现象。同时，也要求看板使用单位建立相应的看板管理维护二级管控制度，明确看板及看板版面负责人、看板更新频率、内部检查要求、检查频率、奖惩方式等，确保看板内容更新及时，版面完好、整洁。

#### 4. 持续优化改善

昌飞公司看板体系五个维度，是一个开放体系，各类看板都可以根据功能和定位纳入其中，不断进行优化改善。2019 年，结合公司以产品为主线的品质提升工作要求，各车间在看板体系中，增加了品质提升和流程改善看板，引导员工聚焦实物质量，积极围绕产品品质提升开展质量改进工作，营造全员参与产品品质提升的浓厚工作氛围。结合员工技能矩阵评比工作要求，昌飞公司要求各单位在 SQCDP 看板的“成长快乐”模块下建立员工的技能矩阵，通过“晒态势”管理模式，实现员工技能评比工作的公平公正。

## 四、实施效果

### （一）增强了广大党员的党性意识和创先争优的内生动力，进一步发挥了基层党组织的政治优势

党建文化与科研生产深度融合看板体系的构建，一方面，通过在各车间看板上广泛宣贯习近平新时代中国特色社会主义思想和中央、集团及公司党建工作要求，增强

了广大党员的党性意识。另一方面，通过“晒态势、促提升”，引导广大党员立足岗位、创先争优，强化了党建文化工作的价值创造导向作用，促进党建工作与科研生产经营管理各项工作的深度融合，拉动企业价值创造和能力提升，促进基层单位圆满完成年度的各项任务。

### （二）建立了一套较完整的看板管控体系，规范了生产现场各类看板运行逻辑和层次

昌飞公司通过五个维度，对看板内容进行整合和层级编号管理，规范了生产现场各类看板运行逻辑和层次，形成了层次清晰、内容丰富的具有昌飞特色的党建文化与科研生产工作融合看板体系。目前，昌飞公司所有生产车间，均按要求完成了本单位的“党建文化与科研生产工作融合”看板管理体系的制作，较好地发挥了党建文化的引领导向作用。

### （三）推进了基层单位党建文化与科研生产工作的良性互动，提升了看板的应用效果

昌飞公司通过构建一体化的可视化看板管理体系，促进看板体系成为一项举手之劳的管理工具，“好用”“管用”“实用”成为看板的一大特色。“好用”表现在通过全员参与进而拉动全员关注，通过技能矩阵数据拉动人才培养；“管用”表现在通过晒态势促提升，营造了基层单位员工共同快乐成长的良好文化氛围；“实用”表现在通过SQCDP绩效指标看板，问题解决过程可管、可控、可追溯，各项看板均实现了与员工绩效直接与间接的关联。

主创人：胡世伟
参与人：万首明　徐海霞　程晓敏　余建华　王少谦

# 基于“双预警、双通报、双告知”的电网运行精细化体系构建

陕西省地方电力（集团）有限公司咸阳供电分公司

## 前言

陕西省地方电力（集团）有限公司是省属大型供电企业。公司承担着陕西省9市70个县（区、开发区）的生产生活供电任务，供电面积14.25万平方千米，占全省供电营业区面积的76%；供电人口超过2000万，占全省人口的53%，用电客户达到638万户。经过20多年发展，公司已经成为中国地方电力企业的排头兵。主营业务发展良好，售电量、营业收入、利润总额等主要经济指标保持快速增长；多元化发展初具规模，公司资本已进入铁路、金融、医疗等多个领域；国际化发展态势明显，积极介入境外项目，积累海外拓展经验。公司综合实力、经济效益在省属企业中位居前列，正在向着一流配电网企业建设战略目标稳步迈进。

咸阳供电分公司是陕西省地方电力（集团）有限公司直属的国有大型供电企业，下设8个职能部门和修试中心、运行中心、调度中心、96789呼叫中心、计量所5个生产中心。咸阳供电分公司担负着咸阳市三原、泾阳、礼泉等10个县116个乡镇8个居民社区、2409个行政村城乡居民供电服务任务，用电客户总数为94.7万户，供电人口358.66万人，占咸阳市总人口的69%，供电面积9210.4平方千米，占咸阳市总面积的91%。公司资产总额21.23亿元，现有35~110千伏变电站70座（主变123台，容量1464兆伏安）；35~110千伏线路128条，长度1358千米；10千伏线路452条，长度9645千米；10千伏配变9678台，容量1235兆伏安。供电负荷创历史最高达到1014兆瓦，年售电量突破50亿千瓦时大关。

2018年，咸阳供电分公司以党的十九大精神和习近平新时代中国特色社会主义思想为指导，在集团公司建设一流配电网企业为统领发展方针的指导下，沉着应对社会经济下行压力的挑战，积极把握电力体制改革的机遇，坚决落实“两学一做”学习教育的要求，全面贯彻效益优先、精准投资、经营电网的理念，各项经营指标圆满完成集团公司年度考核目标，先后荣获中国电力行业优秀企业、全国电力行业企业文化先进单位、陕西省电力应急示范单位、陕西省先进集体等称号。

## 一、实施背景

随着当今社会经济的迅猛发展和精神文明的不断提升，用电客户对电能及其服务依存度日益增加，电力体制改革也已全面开启。电力体制改革带来的挑战日益明显，国家层面电改推进力度不断加大，电力市场化交易机制已初具雏形，增量配电网市场多处破冰。随着促改革调结构的进一步深化，公司收益将受到两端挤压，一端是可预期的政策性补贴逐步退坡，维管费返还、农网还贷资金补贴有很大可能被取消；另一端是销售电价可能继续下调，公司利润空间不断压缩，经营收益不容乐观，公司面临的经营境况越来越艰难。深化企业改革创新，电网运行以精细化管理为手段，着力提升企业自身核心竞争力成为必然选择。

当前，集团公司提出的力争到“十三五”末建成结构合理、安全可靠、技术先进、运行灵活、经济高效的国内一流配电网企业宏伟目标，是企业内在发展的必要要求。为实现一流配电网企业发展目标，建设城乡统筹、安全可靠、经济高效、技术先进、环境友好的配电网络设施和与之匹配的一流配电网企业，就必须要有与建设任务相协调的团队、技术、服务和管理，其中精细化管理作为中间环节是实现一流配电网企业建设和保障企业持续壮大发展的重要支撑。

同时，咸阳地区“三供一业”改造工程全面推进，各县级分公司户表改造任务繁重艰巨。目前，由于接入各属地电网的小区居民用户数量如日攀升，广大电力客户对电力企业的供电服务、应急抢修响应、电力获得感要求越来越高，更是对配电网运行管理和供电优质服务提出了更高的要求。作为供电企业，两大核心任务就是保障电网安全稳定运行和提供持续可靠的供电服务。而咸阳供电分公司在当前保障电网安全稳定运行和供电服务质量方面仍存在比较突出的问题，主要表现在以下三个方面。

①电网投资建设、设备技术更改的进度、力度与地区负荷发展不协调、不均衡的问题越来越突出，同时电力设备运维人员均是事故后或者被动告知开展相关工作，主要体现在部分地区迎峰度夏、迎峰过冬时期出现长时间设备重载、过载情况，甚至引发设备烧毁情况，给电力用户带来用电困难，同时增加了电网能效损耗。电网运行管理工作缺少负荷预测、提早防范、主动运维的工作意识，电力应急管理工作仍流于表面。

②在 96789 客户服务热线受理过程中，根据客户实时反馈发现实际存在信息公布客户知晓率低、基层服务主动意识弱、故障抢修效率低等诸多问题，导致客户服务体验大打折扣。

③停复电信息告知方式单一、低压配网抢修工作中故障抢修响应速度慢、抢修不能及时到位、抢修时间过长等原因直接造成客户不满，导致 96789 热线无效话务服务、重复话务增多，更直接造成投诉事项的频繁发生，供电企业供电服务水平受限。

为此，咸阳供电分公司秉承着技术为管理服务、管理为发展服务的工作理念，依托现有自动化、信息化技术平台，积极探索适应能源结构新格局的配电网运行管控体系，融合精细化创新管理方法，为实现构建具有咸阳特色的“配网网格化全景”管理建设工作目标凝心聚力。

## 二、内涵

咸阳供电分公司为提高供电可靠性和优质服务水平，创新建立了“双预警、双告知、双通报”的电网运行精细化管控体系。

其中，“双预警”的基本内涵：调控中心运用科学方法对线路、变压器开展负荷二级预警，设置合理的负荷预警区间，明确各级单位工作职责，规范细化预警处置流程，对电网运行薄弱环节做到及早发现和处置，保证电网设备不发生重载、过载现象，不断提高设备可用率和供电可靠性。

“双通报”的基本内涵：96789 呼叫中心通过热线话务常规周（月）分析以及重点班组（村组）重点时期服务效果测评进行关键业务和热线指标“双通报”，各县分公司根据通报内容实时调整服务策略和方向，快速响应客户需求。

“双告知”的基本内涵：96789 呼叫中心对每日停电咨询话务进行台区分类和专项统计，并反查各县分公司向广大客户进行停电前、复电（或延时供电）时信息发布告知情况的及时性、正确性，有效降低 96789 热线的无效话务服务受理事项，不断提升供电服务水平。

通过“双预警、双通报、双告知”管控创新，明晰职责、优化流程、固化行为、细化措施，变被动运维为主动运维，初步实现公司配网运行“朝前预控、统筹分析、高度协调”的大数据信息管理模式，最终提高客户满意度和供电可靠性。

## 三、主要做法

### 1. 负荷“双预警”

（1）预警设置及处置方案

Ⅱ级预警：线路负载率≥70%，变压器负载率≥70%，发布电网负荷Ⅱ级预警。即准备阶段：市调、县调加强监控；通知生产管理单位做好调整运行方式、合理分流负荷准备；通知企业用户做好错峰、避峰生产准备；运行管理单位必要时对处置方案进行演练。

Ⅰ级预警：线路负载率≥85%，变压器负载率≥80%，发布电网负荷Ⅰ级预警。即执行阶段：通知运行管理单位调整运行方式、合理分流负荷，降低线路或变压器负载率；通知企业用户执行错峰、避峰生产计划，降低负荷峰值。当以上措施仍不能有效降低设备负载率时，线路和变压器负载率超过 90%，启动有序用电方案。

（2）处置职责划分

市公司调控中心负责制订、完善 35 千伏及以上电网双预警方案和相关预案，负责

10 千伏及以上线路和变电站的预警发布、解除及回执收集。

各县公司配网运营中心制订、完善本单位 10 千伏及以下电网双预警方案和相关预案，负责 10 千伏配变及以下设备的预警发布、解除和回执收集。

市公司生产技术部负责审核 35 千伏及以上电网双预警方案和相关预案，组织大型预案演练；督促、指导各单位电网负荷双预警处置方案和相关预案的制订和执行，对预警处置机制执行不力造成的事件进行调查、考核。

县公司生产技术部负责审核本单位 10 千伏及以下电网双预警方案和相关预案，组织相关预案演练；督促、指导各运行单位执行双预警处置方案，对本单位预警处置方案执行不力造成的事件进行调查、考核。

（3）处置工作流程

①调控中心

a. 调控中心根据线路及主变负荷历史数据，结合天气预报、检修计划执行等因素，提前 2 个工作日预测设备负载情况（见表 1、表 2）。

b. 调控中心根据设备负载预测，于每日 10：00 在协作共享平台“电网风险预警发布群”发布双预警信息。预警信息应包含负荷预测、预警期限等。“电网风险预警发布群”由调控中心负责管理。

**表 1　主变预警单**

| 预警单号：20080701 | | | 发布单位： | 调控中心 | 发布日期：2018. 7. 18 | |
|---|---|---|---|---|---|---|
| 单位 | 变电站 | 主变容量（千伏安） | 预测最大负载率（%） | 预警级别 | 预警时段 | 备注 |
| 泾阳 | 35 千伏白王变 | 16300 | 75 | Ⅱ | 7. 18—7. 22 | |

备注：1. 该表根据近期负荷性质、天气、温度等情况提前对咸阳电网负荷进行预测，由市调控中心向各县分公司发布预警；2. 各单位按照咸阳供电分公司《关于实施电网负荷双预警机制的通知》（咸地电发〔2018〕141 号）文件要求执行，同时将执行书面通过预警平台回执。

**表 2　线路预警单**

| 预警单号：20080701 | | | 发布单位：调控中心 | | | 发布日期：2018. 7. 18 | |
|---|---|---|---|---|---|---|---|
| 单位 | 变电站 | 线路名称 | 允许电流（安） | 预测最大负载率（%） | 预警级别 | 预警时段 | 备注 |
| 三原 | 35 千伏安乐变 | 193 枣阳二线 | 400 | 77 | Ⅱ | 7. 18—7. 22 | |
| 三原 | 35 千伏周肖变 | 143 腰寨线 | 270 | 87 | Ⅰ | 7. 18—7. 22 | |

备注：1. 该表根据近期负荷性质、天气、温度等情况提前对咸阳电网负荷进行预测，由市调控中心向各县分公司发布预警；2. 各单位按照咸阳供电分公司《关于实施电网负荷双预警机制的通知》（咸地电发〔2018〕141 号）文件要求执行，同时将执行书面通过预警平台回执。

c. 收到预警的单位应按照预警级别再次核对处置方案，并形成回执报送调控中心。调控中心应对处置方案的执行予以监督。

d. 预警结束后，调控中心应于2个工作日内在“电网风险预警发布群”发布预警结束信息。

②配网运营中心

a. 配网运营中心依据市调发布的二级负荷预警单，利用配网自动化系统、采集系统中线路和配变的负载率历史数据进行进一步核实，同时将审核后的数据及时通报到县级“电网风险预警发布群”中。

b. 各运维班组、供电所在收到负荷预警单后，对严重过载、重载线路，配变制定应对措施并将方案报公司生产技术部审定，由生产技术部牵头，客服中心、计量班、运维班、供电所配合检查核实，客服中心及时反馈治理结果，配网运营中心对处置方案的执行予以监督，同时将应对措施的执行情况报市调，以此形成闭环管理。

### 2. 关键业务和热线指标“双通报”

（1）通报内容及实施方案

关键业务和热线指标“双通报”预警服务：主要围绕“业务重点日公示、热线指标周监督、用电服务月通报”三大体系实现数据管控“一网通”。

“业务重点日公示”即对外通过实时发布《96789 每日快讯》的形式，对各县分公司当日话务重点业务进行即时发布，以便及时调整服务策略和管理方式；对内利用《96789 服务质量日通报》对呼叫中心当值坐席班组话务量、接通率进行内部管控监督，真正形成96789热线服务内、外双控预警服务。

“热线指标周监督”即主要通过满意度专项回访对客户停电信息告知率、用电业务受理完成率进行服务指标周测评，全力做好电力客户满意度监督服务工作的管理升值。

“用电服务月通报”即针对96789热线业务周分析与停电台区月排名进行双通报，全面深化各单位当月供电服务质量的在线管控。

（2）处置职责划分

市公司“96789”呼叫中心负责通过96789热线系统分析话务数据，以供电服务日公示、周监督、月通报工作机制通过配网运营管理三级工单服务群组向各县级配网运营中心定期发布关键业务与热线指标“双通报”，同时，通过《96789 服务质量日通报》进行“96789”呼叫中心运行班组服务效能常态化监督管理，并按月度评选“96789 话务之星”。此外，负责向各县级配网运营中心派发用电业务、故障报修、投诉工单，以及工单回执的情况收集工作。

各县公司配网运营中心根据“双通报”提出本单位在不同时期对关键业务提出相应话务指标的服务方案策略调整和实施情况，按照要求向各基层站所进行本单位当日业务核心事件的受理，同时负责96789呼叫中心派发各类工单信息的研判与数据配对，若准确无误则继续派发工单至相应班站所，并对基层服务进行监督以及工单回执的收集。

（3）处置工作流程

① 96789 呼叫中心每日在协作共享平台“咸阳 96789 配网运营管理群”和“咸阳本部 96789 呼叫中心管理群”进行《咸阳供电分公司 96789 每日快讯》和《96789 服务质量日通报》双通报，其通报模板分别为：

a.【咸阳供电分公司 96789 每日快讯】×月×日 00：00—24：00，客服热线人工受理业务××件。剔除其他区域，咸阳地区业务共计××件，重点涉及：客户内部故障报修××件（公示话务量排名前三的县级分公司）；停电咨询××件（公示话务量排名前三的县级分公司）；用电业务××件（公示话务量排名前三的县级分公司），具体分布（见表 3）。请相关单位进一步做好服务督办，确保各项业务有序处理。【96789 呼叫中心】

表 3 以×月×日统计为例。

**表 3　　咸阳供电分公司 96789 服务热线用业务分类统计**　　单位：件

| 序号 | 单位 | 营业厅 | 卡表 | 计量 | 空开 | 光伏 | 线路 | 催费 | 网改 | 家电 | 报装 | 缴费方式 | 电压质量 | 其他 | 合计 |
|---|---|---|---|---|---|---|---|---|---|---|---|---|---|---|---|
| 1 | 武功县 | | | | | | | | | | | 17 | | 3 | 20 |
| 2 | 乾县 | 1 | 4 | | | | | | | | | 10 | | 5 | 20 |
| 3 | 礼泉县 | 2 | 4 | | | | | | | | | 10 | | 3 | 19 |
| 4 | 三原县 | | 1 | | | | | | | | | 16 | | 1 | 18 |
| 5 | 泾阳县 | | 1 | | | | | | | | | 16 | | 1 | 18 |
| 6 | 长武县 | | 1 | | | | | | | | | 6 | | 1 | 8 |
| 7 | 淳化县 | | | | | | | | | | | 6 | | | 6 |
| 8 | 彬县 | | | | | | | | | | | 6 | | | 6 |
| 9 | 永寿县 | | | | | | | | | | | 4 | | 1 | 5 |
| 10 | 旬邑县 | | | | | | | | | | | 3 | | 1 | 4 |
| 合计 | | 3 | 11 | 0 | 0 | 0 | 0 | 0 | 0 | 0 | 0 | 94 | 0 | 16 | 124 |

说明：其他包括查电话、供电所归属、95598（电力服务客服电话）、发票、变压器维护、办证等。

b.【咸阳供电分公司 96789 服务质量日通报】×月×日 00：00—24：00，客服热线人工受理业务 298 件，有效工单××件，重复工单××件，接通率××%（见表 4）。请全体生席人员严格按照运行班组业务工作交接要求，认真核查当值个人工单的正确率及完整性，确保为市分公司配网运营管理和考核工作提供可靠支撑。【96789 呼叫中心】

表 4 以×月×日统计为例。

表4　　咸阳供电分公司96789服务质量每日（×月×日）统计　　单位：件

| 姓名 | 当日班次 | 当日当值接通率 | 当值受理总量（有效工单总量） | 当值下故障单 | 系统重复工单数量 | 客户信息记录不完整工单 | 具体业务描述不清楚工单 | 有误工单总计 |
|---|---|---|---|---|---|---|---|---|
| 401 | 00：00—08：30 | 92.13% | 15 | 0 | 0 | 0 | 0 | 0 |
| 403 | | | 4 | 0 | 0 | 0 | 0 | 0 |
| 408 | | | 6 | 0 | 0 | 0 | 0 | 0 |
| 407 | 08：30—18：00 | 90.28% | 89 | 0 | 0 | 0 | 0 | 0 |
| 405 | | | 78 | 0 | 1 | 0 | 0 | 1 |
| 409 | 18：00—24：00 | 91.17% | 55 | 0 | 0 | 0 | 0 | 0 |
| 400 | | | 47 | 0 | 1 | 0 | 0 | 1 |
| 合计 | | | 294 | 0 | 2 | 0 | 0 | 2 |

②96789呼叫中心每周（月）根据96789热线运营情况分析制定《咸阳供电分公司96789周供电服务分析》，并在协作共享平台“咸阳96789呼叫中心信息公开群”进行公开发布，其中内容主要包括话务量总体统计及12398反馈事件以及各位通报排名，即本周（月）反馈业务分类数量统计表；本周（月）各单位话务量分项及排名；本周（月）各单位停电信息分类及排名；本周（月）各单位故障分类及排名；本周（月）各单位用电业务分类及排名；本周（月）热线反馈业务完成及时率统计表；本周（月）“96789”满意度回访统计表；本周（月）停电信息报送及准确率排名。各县级分公司高度重视本单位话务舆情数据分析，结合热线指标进行服务策略重新调整，创新优质服务管控新方式。

③96789呼叫中心每月针对96789热线业务周分析与停电台区月排名进行“双通报”，以咸阳分公司各单位（×月）96789客服热线用电业务和停电咨询话务分布通报为例（见表5、表6）。

表5　　咸阳分公司各单位（×月）96789客服热线用电业务话务分布通报　　单位：件

| 类别<br>县局 | 日期 | 台区/供电所 | 类型 | 反映内容 | 话务 | 话务合计 |
|---|---|---|---|---|---|---|
| ×× | ×月×日 | 城区供电所 | 卡表 | 营业厅缴费，插卡没反应 | 2 | 13 |
| | ×月×日 | 新民供电所 | 缴费方式 | App缴费下发失败 | 2 | |
| | ×月×日 | 永乐供电所 | 缴费方式 | 缴费不成功 | 3 | |
| | ×月×日 | 城区供电所 | 缴费方式 | 咨询App | 4 | |
| | ×月×日 | 北极供电所 | 缴费方式 | 缴费不成功 | 2 | |
| ×× | ×月×日 | 巨家供电所 | 营业厅 | 营业时间 | 1 | 11 |
| | ×月×日 | 洪家供电所 | 缴费方式 | 咨询App | 1 | |
| | ×月×日 | 城区供电所 | 缴费方式 | 咨询App | 6 | |
| | ×月×日 | 相公供电所 | 缴费方式 | 咨询密码 | 1 | |
| | ×月×日 | 彭公供电所 | 缴费方式 | App缴费下发失败 | 1 | |
| | ×月×日 | 亭口供电所 | 缴费方式 | 忘记密码 | 1 | |

续 表

| 类别<br>县局 | 日期 | 台区/供电所 | 类型 | 反映内容 | 话务 | 话务合计 |
|---|---|---|---|---|---|---|
| ×× | ×月×日 | 胡家庙供电所 | 营业厅 | 营业时间 | 1 | 18 |
| | ×月×日 | 方里供电所 | 卡表 | 读卡失败 | 1 | |
| | ×月×日 | 秦河所（陶渠园村） | 卡表 | 营业厅缴费插卡没费 | 1 | |
| | ×月×日 | 马家供电所 | 缴费方式 | 费没到电表 | 4 | |
| | ×月×日 | 城区供电所 | 缴费方式 | 缴费不成功 | 5 | |
| | ×月×日 | 胡家庙供电所 | 缴费方式 | 缴费不成功 | 4 | |
| | ×月×日 | 石桥供电所 | 缴费方式 | App 缴费提示补写 | 2 | |

**表 6　咸阳分公司各单位（×月）96789 客服热线停电咨询话务分布通报**

| 线路<br>县局 | 电压等级（千伏） | 停电类型 | 停电时间 | 停电线路/台区 | 台区户数（户） | 话务（件） | 小计 |
|---|---|---|---|---|---|---|---|
| ×× | 0.4 | 客户内部故障 | ×月×日 | 新堡子所姚联村 1#台区（姚联村） | 1 | 1 | 3 |
| | | | ×月×日 | 义门所豆家湾村 2#台区（豆家湾） | 60 | 1 | |
| | | 临时停电 | ×月×日 | | | | |
| | 咨 | 计划停电 | ×月×日 | 水北镇（停电咨询） | | 1 | |
| | | 故障停电 | ×月×日 | | | | |
| ×× | 0.4 | 客户内部故障 | ×月×日 | 枣园所田家台区（田家） | 68 | 1 | 17 |
| | 10 | 临时停电 | ×月×日 | 运维班 118 枣园线 138#开关后端消缺（枣园） | 559 | 10 | |
| | | | ×月×日 | 运维班 163 亭冉线 110 千伏亭口变变电站站内检修（冉店） | 576 | 3 | |
| | 咨 | 计划停电 | ×月×日 | 地张乡代领村五组（停电咨询） | | 1 | |
| | 10 | | ×月×日 | 丰然工队 126 安华线 13#杆新铁支线真空开关更换<br>126 孙家河支线 1#－7#更换导线（铁渠村） | 258 | 2 | |
| | | 故障停电 | ×月×日 | | | | |
| | | 临时停电 | ×月×日 | | | | |
| | 10 | 计划停电 | ×月×日 | 运维班 155 红旗线 42#杆上开关以后线路各支线检修 | | 8 | |
| | | | ×月×日 | 运维班 142 药惠线麦张支线 02#杆上开关以后线路新架导线、配合供电局处理交跨（麦张） | | 5 | |
| | | 故障停电 | ×月×日 | | | | |

④通过各县分公司对用电业务、故障报修、投诉工单的回执情况进行过时间节点的反监督，要求各单位按照“事前发布、事中告知、事后再通知”的原则主动宣传，严格执行96789关键业务与热点事项“双通报”机制，实现咸阳供电分公司96789与各县级配网运营中心“1 + N网格服务”红色通道高效畅通，即以广大电力客户“1线”诉求为服务圆心，全网辐射配网运营N级网格，将“小网格知晓率”“大服务满意度”的数据排名通报纳入年度各单位绩效考核中，倒逼配网网格化运营管理工作形成热线受理“横到底、纵到边、全网覆盖、零疏漏”的高质量服务新格局。

### 3. 停、复电信息发布“双告知”

（1）告知设置及实施方案

停、复电信息发布“双告知”预警服务：停、复电信息发布“双告知”服务预警机制主要根据《陕西省地方电力（集团）有限公司供电服务十项承诺》中“计划检修，提前公告”原则：针对供电设施计划检修停电，需提前7天向社会公告停电区域、线路和时间等计划停、复电信息；针对供电设施临时检修停电，需提前24小时向社会公告停电区域、线路和时间等临时停、复电信息；针对突发故障停电，第一时间通过三级工单服务群组下发故障抢修工单，并以工单传递、回执、复电时间发布闭环管控节点为依据实现基层一线办单服务效能管理考核。

（2）处置职责划分

市分公司96789呼叫中心负责各单位计划停、复电信息与临时停、复电信息的提前收集整理与核查统计，并于每日9：00在96789热线系统的“停电信息”模块进行集中信息录入，向公众公开告知当日各地区停电信息，并于每周进行0.4千伏和10千伏停电信息分类统计与排名，并在周分析通报中进行发布。

各县级配网运营中心负责提前一日向96789呼叫中心上报当日本地区停电线路、原因及停、复电时间，同时通过多元化信息发布渠道根据计划停电、临时停电、故障停电不同分类对管辖区域广大电力客户进行停电信息的公开告知。

（3）处置工作流程

①市公司96789呼叫中心提前一日，收集整理各县级分公司上报咸阳地区当日发生的计划停电、临时停电信息并汇总录入96789热线坐席系统，以便向广大电力客户通过致电96789热线进行停电区域的在线告知。客户致电96789进行报修，96789进行工单集中受理，根据故障区域是否出现重复报修情况决定是否进行工单合并，然后下发工单至相应配网运营中心，并按照规定时限登记收集工单回执。

②各县级分公司负责通过多元化信息发布渠道对所管辖区域广大电力客户进行停电信息的公开告知（见图1）。

a. 计划停电：每月收到生产技术部反馈的10千伏停电信息，按照提供的停电日期，停电范围提前7天发布给专变客户（易信通平台）、低压居民客户（微信公众平台、电视台、“三原电力”微信公众号），在计划停电7天之内，接收到运维班组确定的停电信息提前1～2天再次为客户发布停电信息，并通知客服中心为专变客户做好停电信息的“双发布”工作。

b. 临时停电：提前24小时通过易信通平台发布临检信息，并告知供电所通过微信平台、微信群组、电视台、“三原电力”微信公众号为低压居民客户发布停电信息，客服中心（专变客户）发布停电信息。

c. 故障停电：通过自动化系统检测到的故障信息，由值班长告知并通过易信通平台发布给客户，并通知供电所、客服中心通过微信平台、电视台等多种方式为客户发布故障停电信息；如果是通过接到的话务量反馈的停电信息则是第一时间告知值班长（高压）并通过易信通平台为客户发布停电信息。然后电话告知供电所及时通过微信等平台为客户发布故障停电信息；低压故障则直接告知供电所处理并要求供电所做好台区故障停电信息的发布工作。

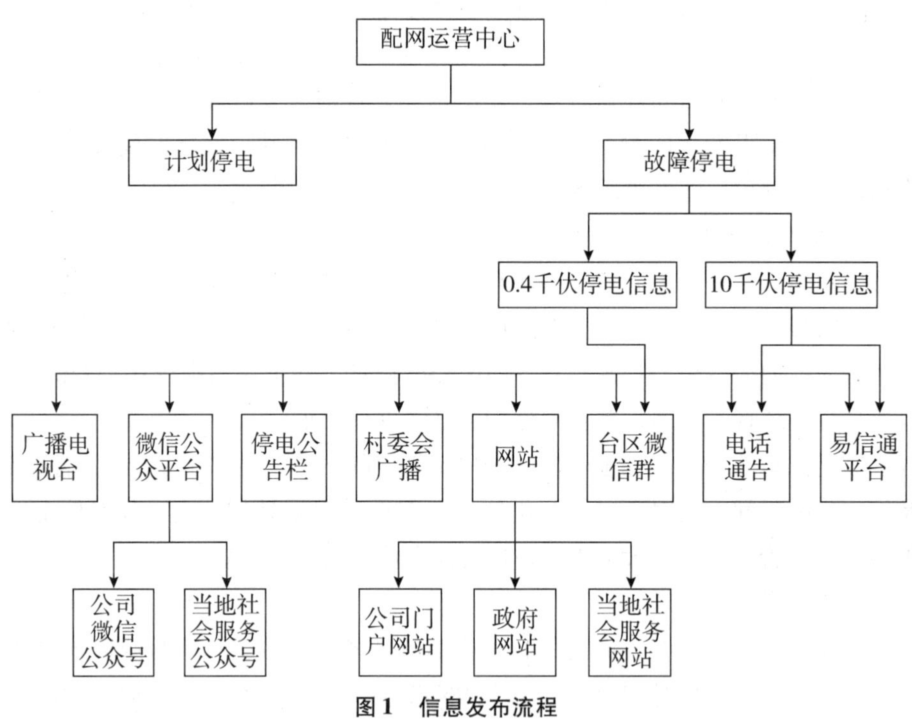


**图1 信息发布流程**

同时，各县级配网运营中心针对客户故障报修负责通过GIS（地理信息系统），负控、采集、配网自动化系统进行工单信息的数据配对与分级处理，并进一步下发工单至相应的基层站所。

③基层一线站（所）进行快速办单。基层一线站（所）负责通过对各地区自主建立6800多个“台区微信群”，对所属台区的计划停电、临时停电及故障停复、电信息进行公开告知。并对客户家中出现的故障停电，进行“一站式”故障报修和快速处理，

真正变被动抢修为主动运维，变应急响应为常态管理，以此提高供电服务水平和客户满意度。

## 四、实施效果

### （一）管理效益

2018 年，咸阳供电分公司通过实施“双预警、双告知、双通报”工作管控机制，管理效能得到释放。一是通过创新改革、优化流程、闭环管理，进一步理顺了各级单位电网运维工作的职责，提高了电网应急状态下的协调配合能力，实现了电网应急工作常态化，达到电网运行精细化管理；二是通过一系列管理举措，增强了各级单位对供电服务工作知悉度，进一步规范了管理制度，提高了供电可靠性，同时有效地提升客户满意率与供电企业服务品质。

### （二）经济效益

2018 年，通过有效地实时管理创新，咸阳供电分公司共布负荷预警单 64 份，覆盖武功县、泾阳县、礼泉县、三原县、彬县、乾县 6 个县域，涉及 10 座变电站、17 台主变、120 台配变，10 ~ 110 千伏线路 50 条，通过负荷二级预警的实时发布，及时调整了线路运行方式、定值、CT（电流互感器），增补调配变压器。经测算，由于未发生停限电事件，多供电量 80 万千瓦时；由于设备未长时间重载运行，节约电网损耗电量约 25 万千瓦时，共计增加企业营业收入约 56 万元。

### （三）社会效益

在 2018 年迎峰度夏、迎峰过冬期间，公司运行配变未发生因配变重、过载烧毁现象，未发生因电网设备重、过载引发的停限电事件，电网安全运行得到保障，客户用电满意度大幅提高。据统计，2018 年停电咨询话务 17078 件，同比 2017 年下降 51. 11%，2018 年在线回访客户 5121 件，客户满意率为 97. 95%，同比 2017 年上升 8. 3%，咸阳供电分公司配网供电可靠性及供电服务能力与水平得到显著提升。

主创人：张怀春　刘小军

参与人：李晓余　王智峰　李江锋　黄玫

# 华中区域“海进江”煤炭供给侧结构性改革管理创新

国家能源集团销售集团华中分公司

## 前言

国家能源集团销售集团有限公司下属的神华销售集团有限公司华中分公司（以下简称“华中分公司”）成立于2015年，主要负责国家能源集团自营煤在“两湖一江”(湖南、湖北、江西)、安徽、川渝区域的销售，是国内在“海进江”煤炭销售第一家达到千万吨级别的煤炭销售企业，也是第一家以“海进江”煤炭配送到岸结算的煤炭销售企业，其配套的“海进江”煤炭物流配送体系建设工作从零基础起步，以北方港、中转基地码头、目的港为管理半径，逐步形成了覆盖鄂、赣、湘、渝、皖五省（直辖市）的煤炭销售网，销售量从2015年的636.7万吨攀升至2019年的6043万吨。

华中分公司成立5年来，坚持“海进江”煤炭供给侧结构性改革管理创新，通过整合客户需求，创新营销模式，强化质数量管控措施，提升物流运输标准，推进物流过程可视化管控，拓展集约化运力资源、质检资源、中转基地资源的成本优势，2019年，“海进江”配送煤炭的质数量途损管控创历史最高水平，智能化物流一体化体系运营提质增效作用明显，这项管控创新为保障、服务、促进“海进江”煤炭销售高质量发展提供了动力。

## 一、创新背景

### (一)“海进江”煤炭物流市场状况

华中分公司负责鄂（湖北）、赣（江西）、湘（湖南）、渝（重庆）、皖（安徽）五省（直辖市）的煤炭销售，横跨长江上、中、下游区域，2018年，这五个省（直辖市）实现国内生产总值（GDP）14.82万亿元，占全国GDP总量的16.5%。伴随着社会经济的持续发展，这五个省（直辖市）对煤炭资源消费的需求体量日益庞大，2018年，五省（直辖市）的煤炭消费量为5.53亿吨，煤炭基本来源以外省调入为主，其中通过“海进江”煤炭物流通道的煤炭消费量占煤炭消费总量的30%，即1.66亿吨。

目前，“海进江”煤炭主要是通过“三西”煤炭外运铁路通道将内蒙古、山西、陕西三个国内煤炭主产区煤炭运输至秦皇岛港、天津港、黄骅港等北方港口，从北方港口下水后，经江苏及其他省（市）下游中转港转运至长江上、中、下游各省市。

### （二）“海进江”煤炭质数量和物流管理存在的问题

“海进江”煤炭物流通道具有链条长、运距远、转运次数多、环节复杂、周期长、区域降水多等特点，煤炭在物流周转过程中的质数量损耗管控风险点多，管控难度大。区域内煤炭用户重点关注“海进江”煤炭的物流成本、煤炭质量、途损率三个关键指标，用户在煤炭货权移交方式上，主要选择以北方港平仓为主，后程运输通过市场化询船、承运和转泊，行业内对质数量管理缺乏统一标准，缺少对质数量损耗的评判依据和担责办法，物流过程管控的措施单一、守旧，“海进江”煤炭物流市场相对粗放，“海进江”煤炭物流链条中的价值化创造还没有实现最大化。

### （三）以物流配送为纽带的华中分公司煤炭销售体系建设情况

华中分公司成立以来，结合区域内用户实际情况，通过发挥对海江联运和中转基地物流资源的集约化管理优势，降低“海进江”煤炭物流运输成本，稳定煤炭质数量管理，物流以采取全程配送到户模式为主，承担了包括运输服务询比价、运输合同签订、运输船舶协调、运输过程监督、中转港倒驳、到岸卸货监督、进厂数质量监控、运输费用结算等“海进江”整个运输环节的管理工作。

2015 年，华中分公司完成销量 635 万吨，全部为配送到户；2016 年，完成销量 1749 万吨，全部为配送到户；2017 年完成销量 2586 万吨，其中配送到户 1180 万吨；2018 年完成销量 3062 万吨，其中配送到户 2056 万吨；2019 年完成销量 6043 万吨，其中配送到户 2000 万吨。

## 二、内涵

企业深化供给侧结构性改革要依靠全要素生产率的提高，全要素生产率是指全部生产要素（包括资本、劳动等）投入之外的技术进步和能力实现导致产出增加的部分。创新驱动就是全要素生产率驱动，提高全要素生产率来源于效率改善、技术进步、组织创新、专业化和生产创新等。

华中分公司在“海进江”煤炭供给侧结构性改革推动的创新，就是坚持煤炭销售工作高质量发展，抓牢主要矛盾，坚持问题导向、需求导向、战略导向，实施重点推进，实现关键突破，贯彻新发展理念，统筹部署、协调发展、准确发力：以配送营销为供给侧结构性改革管理创新的基础，不断推动华中分公司效率变革；以大宗散货在复杂物流过程中的质数量精益化管控为保障，不断推动华中分公司质量变革；以智能化物流体系建设为拓展，不断推进华中分公司动力变革。通过这些管理创新措施，进一步丰富了“海进江”煤炭这一大宗商品的价值体验，提升了华中分公司在“海进江”煤炭辐射区域的品牌影响力，企业的经营活力和价值创造能力得到进一步增强。

## 三、主要做法

### （一）推动配送销售营销模式

华中区域“海进江”煤炭供给侧改革的最关键的一个要素就是营销模式，华中分公司以物流配送到厂交货销售模式为主要品牌特色，通过承担“海进江”整个物流运输环节的管理，对物流链条中的各类市场化资源进行集约化调度，实现了成本、物流效率、资金结算的最优化管理。华中分公司通过这种创新的营销模式，在华中区域市场中逐步打牢了基础、开拓了市场、实现了跨越。在具体的管理方式中，华中分公司实行客户经理制，区域内客户都有固定的客户经理负责业务联络和售后服务。客户经理制的实施，打破了华中区域“海进江”煤炭销售“有销售、无服务”的行业常态。在客户经理制的保障下，华中分公司利用国家能源集团一体化的技术优势，在客户燃用过程中出现问题时，能够第一时间赶到现场，拿出解决方案，保障客户燃用安全。华中分公司还利用集团自有资源品种多样、煤质适用性广的优势，主动联系、上门服务，将资源样品用于在建化工用户炉型的试烧设计煤种，提前锁定了潜在市场客户。华中分公司依托“物流配送营销模式 + 客户经理制”服务的销售机制，为华中分公司“海进江”煤炭供给侧结构性改革创新夯实了管理基础，实现了销售管理的效率变革。

### （二）推动物流过程中质数量精益化管控

质数量损耗是“海进江”煤炭物流配送中最大的经营风险点，华中分公司充分发挥物流体量大的优势，在合作的物流承运企业和第三方质检企业中推行合同模板标准化管理，设定运输企业需要达到的运输标准，具体规则包括降水时必须停止过驳作业；江轮仓内堆形齐整，堆形下缘距仓口 20 厘米以下；防雨布苫盖，雨布与船体固定部件进行签封打印；全程开启船舶定位系统、视频监控系统，实时对货舱进行监控，监控资料保存 2 个月以上；北方港、中转港、目的港第三方数质量检验纳入可视化监督管理范畴。这种管理模式积极推进了物流承运企业使用棚架船，煤炭江段运输过程中，棚架江船使用率显著提升，2019 年，棚架船使用量约占分公司煤炭运输总量的 10%。

“海进江”物流配送运输过程中的质数量损失，相当一部分来源于物流组织不够严密，华中分公司虽然设计了运输标准，但不足以控制住损耗超限。在以往的“海进江”物流运输标准中，仅有关于数量损失的条款，没有质量损耗的约定，这给苫盖不标准，雨水灌进，偷煤注水，利用江域地形复杂更换劣质煤等不法行为埋下隐患，因此必须要在运输合同中设定必要的质数量同步止损条款，达到以合理目标控制损耗的目的。

在华中分公司与运输企业签订包干运输协议中，质数量控制标准如下：用煤客户以签订《煤炭买卖合同》中的数量和热值结算结果为基础，与装港第三方检验机构装船检验的数量和热值结果进行比对，数量损耗换算成热值，按照换算后的热值进行考核。

热值损耗=（北方港数量×北方港热值-结算数量×结算热值）÷北方港数量

当热值损耗低于50千卡/千克，运费奖励1.5元/吨；当热值损耗在50千卡/千克至80千卡/千克，运费无奖罚；当热值损耗大于80千卡/千克，对于超出部分，由承运方按照货物价值全额赔偿。

赔偿金额=（热值损耗-80千卡/千克）×（合同单价÷基准热值）×装港数量

通过这一创新措施，既能控制上限损失不超限度，发挥运输企业主动管理的积极性，最终要与用户的结算质数量挂钩，又能发挥出航运企业的地域协调能力。

华中分公司的质数量管理的管控措施和标准在华中区域市场内起到了标杆引领作用，同行企业对华中分公司使用的合同模板直接进行了引用，对管理办法进行了借鉴，为净化华中区域"海进江"煤炭销售的行业生态起到了积极的推动作用，带动了整个行业的质量变革风潮。

### （三）推动物流监督可视化管理

华中分公司对配送到户的运输业务，从中转港过驳作业、江运过程、第三方质检开展全链条可视化管理。可视化系统采取4G定向网络传输视频信号，通过分公司总部监控大屏、PC端办公电脑管理系统、移动端App多种方式实现实时、高精度的视频画面显示，视频资料可储存2个月。在具体业务管理中，实现了船舶行驶路线监管，智能预测到港时间，减少江船滞期时间和费用；在物流过程中对可能引起质数量损耗的业务操作对承运商自动提醒报警。物流监督可视化系统使用后，对于出现的质数量偏差纠纷，有了可追溯的过程证明资料，对物流承运企业形成无形的管理监督。华中分公司以可视化的物流监督手段为切入点，逐步推动物流体系的数字化管理，将可视化运行过程中形成的大数据应用于对物流承运企业的业务、服务、信用等级评价中。在数字化探索的过程中，为物流智慧化管控留下了接入端口，在可视化、数字化集成运用的基础上，智慧物流系统建设得到稳步推进。这些管控措施的落地，将原来频繁现场参与盯船和作业的客户经理和调运人员从事务性的工作中脱离出来，将工作的重点转移到管理和变革中，激发了现有员工的内生活力，同时，节约了人工管理成本，与此相匹配的是配送质数量管控的精细化程度和管控效果显著提升。

### （四）推动物流链资源集约化管理

华中分公司对运力资源、质检资源、中转基地资源采取集约化管理，积极运用市场竞争和比价手段，降低整体物流成本，实现挖潜创效，在日常业务管控中，对物流过程实行集中化管控，指定调运主管协调物流链中的各个管控环节，提高物流效率。在与各中转基地合作的过程中，积极推动智慧港口理念的落地生根，在华中分公司的倡导下，中转基地堆场“电子围栏”管理、场地转运“电子路径”设置等信息化的管理手段正在建设过程中，这样可使华中分公司与中转基地在智慧化建设上实现协同发展。通过物流链资源集约化管理，2019 年，在海轮停时方面，平均装港用时 4.3 天，较 2018 年的平均用时下降 1.2 天，其中配送运输吨煤滞期费较 2018 年降低 0.47 元/吨。在中转基地集约化管理方面，目前合作的 7 家沿江口中转基地的过泊作业费低于市场费率 1～1.5 元/吨，极大地降低了物流配送成本。

## 四、实施效果

2019 年，在配送销售的物流过程中，热值偏差 -40.10 卡/千克，按照质数量折算公式计算，吨煤质数量损耗 27.07 卡/千克，较 2018 年下降 3.57 卡/千克，下降 11.65%。较与客户约定损耗 80 卡/千克标准下降了 62.93 卡/千克，按 0.1 元卡/千克核算，为客户创效 8975.52 万元。通过控制停时，为客户减少滞期损失 1.08 亿元。通过对物流链中各资源的集约化管理，为客户降低中转费用 1631 万元。2019 年，华中分公司依靠物流配送销售的品牌影响力，完成区域内销售 6043 万吨的历史纪录，实现利润 3.42 亿元，节约销售费用 2458 万元，创新管理措施保障和助推了华中分公司的经营创效任务完成。

## 五、未来展望

2019 年，通过浩吉铁路进入华中区域的煤炭加快了市场格局的调整，“海进江”煤炭销售如何在变化中保持竞争力成为华中分公司面对的新课题。未来，华中分公司继续将推动供给侧结构的改革创新，持续发挥配送销售业务的品牌优势，通过对海运、江内中转码头、江运各物流链条资源的集约化管理，降低销售成本，提高质数量管控水平，保障现有销售市场稳定发展，进一步开拓华中区域市场。

### （一）提升销售的品牌效应

对“海进江”煤炭销售市场客户群体品牌吸引力主要体现在三个方面：一是成本，二是效率，三是质数量安全。“海进江”煤炭供给侧结构的改革创新其实就是对物流管理链条中的各资源进行集约化管理，从而达到降低资金管理成本的目的。同时辅助以数字化的方式，简洁高效地强化对物流环节的业务管理，提高作业效率。通过可视化的管理平台，实时在线监测监控影响质数量损耗的因素，保障物流链条中的质数量安全。未来，在这三者成熟应用的基础上，华中分公司将实现平台的智慧化管理，进一步扩大“海进江”煤炭销售的品牌影响力。

### （二）促进销售高质量发展

“海进江”煤炭供给侧结构性改革创新为华中分公司销售高质量发展建立了端口，伴随着销售上下游智能化发展的步伐推进，集成可视化、数字化、智能化应用的信息化管理平台为后期销售的高质量发展奠定了基础。一方面，2015—2019 年华中区域客户的资源、配送、质数量环节的大数据应用分析，为华中分公司应对市场变化，升级销售服务，增强用户的服务体验感提供了策略应对可行性。另一方面，华中分公司作为国家能源集团“一体化”发展的延伸，为其应对、挑战各类复杂的市场格局提供了参考和探索经验，是完善、补充、提升“一体化”辐射效应的最佳路径。

主创人：吴青松

参与人：张雅亭　李琳　李勇

# 创建国内煤电一体化标杆企业系列方案

陕西清水川能源股份有限公司

## 前言

陕西清水川能源股份有限公司（以下简称“清水川能源公司”）位于陕西省榆林市府谷县，是由陕西省投资集团（有限）公司（66%）和陕西煤业化工集团有限责任公司（34%）共同注资26亿元成立的大型省属煤电一体化企业。清水川能源公司成立于2011年8月，前身是2005年7月成立的陕西清水川发电有限公司和陕西冯家塔矿业有限公司。

清水川能源公司规划装机容量460万千瓦，总投资200亿元，分三期建设。一期工程两台30万千瓦亚临界空冷燃煤发电机组于2005年开工，2008年投产发电；二期工程两台100万千瓦超超临界空冷燃煤发电机组于2014年核准，2018年9月、10月先后并网成功，2019年5月全部完成168小时试运并投入商业运营，是陕西省首座双机同时投运的百万千瓦发电机组；规划中的三期工程两台100万千瓦高效超超临界空冷燃煤发电机组，前期工作已全面展开，预计于2021年建成投产。项目整体建成后，清水川能源公司煤电一体化优势将得到充分发挥，对于服务地方经济发展、实现煤炭资源就地转换具有重要意义。

多年来，清水川能源公司努力发扬“开拓创新，敬业奉献”的企业精神，勇于承担“报效国家，回馈股东，造福员工，奉献社会”的企业责任，取得了优异成绩。先后荣获电力安全生产标准化二级企业、全国“安康杯”竞赛优胜单位等国家级荣誉，全省煤矿安全生产先进集体、陕西省劳动竞赛优胜单位、陕西省先进集体、陕西省国资委文明单位标兵等省级荣誉。

## 一、实施背景

煤炭和电力是我国能源产业的两大支柱，彼此依存，相互制约。随着煤炭价格逐步市场化，煤电矛盾日益凸显。为解决煤电矛盾，促进煤电协同发展，国家出台了一系列政策鼓励发展煤电一体化，但在煤电一体化的实际发展中，部分企业战略方向不明，或是盲目照搬其他企业做法，或是盲目将煤矿和电厂捆绑在一起，导致煤电一体化优势不能充分发挥，甚至拖累企业正常发展。因此，煤电行业需要创建煤电一体化的标杆企业提供成功示范，树立相关标准，引领煤电一体化发展。

清水川能源公司是由发电公司和矿业公司合并重组而成的，是典型的煤电一体化企业，拥有燃煤成本低、技术设备领先等优势。未来，随着三期机组的投产运行，清水川能源公司将成为全国最大的煤电一体化企业之一。从清水川能源公司的创标基础来看：煤电产权一体化奠定了体制基础，板块管理专业化奠定了管理基础，燃煤成本低与经营市场化奠定了经济基础，先进的装机设备奠定了技术基础（见图 1）。清水川能源公司于 2017 年年初率先提出了创建国内煤电一体化标杆企业的战略目标，确定了“走出去、请进来、专业化”的创标思路，开启了煤电行业标杆管理的先河。

**图 1　清水川能源公司创标基础**

## 二、内涵

为保证创标工作取得实效，清水川能源公司由主要领导带队，组团先后赴多家先进电力企业进行考察调研，结合清水川能源公司发展实际，经过多次研讨论证，制订了《清水川能源公司创建煤电一体化标杆企业总方案（2018—2022）》（以下简称“创标总方案”），并在创标总方案的框架下，编制了《企业文化手册》《部门设置与部门职责优化方案》《岗位梳理与岗位说明书》《管理制度优化方案》《流程优化方案》《指标体系设计方案》《绩效管理提升方案》《现场管理提升方案》《落地辅导方案》九个创标子方案，形成了“1 +9”创标方案体系，为创标工作提供了可操作与可落地的指导（见图 2）。

在习近平新时代中国特色社会主义思想指导下，清水川能源公司充分考虑内外部环境，明确了以标杆管理为主线，按照“5321”的部署推进创标工作（见图 3）的工作思路，“5”即 5 个维度：经济效益维度、能效环保维度、安全可靠维度、企业管理维度、社会责任维度；“3”即 3 个阶段：立标对标阶段、追赶达标阶段、超越创标阶段；“2”即 2 个提升：管理提升、技术提升；“1”即 1 个中心：提高经济效益，打造

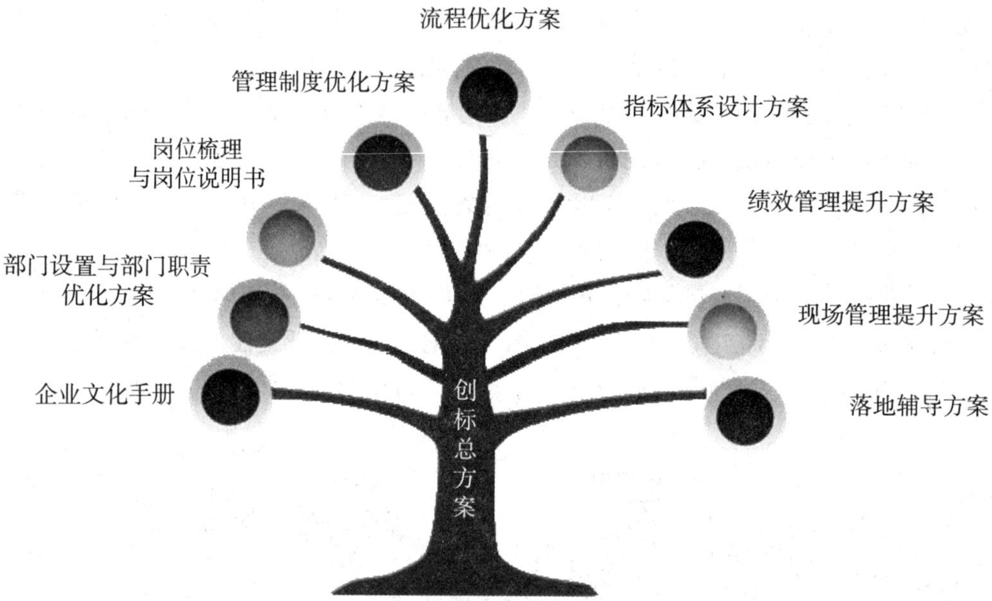

流程优化方案
管理制度优化方案
指标体系设计方案
岗位梳理
与岗位说明书
绩效管理提升方案
部门设置与部门职责
优化方案
现场管理提升方案
企业文化手册
落地辅导方案
创标总方案


**图 2　清水川能源公司"1 +9"创标方案体系**

陕投集团利润中心。在明晰创标思路的情况下，清水川能源公司开始着力推进创标工作，努力形成具有清水川特色的煤电一体化模式，为国内具有创标需求的电力企业提供参考模式。

标
创标
杆
达标
管
对标
理
立标
管理提升
技术提升
经济效益
能效环保
安全可靠
社会责任
企业管理
利润
超越创标
2020.1—2022.12
追赶达标
2019.4—2019.12
立标对标
2018.5—2019.3


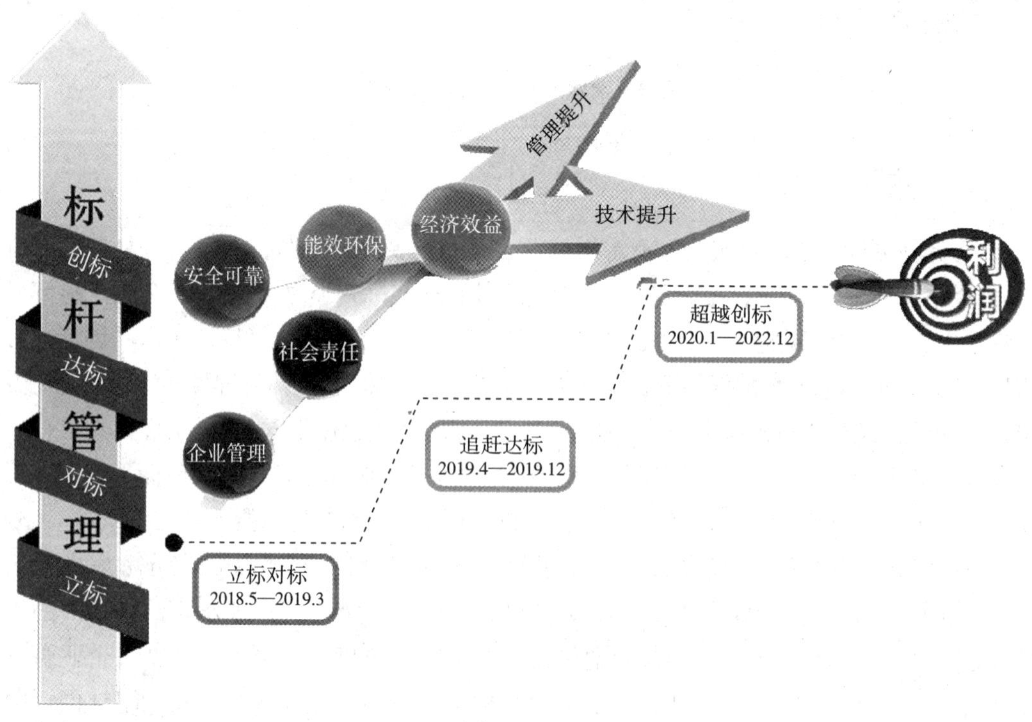

**图 3　清水川能源公司创标思路**

## 三、主要做法

清水川能源公司在创标工作推进中始终坚持统筹规划、分步实施的原则，结合公司发展实际，科学划分为立标对标、追赶达标、超越创标三个阶段，每个阶段既有各自重点，又有机衔接，形成一个循序渐进、螺旋式上升的良好态势。

### （一）立标对标阶段：发现短板，夯实基础

清水川能源公司通过与电力标杆企业进行关键指标对比发现差距，明确努力方向，进而从提炼企业文化、优化部门职责、界定岗位责任、健全管理制度、编制业务流程、完善指标体系、强化绩效考核、夯实现场管理、构建标准体系等工作入手，强化基础补短板。

提炼企业文化。建设创建煤电一体化标杆企业的特色文化体系，编写《企业文化手册》。通过多种形式宣贯培训，借助标杆示范、绩效考核、行为规范等落地路径，实现文化“入耳、入眼、入口、入脑、入心、入行”的落地。

优化部门职责。编制《部门设置与部门职责优化方案》，落实优化方案，调整部门设置，并严格按照部门职责说明书界定部门职责，保证公司各部门分工明确、各负其责、高效运行。

界定岗位责任。编制《岗位梳理与岗位说明书》，优化各部门岗位设置，明确岗位设置和岗位责任，推行岗位精细化管理，进行岗位价值分析和岗位描述，帮助员工更全面深入地理解所在岗位的价值和责任，调动员工积极性，提高个人工作能力，为创标作贡献。

健全管理制度。编制《管理制度优化方案》，全面梳理公司制度，健全制度体系，将各项规章制度汇编成册。采用多种形式对制度进行宣贯与培训，促进制度落地。

编制业务流程。在梳理现有业务流程的基础上，编制《流程优化方案》，形成清水川能源公司管理与业务流程体系，并推广试行。

完善指标体系。通过调研、对标，依据国家与行业相关标准，建立创标指标体系，并明确创标关键指标、指标说明、指标责任部门等内容，最终形成《指标体系设计方案》，使创标工作具有客观依据、明确的目标和努力的方向。

强化绩效考核。编制《绩效管理提升方案》，结合“创标内容”中的关键指标和年度目标责任书、月度计划、岗位说明书等文件，分别设计部门和岗位绩效考核表，并开展考核试点工作。

夯实现场管理。在现场诊断的基础上，针对现场管理存在的各类问题，结合创标目标，制订《现场管理提升方案》，使创标的各项指标得到有效落实。

构建标准体系。电力行业以通过“标准化良好行为企业”4A级确认（认证）作为达标标准。本阶段重点工作是编制《清水川能源公司标准化体系建设方案》，为下一阶

段标准化建设工作的有序进行提供指导。

### （二）追赶达标阶段：重点提升，部分达标

该阶段，清水川能源公司二期机组正式投运，全力保证机组各项指标达到设计值，在能效环保、安全可靠、企业管理三个维度重点提升，同时加强电厂与煤矿绿化美化，力争部分关键指标达到行业先进水平。

二期投运达到设计值。通过增强员工主人翁意识，提升专业技术水平，抓好各类生产分析会，开展机组小指标竞赛，加强巡检、点检和设备定期实验轮换制，确保二期机组投运后能效环保与安全可靠两个维度的关键指标达到设计值。

全面推进精细化管理。通过完善精细化管理办公室效能、提升全员精细化管理意识，制订《清水川能源公司精细化管理方案》来推进精细化管理，进而提升企业管理水平，加快企业标准化进程，实现可持续发展。

打造“岗现一体”现场。制订以“一化、三基、双新、三提升”为主要内容的岗现一体“1323”现场管理提升方案，推行全面可视化，狠抓基础管理、基层组织、基本功训练，强化管理创新与技术革新，为企业发展提供长久动力，最终实现素质、安全、效益三提升。

实施指标体系管理。充分利用第一阶段设计的指标体系，选定对标指标体系，重点完善创标指标体系，规范日常监控指标体系，将指标提取需求纳入三期设备规划。

加强全面预算管理。全面预算管理是清水川能源公司从粗放型向集约型转变，降本增效的重要手段。重点工作包括提高管理层对全面预算管理的重视度，加强年度全面预算指标分解和考核工作，强化全面预算与内部审计的结合。

建立风险内控机制。成立全面风险管理委员会，出台《全面风险管理办法》等相关制度，建立全面风险内控体系，推进全面风险管理评级与量化，实施全面风险管理定期报告机制。

建设管理标准体系。依据《清水川能源公司标准化体系建设方案》完成标准化体系建设，包括建立标准化组织体系，制定管理标准、技术标准和工作标准。

绿化美化厂区环境。清水川能源公司地处榆林市府谷县清水川工业园区，周边群山环绕，电厂与煤矿坐落于清水川河道两岸。清水川能源公司通过改造外围环境、设计绿化与景观、加强矿区绿化、重视水循环利用来打造塞北绿色湖景花园厂（矿）区。

### （三）超越创标阶段：关键突破，创建一流

本阶段作为最后冲刺阶段，清水川能源公司从经济效益、能效环保、安全可靠、企业管理、社会责任五个维度全面推进，促进各项关键指标取得突破，同时申请认证、申报奖项，加强宣传、塑造品牌，确保创建国内煤电一体化标杆企业战略目标的顺利实现。

经济效益指标创标杆。重点工作包括重视电力营销，增加销售收入；加强成本管理，降低完全成本；增强外采职能，降低用煤成本。

安全环保指标创标杆。全面优化各项生产指标，力争入选全国火电燃煤机组竞赛5A级机组名单，成为能效环保维度和安全可靠维度的标杆行业。重点从技术管理和技术设备两方面入手：技术管理方面，增强全员技术革新意识，重视技术人才培养与引入，加强技术岗位员工培训与管理，建立技术革新激励机制；技术设备方面，对一期机组进行技术改造，抓紧三期项目建设进程，隐患排查治理台账与机组等级维修相结合。此外，安全生产是电力企业的生命线，还要特别抓好员工生命安全和生产运行安全，促进安全生产不断创纪录。

企业管理指标创标杆。一方面，争取在企业文化上树立品牌。在文化提炼和宣贯落地的基础上，建设视觉识别（VI）系统，申报企业文化相关奖项，加强对外宣传推广；另一方面，获得标准化管理认证。在前两个阶段企业标准化建设的基础上，重点是编制提交各类成果申报材料，配合相关部门做好成果评价与验收工作，申报“标准化良好行为企业”4A级认证。

社会责任指标创标杆。此时，清水川能源公司多项指标已经具备国内领先水平，为社会责任的履行提供了品牌与经济基础，应从政府、客户、员工、社区四个满意度的提升上下功夫，以获得社会好评。此外，积极评选优秀社会责任案例，汇编《清水川能源公司优秀社会责任案例集》。举办清水川能源公司社会责任月活动。编写《清水川能源公司社会责任报告》，举行发布会，邀请政府人员、社区代表、员工、主要客户等利益相关者参加。利用社会责任报告平台，听取各方意见，增进沟通互信，更好地履行社会责任。

## 四、实施效果

清水川能源公司为了有效推进创标系列方案的落地实施，制订了《落地辅导方案》，明确辅导目的与要求、辅导组织与对象、辅导方式、时间节点和内容安排等，具体指导创标落地工作。落地辅导分为创标系列方案辅导和落地实施过程指导两部分，其中，创标系列方案辅导主要通过集中培训、分类辅导和专题讨论三种方式开展，落地实施过程指导采取现场指导、研讨会、调研改进的方式进行。通过开展一系列行之有效的落地辅导工作，清水川能源公司创标工作已初见成效。

生产技术大幅提升。一是机组安全稳定经济运行。2019年上半年，一期机组等效可用系数99.9%，较同期增加8%。1号机组荣获2018年厂用电率、供电煤耗全国30万千瓦机组能耗指标第一名。二是设备检修维护消缺率显著提高。2019年上半年，日常维护消缺共计2649项、二期工程168小时试运行消缺共计2189项，消缺及时率达到98.6%，缺陷复显率明显降低。三是技术培训效果显著。通过开展系统性专业技术讲课、分阶段考试、培训教育考核竞争激励等活动，生产系统各专业技术人员的操作水平和专业技能提升明显。四是科技创新成果突出。2019 年上半年已申请专利 3 项。

市场营销能力不断提升。一是电量营销工作逐步适应市场化签约竞争机制。2019 年上半年签约市场电量 13.6 亿千瓦时，占全省交易总量的 5.79%。二是煤炭销售量价市场高位运行。强化了与煤炭运销公司和榆林汇森煤矿建设运营有限公司合作，走访老用户、开发新用户，升产量、增销售，2019 年上半年销售商品煤 93 万吨，平均售价 261.66 元/吨。

全面预算管理、全面风险管理、精细化管理工作进展显著。一是全面预算管理工作稳步推进。修订了《全面预算管理制度》，加强了预算专题培训，将预算从点到面深入推进。实施全面预算与精细化管理的融合，落实了各项经营指标主体责任，实现公司预算管理科学化、精细化、标准化。二是全面风险管理效果明显。建立完善了公司风险管理体系，对公司面临的风险进行识别和梳理，调整更新公司风险信息库，建立风险评估标准，围绕投资风险、财务风险、法律风险等十二类风险进行全面排查，制订有效风险应对方案，形成了公司风险评估报告。三是精细化管理成效显著。实现了检修管理由粗放型的大专业管理向精细化的细分专业管理的平稳过渡；实现了缺陷管理的全方位精细化管理；建立了全部主要单台设备的可靠性统计分析和管理考核体系，将可靠性统计分析成果应用于今后的检修管理和技改以及基建设备选型的事前论证和事后评价；采用技术上可行、经济上合理且有利于环境保护的措施，促进煤耗、厂用电率、补水率、石灰石和液氨单位消耗指标达到最佳。

信息化管理进入常态化。一是办公基本实现自动化。建立了 MIS（管理信息系统）等信息化管理平台，各项流程、进度跟踪、质量监督等工作根据管理权限预先设定程序，减少了不必要的工作环节；各类公文的拟定、审核、签发、印制、收发、传阅等环节通过信息平台进行管理，节约了工作成本；将人事劳资信息、财务管理信息、档案信息、行政公文等都转换为电子档案，共享信息资源，提高了管理效率。二是实现了智能巡点检管理。通过智能化手段实现了巡点检及运行巡检工作过程管控及巡点检过程管控。在移动端 App 查看巡点检计划及路线，利用全厂定位和扫描区域二维码确认工作实施情况，自动记录巡点检路线轨迹。三是实现了智能“两票”管理。通过智能定位实现“两票”（操作票、工作票）到岗智能管理；利用二维码进行人员身份和设备验证；通过移动端 App 就地执行操作票和工作票的安全措施，有效防止安全措施的漏操作、误操作，实现“两票”执行过程的全方位监控。

经济效益和社会效益可观。2019 年 1—11 月，主要经济指标表现良好，完成发电量 49.05 亿千瓦时，实现主营收入 142752.04 万元，利润总额 19367.36 万元；社会效应持续凸显，累计上缴各项利税 54127.84 万元。

在创标系列方案的指导下，清水川能源公司从全局性、系统性的角度出发对创标工作进行规划安排，创标定位、创标思路、创标措施等都具有前瞻性和特色性，同时推行公司、部门、个人三级全员创标，力求在经济效益上谋求发展，能效环保上确保领先，安全可靠上提供保障，企业管理上不断升级，社会责任上敢于担当。

主创人：王安权　裴昌胜

参与人：王宗宪　刘龙军　韩飙　霍锴文　王宝玉

# 电子玻璃企业控制成本的策略研究

蚌埠中建材信息显示材料有限公司

## 前言

蚌埠中建材信息显示材料有限公司（以下简称“蚌埠公司”）成立于2013年9月，坐落在中国玻璃新材料科技产业园，占地面积12万平方米，公司采用国内具有完全自主知识产权的成套技术及装备，主要产品是0.15～1.1毫米超薄电子玻璃，日熔化量为150吨。蚌埠公司是高新技术企业，生产技术和科研开发处于国内领先水平。

蚌埠公司2014年9月通过GB/T 28001—2011/OHSAS 18001：2007职业健康安全管理认证，GB/T 24001—2004/ISO 14001：2004环境管理体系认证，GB/T 19001—2008/ISO 9001：2008质量管理体系认证，2016年5月获得国家安全生产标准化二级企业。公司主要从事电子玻璃的研发及生产。产品主要是应用在电子行业信息显示器件的基板和面板上的材料，是制造ITO（氧化铟锡）导电膜玻璃TN（扭曲向列）、STN（超级扭曲向列）级液晶显示器的关键材料。

## 一、实施背景

超薄电子玻璃是指厚度在1.3毫米以下的玻璃，目前分为用于TFT－LCD、LTPS－TFT、AM－OLED的超薄基板玻璃和用于TN－LCD和STN－LCD，PM－OLED的超薄基板玻璃。国内生产企业有中国南玻集团股份有限公司、洛阳玻璃股份有限公司、信义玻璃控股有限公司、河南安彩高科股份有限公司、台玻集团等。

中国当前玻璃能耗偏高，比国外平均水平高20%，比国际先进水平高32%，窑炉热效率比国外平均水平低5%～10%。玻璃基板生产成本控制的关键不仅在于原材料成本，更在于生产过程成本和工艺，和以较高的良品率稳定地量产。

玻璃企业是全天候流水线的持续生产，无法像其他行业可以通过任意停工来控制产量和库存，除大修特定情况外，企业是24小时生产状态，无法停产。

电子玻璃作为新材料，是国家重点支持的领域，在目前产能出现过剩情况下，降本增效、技术创新，对增强国内相关企业竞争力有重要意义。

本文从成本结构入手，提出降低成本的一些策略和措施，强调可操作性和可推广性，重点分析价值链上游的立项、采购、生产三个环节，下游的销售及售后服务以及价值链中的基础管理、内外后勤管理、人力资源等此处不做分析。

## 二、生产工艺与成本概况

### （一）生产工艺

电子信息玻璃生产过程经过配合料制备—熔化—成型—退火—切装—入库各工序，主体工程包括原料车间、浮法联合车间，附属工程包括循环水系统、保护气体系统、供电系统、燃料供应系统、烟气余热回收及尾气处理系统及各系统相应的自动化控制系统等各工序。具体如图1所示。

### （二）成本概况

对电子玻璃企业而言，考虑到研发投入和生产共线的实际情况，研发主要投入也是料工费项目，所以把研发投入和生产投入合并成生产成本一并分析。从便于整体分析成本投入出发，表1是合并后的生产成本构成，以企业2019年10月生产成本构成数据为分析依据。

**表1　　生产成本构成**

| 项目 | 主要材料 | 包装材料 | 燃料动力 | 折旧 | 人工 | 其他制造费用 | 合计 |
|---|---|---|---|---|---|---|---|
| 金额（万元） | 84 | 95 | 456 | 257 | 104 | 10 | 1006 |
| 比例（%） | 8. 35 | 9. 44 | 45. 33 | 25. 55 | 10. 34 | 0. 99 | 100 |

从表1分析，燃料动力占比45. 33%，折旧费、其他制造费用占比26. 54%，三者合计占比71. 87%，是主要的成本构成；包装材料占比高于主要材料占比。以上总成本构成体现了电子玻璃行业高能耗、高投入的生产特点，即材料占的比例相对较低，而燃料动力和其他制造费用很高。

在电子玻璃的生产中用到的主要材料是硅砂、长石、白云石、纯碱、石灰石、芒硝、氧化铝等。从表2中我们可以看出硅砂占比21. 22%，纯碱占比44. 46%，氧化铝粉占比13. 11%，这三种材料占比接近80%，是主要的成本控制对象。

**表2　　主要材料构成**

| 项目 | 硅砂 | 长石 | 白云石 | 纯碱 | 芒硝/石灰石 | 氧化铝粉 | 碎玻璃 | 合计 |
|---|---|---|---|---|---|---|---|---|
| 金额（元） | 178000 | 35000 | 61000 | 373000 | 12000 | 110000 | 70000 | 839000 |
| 比例（%） | 21. 22 | 4. 17 | 7. 27 | 44. 46 | 1. 43 | 13. 11 | 8. 34 | 100 |

原料提升、称量、混合
配合料　带式输送机
窑头料仓
燃烧系统
熔窑
搅拌
流夜道
调节闸板
保护气体
锡槽
槽底冷却风
过渡辊台
退火窑
冷端输送辊道
应急横切
落板辊道
破碎装置
碎玻璃系统
自动缺陷检测
纵切
横切
横掰
掰边
破碎装置
纵掰/纵分
落板辊道
破碎装置
吹风　清扫
自动堆垛
成品入库

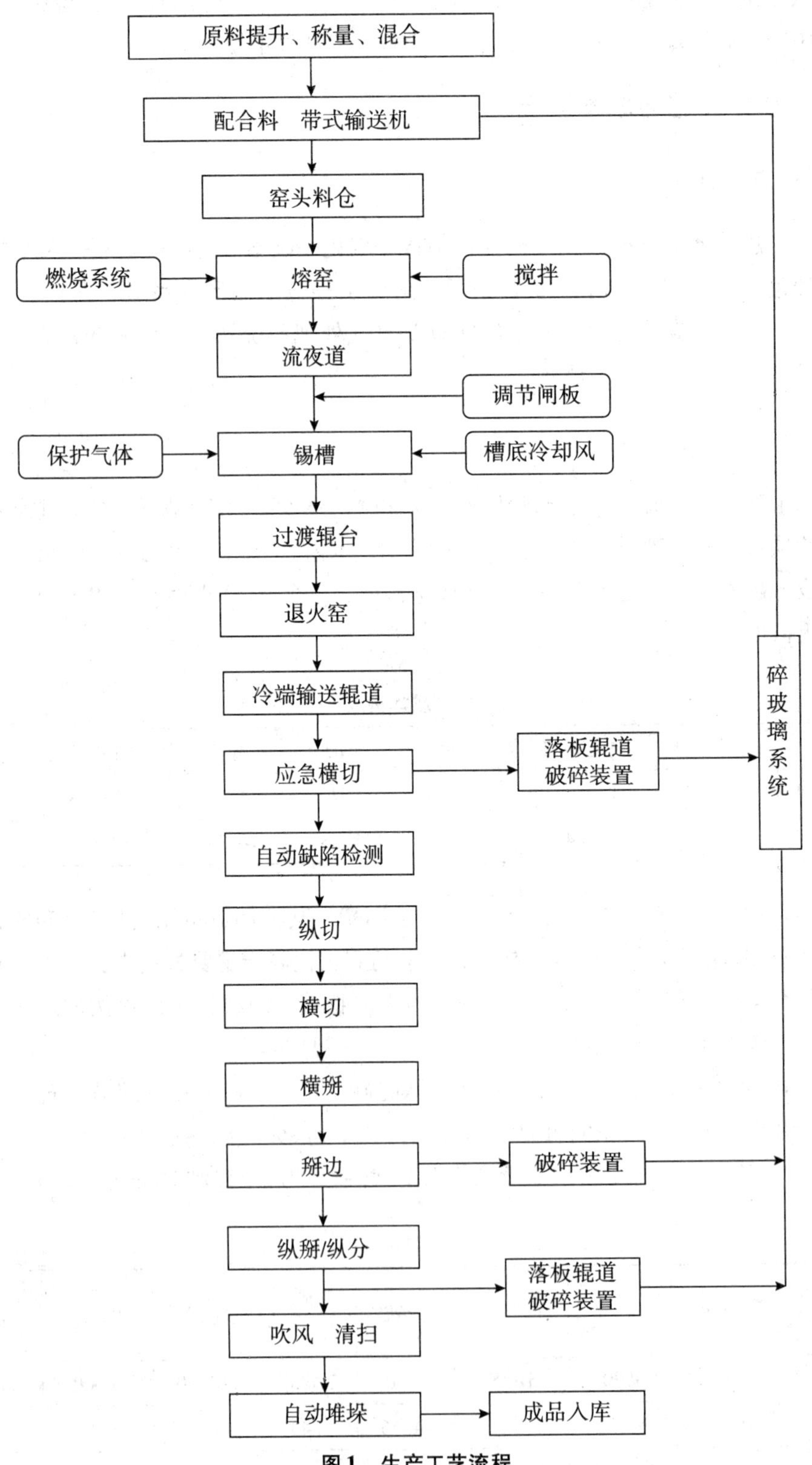

**图1　生产工艺流程**

包装材料主要有防霉纸、包装箱、高压工模、钢带、泡沫板、护角胶带、锁扣等。在包装材料构成（见表3）中，防霉纸占比54%，木质包装箱占比37.22%，两者合计占比达90%以上，是主要控制对象。

**表3　　包装材料构成**

| 项目 | 防霉纸 | 木质包装箱 | 高压工模 | 钢带 | 泡沫板 | 护角胶带 | 锁扣等 | 合计 |
|---|---|---|---|---|---|---|---|---|
| 金额（元） | 511900 | 352800 | 6900 | 25700 | 43000 | 1800 | 4300 | 947800 |
| 比例（%） | 54 | 37.22 | 0.73 | 2.71 | 4.54 | 0.20 | 0.6 | 100 |

燃料动力主要是天然气、电力、水和柴油。蚌埠公司响应国家环保要求，使用清洁的天然气代替污染环境的重油、煤焦油燃料，水占比很低，主要起冷却生产线作用。由表4可知天然气和电力占比高达99%以上，是主要控制对象。

**表4　　燃料动力构成**

| 项目 | 天然气 | 电力 | 水 | 柴油 | 合计 |
|---|---|---|---|---|---|
| 金额（元） | 2650000 | 1880000 | 26000 | 4000 | 4560000 |
| 比例（%） | 58.11 | 41.23 | 0.57 | 0.09 | 100 |

## 三、影响成本的主要因素

### （一）立项因素

项目立项非常重要，是成本控制的重中之重，属于结构性成本因素，要放在首位高度重视。在产品设计环节就决定了价值链活动的组成部分与主要的消耗水平。产品成本至少80% 是由在该产品的开发设计过程中作出决策时所限定的，投产后的生产过程成本管理控制只能影响产品成本总额中较小的比例。另外，设计的新产品源头上要面向市场需要，同时又要具有一定的成本优势，所以要从产品的最初设计开始，进行充分透彻的成本信息分析，来减少或者消除无效作业，做到既设计产品，又设计产品的成本。

### （二）采购因素

主要有确定设备与原材料供应商，采购量管理和运输服务。设备与原材料供应商的确定需要通过招投标程序，货比三家，将性价比高低作为选择依据。性价比的标准不是只看价格，还要考虑供货批次与质量的稳定性，运输距离的远近，应尽量杜绝因采购缺陷给企业生产造成负面影响。采购数量要根据企业实际生产需要确定合理的量，不能盲目采购而占用企业资金。运输服务项目有企业班车与原料、产成品的运输等，选择运输企业时，除考虑价格因素外，还要考虑货物送达时间、运输保险与以往事故、索赔处理情况。

### （三）生产因素

生产制造最重要的是面向市场需要生产产品，脱离市场需要的生产是盲目生产，不是增值活动，而是对资源的浪费，会使企业很快陷入困境。其次才考虑生产过程的控制。生产制造包括原料工段、融化工段、成型工段、冷端切割、包装堆垛等工序。生产成本的控制是传统成本控制的重点。电子玻璃的原材料有硅砂、纯碱、长石、白云石、芒硝等，原料工段的重要内容就是各种原材料的混合配比要保证准确，杜绝因配料错误造成玻璃质量问题。融化和成型工段都是企业生产核心岗位，直接决定着产品质量和产量，即企业的良品率和成品率指标，对企业的单位产品成本有重大影响。冷端切割主要是玻璃的横切和纵切，一般有看刀工、皮带工两类工种，看刀工操作切割设备，皮带工监督切割玻璃后掉落的碎玻璃。切割工段的考核指标是切裁率，切裁率又是影响产量的指标。保证玻璃切割设备的正常运转才能提高切裁率。装箱堆垛主要指玻璃产品的取片、包装与堆放，有取片操作工、封箱工、叉车工 3 个工种。从生产线取玻璃的方式可以是通过机器人也可以是人工，需要比较效率成本后确定采用哪种方式。电子玻璃的包装要用到防霉纸、木箱、护角胶带、钢带等材料。其中纸张有进口与国产之分、厚薄规格之分，纸箱也有样式之分。叉车工负责产品在车间的堆放和发货时把玻璃运输到货车上，根据生产规模，配置相应的叉车及操作人员。生产设备运行完好率对产量和质量有举足轻重的作用。

## 四、解决问题的策略

### （一）如何控制立项

（1）项目建设的必要性，需要满足 5 个必要性

①项目建设符合国家“十二五”规划建议的要求。

②项目建设符合专项规划及行业规划要求。

③项目建设符合地方经济发展规划。

④有利于地区优化产业结构。

⑤企业自身发展、产业发展布局及市场需求。

（2）项目建设的有利条件充分可行，需要达到 7 个条件

①投资环境优良。

②投资地交通运输便捷通畅。

③独特的区位优势。

④矿产等资源优势。

⑤母公司的管理经验较丰富。

⑥资金有效保证。

⑦技术力量雄厚。

（3）在生产成本构成表中，制造费用和折旧占比达26.54%，这部分固定成本对产品制造成本有重大影响。所以用招投标方式严格控制机器设备、厂房建设等固定成本投入。

（4）综合评价项目

①本生产项目电子信息显示超薄基板符合国家、行业和地方经济发展规划，符合行业技术进步要求，也符合国家中部崛起发展战略要求。

②本项目产品符合国内外市场对电子信息显示超薄基板的需求，产品销售前景较广阔。

③本项目布局合理，厂址所在地的原料、水电供应、交通运输等建设条件良好，政府部门对项目建设非常支持，这为项目的顺利实施提供了可靠的保障。

通过以上评价分析，企业项目建设满足了必要性、可行性的综合评价。只有抓住了成本控制最关键的一步，项目的立项与建设是科学的，这才能保证后续生产成本控制有据可依，有法可控。

### （二）如何控制采购

#### 1. 完善招投标制度

结合企业实际生产运营情况，制定科学有效的招投标办法，制度上要体现适用范围、职责、管理程序（具体包括招标、投标、开标、评标、定标、合同签订、合同执行）、管理要求、考核办法等。表5是节选企业部分原材料招投标方式。

**表5　企业部分原材料招投标方式**

| 物资分类 | | 采购方式 | 组织单位 | 招标周期 | 备注 |
|---|---|---|---|---|---|
| 原材料 | 硅砂 | 公开招标 | 采购部 | 一年 | — |
| | 氧化铝 | 公开招标 | 采购部 | 一年 | — |
| | 纯碱 | 公开招标 | — | — | 上级公司集采 |
| | 白云石 | 免予招标 | — | — | 单一来源供应商 |
| | 长石 | 免予招标 | — | — | 单一来源供应商 |
| | 石灰石 | 询价 | 采购部 | 按需 | — |
| | 芒硝 | 询价 | 采购部 | 按需 | — |
| | 碳粉 | 询价 | 采购部 | 按需 | — |

由主要材料构成（见表2）可知，占比最大的纯碱由上级公司统一集采，而硅砂、

氧化铝因物理化学成分的特殊要求由企业采取公开招标方式。白云石和长石供应商是长期合作、择优选择的单一来源供应商，免予招标。石灰石、芒硝、碳粉量小好买，采取询价采购。要综合比较质量、价格、交货期、交货方式，并尽可能做到就近采购，以降低原材料的运输费用。当然采购制度是动态变化的，企业要随着客观环境的变化每年对采购制度进行适当地改进、修正。

2. 寻求拉长付款时间

最长付款期限可设置货到票到满60天，付款方式以汇票为主，为企业争取资金时间价值。

3. 采购要设立市场调研员

动态收集原料的市场信息，注意季节变化，做到实时跟踪，尽量为企业抓住市场降价的每一个机会。

4. 创新采购模式

在企业包装材料成本（见表3）中，包装箱是控制重点。为控制木质包装箱价格上涨，保障木箱供应安全，采购部多措并举：一方面深入板材加工企业了解板材价格，寻求自购板材代加工的模式进行生产；另一方面在本地周边寻找具备板材生产能力的优质木质包装箱加工企业。企业最终实现原供应商和新供应商同时降价稳定供货，新供应商的加入在保证产品质量的同时使采购价格下降近6%。

蚌埠公司自投产以来，一直自主购买气瓶组织车辆灌装二氧化硫气体，还要定期检测钢瓶，联系危化品车辆，成本很高，风险较大。随着环保压力增加，该物资采购越来越烦琐。采购部改变方式简化流程，封存现有钢瓶，采取从经销商处直接购气，租借经销商检验合格的钢瓶的方式，从而降低了采购成本，同时转嫁了运输和使用风险。

另外，在采购工作中要始终坚持时刻保证供应安全、使用多元化供应商、用国产材料替代进口材料等原则。

## （三）如何控制生产

控制生产主要是对生产过程的总成品率和总切裁率进行控制。

1. 总成品率方面

①提高产量是降低单位成本的有效途径，槽窑部提高拉引速度可以提高每小时拉引米数，但是拉引速度的提升需要后面冷端设备能力匹配（如铺纸机，机械手数量），不能以损害产品质量为代价。

②减少设备故障和检修时间，减少改品种的次数，减少无效作业时间。

③加强库存原材料、备用品、劳保用品的领用管理，各部门实行仓库管理员定期轮岗制度，同时财务要加强领料单据合规性，实行制度合理性审核，避免舞弊领料。

④保证电子秤的计量准确，杜绝机器和人为导致的配料错误。

2. 总切裁率方面

①提高切裁率要精准控制拉引速度，保证冷端切割设备和自动铺纸机的正常运转。

②定期开展设备操作的轮岗培训，一方面提高工人的操作技能水平，另一方面增强人才储备和多元化处理设备故障的能力。

切实提高总成品率、总切裁率，是生产过程成本控制的核心。产量低意味着在总投入固定情况下，单位产品成本上升；优等品率低意味着次品多，会造成质量损失，增加产成品的资产减值损失。另外还附带因产生不合格产品无法利用而被废弃的弃置费用、因产品不合格需探究原因的调查咨询费用、不合格产品的回收与交换费用、补偿不合格品给顾客带来损害的费用、处理赔偿相关人员的差旅费用，等等。质量成本不仅给企业造成实际的成本损失，也冲击了企业的市场竞争优势。

（四）生产技术革新的推动

技术革新在成本降低中发挥着重要作用，有时一个创新能带来颠覆性改变。以下是蚌埠公司在降低能耗成本方面的创新措施。

1. 天然气能耗方面

通过工艺调整，优化气体燃烧技术，降低天然气耗费，使天然气每日使用量降低3000 立方米。同时对槽窑工段窑炉保温改造，每日又可降低天然气使用量 400 立方米。

2. 电力节约的措施

（1）电力价格方面

对标国家电网大用户政策，由原来的供电公司直接购电改为大用户销售公司直供电，此项措施使企业每度电降低成本约 0. 06 元。

（2）电力能耗方面

采取错峰用电策略，增加谷价时间段用电量，减少峰价时段用电量。比如机电动力中制氢气的电解槽耗电量较大，采取以上策略后，节约用电测算如表 6、表 7 所示。

**表 6　　电价**　　单位：元

| 项目 | 峰价价格 | 平价价格 | 谷价价格 |
| --- | --- | --- | --- |
| 电价（每度） | 0. 9446 | 0. 6324 | 0. 3997 |

表 7　　错峰用电后的用电量对比

| 时间 | 总用电量（千瓦时） | 峰价用电量（千瓦时） | 平价用电量（千瓦时） | 谷价用电量（千瓦时） | 电费支出（元） |
|---|---|---|---|---|---|
| 1 日 | 14113 | 4488 | 4205 | 5420 | 9064 |
| 2 日 | 14082 | 154 | 3437 | 10491 | 6512 |

通过对比，我们看到 2 日比 1 日节约电费 2552 元。企业的所有可行的设备在不影响生产的情况下都应采取这种策略，电费将有非常可观的降低。

3. 科学控制火焰气氛和燃烧

通过废气分析，调整各小炉风火比，科学控制火焰气氛和燃烧的合理性，制定各品种温度控制，调整卡脖水包深度。创新后，一方面玻璃质量明显提升，另一方面燃气每天节约 700 立方米左右。

4. 铺纸机防霉纸使用率提升改造

整卷防霉纸由以往 85% 的使用率提高至 95% 以上，使用率得到了极大的提升。每月可减少 4 吨防霉纸的使用量，为公司每月节约 4 万元的成本。

5. 裁剪节约用纸

铺纸机余纸二次切裁再利用，对每次铺纸机未使用完的大小纸卷人工切取作为人工纸使用。每月切取 6 万张，约合 2. 77 吨，每月将直接节约约合 3. 7 万元的原纸采购成本。

6. 离心机代替螺杆机供空气，节约用电量

离心机闲置同时离心机比螺杆机气体更纯净，可减少管道过滤层级，降低出口压力，以达到节电的目的。经测算每天节约用电 700 度，考虑节省的维护费用，包括除油雾滤芯及分子筛和活性氧化铝，每月可节省约 2 万元。

7. 超薄浮法玻璃二氧化硫使用效率提升改造

通过提升退火窑温度及过渡辊台的温度，改进退火的温度制度，改变二氧化硫气体通入方式，减少二氧化硫气体 1/3 的使用量。

8. 原熔皮带加装吹扫装置，回收皮带粘料

每天回收落地混合料 100 千克，每月回收 3 吨原料。

表 8 是技术革新节约成本汇总。

**表 8　　技术革新节约成本汇总**

| 序号 | 节约项目 | 节约金额 | 实施年度 |
|---|---|---|---|
| 1 | 氧气燃烧 | 370 万元/年 | 2016—2019 |
| 2 | 直供电 | 180 万元/年 | 2017—2019 |
| 3 | 错峰用电 | 90 万元/年 | 2018—2019 |
| 4 | 科学控制火焰气氛和燃烧 | 70 万元/年 | 2019 |
| 5 | 铺纸机防霉纸使用率提升 | 60 万元/年 | 2019 |
| 6 | 裁剪节约用纸 | 其间合计 15 万元 | 2019 年 4—7 月 |
| 7 | 离心机代替螺杆机供空气 | 21 万元/年 | 2019 |
| 8 | 二氧化硫使用效率提升改造 | 5 万元/年 | 2019 |
| 9 | 小计 | 811 万元 | — |
| 10 | 木箱采购 | 其间合计 4 万元 | 2019 年 10 月开始 |
| 11 | 合计 | 815 万元 | — |

表 9 是企业近 5 年的生产成本和研发成本合计。

**表 9　　2015—2019 年生产和研发成本合计**

| 年份 | 生产研发投入金额（万元） |
|---|---|
| 2015 | 13203 |
| 2016 | 12133 |
| 2017 | 11371 |
| 2018 | 12200 |
| 2019 年 1—11 月 | 11288 |

通过表 9，可以看出近 5 年来蚌埠公司总成本几乎没有增加，考虑近年来国家原材料，燃料动力、人工等费用的连年上涨因素，这正是降低成本抵消的结果。

（五）结论

①如果企业能同时取得成本领先和差异领先的双竞争优势，那么它竞争力将是很强的。差异领先会带来价格垄断，成本领先意味着销售毛利的提高。但由于各种条件的限制，要想全面地、长期地同时取得成本领先和差异领先的地位，是不现实的。虽然电子玻璃品种存在差异化，但是电子玻璃企业总体上产品是比较单一的，产品种类的差异化空间较小，加上玻璃行业普遍的产能过剩，所以目前降低成本成为该行业企业生存发展的主要途径。

②降低成本可以通过两种方式实现。第一种方式是在既定的技术水平、基建规模、产品质量条件下，通过降低消耗、提高劳动生产率等措施降低成本。这种方式的成本

降低以现有条件为前提，是日常成本管理的重点内容。在既定条件下，成本改善会有一个极限范围，在这个范围内，改进的最后会达到收益的拐点，最后使降低成本变得非常困难。第二种方式是改变成本发生的基础条件。在这种情况下，进一步的成本改进有赖于新的技术革新和新的理论，重点改变成本发生的基础条件，这才是持续降低成本的有力工具，是成本管理中的关注重点。

③成本费用的控制活动不是简单的限制成本费用发生，而是事前控制、事中控制和事后控制相结合的系统性控制活动。

④通过成本降低手段的分析，可以认识到工程技术在成本管理中的重要性，所以成本管理人员必须掌握一定的企业生产技术知识。同时在成本费用控制过程中，分析能力与执行能力的强弱对控制的成败有重大影响。

⑤产品成本与费用的控制并不意味着成本费用一定要下降，成本的强制降低有可能对产品质量造成影响，为了完成成本降低目标，有些企业一方面会促使财务造假，另一方面也会使企业偷工减料，最终使企业受损。所以，企业应从增强本身竞争力角度使企业的成本“相对地降低”，从而取得竞争优势。

总之，从人类社会进步的角度看，降低成本是落实节能降耗减排的重要举措，符合建设节约型社会的时代要求，节约物资的消耗，就是对资源的一种保护，是对子孙后代的一种责任。降低成本费用，对于建设集约社会，提升社会综合效益，落实习近平总书记“绿水青山就是金山银山”的中国生态文明建设的主要理论，确保未来社会的可持续发展都具有重大意义。

主创人：王坤

参与人：刘志刚　姜园涛　韩彦伟　张殿金

# 风险提示（通知）卡工作模式研究与实践

华晋焦煤有限责任公司

## 前言

华晋焦煤有限责任公司（以下简称“华晋公司”）是山西焦煤集团有限责任公司旗下的二级煤炭子公司，是由山西焦煤集团公司控股51%，中煤能源股份公司持股49%的大型煤炭企业。华晋公司所属煤矿坐落在山西河东煤田的离柳地区和临汾地区。离柳地区的煤矿生产优质主焦煤，临汾地区的煤矿生产优质配焦煤。离柳矿区沙曲一号矿井、沙曲二号矿井生产的优质主焦煤是国内煤炭产品唯一注册的商品煤，享有“中华瑰宝”的美名，特别受到日本、韩国青睐。华晋公司下辖4座煤矿的产能为：沙曲一号煤矿500万吨/年、沙曲二号煤矿300万吨/年、吉宁煤矿300万吨/年、明珠煤矿90万吨/年，煤矿总产能1190万吨/年；另有与沙曲煤矿配套的沙曲选煤厂800万吨/年、沙曲瓦斯发电厂2亿千瓦时/年；还有一个贸易公司。沙曲一矿、沙曲二矿、沙曲选煤厂、瓦斯发电厂为直属单位，山西华晋吉宁煤业有限责任公司和山西明珠煤业有限责任公司为山西省资源整合过程中组建的控股51%的混合所有制企业，山西华晋贸易公司为华晋控股97%的国有股份制企业。华晋公司董事会和高管层高度重视经营风险防控工作。本文从三个方面介绍华晋公司应用于生产经营过程中的“风险提示（通知）卡”管理创新成果。

## 一、研究项目前期准备工作

### （一）研究背景

中国共产党第十九次全国代表大会工作报告中提出以新发展理念引领经济高质量发展，我国经济由高速增长转向高质量发展，防范和化解风险成为与精准脱贫、污染防治并肩的三大攻坚战之一。如何进行风险管理已成为理论界和实业界的热点问题。企业在经营风险管理过程中迫切需要一种灵活、便捷、高效的卡单式“盯点”风险防控工作模式。

### （二）研究课题方向

华晋公司高管层提出：五年内研究解决风险防控的创新工作模式和经营风险防控指标体系建设方案，其创新工作模式主要解决生产经营过程中发现的零星的高风险点，经营风险防控指标体系建设方案主要解决系统的、整体的风险防控问题，也就是说企业风险防控五年之内“短枪”和“长枪”都要配置齐全。经党委会、公司党政联席会研究决定：两项课题研究工作由审计部牵头，两年内（2017—2018 年）研究出一种风险防控创新工作模式，三年内（2019—2021 年）研究出定型经营风险防控指标体系建设实施方案。

### （三）研究机构及研究成果

（1）该课题研究由审计部牵头，财务部和沙曲煤矿财务科配合。

（2）风险防控课题研究组成员：

①白喜泉，男，55 岁，副总会计师兼审计部部长，总设计及课题负责人；荷兰商学院工商管理硕士研究生；曾任沙曲煤矿项目财务负责人、沙曲煤矿经营矿长、所属临汾分公司总会计师、王家岭煤矿项目建设总指挥部经营管理部经理，华晋公司财务部部长。

②高彦军，男，34 岁，项目助理；会计师，现任沙曲矿财务科科长。

③吕玉军，男，42 岁，负责效益分析评价；会计师，经济师，中国矿业大学项目管理硕士研究生；现任华晋公司财务部部长。

④田山明，男，32 岁，负责数据的统计汇总；会计师，现任审计部业务主管。

⑤王玉明，男，54 岁，高级审计师，高级经济师；现任项目顾问。

（3）课题名称：风险提示（通知）卡工作模式。

（4）研究时间：2017 年 1 月—2018 年 12 月（实际完成时间为 2018 年 6 月）。

（5）研究目的：

①将日常对生产经营检查过程中揭示的风险程度高的风险事项进行及时的重点防控，避免风险因素可能给企业带来重大损失。

②降低企业自身审计风险。

③避免外部监管风险对企业可能形成的压力和影响。

④促进企业整体的风险防控意识。

### （四）主要理论基础

#### 1. 安全风险管理理论应用要点

（1）风险管理五原则

①创造并保护企业的价值；②明确针对不确定事物的管理；③系统性、结构性和

时效性；④动态性和反复性，并对变化保持响应；⑤促使组织做到持续改进。

（2）风险管理框架五要素

①授权与承诺；②风险管理框架设计；③实施风险管理；④框架的监测与评审；⑤框架的持续改进。

（3）风险管理流程

①风险因素辨识；②风险因素评估；③风险控制；④对风险防控措施的监测与评审。

（4）风险因素辨识方法

①安全检查表法；②预先危险分析法；③风险评价矩阵分析法；④情景分析法；⑤人因可靠性分析法。

### 2. 风险管理审计理论

（1）定义

未来不确定性对企业实现其经营目标的影响。

（2）目标

①预防及控制企业自身风险；②降低自身审计风险；③避免或降低外部监管风险对企业可能形成的压力和影响。

（3）风险分类

①战略风险；②财务风险；③市场风险；④运营风险。

（4）审计内容

对账项基础、制度基础、风险管理进行审计，并就有关问题提供确认服务和咨询服务。

（5）方法

①定性法；②定量法。

### 3. PDCA 闭环管理理论

PDCA 闭环管理理论是美国质量管理专家戴明博士首先提出的一套质量管理方法，也称戴明环理论。该理论的基本含义是工作之前要进行策划，然后将策划的输出（计划）付诸实施，再对实施情况及结果进行检查、总结、处置。由此循环往复，以期提高过程的质量和工作水平。即任何企业管理工作都要遵循 P（Plan）、D（Do）、C（Check）、A（Action），对总结检查的结果进行处理，成功的经验加以肯定并适当推广、标准化，失败的教训加以总结，未解决的问题放到下一个 PDCA 循环里。

P——计划：根据具体要求和组织下达的方针，对提供结果建立必要的目标和过程。

D——执行：实施过程。

C——检查：根据方针、目标及要求，对过程进行检查督导，并报告结果。

A——处理：采取措施，以持续改进过程业绩。

## 二、项目研究环境及成果

### （一）风险管理审计内容

从内部审计的视角看，风险管理审计的含义是“对组织的风险管理进行审计”。对于企业来说，“企业风险”主要涉及“经营风险”。《国际内部审计专业实务框架》对风险管理审计的最新规定如表1所示。

**表1　《国际内部审计专业实务框架》对风险管理审计的最新规定**

| 来源 | 内容描述 | 备注 |
|---|---|---|
| 工作标准 2120. A1 | 内部审计部门必须评估下列与组织治理、运营及信息系统有关的风险：<br>（1）财务和运营信息的可靠性和完整性；<br>（2）运营的效果和效率；<br>（3）资产的安全；<br>（4）法律、法规及合同的首要遵循情况 | |
| 工作标准 2120. A2 | 内部审计部门必须评估发生舞弊的可能性及所在组织如何管理舞弊风险 | |
| 工作标准 2120. C1 | 在咨询业务时，内部审计师必须关注与业务的目标相关的风险，并警惕其他重大风险的存在 | |
| 工作标准 2120. C2 | 内部审计师必须将开展咨询业务过程中了解到的风险情况，运用于评估组织的风险管理过程 | |
| 工作标准 2120. C3 | 协助管理层建立或改善风险管理过程时，内部审计师必须避免在实际工作中对风险进行管理，从而承担任何管理层的责任 | |

### （二）内部审计在煤矿企业经营风险防控中存在的问题

#### 1. 对内部审计的地位和重要性认识相对滞后

在传统的粗放型经营的煤矿企业中，仍然存在对内部审计的地位和重要性认识相对滞后的现象。大部分国有煤矿企业尚未建立总审计师制度，在公司高管层中分管审计机构的领导有的是总会计师，有的是单位负责人。由总会计师负责分管审计工作，虽然审计部门遇到具体困难或问题，便于请示、汇报与协调，但总会计师分管的财务、供应、多种经营等业务，也正是内部审计监管的重点，从不相容岗位职务分离的角度讲，存在一定的不合理性。由单位负责人分管审计工作，单位负责人对审计业务中遇到的困难和问题，其优点是协调解决的力度大，但单位负责人全面负责企业整体工作，平常工作量大，对审计业务中日常需要协调的事项往往心有余而时不足，无暇顾及。面对新形势新任务新要求，在国有煤矿企业按照有关规定建立总审计师制度，显得十分紧迫。在传统的认识上，审计部门属企业三类部室，在干部任用、选优评模等方面的作用表现得比较明显，相对于安全和生产部门显得不很重要，这也是在生产企业中一种比较普遍的现象。这就导致了对审计部门定编定岗时倾向性压缩，也没有建立起严格的内部审计人员准入标准和退出机制，使年轻的懂业务又懂信息技术的综合素质强的人才不能及时充实到内审队伍中，致使内部审计的信息技术审计模式和手段落后，信息技术审计与业务审计不能有效结合，制约了煤矿二级企业中内部审计部门第三道防线的监督效果。

2. 内审成果效能得不到充分发挥

煤矿企业二级子公司在人员配置及内审人员的知识结构、工作经验、业务水平等方面还没有完全突破合规性审计的范畴，创新能力不足。内部审计成果更多的还是停留在简单累加和汇总上，有价值、有借鉴意义的不多。而且内部审计成果对已形成的问题揭示得多，对可能形成风险的问题反映得少，审计评价主观性强，定性评价多，定量分析少。审计报告中的审计建议笼统，对具体问题怎么样具体整改，缺少建设性、可操作性和政策指导性建议。更为致命的是审计报告虽然提出了风险隐患及不良事项的关注事项，但对可能风险后果表述得较为模糊，而且这些事项的整改由谁负责、哪个部门牵头、应采取什么措施、整改期限等都没有明确，也就是说“五定五落实”没有做到位。这就使得不少审计报告阅读人在办公网上阅知处理后，不加以高度重视，加之后续审计和追责不到位，很大程度弱化了内审风险预警作用的发挥。

3. 对内部审计如何服务于组织（企业）发展考虑得不够全面

不能辩证地认识和处理内部审计与外部审计的关系与职责。企业在发展的过程中总会遇到各种各样的困难和问题，面对影响全局发展的瓶颈性问题，在不违规但合理的情况下，企业经董事会会议或党政联席会研究决定后实施的确保企业可持续发展的行为，内部审计在审计评价和建议中应在尊重历史、维护准则、避免风险、促进企业发展的多维度考虑后做出既有风险容忍，又具建设性的审计建议，而不是简单地提出问题。比如，在山西省对民营小煤矿整合后的改扩建过程中，由于煤炭市场正处于最低迷阶段，融资出现了前所未有的困难，自然人股东参股49%的资源整合矿无法为改扩建融资，若此时整合主体的国有煤矿公司不予以支持，整合回来的小煤矿改扩建工程将难以为继，整合后小煤矿停建关闭，真正损失的是承担整合任务的国有大型煤炭公司。内部审计对此应关注的是：是否集体决策，是否通过银行委托贷款，是否有保全措施，是否计取不低于同期银行借款利息，改扩建完成投产后是否有翔实的还款计划。也就是说对此问题的审计评价要分析风险容忍度、现实情景和风险对策。另外，对事关企业发展的重大事项上，缺少一种比审计报告更便捷有效的审计成果反馈方式来切实体现《内部审计工作规范》关于国有企业内部审计机构向企业党组织、董事会（或主要负责人）负责并报告工作的重要意义，并真正做到对问题发现及时、整改有方、限时整改，且起到举一反三的作用。

4. 没有厘清内部控制和风险防控的部门职责

不少企业将内部控制的管理职能划归企业管理处，而把风险防控的管理职责划归审计处。从理论上内控体系的建设是全面风险管理的基石，全面风险管理涵盖了内部控制，内部控制是全面风险管理的必要环节。内部控制主要通过事后和过程的控制来实现其自身的目标，而全面风险管理控制手段不仅体现在事中和事后的控制，更重要的是事前制定目标时就要充分考虑风险的存在。从国际国内发展趋势来看，随着内部控制管理的不断完善，它们之间必然相互交叉、融合，直至统一。现实中较为普遍的现象是，企业有关于内部控制方面的工作就安排到企业管理部门，而有关于风险防控方面的工作就安排到审计部门。这就导致了企业管理部门基本不关注企业经营过程中是否存在风险，有哪些风险，风险发生后追责时也不从企业管理层面去剖析问题产生的根源。这样容易给人造成错觉，风险防控是审计部门的职责，审计问题的整改也是审计部门理所当然的职责，就如同人们一直以来习惯性认为应收款项清收就是财务部门的事。企业如何较为科学有效地划分内部控制和风险防控归属部门，既是一个理论研究课题，也需要企业在实践中不断探索总结。

（三）研究单位的课题研究氛围

①从决策层和高管层来讲，面对省级党委巡视和上级管理机构党委巡察工作常态化，以及外部审计监督力度的加强，为避免或降低外部监管给企业带来的压力和影响，华晋公司从 2016 年 9 月就决定结合实际研究创新“盯点”式和“系统”式经营风险防控的工作模式和经营风险防控评价指标体系建设实施方案，并拟定了五年创新研究计划。牵头部门指定为审计部。

②审计部作为经营风险防控工作的牵头部门，更想在风险“盯点”防控和经营风险防控评价指标体系建设方面都能有一套比较科学、实用性强的管理模式，帮助企业及时解决日常生产经营过程中零星发现的可能风险事项，提升公司整体风险防控能力。

③机关业务部室及所属各单位对于获知本部门及各单位存在哪些可能风险因素，以及已揭示的风险事项应该怎样做才能防风险于未然，特别是由哪个部门做纵向协

调工作，一致认为应该从机制和管理模式上创新研究出解决的办法。

### （四）风险提示（通知）卡工作模式成果及应用

在内部审计中，华晋公司坚持以检查弊端、揭示风险和咨询服务为主要内容的审计原则。鉴于煤矿二级企业内部审计中存在上述不足或问题，对内部审计发现的弊端全部写进正式报告，并提出针对性整改建议；对发现的风险管理中的风险因素，结合实际创新了风险提示（通知）卡的工作模式。下面按实施步骤将这种创新工作模式概况为风险防控“三步曲”。

#### 1. 风险源的辨识及提取

风险源辨识就是对未来可能发生风险的原因的一种预测，而不是一种事后总结、回顾，预测的质量越高，就意味着预测越准确，用于风险管理所能够起到的作用就会越大。只有把相关的风险因素辨识出来，才能使其进入风险评估阶段以及后续的防控阶段。进行风险辨识时，在尊重科学和负责任的前提下，充分应用风险分析与关键控制点、现实情景分析、人因可靠性分析，最大限度地把可能存在的各类风险因素都辨识出来，然后将对风险程度预期较高，且外部监管风险高的风险问题，提取并纳入风险提示（通知）卡管理范畴。

#### 2. 风险评估（价）与风险分级

风险评价就是在基于对风险因素（风险源）后果严重度与发生可能性分析判断的基本上做出的评价，也就是说：风险 = 风险因素引发损失的可能性 × 引发损失的严重程度。在风险评估环节，为谨防“朗福德陷阱”，坚持全面风险防控的同时要突出重点，即在对可能导致重特大损失的风险因素进行评估时，应格外小心、警惕，从而得出正确的风险评价结果，采取不同等级的风险防控措施。华晋公司通过对辨识出的风险因素进行风险评估，按风险因素的风险程度及防范难度分为高、中、低三个不同层级，就是为了针对不同风险程度的风险因素进行分级管理，以达到有效防控风险的目的。各级组织、各职能部门应根据各自岗位，履行相应的风险防控职责，做到分级管理。由于决策层、管理层与操作层所处的地位与分工不同，各自掌握的资源各异，他们在对风险进行分级管理时所履行的职责、发挥的作用也各不相同。风险提示（通知）卡工作模式中，准入标准是不进入正式内部审计报告，但必须无条件严格控制风险程度高，且外部监管风险高的风险因素（风险源）；分级标准则依据风险防控过程中决策层、管理层与操作层所起作用的大小，对所属单位及部门风险问题采用三级管理。

①对风险单位管理层与操作层落实控制的风险问题设定为三级问题（见表2），采用风险提示（通知）卡，送达问题单位或部门的主要领导。

**表 2** **风险提示（通知）卡**

时间： 编号：

| 风险内容 | | | | | |
|---|---|---|---|---|---|
| 发现时径 | | | | | |
| 风险描述 | | | | | |
| 防控建议 | | | | | |
| 送达 | | | | | |
| 后续审计及追责建立 | | | | | |
| 审计人 | | 复核人 | | 审计处负责人 | |

②对上级管理机构管理层干预方可控制的风险问题设定为二级问题（见表3），升级采用风险提示（通知）卡内审重大事项报告单，呈报至上级管理机构的总会计师、总经理、董事长和党组织。

**表 3** **内审重大事项报告单**

时间： 编号：

| 问题描述 | | | | | |
|---|---|---|---|---|---|
| 定性 | | | | | |
| 分类 | | | | | |
| 风险防控建议 | | | | | |
| 呈报 | | | | | |
| 抄送 | | | | | |
| 审计人 | | 复核 | | 审计处负责人 | |

③对须动用决策层推动解决的问题设定为一级问题，再升级为董事会会议（对内部审计重大风险事项的）议案。

3. 风险提示（通知）卡的传递路径及管理

对内部审计揭示的三级、二级风险问题，按风险级次管理要求送达或呈报风险提示（通知）卡后，由审计部门专项督促风险防控建议措施的落实；对内部审计揭示的一级风险问题，先将风险提示（通知）卡报送董事会秘书处，然后由审计部门与董事会秘书处共同督促，直至形成董事会会议议案，并经由董事会会议形成董事会决议后，由审计部门专项督促风险防控建议措施的落实。

风险管理的最终目的是使那些存在于日常生产经营活动之中的、需要防控的风险因素得以有效控制，从而避免经营风险的发生。为了做好风险防控，风险提示（通知）

卡在风险防控方面坚持分级防控、动态防控和闭环管理三个原则。风险问题及风险提示（通知）卡三级分类过程体现的就是分级防控；后续跟踪审计体现的是动态防控；风险源识别、风险纳入风险提示（通知）卡管理、后续跟踪审计、追责等全流程体现的是闭环管理。在风险管理活动中，有的企业只是为了满足体系审核的要求，做了风险因素的辨识，形成了风险因素辨识清单，就不了了之；也有的进了一步，做了风险评估，也形成了内部审计正式报告，且提出了风险防控建议措施，但这些风险防控建议措施仅停留在纸面，并没有有效落实，没有实现闭环管理，最终使风险管理工作失去其应有意义。而华晋公司创新的风险提示（通知）卡工作模式在内容设置上是在PDCA（P：计划、D：执行、C：检查、A：处理）闭环管理工作模式的基础上按定问题、定措施、定经办人、定责任人、定时间而及时全面落实的“五定五落实”原则，并结合实际建立了风险管理台账（见表4）进行专项管理，明确了后续跟踪审计的时间和不能按要求实施风险控制应承担的追责责任。

**表4　　　　风险管理台账**

| 序号 | 问题编码 | 风险分类 | 单位名称 | 风险描述 | 涉及金额（万元） | 风险防控措施 | 责任人 | | 落实期限 | 落实情况 | 追责方式 |
|---|---|---|---|---|---|---|---|---|---|---|---|
| | | | | | | | 经办人 | 分管领导 | | | |
| | | | | | | | | | | | |
| | | | | | | | | | | | |
| | | | | | | | | | | | |
| | | | | | | | | | | | |
| | | | | | | | | | | | |
| | | | | | | | | | | | |

4. 案例说明

2018年1月华晋公司对所属贸易子公司进行内部审计时，经关键控制点、人因可靠性分析后，认为华晋贸易公司向民营企业预付货款存在风险，且鉴定为风险程度预期较高，因是按合同预付货款，确定为三级风险问题，提取并纳入风险提示（通知）卡管理，并于2018年3月26日编制送达了编号为002号的风险提示（通知）卡。具体内容：①风险内容——华晋贸易公司向民营企业预付货款。②发现时径——2018年1月22日至26日按集团要求例行审计时发现。③风险描述——2017年华晋贸易公司按合同向民营企业预付三笔货款计1200万元，货权转移手续是在预付款支付后办理的，存在风险。④防范建议——建议华晋贸易公司在以后贸易业务过程中：一是严禁在未取得实质性的货权情况下预付货款；二是即使因特殊原因要在未取得实质性货权情况下预付货款，也必须在采取保全措施后支付。⑤后续审计——拟于2018年7月对此风险提示内容进行后续审计。

2018 年 7 月 29 日至 8 月 1 日，华晋公司审计部对此进行后续跟踪审计，审计结论是：经核实，华晋贸易公司 2018 年上半年对民营企业的 17 笔预付款资金总额 3100 万元，均是以货物到港到站且取得货权转移证明后按合同约定支付的。2019 年 1 月审计再复核的结论是：华晋贸易公司 2018 年全年共向民营企业预付货款 66 笔，共计金额 10314 万元，均按风险提示（通知）卡风险防控建议预付的，所有对民营企业的预付款项未发生风险。

## 三、实施效果及推广应用前景

风险管理之所以能够做到事前预防，就是因为通过风险管理，能够发现风险因素并采取针对性措施对其进行控制。2018 年华晋公司针对预付款项管理、合同管理、现金使用管理，对四个单位发送了 5 份三级风险提示（通知）卡、呈报了 1 份二级风险提示（通知）卡，涉及金额 1.73 亿元；2019 年对五个单位送达了 9 份风险提示（通知）卡，涉及金额 2.65 亿元。接到风险提示（通知）卡的单位或部门均按要求采取了整改防范措施，取得了预期效果，有效防止了风险的发生。华晋公司实行的风险提示（通知）卡工作模式得到了各级管理人员的一致认同，既使风险问题在要求时间内得到 100% 有效控制，又避免了外部监管对企业可能形成的压力和影响。2018 年、2019 年该工作模式仅在公司直属单位和所属国有股份制子公司进行了应用，2020 年拟推广扩大到混合所有制的资源整合子公司。该科学创新管理工作模式受到集团总公司的关注，有集团内部兄弟单位在 2019 年开始借鉴试行。华晋公司以《风险提示（通知）卡在煤矿二级企业经营风险防控中的运用》为题的论文，已投稿《中国内部审计》学术期刊并获初审通过。《中国内部审计》拟于 2020 年年初在实务方法探究栏刊发推介。这种既有风险分析，又有风险对策，还有后续跟踪审计及责任追究的灵活、便捷、注重实效的卡单式“盯点”风险防控工作模式，不仅能及时“拔点”，也能促进企业整体的风险防控意识，也是为组织防范外部监管风险，降低自身审计风险的一种颇具推广价值和前景广阔的工作模式。

主创人：白喜泉
参与人：吕玉军　高彦军　田山明　王玉明

# 集约统一，共享资源，<br>新时代石油生产物资保障新模式

中国石油集团西部钻探工程有限公司

## 前言

在中国石油天然气集团有限公司物资装备部的统一组织下，中国石油集团西部钻探工程有限公司（以下简称西部钻探）在新疆玛湖大会战中创新物资供应方式，大胆探索、勇于实践，摒除固有的管理理念，改善原有的管理方式，探索建立全战区物资保障、设备维修“工厂到现场、领料变送料”共享服务新型物资保障模式，实现参战各作业队现场物资零库存，打造标准化、信息化、集约化、零库存的供应示范点，创建为油田增储上产、区域物资集中供送的样板工程，优质、高效、经济保障会战生产建设物资供应。

## 一、玛湖共享中心实施背景

众多科技工作者经过十多年的不懈努力，2017 年在准噶尔盆地玛湖凹陷发现了全球最大的砾岩油田——玛湖十亿吨特大油田。几代石油人的梦想，终于变为现实。千万年沉寂的死亡荒漠，变为充满生机勃勃的希望之湖。玛湖油田成为中国石油集团落实习近平总书记“大力提升国内油气能源勘探开发力度”指示精神的主战场之一，这一恢宏而自豪的油气大场面，吸引国内外各路英豪聚焦准格尔，亮剑环玛湖，逐鹿大会战，发展大共享，尽展西部本色与豪情。

西部钻探作为玛湖油田大会战工程服务的主力军，秉承“成就甲方才能成就自己”的服务理念，让党组放心、油田满意、员工幸福，不忘钻探初心，牢记找油找气使命。以高质量发展为引领，持续做强、做精、做优工程服务专业，会集各路精兵强将，科学组织生产，以专业化、机械化、标准化、信息化“四化”管理作业现场，发扬油田建设主人翁精神，群策群力，在全战区开展提速、提质、提产、提效“四提”劳动竞赛，充分担当起玛湖区域建产提速大会战的领跑者和示范者。

进入新时代，习近平总书记指出：中国特色社会主义市场经济，国有企业高质量发展以共享为根本目的。在经济发展日趋多元化的今天，依靠单个企业很难在获取优质资源、降低采购物流成本上占据优势，唯有通过供应链一体化协同管理，整合利用

各环节资源，优化工作流程，促进生产、物资、供应商的有效融合共享，才能协同降低成本，实现供应链全链条成本最低、效率最高。

兵马未动，粮草先行。建设现代化大油气田也离不开油气工程物资保障，尤其是在戈壁大漠建设现代化的大油气田，就更离不开现代化的大物流、大保障。

近两年从石油行业寒冬中走出来的西部钻探物资保障业务，面对玛湖油田地处偏远、远离主要物资生产基地，油气勘探开发建设施工作业点多、面广、战线长等现实，西部钻探适应新时代玛湖油田大会战、大共享的新要求，以勇立潮头的时代气魄，在充分发挥石油物资保障优良传统的基础上，借力集团公司一体化优势，优先选择内部制造企业、专业制造厂和区域优质资源，在集团公司物资装备部的大力支持与指导下，打通“最后一公里”，通过集中仓储，创新物资配送，优化现有业务模式，集中采购、集中质检、集中仓储、集中配送的一体化共享服务，积极探索构建服务专业化、管理扁平化、区域共享化，依法合规，全生命周期综合成本最低的三位一体的物资采购、供应、装备维保共享服务的新体系、新模式。用大共享保障了玛湖油田开发大会战，为推进仓储物流配送全面智能化奠定了坚实的基础。

玛湖物资与维保共享中心占地面积 1 万平方米，由物资供应区和设备维保区两部分组成。该中心为移动式共享中心，涵盖玛 2、玛 18、玛 131、风南等区块，涉及钻井、井下、试油、固井、录井等 200 多支作业队伍，承担玛湖区域施工作业常用易损件消耗品物资保障及设备维修保养、故障排除、延长使用寿命等专业化服务任务。

## 二、玛湖共享中心实施目标

①实现采购、仓储、质检、配送、维保等业务变革与提升，有效减少资金占用和人力、运输成本，达到物资、设备、维保、技术、人员共享。

②年均节约物流维保综合费用 1 亿元。

## 三、玛湖共享中心实施措施

### 1. 贴近现场，快速反应

以共享中心为基点，打造 200 千米内物资与维保及时服务圈，通过进驻现场、靠前服务，缩短物资配送时间，缩短装备检维修时间，延长设备有效作业时间，提高设备设施利用率，让作业队轻装上阵，聚精会神抓生产、提速度、创效益。

### 2. 专业服务，满意前线

对易损消耗材料采取“班车制”适时服务，通过需求信息大数据分析，按最佳路线逐次配送到前线作业队；对大宗物资采取“门到门”一站式服务，实行从厂家直达生产现场的送料服务，减少二次倒运；对突发需求实行“心贴心”24 小时服务，共享中心全天候响应，24 小时不间断服务。

3. 精准维保，提高效率

按照“贴近现场、专业巡检、集中共享、及时高效”的原则，建设“一个基地，两个分队”。共享中心以时代眼光、战略思维，统筹调配盘活各方资源，物尽其用、人尽其能，阵地战和运动战有机结合，构建井队现场巡井维护、共享中心排除故障、维修基地设备回厂大修的三层防护网综合服务体系，最大限度提高设备使用效率。利用现有人力、厂房等资源，与宝石机械、济柴动力、卡特彼勒等专业制造厂商共同建立了装备服务保障团队，集中各领域专业技术人员，组建成套设备检维修“专业医院”大基地，充分依托共享中心，实施区域巡检、就近倒修、即坏即换的及时高效维保服务。定期组织共享中心的专家团队到现场联合会诊，随时解决玛湖油田生产一线出现的设备故障，抽调各类设备专业技术人员，成立设备卫士分队，在玛湖区域驻井巡井，实时掌握设备工况、参数，分析设备状态，进行预防性维护。专业、安全、经济、高效的共享服务，为作业队减少了怠工麻烦，提高了单队劳动生产率。将以往设备故障等配件所需的 2 ~ 3 天，缩短到现在的 2 ~ 3 小时，大幅缩减了设备故障的等停时间。

4. 借力智能，远程服务

不断创新独具特色的“制造 + 服务”方式，与宝石机械、天水电传等制造商合作开发装备远程智能检测系统，实现了设备智能管理和高效维保。该系统具备全面感知、建模分析、预测维护、分级推送、备件管理五大功能，在装备专业维保的基础上，将区域巡检转变为精准巡检，现场判断转变为远程会诊，预防维修转变为预知维修，取消了现场电气工程师的配备，进一步降低了机修时率，减少了备件储备，为设备全生命周期科学管理提供了支撑。

5. 资源共享，多方共赢

从供给侧结构性改革出发，借助“互联网 + 应用”的集合优势，协同厂商储备，汇集各方技术力量，集约优质资源，压缩无效资产，优化物流配置，充分释放激活各生产要素潜力，汇集成“大礼包”，以点带面、以面促点，整合西部钻探各级仓储资源，搭建供应、运维集合化的共享平台。与卡特彼勒、济柴动力、宝石机械的互补合作，实现了物资、仓储、技术同台共享，战略厂商为西部钻探提供了同机型配件 100% 市场的份额。可靠的质量、精良的技术、专业的服务，提高了资源综合利用率，有效降低了作业队劳动强度和综合成本，让会战各方在共享中收获了高效率和高效益。“工厂到现场、领料变送料”新型直供模式初见成效，合作各方协同效应、第三利润源的作用得到了充分发挥。

6. 信息化管理，快捷高效

开发使用智能仓储系统，需求和库存信息互联互通，仓储资源开放共享。仓储管理人员适时掌握作业队物资领用申请、库存数量、调配信息、配送动态，始终做到仓储端和用户终端物资信息互通共享、精准统一；引进二维码技术，自动化采集到货检验、入库、移库、移位、调拨、出库、盘点数据，库存数据真实可靠，库存结构优化合理。智能仓储系统具备一键式供应、超限额预警、大数据分析、全过程跟踪、供应链在线评价等功能，全过程数字化管理，全流程信息化运营，大数据应用经济效益显著提升。

## 四、玛湖共享中心带来的新成果

共享中心投用以来，节约了物资供应成本，有效提高了设备维护保养效率，供给、维修业务互为补充、协同运行，物资保供、设备运维全过程综合成本最低，保障服务效率最高，规模综合经济效益最好，“省人、省心、省力、省时、省钱”，合作各方互利共赢，为西部钻探带来了良好的经济效益。

（1）改层层设库为集中储备

共享中心建成前玛湖区域作业队伍每队都需要配备现场材料房 1 ~2 间；共享中心建成后取消了所有作业队伍现场材料房。与优质供应商形成战略合作关系，扩大代储代销规模，集中仓储，仓储互联互通、共享共用，服务保障优质高效，实现了“零库存管理”。

（2）二次倒运明显减少

共享中心建成前，物资到货至各单位库房后再配送至生产现场，会产生高额二次倒运费用；共享中心建成后通过“一站式”服务，倒运费用大幅降低。

（3）配送费用大幅下降

共享中心建成前，物资由各单位库房配送至生产现场，路途远、费用高；共享中心建成后由共享库配送至生产现场，配送费用大幅降低（见表 1）。

（4）资金成本显著降低

共享中心建成前参战各单位重复储备物资，库存资金占用高；共享中心产生资金成本高，共享中心建成后以“零库存”模式运行，大幅节约了资金成本。

（5）人工成本有效降低

共享中心建成前，玛湖地区各参战单位需要物资管理人员 47 人；共享中心建成后，仅需要 7 人就可运行，大大降低了人工成本。

**表 1　共享中心建成前后玛湖区域物资保供效率效益对比**

| 项目 | 作业队伍材料房数量（个） | 材料房搬家费用（万元） | 二次倒运费用（万元） | 配送费用（万元） | 资金成本（万元） | 人工成本（万元） |
|---|---|---|---|---|---|---|
| 建成前 | 132 | 138 | 570 | 313 | 600 | 940 |
| 建成后 | 1（共享库） | 0 | 60 | 110 | 0 | 140 |
| 节约 | 132 | 138 | 510 | 203 | 600 | 800 |

（6）全面体现“五省”目标

一线员工专业围绕井筒作业，实现省心；维保时效提升71%，实现省时；一线劳动强度降低75%以上，实现省力；减少一线人员310人，实现省人。同时，设备综合完好率提高到99%，设备利用率提高到85%，机修时率下降到1%以下。年可实现综合提质增效1.88亿元，实现省钱。

## 五、玛湖共享中心进一步发展、丰富、延伸

新时代、新思想，发展新模式、随着大数据的广泛应用，物联网的逐步兴起，新时代共享经济模式必将共享全流域。西部钻探及时抓住了油气生产物资保障的主要矛盾和矛盾的主要方面，把玛湖共享中心作为磨刀石、练兵场，在玛湖共享中心物资集中共享保供、装备专业共享维保新模式成功实践的基础上，不断丰富内涵，拓展外延，挖掘潜能，发展大共享，全链条开花，使西部钻探获得了一个可复制、可推广的共享服务示范模板，积极构建招标、生活、管理、甲乙方等多维度充分共享的大舞台，打造一体化共享服务新模式，实现了资产轻量化和管理集约化。

### 1. 西部钻探招标采购共享

集约化、标准化、信息化，集中招标，集中仓储，统一共享，整合西部钻探采购与仓储资源，打造招标共享平台，优化合并分散在各单位的三级物资采购，集中组织限额以上工程与服务项目招标，招标软硬件资源得到充分利用。

### 2. “动力电控”总包一体化共享

传统模式是设备自行采购、维保、修理，自行配备电工和柴油机工；一体化模式是由制造服务企业提供设备、人员、备品备件、维保修理等全部服务。通过该项目实施，减少了设备维保和修理费用，取消了电工和柴油机工，降低了燃油消耗，节约了成本。

### 3. “散装材料”配送一体化共享

传统模式是重晶石粉在油田库房吨包存储，钻探单位委托服务商提货进行散粉加工后，再委托运输商配送现场，加入自行购置的重粉罐内；一体化模式是由一家服务商提供重晶石粉、罐装车辆、重粉罐和现场加注服务，实现“工厂到现场”。

### 4. “循环固控”维保一体化共享

将循环固控系统配件自行采购、自行安装维修的方式，转变为由制造服务企业提供高性能配件和现场安装、更换、维修全部服务的方式，降低了配件成本，提高了设备综合利用效率。

5. “后勤食宿”保障一体化共享

传统模式是生活营房自行购置、自行管理、自行维护；一体化模式是由服务商提供公寓设施和服务，提供酒店式公寓，实现了员工拎包入住。

6. 西部钻探公司与油田公司甲乙方共享

新疆油田是西部钻探的根据地、主战场，西部钻探牢固树立“成就甲方才能成就自己”的服务理念，同唱一首歌、共举一面旗，积极为新疆油田提供“精准、高效、优质、双赢”的保障服务，在物资招标、仓储服务、供应商资源等业务上构建共享大平台，实现互联互通，达到互利共赢。

## 六、结束语

在我国生产资料相对丰富的新时代，在中国石油建设世界示范石油服务公司的新征程中，掌控资源只是基础，用好资源、用活资源才是核心、才是关键。准格尔盆地玛湖油田，在这片孕育新希望和成就大梦想的热土上，中国石油服务公司“精准、高效、优质、双赢”的服务保障攻坚战，已经奏出了时代最强音。西部钻探将在玛湖油田的大会战、大共享中，进一步丰富“铁人精神”的时代新内涵，在共享经济的新时代中，唱响更加出彩的新旋律。在服务油田建设的伟大事业中，彰显铁人子弟兵的时代新风采，为中国石油建设世界示范企业增色添彩，在国家能源事业中续写更加辉煌灿烂的新篇章！

主创人：张宝增　张忠志
参与人：高志峰　王峰　马继光　白云　但文君

# “民工惠”创新金融服务：确保农民工不再“忧薪”

中国化学工程第十三建设有限公司

## 前言

2019年，在中国化学工程集团公司（以下简称“集团公司”）的正确领导和大力支持下，中国化学工程第十三建设有限公司（以下简称“十三化建”）领导班子积极谋划，深入贯彻落实集团公司2019年企业负责人会议精神，公司财务资产部在其带领下认真组织、精心筹划，全面做好财务工作，一年来克服困难、勇于创新，推进生产经营工作，提升公司盈利水平，为公司超常规、跨越式发展提供财务保障。

当前，农民工工资支付问题备受关注。“农民工讨薪难”一直是政府和社会各界高度关注的社会焦点问题，农民工作为城市边缘的弱势群体，党中央对其高度重视。为维护社会和谐稳定，保护农民工合法权益，解决拖欠农民工工资问题，保证农民工工资按时发放，十三化建财务资产部紧紧围绕困扰公司发展的瓶颈问题，不断探索农民工工资支付新举措，切实保障公司稳定和发展。

## 一、分析原因

公司在项目管控中，由于合同质量不高、进度款拨付迟缓，造成施工垫资成为常态；再者由于业主进度久拖不结，导致分包商付出劳动无法得到及时回报，使得农民工讨薪现象屡见不鲜。具体原因有以下两点。

### 1. 农民工工资发放由承包单位或分包商垫款支付

因业主经常找各种借口延迟审批进度，导致进度款支付严重滞后，有的甚至拖到三个月以上，这使得承包方需要提前垫付农民工工资或延后向分包商付款，因此分包商需要垫资支付农民工工资，而分包商面临融资难、融资贵等问题。

### 2. 农民工工资往往难以及时足额发放

大多分包商发放的农民工工资以基本生活费＋关键节点工资结清为主，导致农民工工资不能做到足额及时发放。由于建筑行业的特性，每年春节、麦收季节、秋收季节、项目竣工四个时点为集中支付农民工工资的高峰期。

## 二、寻求路径

为解决农民工工资发放过程中的监管和资金来源问题，十三化建财务资产部与金融机构多次商榷，并到实地去考察适合公司发展的路径，研究既能支持项目运转，又能保障农民工权益的方案：使用银行代发工资方式，委托银行代发农民工工资，在银行开立三方监管账户，搭建平台公司合作伙伴（分包商）与中国建设银行（以下简称“建行”）签订建信融通平台的“民工惠”业务，以确保农民工不再“忧薪”，确保农民工按时拿到应得报酬。

执行中依据工程进度，核实农民工工资总量，分包商上传工资表，以十三化建信誉为担保，享受低成本融资，且全流程线上操作，点点鼠标即可完成融资和代发，既方便快捷，又可以将农民工工资精准发放至农民工银行卡。这样做有三点优势。

### 1. 资金来源有保障

将分包商对公司的应收工资款在未决算前提前融资变现，供应链可融资，工资款实时到账，解决了农民工发工资的资金来源难题。

### 2. 发放路径全监管

系统自动将分包商融资款直接支付至农民工银行卡中，真正实现农民工工资实名制、零拖欠和精准到账。

### 3. 工资管理有依据

通过整合用工管理平台农民工考勤管理、用工明细等客观数据，农民工工资管理有据可依。

## 三、合作方式

十三化建与建设银行签署合作协议，在建信融通平台注册。融资期限保持15天至12个月之内，年融资利率3.915%，费率2‰（建信融通）；融资期限到期，由十三化建直接向建信融通有限责任公司还款。分包商仅在建行开立代发工资专户，开通建行网银并在建信融通平台注册，办理农民工建行借记卡。日常支付分包商款项，公司按月进度先行支付农民工工资到分包商在建行开立的专用账户上，确保工资按时足额发放到施工现场的农民工手中。这就避免了资金被分包单位恶意占用等情况的发生，从而保证了农民工的切身利益，推动了项目施工的正常运行。

## 四、创新成效

为解决农民工工资发放过程中监管和资金来源问题，十三化建向建行单独申请了5

亿元的授信额度，实现了在项目资金短缺的情况下，仍能及时发放农民工工资。截至目前，已有74家分包商成功在建行开立专户，公司通过建信融通平台成功支付农民工工资445笔，金额近1.5亿元。

实践一年，成效卓然。"民工惠"创新业务为从根本上解决了农民工欠薪的积弊，为促进整个产业生态圈良性发展找到了一个行之有效的途径，迈出了关键一步。

通过科技思维对金融的重新武装和再造，金融科技本身已经成为建行的核心产品与服务。以数据为驱动，"民工惠"联结了政府部门、业主、总包、劳务公司、农民工和用工管理平台，破解了三大欠薪难题：企业流动资金不足，无法及时兑现劳动所得；中间环节多，工资被层层截流；"跑冒滴漏"，资金周转成本高。

三大主力技术的综合运用，保障了"民工惠"的精准服务：区块链技术，充分挖掘、运用大数据分析和模型测算，为企业提供专项融资款作为农民工工资发放的资金来源，以解决资金不足的问题；物联网技术，通过创新运用"人脸识别+电子围栏"技术组合，实现"实名制"，确保工资发放对象、时间和金额真实准确，保障资金不挪用、不分流；建行"新一代核心"系统，对农民工工资发放实现全流程封闭运行，将专项融资款直接支付至农民工银行卡中，优化资金周转。

十三化建从源头注入金融"活水"，精准构造"管道"，去除旁支、堵塞漏洞，普惠服务的"活水"一滴不漏、分毫不差地流到广大农民工手中，解决了农民工工资发放过程中监管和资金来源问题。在"民工惠"业务的普及和带动下，"月薪制"有望在农民工集中的行业得到真正落实，打破劳动生产领域的城乡二元格局，引领农民工向产业工人转变。

**【实际案例1】**

如十三化建施工的陕西神木化学工业有限公司净化装置升级改造项目，在施工前期运作过程中，为避免拖欠农民工工资情况的发生，项目采用了直接与劳务公司签订劳务派遣协议的办法，这种方式可以由十三化建按照农民工每月的实际考勤情况制作工资表，将工资支付给劳务公司，再由劳务公司根据工资表上的人员名单将工资发放给每位农民工，劳务公司只收取相应的费用。这就避免了资金被分包单位恶意占用等情况的发生，从而保证了农民工的切身利益，推动了项目施工的正常运行。

**【实际案例2】**

五公司宁阳项目，为规范农民工管理，十三化建要求各分包单位将在本项目签订的农民工劳动协议复印件上报到项目部民管员处留存，民管员收到协议后首先要与安全员的安全培训记录、人员进出场清单进行核对，以确保协议真实有效且覆盖人员全面。如中途有人员离厂，安全员将第一时间上报项目负责人并通知民管员，由项目负责人与民管员一同核实离厂人员工资发放情况。分包单位每月要将电子考勤及工人工资表上报项目部，项目部及时掌握各分包单位农民工工资发放情况、拖欠情况，对于拖欠严重的分包单位项目部将约谈分包负责人，以了解情况并督促其及时支付农民工工资。分包单位每月提交的需支付工资清单都要经项目部审核，确认与现实情况无误后方可进行工程款审批，这有效地实现了对农民工工资的监督和管理。

1. 公司银企关系方面再创佳绩

2019 年，经过多方努力，十三化建在建行永安支行取得信用授信额度 8 亿元，其中包括 5 亿元的“民工惠”业务授信额度；在中国银行沧州解放路支行取得信用授信额度 1.5 亿元；在中国农业银行运河支行取得信用授信额度 2 亿元，同时在集团财务有限公司取得授信额度 8.1 亿元。目前十三化建被农业银行（河北省分行）评定为 2019 年度“AA”级企业、被建设银行（沧州市分行）评定为 2019 年度“AA”级企业、被中国银行（沧州市分行）评定为 2019 年度“A”级企业，银行授信结构基本合理，可以满足公司日常的经营投标保函、履约保函和预付款保函等需求。

2019 年 10 月 14 日，十三化建财务资产部组织多部门与建行共同商讨“AAA”级认证工作，目前经过最终努力，被建行沧州市分行评定为 2019 年度“AAA”级企业，为公司经营拓展打好基础。

随着集团公司“三年五年规划、十年三十年愿景”目标的逐步实现，对十三化建的发展提出更高要求。2019 年十三化建在当地的银行中拥有授信额度 11.5 亿元，在财务有限公司拥有授信额度 8.1 亿元，这离十三化建高质量超常规跨越式发展还存在差距。十三化建现有的授信、融资额度、注册资本将逐步不能满足公司市场竞争的需要，要实现可持续发展，资金中心应提前行动起来，积极和集团财务有限公司做好对接，特别是和本地银行进行对接，探索在银行增加授信、融资额度需要的条件。2019 年公司多次增资，10 月在原有 6 亿元注册资本的基础上再办增资 2.9 亿元，年末注册资本达到 10 亿元，为公司未来取得特级资质做好准备。

2. 积极应对经济下行，为二级单位提供资金支持

2019 年，十三化建财务资产部对各单位借款进行逐项梳理。公司借款是为资金周转有困难（含主材付款比例较低）的项目而暂时出借的，由公司资金中心监控使用，确保专款专用。公司根据各单位、各项目上报的还款计划，按计划提示还款，在借款单位归还约定借款后，才解付资金使用。

公司继续大力支持二级单位、分公司和项目部，资金周转借款项目 37 个，借款金额 13860 万元，大大缓解了所属单位及项目的资金需求，保障了项目工程建设的顺利进行。为保证境外项目资金需求，财务资产部从集团财务有限公司申请 4000 万元的贷款额度，保证了境外项目的顺利运行。

2019 年公司资金科利用内部资金平台开展银行承兑汇票内部贴现业务，全年贴现净收入 2533 万元，为公司本部和所属二级单位及子公司办理各类保函 46 笔，保函金额 33025 万元，其中在中国银行办理保函 14 笔，金额 2561 万元；在建行办理保函 25 笔，

金额30832万元；在中国农业银行办理保函7笔，金额438万元。2019年资金科还办理了银行资金证明、资信证明、客户等级证明等，通过办理这些业务，大大支持公司经营工作的顺利开展，所提供的银行函证无论在时间上还是在质量上基本满足了项目的需求。

为缓解资金压力，降低物资采购成本，促进供应商队伍的稳定和发展，十三化建按照集团公司《关于推广使用集团财务有限公司承兑汇票的暂行办法》，结合公司实际情况，公司资金结算中心2019年继续办理集团财务有限公司银行承兑汇票业务，全年办理集团财务有限公司承兑汇票百余笔，金额上亿元。

## 五、巩固成果

### 1. 成立专项工作领导小组

领导小组办公室设在财务资产部，承担领导小组的日常工作，也为财务创新提供了价值空间。财务资产部积极协调、搞好服务，重点为分（子）公司等项目提供资金支持与帮助，保证项目高效运转。运营过程中财务资产部不断总结、深挖问题根源，打通阻碍业务流的障碍，完善农民工工资管理，为公司快速发展奠定基础，为公司早日实现"三年脱贫困、五年创一流"而努力，为集团公司"三年五年规划，十年三十年愿景"目标而不懈奋斗。

### 2. 开展财务创新，服务好生产经营

并购重组、混合所有制、F＋EPC（融资＋设计采购施工总承包）、PPP（政府和民营企业合作）等新经营模式，要求财务工作不断创新，提供更优质的服务。为此，财务资产部应加快共享中心建设，积极推进业财融合，提升财务管理水平，助力公司发展。

### 3. 加强资金管理，提高资金使用效率

确保资金安全，提高资金集中度，规避资金风险，使每一分钱都用到刀刃上。十三化建积极开展"民工惠""监管易"等金融业务，确保农民工工资按时发放。推动提升授信、融资额度，积极配合股份公司开展应收账款ABS（资产支持专项计划）及保理等业务，提高公司市场竞争力。财务资产部将在持续使用"民工惠"和集团财务有限公司银行承兑汇票的基础上，加大建行及其他银行和集团财务有限公司的授信额度。同英国渣打银行西非区域对接，争取2亿美元的授信额度，为十三化建下一步进入西非地区打好基础。对接集团财务有限公司，争取一定的流资贷款额度，争取加大开具银行承兑汇票的额度，计划由2亿元增加到3亿元。计划在集团公司争取一定的当地银行流资贷款额度，建设银行1亿元，农业银行5000万元，为下一步银企合作及

公司生产经营需求做好准备。计划与集团国化投资控股有限公司以下简称“国化投资”对接2020年的固定资产采购，采用国化投资的融资租赁资金，为下一步与国化投资的合作奠定基础，充分与国化投资对接，通过提供资金一起寻求项目。持续办理集团公司应收账款保理和ABS以及“福费廷”业务，以获取必要的流动资金。规范借款，十三化建资金中心要监控使用专款专用，切实保障借款用到工程项目上。

4. 提升业财融合度，服务战略能力

增强对兼并重组，混合所有制改革，员工持股、跟投、对赌，投融资等业务的学习研究，加快推进混合所有制改革落实，以支持战略的落实落地；规范财务主数据体系，提高业财融合度，打造业财、核算、税务、资金高速、智能融通，提高财务服务战略水平。

该财务创新融合企业与金融业务板块的智慧和力量所推出的“民工惠”，落实实名制、分账制等国家政策要求，有效解决了公司工资资金来源和农民工工资及时精准到账的难点，为农民工欠薪这一社会痛点问题，提供了一剂标本兼治的“金融药方”。

主创人：王洪智
参与人：霍福生　赵立杰

# 德文化新内涵引领企业可持续发展

陕西汽车控股集团有限公司

## 前言

陕西汽车控股集团有限公司（以下简称“陕汽”）企业文化建设工作，始终以习近平新时代中国特色社会主义思想和党的十九大精神为指引，结合公司实现千亿目标、进入行业第一梯队、实现百年陕汽梦的战略目标，突出“文化铸魂、品质奠基、创新驱动、责任传播”主题，围绕德文化的“两个内涵”，即“德赢天下”和“123456 双理念”，强化各级干部目标意识、责任意识和执行力，以三层次文化落实体系为抓手，激发全体干部员工队伍活力，以独特文化魅力释放强大的凝聚力和创造力，将 2.8 万余名员工紧密团结在一起，不断努力工作、挑战自我、破解难题、创新驱动、追赶超越，为企业高质量发展、迈向高端和实现“2035 战略”全面落地，提供了强有力的支撑和保障。

## 一、实施背景

在当今中国以发展为第一要务的时代，企业文化能给我们带来什么？对于今天的企业界、管理界来说，企业文化是企业的思想之源、智慧之根，是企业实现转型升级和繁荣兴盛之道。一家企业要想有战斗力，首先要有凝聚力。企业靠什么来凝聚广大员工？靠的就是优秀的企业文化，是刚性的文化管理。企业要建设优秀的企业文化，实现由文化建设进入文化管理。

陕汽在 50 余年的发展历程中，孕育了独具特色的企业文化——德文化。陕汽德文化继承并发扬了中国传统文化对“德”的诠释。根据陕汽德文化的多年实践，总结出要“贴战略”“塑品牌”“进制度”“守规范”等经验。

## 二、内涵

陕汽系统研究、深入分析了以党委书记、董事长袁宏明为核心的领导班子治企思路、经营管理思想以及新时代发展要求，遵循企业文化建设规律，紧扣德文化形成、发展、传承脉络，围绕“2035 战略”规划，高质量发展，以及实现千亿目标、进入行业第一梯队、实现百年陕汽梦战略落地，以陕汽德文化创新实践为基础，全面梳理了德文化体系，重新设计了德文化体系构架；以“123456 双理念”、10 项“3～5 年重点工作”、成就百年企业的八项要求为重点内容，以公司最近两年新的经营管理实践和新的业绩为支撑，在深入融合和传承德文化各个时期优秀文化因子的基础上，对主要理念内涵的诠释进行了梳理、融合、更新、提升，形成了“德赢天下”和“123456 双理念”的全新德文化内涵。

最新升级后的德文化工作体系，由德文化简介篇、德文化体系篇、德文化发展篇、德文化践行篇、德文化荣誉篇、德文化规划篇六个部分构成。

## 三、主要做法

### （一）党建与生产经营相结合形成“123456 双理念”，成为助推陕汽实现千亿目标的强大动力

陕汽德文化继承并发扬了中国传统文化对“德”的诠释，以立德、尊德、行德为行动指南，形成了“以人为本、创优报国、追求卓越、迈向高端”的核心价值观，“德赢天下，服务领先，品质成就未来”的经营理念，“敬业、笃学、诚信、创新”的企业精神，“以客户为中心”的企业宗旨和“123456 双理念”的最新内涵，构成陕汽特色的企业文化。它像无形的磁场，把全体员工凝聚在一起，团结奋斗，无坚不摧；它渗透贯穿企业的生产、经营和精神生活等各个领域，决定着陕汽生存的质量和发展前途；它外化于陕汽以客户为中心的德文化，是客户和社会认知认同的、区别于竞争对手的最根本标志。德文化释放出强大的凝聚力和创造力，把两万多名员工紧紧团结在一起，不断突破自我，助推企业实现持续快速健康发展。

在中国共产党成立 96 周年之际，陕汽将党建工作与生产经营相结合，正式推出“123456 双理念”，既丰富了党建工作新内涵，又对企业文化内涵做了新的阐释，以双轮驱动，实现陕汽的追赶超越。

陕汽以“123456 双理念”为核心，将党的先进性体现在推动企业的转型发展上，进一步丰富了德文化内涵，拓展了德文化落地路径，有效统一了陕汽党员干部和广大职工群众的思想，在为企业转型升级指明方向的同时，也为企业发展提供了坚强的政治保障、思想保障和强大的精神动力。

在“123456 双理念”引领下，陕汽创造了历史最佳经营业绩。

#### 1. “123456 党建工作理念”为陕汽发展强基固本

近年来，面对激烈的市场竞争，陕汽以党建工作与生产经营工作的有机结合，助力企业转型发展战略稳步推进，运营能力和效益显著提升。集团党委在长期的工作实践中创新性地总结和提炼出“123456 党建工作理念”。

2. “123456 发展理念”为陕汽发展领航助力

陕汽尤其注重价值观的顶层设计，面对公司新的发展战略、新的目标任务要求和新的内外发展环境，在悉心研究总结陕汽发展历史的基础上，提出了“123456 发展理念”和“因为工作，所以快乐”工作理念，及时丰富、发展了德文化内涵，以此凝聚全员智慧和力量，全面引领、凝聚、指导、规范公司发展，实现百年陕汽发展愿景。

## （二）构建了独具特色的“以客户为中心”的德文化客户观

以客户为中心，是陕汽德文化客户观的基础和核心，也是陕汽坚守的初心所在。正是因为在实践中陕汽永葆以客户为中心的初心，陕汽才经受住了市场的考验，赢得了百万客户的信任和认可。从一个名不见经传的三线企业成功进入行业第一梯队，并稳居国内市场前三；在国际市场上，陕汽的保有量也已超过 10 万辆，产品远销亚洲、非洲等 90 多个国家和地区。陕汽军车占部队现役同类装备 95% 以上，先后 6 次参加阅兵仪式。

陕汽坚持以客户为中心，以发现需求、满足需求、创造需求为导向，以创新为驱动，技术、产品升级为主线，主动适应市场结构变化，创造了以客户需求为导向的正向研发体系，形成了从传统能源到节能、新能源并重的发展格局；完成了从传统的产品生产、销售到制造与服务深度融合的转变。

陕汽是行业内第一个发布中国重卡品牌宣言、卡车司机生存现状蓝皮书，实施“卡车司机关怀工程”的企业；发起了行业首个卡车司机节，推出《卡车司机之歌》《卡车司机杂志》；打造了遍布全国的“贴心服务”网络，实施了“TCO 托管服务”，发布了首个客户关爱品牌“万德福”，构建了独具特色的德文化客户观。

## （三）充分发挥文化管理效能，助力德文化落地生根

①公司领导带头践行德文化。作为陕汽德文化的顶层设计者和大力倡导者，袁宏明董事长将“德”思想融入陕汽发展战略和企业的经营管理实践中，坚持以客户为中心，以发现需求、满足需求、创造需求为导向，以创新为驱动，以技术、产品升级为主线，主动适应市场结构变化，抢抓细分市场机遇；以客户需求为中心，以为客户创造最大价值为目标，实现了产品全生命周期和运营全过程客户价值的最大化目标，率先在行业与产业链成员中构建了一个共生共赢的全新商用车产业生态圈。

②倡导工匠精神，培育“匠心文化”。大力倡导基于一线岗位的员工自主创新，并以此完善绩效管理、目标管理、员工创新管理、精益改善、降本增效，同时畅通了员工到技师、高级技师的成长通道。倡导工匠精神，建设企业技能人才队伍，通过搭建完善的岗前、岗中、转岗培训机制，以及设立高技能人才津贴和技能大师工作室等制度，培养了荣获陕西省十大能工巧匠、全国五一劳动奖章等称号的一大批高技能人才。

2017 年，陕汽汽车总装配厂荣获陕西省先进集体，销售公司石家庄办事处主任郎晓光和汽车总装备厂席小军荣获陕西省劳动模范和陕西省“三秦工匠”。

③始终坚持广泛、深入地开展德文化落地。近年来，陕汽先后开展德文化现场培训 300 多场，共 800 多个课时，培训公司班组长以上管理干部、骨干和员工约 2 万人。在对公司本部进行文化指导的同时，对外阜及新成立子公司进行文化导入，陕汽德文化培训已被广大干部员工誉为“金牌培训”，文化传播取得了实质效果，为集团公司战略实施提供了有力的文化支撑。

④构建德文化落地三层次落实体系。陕汽构建了三层次文化落实体系，第一层是科级以上干部德文化落地现场指导培训，强化和固化公司管理层对德文化的认知和认同；第二层是在公司管理过程和流程制度中贯彻落实德文化的要求；第三层是广泛、持续、深入开展德文化进班组系列活动，找到企业文化落地的准确着陆点。

⑤加强企业文化制度体系建设。公司基于《集团公司企业文化管理办法》，出台了《集团公司企业文化示范单位管理考核细则》《子公司企业文化专项考核细则》《德文化落地考核细则》等管理规定。以制度规范和严格执行、考评结合促进企业文化建设各项工作落实，实现了文化建设的有序管理。

⑥定期开展文化审计工作。公司成立了陕汽执行力文化审计小组，通过定性和定量相结合的分析方法，总结公司在企业文化建设方面的得与失，为进一步完善公司的企业文化建设提供决策性意见。

⑦以班组、科室为平台，以班组员工为主体，陕汽广泛深入开展“德文化进班组”“践行德文化——我身边的人和事”等系列活动，进一步加强了德文化的感召力，使广大员工自觉践行、热心传播。

⑧以典型引导，构建文化落地的长效机制。通过开展“企业文化示范单位”创建活动，实现了文化建设由公司引领到各单位主动实践。从 2012 年开始，陕汽各单位紧密结合目标任务和员工队伍实际，培育了“服务文化”“家文化”“脊梁精神”“匠心文化”“火炬文化”“先锋文化”“双创文化”以及子文化等，命名表彰了四个企业文化示范单位，充分发挥了标杆引领作用。同时，通过建立专业厂、子公司和科室、班组以及员工的三级典型表彰机制，以典型模范引导和凝聚激励员工，为企业转型发展贡献力量。

⑨开展“感恩文化”主题系列活动，为员工办好“十件实事”。公司设立了 200 万元困难帮扶基金，建立员工帮扶机制；投资 2500 多万元，建设绿色蔬菜基地，发展绿色蔬菜产业，抓好员工“菜篮子”质量；建立员工健康档案；在公司西厂区新建家属楼 30 多栋，解决了 2000 多户员工的住房难问题；等等。“十件实事”累计投入 2 亿多元，获得了公司员工的一致好评，在行业和社会上产生了良好反响，成为陕汽践行德文化内涵的闪亮名片。

⑩以“四个抓手”推动德文化落地。陕汽在德文化落地的创新实践中总结出了

“四个抓手”工作法：一是对全体员工经常性地、持续深入地开展德文化培训；二是广泛深入持续开展德文化进班组、进科室活动；三是按照德文化的要求建立、完善、梳理各项制度，尤其是员工绩效管理制度，并严格执行；四是各级领导既要带头践行德文化，为员工做出表率，同时又要履行好领导、组织、推动文化建设的职责。借助“四个抓手”的模式，推动德文化有效落地。

⑪制定《员工行为规范》和不同岗位的《员工行为细则》，把德文化的引导和要求变成对员工行为的规范和约束。

⑫坚持开展德文化落地效果评估。通过实施德文化测量和反馈机制，坚持每半年进行一次德文化落地调研测量，评估文化落地工作效果，以更好地指导下一步文化管理工作。

### （四）德文化新内涵为陕汽跨越发展增添新活力的主要方式

结合实际工作，陕汽制定长期规划和近期目标，通过“五个着力点”，助力德文化落地生根。

#### 1. 形成“共鸣”

集团公司在发展的不同时期，紧紧围绕发展主题，突出顶层设计，先后连续十多年开展“十论企业发展战略”“摒弃不良行为习惯、培育双优特色文化”“危机下的深度反思”“企业精神与自我实践”“延安精神对陕汽科学发展的启示”“危机、使命与责任思考”“陕汽发展战略研讨会”等主题大讨论。

集团公司举办“品质觉省工程”节目大赛，通过职工身边的案例现身说法，拨响员工心中的“共鸣点”，提升员工的精品意识和责任意识。豪迈的《陕汽之歌》激扬了正气，凝聚了团队。在公司每周召开的党政联合例会、行政例会和内部重要会议上，全员唱响《陕汽之歌》已经固化为陕汽的固定仪式。

#### 2. 筑牢“激励”

坚持开展年度劳模、优秀党员、专家、科技带头人、首席员工、岗位标兵、文明员工、好青年评选。对于经过层层推选、优中选优的公司年度劳动模范，公司给予物质奖励，安排海外旅游，同时给予年度慰问金等多项激励政策。每年组织数十场劳模报告会，深入车间班组，传播劳模事迹，弘扬劳模精神。爱岗敬业、诚信奉献、说到做到、做就做到最好的劳模精神，已成为公司一笔宝贵的精神财富。

围绕战略目标，企业坚持项目激励制，设立奖励基金。2017 年 7 月，陕汽举行了首届创新大会；2018 年 10 月，陕汽举行了第二届创新大会；2019 年 1 月，陕汽举行了第三次创新大会；2019 年 9 月，陕汽举行了第四次创新大会。集团公司建立了全员创新机制，设立年度创新激励基金并打通了员工和技术人员成长的职业生涯发展道路，完善的激励链条激发了全员工作的积极性和创造性，夯实了企业发展根基。

### 3. 搭起“舞台”

陕汽建起了多个员工技能培训和实操比武基地，设立了“想挑战吗”擂台赛、技术比武对决赛，通过为员工搭建施展才华的平台和设立的对决比赛，涌现出了一批陕西省技术状元、技术能手、杰出能工巧匠、十大杰出工人。

集团公司培养出的陕西省首届“三秦工匠”“劳动模范”“优秀共产党员”——席小军，成为公司全体员工学习的楷模。作为一名铣工，他21年如一日，靠机床和一双巧手，加工了数十万件产品，没出现过一件废品。

创新实践全员岗位动态管理制、干部年度述职考评制、管理干部下基层、干部交叉任职等，形成了干部能上能下、赛马不相马的竞争机制。搭建舞台，以德和能选才，有力地激发了干部、员工干事创业的激情。

陕汽通过搭起“舞台”，为职工创造了良好的发展环境，造就了一批优秀的技术和管理精英。

### 4. 找准“热点”

20多年来，公司坚持每季度的职工思想动态报告制度，第一时间掌握了内部舆情，了解到了职工的所思、所想、所忧、所盼。这些信息成为解决实际问题、促进管理提升的重要依据，成为解决员工关注问题的有效手段和平台。

### 5. 树立“榜样”

陕汽通过开展“企业文化示范单位”创建活动，实现了文化建设由公司引领到各单位主动实践的全过程，在文化培育与实践中树立了榜样。自2012年开始，陕汽紧密结合文化规律和员工队伍实际，培育了多元化的子文化，以典型模范引导并激励员工，发扬榜样作用。

## 四、实施效果

### （一）文化建设，成效显著

①对外取得的荣誉：陕汽先后荣获了全国汽车行业首个企业文化示范基地、全国企业文化建设工作突出贡献奖、全国企业文化工作标杆单位、全国企业文化突出贡献人物。党委书记、董事长袁宏明和党委副书记、总经理王延宏被评为中国商业联合会《企业文化评价体系》标准起草专家。《陕汽之歌》被表彰为全国最美企业之声铜奖。荣获陕西省“企业文化示范单位”、陕西省“企业文化建设优秀成果”、陕西省“企业文化优秀案例”。2019年8月荣获2018—2019年度全国企业文化优秀成果一等奖，

2019 年 10 月荣获三秦企业文化标杆单位。

②对内取得的荣誉：2018 年，陕汽荣获潍柴动力企业文化建设优秀组织单位；6 项企业文化优秀实践成果、4 项企业文化建设优秀案例获奖；2 人荣获优秀企业文化工作者。

③陕汽德文化创新实践成为北京大学原副校长、著名企业文化专家张国有新书《文化的驱动力》中列举的 10 大案例之首，在全国得到大力传播。陕汽企业文化，已成为集团公司不断创造新的辉煌的精神支柱和动力源泉。优秀的企业文化呈现出四点功效：出得来、回得去、扎下根、结出果；陕汽以德文化为核心的企业文化建设实践活动，具有很好的社会意义和示范意义。

### （二）焕发活力，助推发展

在陕汽发展新的环境条件下，德文化已经成为引领、凝聚、指导、规范、推动陕汽健康、持续、快速发展的根本指导和重要推动力。2019 年 1—10 月，陕汽累计实现汽车产销 15.4 万辆，同比增长 6%；2019 年汽车产销达 18.58 万辆，实现营业收入约 750 亿元，再次刷新历史纪录，交出了一份漂亮的成绩单。在陕汽德文化引领下，企业不断实现跨越式发展，连续 13 年跻身中国 500 最具价值品牌榜，2019 年品牌价值再创新高，达 263.18 亿元。

主创人：袁宏明

参与人：贺鸣芳　周毅

# 企业内部市场管理体系构建及应用

山西汾西矿业（集团）有限责任公司

## 前言

山西汾西矿业（集团）有限责任公司（以下简称“汾西矿业”）是山西焦煤集团所属的五大煤炭子公司之一，前身汾西矿务局，成立于1956年1月。2000年8月，经山西省人民政府批准，改制为国有独资的山西汾西矿业（集团）有限责任公司。2001年10月，加入山西焦煤集团有限责任公司。2005年12月，由山西焦煤集团有限责任公司、中国信达资产管理公司、中国华融资产管理公司、中国建设银行股份有限公司共同出资重组为山西汾西矿业（集团）有限责任公司。

汾西矿业历经两次战略西进和煤炭资源整合煤矿兼并重组，现已发展成为一个以煤炭生产加工为主，集煤炭、电力、建筑建材、机械修造、民爆化工、物流贸易等多种产业门类于一体的特大型国有煤炭企业。公司煤炭资源丰富，主打产品为主焦煤、肥煤和瘦煤，煤炭保有储量463845.81吨，可采储量242976.51万吨。在册职工总数46352人。

汾西矿业先后被中国煤炭工业协会授予全国煤炭工业节能减排先进企业，被中华环保联合会和中国煤炭加工利用协会联合授予中华环境友好企业称号，并获得全国五一劳动奖状、山西省功勋企业、山西省优秀企业、全国煤炭工业思想政治工作先进集体等荣誉。

如今，汾西矿业通过构建内部市场管理体系，在新产业项目布局建设、整合项目发展、控制资金有效投入、提升内部网点业务质量、促进内部网点发展等方面取得了显著成效。

## 一、企业内部市场管理体系构建的背景

### 1. 内部市场发展的客观需要

汾西矿业内部市场网点始建于1979年，是为安置当时返城知青、矿区待业青年和家属等而成立的。发展至今，已拥有35个内部网点，内部市场准入业务包括产品业务

和维修（服务）业务两个方面，其中产品业务涉及金属类、橡塑类、建材类、油脂类、矿用设备类、矿用工具类、选煤类、阀组管件类、电器类、支护类、劳保类、木材类、饮料类和包装类共 14 个大类，63 个小类，293 种产品；维修（服务）业务涉及支护类、矿用设备类、选煤设备类、电力设施类、防爆电机类、车辆类、特种设备和信息系统及网络服务类共 8 个大类，22 个小类，68 项维修（服务）业务。但伴随着投资规模的不断扩大，产业链条的不断延伸，内部网点管理难度和经营风险越来越大，给内部市场管理制度提出了更高的要求。为此，内部市场管理体系更加注重业务准入管理，降低经营风险；加强业务质量管理，增强网点生存与发展的能力；基于内外结合的定价方式，加大对网点发展的促进。

2. 实施企业发展战略的必然选择

近年来，汾西矿业结合国企改革和转型发展目标，积极围绕产业布局，以煤炭主体产业为依托，创造新的经济增长点，形成了以非煤炭主体产业的新经济体系。按照公司发展战略部署，所属各矿厂围绕煤炭主业，积极寻找新的经济增长点，成立了以新产业为生产经营主体的内部网点。2016 年 3 月，按照煤炭、洗选、多经、后勤“四条线”管理，各矿厂管理的工贸公司及部分全民多经公司统一划归到新产业发展公司，进行统一管理，实现煤与非煤产业比翼齐飞。内部市场管理体系的构建适应了新形势新要求，既降低了经营风险、增强了业务管理，又提高了各网点和产业竞争力，为公司转型跨越发展提供了强大动力，成为公司稳健发展的第二引擎。

基于上述情况，汾西矿业先后制定《内部产品结算价格暂行管理办法》，修订完善《内部市场监督管理办法》《内部市场质量管理办法》，形成了内部市场管理体系的基本框架。内部市场管理体系的构建与应用，进一步规范和促进了内部市场的良性循环发展。

## 二、内部市场管理体系的基本内涵

1. 内部市场含义及基本原则

内部市场是指汾西矿业所属各单位与内部网点之间在《内部市场业务目录》的范围内从事的设备、材料、配件等物资供应和设备安装及维（检）修、各类服务等方面的交易关系。

汾西矿业内部市场管理体系是公司内部市场监督管理领导组与办公室成员共同努力的宝贵经验，在长期对内部市场业务、质量、经营等状况监督管理的过程中，经不断深入学习、改进方式方法而形成的一套健全的管理制度。

汾西矿业内部市场管理体系构建遵循的基本原则：一是坚持适度支持，规范有序原则；二是坚持整合发展，杜绝重复建设；三是坚持科学发展，规模效益原则；四是坚持管控结合，执行得力原则。

2. 内部市场管理体系构建的基本内涵

汾西矿业构建的内部市场管理体系主要从四个方面着手：一是积极构建“准入管理”体系，通过布局项目建设、整合重复项目、控制资金合理投资，有效降低内部网点经营风险；二是积极构建“质量监管”体系，通过原材料管理、生产控制，提高内部市场产品和维修（服务）质量，有效提高内部网点市场竞争力；三是积极构建“结算价格”体系，通过市场定价、双重定价、成本加成定价和协商定价相结合的定价方法对内部产品结算价格进行确定，有效促进内部网点发展；四是积极构建“监督管理”体系，通过定期与不定期检查、准入业务外委（外购）监管以及受理投诉与仲裁等，有效维护内部市场秩序。四个体系共同构建了汾西矿业的内部市场管理体系，各体系之间并非彼此独立，而是相互联系、彼此结合的一个有机整体。汾西矿业管理体系架构如图 1 所示。

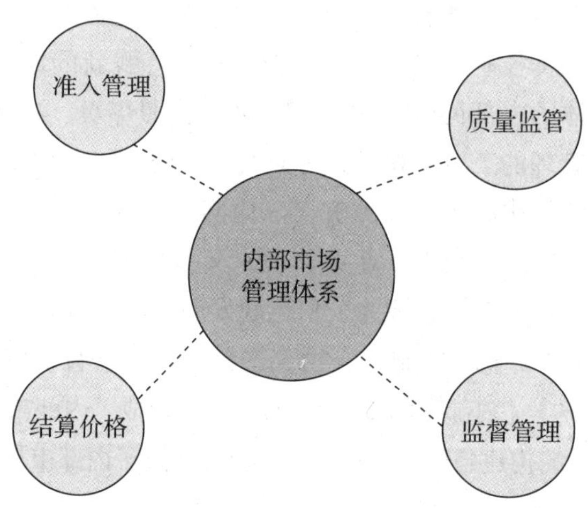


**图 1　汾西矿业内部市场管理体系架构**

## 三、内部市场管理体系构建与应用的主要做法

1. 积极构建“准入管理”体系，有效降低内部网点经营风险

（1）准入业务分类

内部网点申请准入内部市场的业务可分为增加范围业务和新立项业务两类。

（2）增加范围业务管理

增加范围业务是指在已准入内部市场业务的基础上，增加其产品的规格型号或扩大某维修范围的业务。增加范围业务无须进行可行性研究，直接向公司内部市场递交申请，经内部市场领导组审定同意，内部市场监督管理办公室组织有关部门专家现场验收。

（3）新项目管理

新立项目业务是指内部市场未准入的业务，内部网点经过可行性研究，计划开展的新项目。新立项业务需进行可行性研究，并向公司递交内部市场新项目开展申报表，经公司审批后，方可投资、建设，经现场验收通过后，方可准许进入内部市场。

内部网点严禁未经审批自行开展新项目，否则，将视作违规操作，由此带来的资产流失等经济损失将由当事人及网点上级单位负责人承担全部责任。

①新项目分类：一是自主生产和组装的新产品项目；二是自行检修的新维修项目；三是对产品和维修项目产生重大影响的技术变革。

②新项目申报：拟开展新项目的内部网点，项目负责人应认真填写内部市场新项目开展申报表，经内部网点上级单位讨论审核，负责人签字同意后报送汾西矿业内部市场监督管理办公室。

在内部市场新项目开展申报表中应就市场分析、技术分析、投资分析、效益分析和风险分析五个方面的内容进行详细的阐述。

③新项目审批。内部市场监督管理办公室收到内部市场新项目开展申报表后，组织相关业务处室对新项目的可行性进行审核，审核内容有：申报的新项目是否符合国家相关法律法规和规章制度；申报的新项目是否具有科学性、先进性、安全性、可行性和效益性；新项目技术人员资质等级和工作能力是否能够满足需要。

新项目通过相关业务处室进行论证，听取该项目负责人答辩后，将相关业务处室讨论意见记录在内部市场新项目审批表，报内部市场分管领导批示。

（4）新项目试运行

新项目被批准后，内部网点要按计划具体实施，以确保项目顺利开展并取得预期效果；待项目建设完成，投产运行后，内部网点应尽快将与该项目相关的资质、证照等办理齐全；待办理齐全后，内部网点方可向公司内部市场提出内部市场准入申请。

（5）现场验收

①内部网点提出的内部市场准入申请经内部市场领导组审定同意后，由内部市场监督管理办公室组织相关业务处室进行现场验收。验收内容有：项目的投资、设备、技术等是否与内部市场新项目开展申报表中内容一致；项目涉及的相关证照、资质等是否办齐；项目的产品或维修业务是否已通过国家煤安检验或检验部门的检验等。

内部市场现场验收，视该项目技术成熟与否，核准该项目为试用或正式准入。新项目准入流程如图 2 所示。

②准入条件。一是申请准入内部市场的产品必须自主生产，维修和服务项目必须具备相关资质；二是申请准入内部市场的业务必须在营业执照许可的经营范围内，并按期核审；三是具有完整的质量保证体系和完善的售后服务保证，并具备规模生产能力；四是根据国家有关规定应取得生产许可证的，必须取得有效的生产（制修）许可证，并具备产品检验合格证（检验合格报告），列入执行安全标志管理的煤矿矿用产品

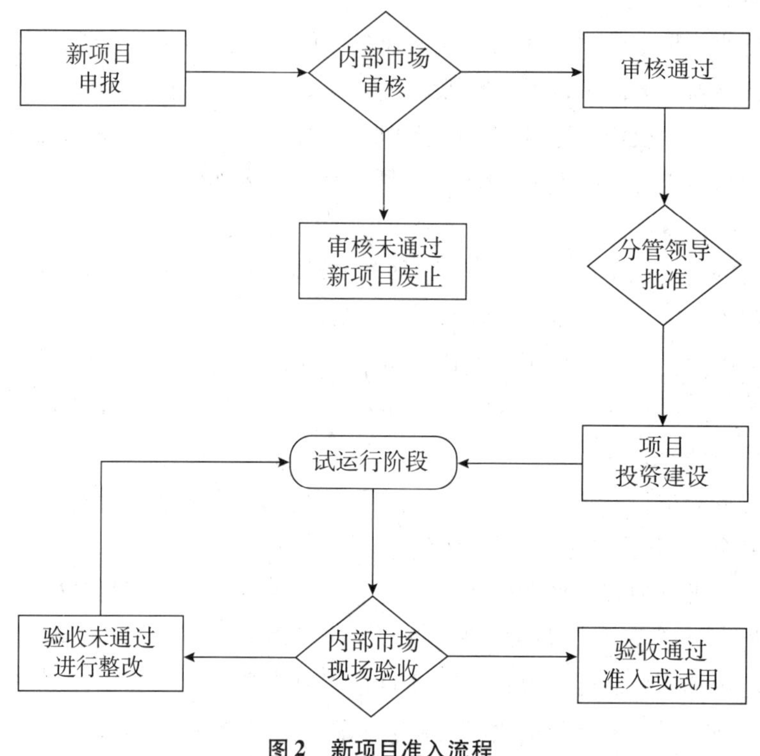


**图2　新项目准入流程**

目录的，必须取得矿用产品安全标志证书；五是对特种行业特种作业人员，要求取得相关部门颁发的特种行业操作证书；六是提供产品生产所依据的国家标准、行业标准或企业标准，并且按照标准组织生产、检验；七是工程建筑施工企业应具备企业资质证书、安全许可证、施工业绩证明、施工人员基本情况等。

③试用报告。现场验收核准为试用的项目，试用期满后需填写内部市场新项目试用报告，详细阐述项目利润、质量、服务、存在问题等。内部市场监督管理办公室针对内部市场新项目试用报告进行有重点的抽查核实（质量、价格、售后服务等方面），若核实无误且符合内部市场规定，准许项目正式进入内部市场，为其颁发定点产品生产（制修）许可证。

（6）换发证管理

内部市场定点产品生产（制修）许可证采用两年一换的形式（资质等到期者除外），新颁发定点产品生产（制修）许可证以验收会议纪要为准。

①换证管理。内部市场监督管理办公室对各内部网点所持有的定点产品生产（制修）许可证进行统一更换。更换时，各内部网点应准备如下材料：申请换证单位的营业执照；煤矿安全标志证书、行业生产（检修）许可证、防爆合格证、检验报告等相关证照；已过期的定点产品生产（制修）许可证。

逾期6个月未更换定点产品生产（制修）许可证的内部网点，需书面说明延期办理换证工作的原因。

②发证管理。对于经过内部市场监督管理领导组现场验收，并准入的项目，予以核发定点产品生产（制修）许可证。

定点产品生产（制修）许可证有效期，以该项目所需资质、证件等的最近有效期定为准。

(7) 目录管理

《内部市场业务目录》为内部市场监督管理办公室每年定期发布，《内部市场业务目录》中包含了准许进入汾西矿业内部市场的产品、维修（服务）业务。

(8) 档案管理

内部网点项目资料，按照“一点一档”进行归档管理，对于内部网点所有材料均应留存，及时更新过期资质、检验报告等相关资料。

### 2. 积极构建“质量监督”管理体系，有效提高内部网点市场竞争力

质量是企业的生命、是企业的灵魂，任何一个企业要生存要发展就务必要千方百计致力于提高产品质量，产品质量已成为一个企业在市场中立足根本和发展保证，没有质量就没有市场，没有质量就没有效益，没有质量就没有发展。

(1) 内部市场产品质量实行监督检查制度

包括监督抽查、统一监督检验、定期监督检验等形式。内部市场根据需要可以对生产、销售产品的网点产品质量进行监督抽查。日常质量（监督）管理工作由各单位自行规划、管理。

(2) 监督检查产品质量的依据

法律、法规和规章的规定；国家标准、行业标准、地方标准、企业标准；产品标识中明示的内容、实物样品、产品说明、产品广告，合同中的质量约定、承诺与技术要求等；国家和质量技术监督行政管理部门批准的质量监督检验办法、质量检查细则和质量判定规则。

(3) 内部市场质量管理

包括原材料、生产过程控制、产品入库检验等，要形成完整的质量管理体系。质量管理遵循“三按、三不、三检”原则：按产品图纸、按标准、按工艺；不接受不良品、不制造不良品、不流出不良品；操作者自检、班中互检、送权威机构专检。

(4) 质量控制

①要有产品执行标准及产品检验标准、规范。产品检验标准、规范应规定以下内容：适用范围、检验项目、质量基准、检验方法、抽样计划、取样方法、标志标识、包装储存等其他应注意的事项以及检验后不合格品的处置。

②各单位必须具备满足生产、修理和检验过程的检验、检测设备及手段，且所使用的全部计量器具要定期校验，做到送检、抽检符合标准要求，并有合格标志。

③根据国家有关规定应取得生产许可证的，必须取得有效的生产（制修）许可证，具备产品检验合格证（检验合格报告），列入执行安全标志管理的煤矿矿用产品目录的，必须取得矿用产品安全标志证书。

（5）原材料管理

①各单位应根据质量控制要求选择合格供方，以保证所采购的原材料符合规定要求，供应部门应严格按照原材料质量标准均衡组织进货，建立原材料供货方档案，并对其符合性进行定期评价，如出现质量事故，可随时进行评价，必要时取消其合格供方资格。

②原材料采购依照采购资料的有关规定进行。采购资料包括所采购产品的技术资料、技术标准、产品的检验标准等。所采购的材料必须符合国家和地方的质量安全、环境管理等方面的要求。

③原材料进厂后，由采购部门向质检部门交验，交验时附供货单位的产品合格证书、质检报告、煤安标志、装箱单及相关的技术资料。质检部门按照检验规范进行检验，分别从实物数量、质量进行验收，验收时利用专用工具、专用设备、仪器仪表进行检验。检验后出具检验证明，合格方可入库，不合格品另行处置，并做好不合格品的跟踪验证。如本单位无法进行的专业检验，可验证或驻厂监制，如有必要，可向专业检验检测机构送检。

④原材料检验合格后入库保存。保存时要根据不同材料的不同属性分类保存，并做相应的产品标识。有特殊要求的材料要根据相关技术资料采取必要的产品防护措施。

（6）过程控制

①对产品供货合同进行确认后，技术工艺部门编制《生产作业指导书》，编制生产工艺流程图，并对关键和特殊过程进行重点控制；关键和特殊过程中的零部件要严格按照工艺规程进行，并做好监控记录。

②在生产制造过程中，要加强对加工条件的控制和检验，并做好记录。同时要认真做好自检、互检、专检，批量生产的产品要做好首检、抽检，并做好检验记录。各工序检验合格后，经检验人员签字认可，以中转单方式办理交接手续，进入下道工序，下道工序不得接受上道工序未经检验的产品。经检验不合格的零部件、半成品由检验员注明“不合格”后另行处理，并做好不合格品的跟踪验证。

③在修理过程中，依据产品修理拆解报告编制修理计划，按零部件、整机做好点检记录和检验试验记录，组装调试后，经检验员检验和试验判定合格后出具产品检修合格证明。检修不合格，按不合格处置规定处置，并做好不合格品跟踪验证。

④在所有采购产品验证、制修过程检验均已完成，且结果符合要求的情况下，经检验人员认可后，方可转入下道工序；最终产品经专职检验人员检验合格后，由质检部门出具产品检验合格证，生产部门安装产品铭牌后交送销售部门验收入库。各单位生产的产品必须要有明显的产品标识。

（7）质量记录档案、资料的管理

①按照《中华人民共和国档案法》的有关要求，做好质量技术文件的有关档案管理工作，原始记录和台账应使用统一的表格，各项检验要有完整的原始记录和分类台账，并按月装订成册，由专人保管，保存期为三年。分类台账应按期存技术档案室，长期保存。各单位应积极创造条件，建立微机质量管理数据库。

②各项检验原始记录和分类台账的填写必须清晰，不得随意涂改，当出现笔误时，须在笔误数据中央画两横杠，在其上方更正并签字确认，重要检查记录的更正要有主管领导签字。

③对质量检验数据要及时整理分析，每月有分析小结，每年有专题总结。

（8）产品成品入库

①产品成品经检验合格后，生产单位持产品检验合格证办理交库，并做好交库记录。

②库房管理人员要根据产品检验合格证认真验收产品，根据产品的不同属性分类、整理摆放并做标识。

③对有特殊要求的产品、零部件要进行必要的产品防护。

质量管理流程如图 3 所示。

（9）售后服务

①产品交付后，要对产品进行技术跟踪服务。

及时收集汇总质量信息，作出正确判断，及时处理用户在使用产品过程中出现的质量问题，并采取纠正和预防措施，不合格品的处理要严格按照不合格品的处置程序执行。

②单位销售服务人员要随时到现场或以其他方式与用户联系，听取用户反馈的产品意见、服务质量意见、工作质量意见和检修质量意见，保持记录，确保用户满意。

③单位要建立用户信息档案及质量跟踪信息档案，并制定持续改进措施。

④针对各单位的主要产品，全年要进行至少一次的顾客满意度调查，并将调查结果进行汇总。

（10）职工质量教育培训

①各单位自行组织职工质量教育培训，通过教育培训提高员工的质量意识、质量知识及质量管理技能，让员工充分了解质量管理作业内容、方法和重要意义，以保证产品的质量。

②各单位年初要制订技术、质量人员的培训计划。

③对单位所有员工要进行质量管理基本教育，对质量管理人员、检验人员、生产部门及技术部门的各级专业技术人员要进行质量管理专门教育。

（11）维修质量监督管理

①设备维修：设备维修是对技术状态变化时发生故障的设备，通过更换或修复磨损失效的零件，对整机或局部进行拆装、调整的技术活动，其目的是恢复设备的功能或精度，保持设备的完好。

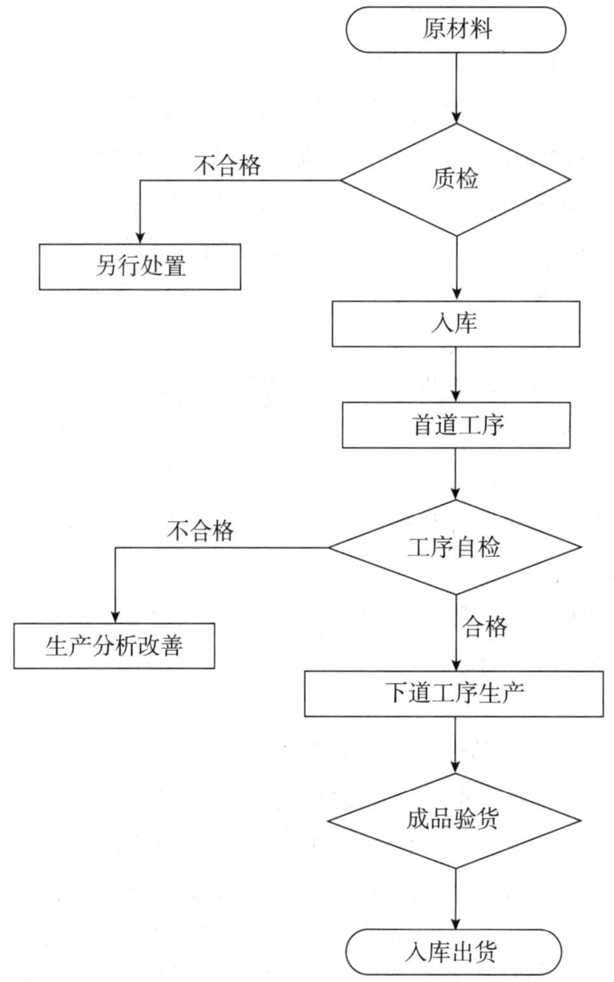


**图3　质量管理流程**

②设备修理以修理协议中双方确认为准，但不应超过该产品的设计寿命，配件为所更换配件的质保期，易损件按规定过煤量（工作量）确定。按照国家或行业制造标准和技术条件全面恢复设备的功能或精度的，应满足该产品的设计寿命。

③严格按照国家、行业或者地方的维修标准和规范进行维修。

④为保证维修质量，要求承修单位使用纯正配件。若发现使用假冒伪劣配件，将取消其内部市场准入资格，所发生的费用不予结算。

⑤设备维修或改造完成验收合格后方可办理结算手续。承修单位应向用户提交换件清单、维修数据及试验记录等资料。

3. 积极构建“结算价格”管理体系，有效促进内部网点发展

（1）定价原则

①全局性原则。从公司整体利益出发，考虑国家政策法规、经济形势、税收政策、

产品市场等因素，对内部产品结算价格进行定价。

②公开性原则。在充分考虑全局性的前提下，内部产品结算价格采取高质高价、低质低价、公开透明、合理配置的定价原则。

③重要性原则。因内部交易产品种类繁多，应对价高量大、耗用频繁的产品从严定价，对价低量小、不常耗用的产品从简定价。

（2）定价方法

根据内部产品是否存在外部市场以及内外部市场销售收入占比情况，对内部产品结算价格采取分类定价的方式。

①市价定价法。外销收入占绝大多数（占比50%以上）的内部产品，参照市场价格进行定价。

②双重定价法。外销收入占比较大（占比20%～50%）的内部产品，经内部产品结算价格领导组同意，内部产品结算价格采用生产单位参照市场价格结算，购买单位参照内部产品成本价格结算的方式进行定价，结算价差由汾西矿业统筹安排。

③成本加成定价法。外销收入占比较小（占比20%以下）的内部产品，在参考市场价格的基础上采用成本加成定价法进行定价。

④协商定价法。产量少、没有市场价格参考、成本无法准确核算的内部产品，结算价格可由供需双方通过协商，经内部产品结算价格领导组同意后，报内部产品结算价格管理办公室备案，方可执行协商价。

（3）定价程序

①基础数据报送。各内部产品生产单位在每年1月31日前，将本年内部产品成本测算表（需同时列报上年同期实际数）、上年产品内外销明细表上报内部产品结算价格管理办公室。

②定价方法确定。内部产品结算价格管理办公室根据各单位内部产品内外销收入、成本等情况，确定内部产品定价方法。

③定价测算。按照确定后的内部产品定价方法，测算本年度内部产品结算价格。一是市场价格的确定：组织相关业务部门进行市场询价，结合各生产单位外销价格，确定本年内部产品市场价格；二是成本加成价格的确定：组织相关业务部门进行实地调研，结合生产单位材料、人工、税费等各项直接、间接成本以及经营效益情况，确定本年内部成本加成价格。

④结算价格的确定。内部产品结算价格管理办公室将内部产品结算价格测算结果报送内部产品结算价格领导组审定，经内部产品结算价格领导组同意后，下发各单位执行。

（4）调价机制

内部产品结算价格执行周期一般为一年，如内部产品存在市场价格与成本变动的情况，供需双方可提出调价申请，上报内部产品结算价格领导组审定。

①生产单位申请调价。执行市场价格定价的生产单位，市场价格变动超过10%时，可提出调价申请；执行成本定价的生产单位，成本变动超过10%时，可提出调价申请。

②购买单位申请调价。内部产品结算价格超过市场价格10%，或给出合理的调价依据，可提出调价申请。

③价格仲裁。当供需双方对现行内部产品结算价格提出调价申请，由内部产品结算价格领导组进行仲裁，确定调整价格。

4. 积极构建“监督管理”体系，有效维护内部市场秩序

（1）监督检查

为规范内部市场运作，加强内部市场的监督管理工作，内部市场监督管理办公室组织相关处室，采取定期与不定期检查相结合的方式，对内部单位和网点进行内部市场监管。

①定期检查。由企管处牵头，每半年组织相关业务处室对汾西矿业内部市场运行情况进行一次全面检查。

②不定期检查。每月不定期以“四不两直”的形式，突击检查各单位或内部网点。由企管处、财务处、技术中心、机电处等相关处室组成检查小组，各相关处室派出一名工作人员参加检查小组，对检查工作实行个人责任制。

（2）外委、外购管理

内部市场已准入的业务［包括产品、维修（服务）业务］，各单位只准许在内部网点购买产品或维修设备和车辆，如需外购（委），需填写产品外购审批表或设备（配件）外委修理审批表和车辆外委修理审批表，报公司审批后，各单位方可进行外购（委）。

外购（委）审批表由内部市场监督管理办公室统一进行登记，并备案归档。

（3）投诉受理与仲裁

①投诉受理。各单位、个人及媒体等对汾西矿业各单位违反《内部市场监督管理办法》中相关规定的行为，均可向内部市场监督管理办公室投诉。

内部市场监督管理办公室接受投诉后，根据投诉内容填写内部市场投诉受理登记表，组织内部市场管理成员单位对该事件进行核实，并作出处理意见，对重大事项的裁决提出意见报请汾西矿业内部市场监督管理领导组议定。

②仲裁。在内部市场交易的供需双方，一经签订合同，均应严格履行。如发生纠纷，合同不能正常履行时，由内部市场监督管理领导组进行仲裁，违约方应承担违约责任。

## 四、内部市场管理体系应用中取得的效果

汾西矿业通过构建内部市场管理体系后，在新产业项目布局建设、整合项目发展、控制资金有效投入、提升内部网点业务质量、促进内部网点发展等方面取得了显著成

效。特别是新项目的准入管理体系，是内部市场管理人员在实际工作中经不断探索、研究，总结出的一套有效降低投资风险的管理措施。

### 1. 管理效益

以内部市场监督管理为依托，强化公司内部市场管理工作，达到降低内部网点经营风险、提高内部网点市场竞争力、促进内部网点良性发展的目的，具体体现在以下四个方面。

①通过内部市场准入管理体系，汾西矿业管控内部市场业务建设能力增强，形成了新项目从立项、建设乃至发展壮大，全过程监管的模式。借助准入管理体系，对内部网点新项目的立项作出了全局性的布局规划，对已准入业务根据实际情况进行规划整合，使公司资本可以有效投资，大大降低了内部网点的经营风险。

②通过内部市场质量监管体系，汾西矿业加强了内部市场业务质量监管，形成了从原材料入库直至产成品出库的一套完整的质量管理体系，提升了内部网点业务的质量水平，创建了自己的品牌，提升了企业知名度。汾西矿业拥有国内先进的生产设备和技术水平，同时在机械、液压、电控等诸多方面有着专业的技术人才，拥有偏重轮架装置、局扇雾化抑尘装置、卧式螺旋风机、湿式除尘器过滤网装置等多个实用新型专利、发明专利和自主知识产权，提高了内部网点的市场竞争力，为企业做强做大做优打下了坚实的基础。

③通过内部市场结算价格体系，汾西矿业建立了公开透明、科学合理、运行规范、监督有效的管理机制，满足汾西矿业经营管控和经营业绩考核的要求，加大了促进内部网点发展的力度，利用不同的定价方式，从多角度促进内部网点的发展，使内部网点从“被动受血”，发展为“止血”，最后成为主动“造血”的企业。

④通过内部市场监督管理体系，汾西矿业进一步维护了内部市场的正常秩序，使符合内部市场要求的新项目得到了应有的内部支持和充足的发展空间，为公司内部市场经济发展起到了保驾护航的作用，促进了内部网点的发展壮大。

### 2. 直接经济效益

通过内部市场管理体系，汾西矿业加强了新项目的审核和已准入项目的整合工作，2018 年至今，内部市场取消了气动锚杆钻机（MQT－120/2.5）、29#钢钢棚、重介质粉和刮板输送机链轮组件四种产品和 DW 型单体液压支柱一种业务维修，共五项内部市场准入业务；整合了锚固剂和锚杆产品的生产经营；取消了无轨胶轮车、液压锁等新业务的投资建设。随着汾西矿业内部网点的发展壮大和对外部市场的开拓，2018 年度内部网点销售总额 87296.32 万元，其中内部市场 82036.32 万元，外部市场 5260 万元。

3. 间接经济效益

通过内部市场管理体系，汾西矿业提高了企业内部市场业务质量，同时注册并向市场推出了“晋星”和“柳化”品牌，提高了内部网点在市场的知名度和美誉度。

主创人：张秋明　任玉让

参与人：师雯霞　高有和　李丰财　严晋杰　姜喜静

# 以提升组织力为重点的上市公司党建与经营融合创新实践

河南平高电气股份有限公司

## 前言

河南平高电气股份有限公司（以下简称“平高电气”）是国家电网公司全资子公司——平高集团有限公司控股的上市公司，于2001年2月21日在上海证券交易所挂牌上市（股票代码：600312），是国家电工行业重大技术装备支柱企业，中国高压、超高压、特高压开关及电站成套设备研发、制造基地。平高电气先后荣获全国五一劳动奖状、中国电气产品制造十大领军企业、中国电力设备十佳服务明星企业、国家级守合同重信用单位、国家火炬计划重点高新技术企业、全国质量管理创新基地、国家电网特高压交流试验示范工程特殊贡献单位等荣誉称号。核心业务为高压、超高压、特高压交直流开关设备的研发、制造、销售和服务；锅炉、压力容器、压力管道的研发、生产、销售、安装、改造及维修。

中共河南平高电气股份有限公司委员会（以下简称“平高电气党委”）下设基层党委4个、党支部（总支）46个，管理党员1049人。面对日益严峻的市场竞争环境及新时期全面从严治党要求，平高电气党委坚持以习近平新时代中国特色社会主义思想为指引，坚持全面从严治党与经营融合发展原则，强化党建引领作用，探索形成以提升组织力为重点的上市公司党建与经营融合机制，有效促进了企业发展。

## 一、实施背景

### （一）党中央对全面提升组织力提出新要求

党的十九大强调坚定不移全面从严治党，不断提高党的执政能力和领导水平，指出加强基层组织建设要以提升组织力为重点，突出政治功能，把企业、农村、机关、学校、科研院所、街道社区、社会组织等基层党组织建设成为宣传党的主张、贯彻党的决定、领导基层治理、团结动员群众、推动改革发展的坚强战斗堡垒。党支部要担负好直接教育党员、管理党员、监督党员和组织群众、宣传群众、凝聚群众、服务群众的职责，引导广大党员发挥先锋模范作用。加强基层党组织带头人队伍建设，扩大基层党组织覆盖面，着力解决一些基层党组织弱化、虚化、边缘化问题。这是党中央从战略和全局高度对党的基层组织建设提出的新定位新要求，为做好新时代基层党建工作指明了方向。

### （二）国有企业党的建设和改革发展面临新任务

党的十九大、《中国共产党章程》（以下简称《党章》）对国有企业党组织功能定位作出新规定，明确国有企业党委（党组）发挥领导作用，把方向、管大局、保落实，依照规定讨论和决定重大事项。国资委提出要把中央企业内部巡视作为全面从严治党向基层延伸的重要抓手，把国有企业党建、国有资产保值增值、提质增效、群众身边的腐败问题等作为巡视巡察重点内容，推动全面从严治党覆盖到“最后一公里”。这些新任务攸关属性定位和发展方向，迫切需要国有企业党委（党组）提高政治站位，聚精会神抓党建、一心一意谋发展，全面履行政治责任、经济责任和社会责任，做到改革发展和党的建设两手抓、两手都要硬。

### （三）新时代企业发展需要对党建工作提出新要求

随着经济社会发展和行业形势变化，平高电气作为国有控股上市公司，与其他上市公司一样，也存在党组织在上市公司法定地位不明确，党建与经营工作脱节，党组织核心作用发挥不突出，政治引领作用发挥不充分，管党治党宽松软等问题。同时，平高电气面临严峻的经营形势和艰巨的发展任务，主要因为外部形势发生了明显变化：一是美国为首的西方国家贸易保护主义重燃，贸易摩擦不断，增加了国际业务拓展难度；二是市场竞争日趋激烈，常规产品招标规模持续走低，同时限额、限标、限价等限标政策继续推行，市场拓展空间缩小；三是电网建设放缓，部分项目缓建停建。面对各种严峻的复杂形势，新时代企业对提升组织力为重点的党建与经营融合创新管理提出迫切要求。

## 二、内涵

党的领导是中国特色社会主义的本质特征和根本保障。以经济建设为中心是党的基本路线的核心，是新时代发展中国特色社会主义的工作重点。习近平总书记指出“坚持党的领导、加强党的建设，是我国国有企业的光荣传统，是国有企业的‘根’和‘魂’”。实践表明，坚持党建工作与企业生产经营、改革发展深度融合，创造性地解决企业发展中出现的新情况新问题，是焕发国企党建工作生机与活力的有效举措。党建工作做实了就是生产力，做强了就是竞争力，做细了就是凝聚力。

该课题针对现代国有控股上市公司在党建方面和经营管理方面存在的实际问题，在国家电网公司党组和平高电气党委的指导支持下，大胆探索实践，提出并实施了以提升组织力为重点，深化党建与经营融合发展的新机制，把党组织内嵌到上市公司治理结构之中，把党的领导融入公司治理各环节，做到组织落实、干部到位、职责明确、监督严格。着力激发传统国有制造业上市公司的发展活力，以企业改革发展成果检验党建工作成效，着力打造新时代现代上市公司党建品牌，为践行国有企业“六个力量”作出积极贡献。

## 三、主要做法

### （一）坚持一条主线，突出一个重点，把牢政治方向

一条主线：全面从严治党。全面从严治党是“四个全面”战略布局的重要组成部分，是全面建成小康社会、全面深化改革、全面依法治国顺利推进的根本保证。

一个重点：以经济建设为中心。《党章》规定“中国共产党在领导社会主义事业中，必须坚持以经济建设为中心，其他各项工作都服从和服务于这个中心”。

平高电气党委认真贯彻落实中央全面从严治党要求，坚持全面从严治党与经营工作两手抓、两促进，把落实国家电网公司“三型两网、世界一流”新时代战略目标和企业的经营发展成果，作为检验全面从严治党成效的主要标准。抓好各级领导班子建设，通过逐级签订党建责任书、经济责任书、党风廉政建设责任书并进行公示，亮出责任，接受党员群众监督，传递从严治党和经营管理工作压力。通过开展党建工作联系点，领导班子成员参加基层组织生活、督导分管领域党建和党风廉政建设工作、宣贯上级重要会议精神、讲党课等，形成示范引领，全面推进党的建设。通过开展基层联系点工作，领导班子成员深入基层调研，了解基层经营生产情况，开展形势任务宣传，听取基层员工意见建议，解决基层实际困难。通过开展联系专家工作，营造尊重人才、尊重知识、尊重创新的浓厚氛围，激发广大专家、骨干的积极性、主动性，最大限度地把各方面人才凝聚到企业发展事业上来。通过党建综合考评、经济责任考核、干部述职述责述廉等形式，压实从严治党责任和经营管理责任。建强各级党组织书记队伍，试点开展支部书记竞聘，选强配优基层支部书记队伍。组织书记理论实践培训，提升管党治党水平。建立书记季度汇报工作机制，协调解决基层党建问题困难。开展党组织书记抓党建述职评议考核，考评结果纳入单位年度绩效考核，约谈落后党组织书记，确保党的建设各项要求落实到位，以全面从严治党引领企业经营发展上台阶、上水平。

### （二）落实两个必须，深化两个融合，强化组织保障

两个必须：习近平总书记提出“坚持党对国有企业的领导是重大政治原则，必须一以贯之；建立现代企业制度是国有企业改革的方向，也必须一以贯之”。

两个融合：根据上市公司监管政策，结合自身特点，将党对国有企业的领导制度与现代企业制度有机融合；将企业党建工作与生产经营工作深度融合，互相促进，互相支撑。

平高电气党委将党建工作要求纳入上市公司章程，明确党组织的职责权限、机构

设置、运行机制、基础保障等内容。对董事会、监事会、总经理办公会决策事项实行党委会前置研究。实行“双向进入、交叉任职”的领导体制，即党委成员通过法定程序分别进入董事会、监事会、经营班子，董事会、监事会、经营班子中的党员依照有关规定进入党委会。根据《中华人民共和国公司法》《中华人民共和国证券法》等法律法规和国家电网公司通用制度，完善平高电气制度体系，形成13大类150项制度，依法依规依制工作，使党的方针政策和上级决策部署在平高电气得到全面贯彻落实。

平高电气党委紧紧围绕企业经营开展党建工作，创建“党建+”机制，探索“党建+业务”模式，开展“党建+创新”“党建+班组建设”“党建+技能提升”等12个专项课题。坚持以经营业绩为导向开展“旗帜领航 创先争优”竞赛，激发员工干事创业热情。以嘉兴禾城作为试点成立临时党支部，联合研制“红船”刀闸，通过组织纽带推进工程项目建设。开展“坚持党的领导，促进党建和安全深度融合”“强化责任担当 全面深化质量变革”“旗帜领航 立足岗位 全力冲刺全年目标”等主题党日活动，多措并举，推进党建工作融入中心工作。

### （三）发挥三个作用，抓好三项工作，聚焦工作重点

三个作用：习近平总书记提出的国有企业党组织要发挥领导核心和政治核心作用。《党章》规定“党的基层组织是党在社会基层组织中的战斗堡垒”。

三项工作：党组织“把方向、管大局、保落实”重点是加强政治领导、思想领导、组织领导。

加强政治领导主要体现在对政治立场、政治方向、政治原则、政治道路方面的领导，重点发挥“指南针”“方向盘”“火车头”功能，确保企业沿着中国特色社会主义发展方向“不变色”。深入学习宣贯习近平新时代中国特色社会主义思想和党的十九大精神，扎实开展“不忘初心、牢记使命”主题教育，推动“两学一做”学习教育常态化制度化，严肃党内政治生活，教育引导广大党员干部牢固树立“四个意识”，坚定“四个自信”，提高“两个坚决维护”的自觉性。

加强思想领导主要体现在加强理想信念教育、中国特色社会主义企业文化培育，重点发挥“稳定剂”“净化剂”“黏结剂”功能，增强职工凝聚力、向心力，提升企业竞争力、影响力，促进国有企业做强做优做大。平高电气党委坚持党建引领，通过党委理论学习中心组学习、“三会一课”、主题党日活动、形势任务教育、职工思想动态调研、道德讲堂、班组微讲堂、专项培训、调研座谈、谈心谈话及典型示范等形式，加强对党员干部思想工作的领导，开展“旗帜领航 促文化与党建阵地共融共建”，打造党建文化长廊，营造厚重文化氛围。建立“个十百”企业文化建设示范点39个，培育和践行社会主义核心价值观，弘扬以客户为中心、专业专注、持续改善的企业核心价值观。

加强组织领导主要体现在对领导班子建设、干部队伍建设、人才队伍建设、党的基层组织建设和党员队伍建设的领导。围绕国有企业改革和发展任务，重点发挥“发

动机”“助推器”“冲锋号”功能，落实全面从严治党要求，提升基层党组织的组织力和战斗力。平高电气党委实施“双培养”（把政治立场坚定、大局观念强劲的人才发展成党员，把信念坚定、业绩优秀的党员培养成人才，建设一支宏大的高素质党员人才队伍）工作模式，围绕“四个管好”（管好宏观把方向、管好制度强支撑、管好协调聚合力、管好服务增效能）等方面下功夫，通过“六大措施”（提高党员队伍素质、打造人才吸引氛围、构建联系服务人才机制、创新人才培养方式、改进人才选拔机制、搭建干事创业平台）有效解决党员队伍建设和人才培养问题。目前，平高电气中层以上领导干部81人，党员占比81.5%；技师、高级技师854人，党员占比22.5%；中级职称以上人员513人，党员占比52.6%。一线班组244个，其中有党员班组占比88.2%，班组长244个，党员占比29.7%，有效发挥了党组织的战斗堡垒作用和党员先锋模范作用。平高电气党委认真落实国家电网公司“旗帜领航 三年登高”计划，规范建设“一栏一室一群”、使用“三本六盒一证”，扎实推进基层党组织标准化建设。推进“四个一”工程（选树推广一批先进党组织、扶优培强一批特色党组织、延伸拓展一批临时党组织、帮扶提升一批薄弱党组织），启动支部间结对共建，大力提升基层组织建设。

### （四）发动四个“轮子”，创建“四好”班子，形成工作合力

四个“轮子”：党政工团并存是国有企业的突出组织特征。党政工团有相对独立的体系，党组织在国有企业中处于核心地位，经营班子（行政负责人）履行经营主体责任，工会发挥民主管理作用，共青团发挥生力军作用。

“四好”班子：按照中组部、国资委《关于在国有企业开展“四好”领导班子创建活动的意见》要求，“四好”班子一是政治素质好，理想信念坚定，党建工作扎实有效；二是经营业绩好，发展思路明确，依法合规经营，经济效益突出；三是团结协作好，贯彻民主集中制，凝聚力强，工作效率高；四是作风形象好，诚信经营，勤勉尽责，在职工中有较高威信。

平高电气党委高度重视党政工团班子建设，实施党政工交叉任职机制，建立工作上联手、部署上联席、活动上联动机制。健全党委会重大决策制度、经营例会制度、党群例会制度、党委会定期听取工会团青工作汇报制度，形成党政工团主动履职、齐抓共管、同频共振、同向发力、共谋发展的良好局面。在平高电气领导班子的带领下，平高电气持续向好发展，产业优化升级，经营业绩稳步提升，管理体系不断完善，员工队伍凝聚力、战斗力显著提升。

### （五）做好五项服务，履行五项职能，彰显责任担当

五项服务：中央《关于加强基层服务型党组织建设的意见》规定的服务改革、服务发展、服务民生、服务群众、服务党员五项内容。

五项职能：《党章》规定的国企党组织五项工作职能：一是保证监督党和国家的方

针、政策在本企业的贯彻执行；二是支持股东会、董事会、监事会和经理（厂长）依法行使职权；三是全心全意依靠职工群众，支持职工代表大会开展工作；四是参与企业重大问题的决策；五是加强党组织的自身建设，领导思想政治工作、精神文明建设和工会、共青团等群团组织。

平高电气党委牢记初心使命，主动做好五项服务。在聚焦服务改革和发展工作的同时，高度关注服务民生、服务群众和服务党员工作。在基层一线班组建立职工之家12个，党员之家12个。积极解决职工工作餐、上下班通勤车、自驾车存放、单身职工生活、职工文体活动场所等问题。保障职工活动经费，发放午餐补助。定期组织慰问困难党员、职工，开展夏送清凉、冬送温暖活动，重大节日对职工进行慰问，开展职工结婚、生育、生病、直系亲属去世慰问等活动，增强职工的凝聚力、向心力和工作的积极性。

平高电气党委明晰功能定位，积极履行五项职能。在思想上、行动上始终与以习近平同志为核心的党中央保持高度一致，坚定不移贯彻落实中央和上级党委决策部署，积极支撑助力经营发展工作。制定《平高电气党委工作规则》《平高电气党委议事规则》，坚持民主集中制原则，确保科学规范决策。召开胡中辉事迹报告会，携手统战人士，共谋新时代企业长远发展。组织开展职代会、团代会志愿服务，开展“青春光明行”“雏鹰护航 温暖儿童”等团青活动，组织开展班组大讲堂、劳动竞赛、结对共建等班组建设活动，切实强化党建引领作用。

### （六）严守六大纪律，践行六个力量，突出工作成效

六大纪律：《党章》规定，党的领导干部必须遵守政治纪律、组织纪律、廉洁纪律、群众纪律、工作纪律、生活纪律。

六个力量：习近平总书记在全国国有企业党的建设工作会议上对国有企业提出“六个力量”工作要求。“六个力量”既明确了党中央、国务院大力发展国有企业的方针政策，也明确了国有企业在国民经济中的突出地位，更提出了对国有企业发展的目标要求。

平高电气党委构建了以“干事、干净”廉洁文化为核心的国有企业上市公司“三三三”制纪检监察体制。紧紧围绕全面从严治党、服务和保障企业发展大局，找准职责定位，加强“纪委的专职监督、职能部门的协同监督、群众的广泛监督”三大监督，将工作重心放在“政治监督”这一核心领域，重在净化公司政治生态；同时聚焦领导干部这些“关键少数”，推动落实“一岗双责”，压实压细监督责任链条；聚焦“人财物”廉洁风险高发的领域和环节，准确把握“监督的再监督”。通过构建“教育、制度、监督”三道防线，出台领导班子党风廉政建设履责要点、领导班子党风廉政建设工作清单，组织采购、外检、库房、财务等关键岗位签订廉洁承诺书，开展廉政约谈、亲情助廉、警示教育、机关作风评议等工作，实现在培育廉洁意识上强调内化于心，在创新廉洁防范措施上强调固化于制，在规范廉洁行为上强调外化于行。紧密围绕“基本组织、基本队伍、

基本制度”三基建设要求，从职责、流程、制度、标准、考核五个方面全面创建“五位一体”党风廉政体系。通过集中培训、专题学习党规党纪、协助开展信访线索核查等方式，提升纪检干部队伍履职能力。坚持围绕中心、服务大局的方针，认真落实中央八项规定精神，严肃整治“四风”问题，制定《平高电气公务接待工作管理办法》《平高电气会议组织管理办法》等制度文件，为加强作风建设提供有力支撑。

平高电气党委积极践行“六个力量”，根据市场化企业定位，以满足市场综合需求为导向，以保障经营结果为目的，不断强化体系建设，深化组织架构与管理体制变革，逐步实现由“条块分割、资源分散、管理宽松”向“集约高效、资源共享、管理规范”转变。坚持以特高压为抓手，打造以“五位一体”为基础、以“三特”管理（特别质量管理、特别生产管理、特高压项目管理）为特色的特高压管理模式，不断提升品牌地位。坚持内涵式增长与外延式扩张相结合，努力提升产业均衡发展水平，产业升级步伐坚定有力。构建集检修技术、零部件加工、试验检验于一体的检修业务体系，形成涵盖“安装服务、备件服务、检修服务、设备代维、协议备件储备、设备延保、升级增容及改造、技术培训及检修基地合作”等十二大服务产品，实施开关设备全寿命周期专业化服务。以国家能源布局、电网发展需求和市场需求为导向，研发制造世界一流的高精尖产品，打造不可替代的核心竞争优势。参与的“特高压交流输电关键技术、成套设备及工程应用”项目，荣获国家科学技术进步奖特等奖。不断突破特高压、智能电网和关键零部件制造技术，填补多项国内空白，创造多项世界第一。坚持“存量市场”和“增量市场”并重，发挥“集成商、供应商、配套商”职能，形成了维护存量、开拓增量的市场营销基本策略。传统市场占有率长年排名第一。始终以质量方针、质量目标为引领，以工作站体系（WSS）和设计评审体系（DR）为支撑，通过两级质量管理委员会扎实推动质量体系运转，对重点工程实施特别质量管理（TQC），开展事例研究、暧昧作业洗出、QC（质量控制）小组等一系列质量活动，形成了健全、先进的质量管理体系。坚持以产品为中心的理念，贯彻“降本是手段、增效是目的”原则，在确保产品质量的前提下持续深入推进降本增效工作。坚持推进标准成本建设，探索实施一体化采购，夯实降本增效基础。

## 四、实施效果

### （一）党的领导持续加强，党建工作水平加快提升

平高电气党委深入领会习近平新时代中国特色社会主义思想，把贯彻落实党中央决策部署作为工作主线，始终做到党中央提倡的坚决响应、党中央决定的坚决执行、党中央禁止的坚决不做，彰显平高电气践行“六个力量”的责任担当。通过制定《标准化党支部（总支）创建工作手册》，扎实开展“旗帜领航 三年登高”活动，规范了各级党组织工作流程和标准，强化了基础管理，履行了主体责任。通过制定《党建责

任制考核办法》，建立党建领导小组例会制度，召开党群工作季度例会，常态化开展党建和党风廉政建设抽查、检查、督察，提醒、约谈、通报等机制，强化了监督考核，压实了“两个责任”。通过开展“红心向党 诗歌传情”主题朗诵比赛、“两学一做”知识竞赛、模范党员服务队评比表彰、优秀道德讲堂评比表彰、“不忘初心、牢记使命”基层党组织书记故事党课展评活动等，强化了广大党员职工的看齐意识。平高电气党委荣获国家电网有限公司“红旗党委”称号。平高电气党委所属党组织先后荣获国家电网公司先锋党支部称号1个，平顶山市先进基层党组织称号2个。

### （二）党建与经营有机融合，企业发展动力更加强劲

平高电气党委深入贯彻落实全国国有企业党的建设工作会议精神，坚持以企业经营发展成果检验党建工作效果，驰而不息推进党建融入企业经营中心工作，充分发挥基层党组织战斗堡垒作用和党员先锋模范作用，真正把党建优势转化为企业创新优势、竞争优势、发展优势。对照企业新时代发展战略，结合平高电气实际，深入开展“党建+”机制创建，“党建+优质服务”，围绕“始于需求，终于满意”的服务理念，发挥党员服务队引领带动作用，圆满完成“两会”“全运会”“金砖国家领导人会晤”等重大会议保电任务。“党建+降本增效”，围绕降本增效的难点、重点，开展“三个一”活动，即查找一个降本增效难点，组织一次降本增效专题讨论，解决一个降本增效难题，通过“我为降本增效献良策”“降本增效我先行”活动，号召广大党员围绕降本增效献计献策，2019年1—9月实现降本增效总金额9000万元。“党建+技能提升”，依托技能大师工作室，制订人才培训方案，选取超特高压生产线为创建试点，共组织培训21次，1340人参与，超特高压整体装配水平得到明显提升，GIS生产周期缩短21%，一次提检合格率99.5%，创历史新高，“四错四漏”同比下降39.5%。“党建+技术创新”，常态化组织新业务技术培训，增强技术人员对前沿技术的敏感性，不断吸收借鉴新技术新知识，加快现有产品与新技术的融合创新能力培养。《“V老师”手把手教你做检修——基于VR沉浸式虚拟现实技术的高压开关设备检修实操仿真系统》获国家电网有限公司第四届青年创新创意大赛银奖。“党建+市场开拓”，探索市场营销模式创新，通过与国网浙江省电力公司嘉兴供电公司成立联合党支部，共同研发“红色刀闸”、向其他优秀地市级供电公司对标交流等活动，宣介公司产品实力，提升平高电气形象，加强客户关系，捕捉市场商机，特高压累计市场占有率42%，排名第一。结合安全生产、质量管理、工作目标等开展的主题党日活动，有效提升了广大党员群众的担当意识、奉献精神和工作热情。通过开展“旗帜领航 创先争优”竞赛，构建出以党建为引领，以生产经营单位为主体，以各专业管理委员会为支撑保障的经营格局，充分发挥了各级党组织和党员的带动作用，提升了经营主体单位的经营意识和能力，提高了专业管理委员会的专业支持能力，使经营和管理两方面工作得到明显提升，矩阵式经营管理模式不断强化。

（三）组织力明显增强，员工队伍战斗力显著提升

平高电气党委坚持将党的先进性和纯洁性建设放在重要位置，突出党性锻炼、强化理论武装、注重日常监督管理，广大党员始终牢记自己的第一身份是共产党员，第一职责是为党工作，党员意识和党性观念明显增强，真正做到了在党言党、在党忧党、在党爱党、在党护党。广大党员在改革发展主战场、急难险重最前沿，勇挑最重的担子、敢啃最硬的骨头，不畏艰险、冲锋在前，自觉担当先锋队和主力军，其先锋模范作用得到充分发挥，大幅改善。平高电气党委通过发挥党员先锋模范作用，引领带动干部职工作风形象得到根本转变，使改革发展合力全面凝聚。平高电气党委成立以来，党员中 1 人荣获评平顶山市优秀共产党员、1 人荣获评国网优秀共产党员、2 人荣获国网优秀党务工作者荣誉称号。员工中 1 人荣获全国五一劳动奖章，11 人获得河南省五一劳动奖章，1 人荣获国网工匠称号，13 人获得平顶山市劳动模范荣誉称号，1 人当选为全国人大代表和团第十八届中央常务委员会委员。创建国家级、省级技能大师创新工作室各 2 个。代表河南省参加第六届全国职工职业技能大赛并取得装调维修工团体第 4 名、加工中心操作工团体第 6 名、装调维修工个人第 8 名的好成绩。培养复合型多能工 607 人，有力缓解了电站现场工作需求，为灵活用工调配奠定基础。党员群众各有所长、各有所用，实现了职业化、专家型素质能力的提升目标，打造了高素质的党员队伍和党组织，为企业的持续发展提供源源不断的动力。

（四）政治生态整体向好，干事创业氛围更加浓厚

平高电气党委通过打造“三三三”制纪检监察体系，形成横向到边、纵向到底、控制有效的“十”字形监督体系。横向上以权力运行为主线，深化“教育、制度、监督”三位一体防控体系，以“厘权清单化，用权程序化、监督制度化”为工作目标，把权力关进“笼子里”，切实做到将反腐倡廉建设要求融入管理、嵌入流程、落实到重要岗位，整体提升源头预防腐败的能力。纵向上以管理层级监督为主线，推动党政负责人落实“两个责任”，做到“四个亲自”，各级领导干部履行“一岗双责”，推动全面从严治党要求融入中心工作，发挥党的政治引领作用；以协同监督项目管控为平台，结合职能部门重点工作，发挥专业监督职能；推广应用党风廉政建设“KYT”（危险预知训练）模式，延伸监督至基层，强化“小微权利”监督，实现平高电气基层组织单元的自我教育、自我管理、自我监督。“三三三”制纪检监察体系的搭建，为平高电气营造了风清气正的生产经营环境，成为推动企业在新时代持续健康高质量发展的内生动力。

主创人：张金岭　徐晓娜

参与人：李纯　陈小龙　吴超　冯硕　代畅

# 推进煤矿高质量发展的“五位一体”文化建设与实施

山西汾西矿业集团两渡煤业有限责任公司

## 前言

两渡煤业有限责任公司（以下简称“两渡煤业公司”）位于山西省晋中市灵石县两渡镇境内，隶属于山西焦煤汾西矿业集团有限公司，前身是两渡煤矿，于1959年建成投产。2015年5月改制为两渡煤业公司。矿井井田面积48.34平方千米，核定生产能力为120万吨/年，属于低瓦斯矿井，现有职工1700多名，主采9号、10号煤层。在企业60多年的发展进程中，两渡煤业公司始终把安全视为企业的第一生命线，强化文化管理的导向作用、激励作用、凝聚作用、约束作用，规范职工操作行为，保障矿井安全生产。先后荣获国家级特级高产高效矿井、全国煤炭工业文明煤矿、国家一级安全生产标准化煤矿、山西省电煤“保安全保生产保发运”活动先进集体、山西省煤炭优秀企业、山西省煤炭科技创新“双十佳”煤矿、山西焦煤安全生产模范集体和班组建设模范单位等荣誉称号。2019年10月21日，两渡煤业公司顺利通过省级煤矿安全文化示范企业命名。12月3日在山西全省煤矿安全文化建设工作推进会上，两渡煤业公司获得山西煤矿安全监察局颁发的省级煤矿安全文化建设示范企业奖牌和荣誉证书。

## 一、实施背景与内涵

企业安全文化是企业及其职工在生产经营和变革的实践中，逐步形成的共同思想作风、价值规律和行为准则，是一种具有企业个性的信念和行为方式，是企业倡导的、被职工群众认可的群体意识和行为准则。企业的安全文化建设是一个长期的过程，需要全公司上下积极参与和有效推动，需要通过持之以恒的教育、培训、引导、规范，最终使之成为企业职工的一种精神理念，一种向往与追求，成为企业健康发展的安全保障。两渡煤业公司在长期发展的安全实践中，需要积极思考沉淀、凝练探索出一种适应两渡煤业公司发展的安全工作理念、工作思路或工作遵循，探索具有“两渡”特色的安全文化模式。

“跟高阳煤矿比产量我们没有优势，跟双柳煤矿、贺西煤矿比盈利我们没有优势，两渡煤业公司可以同兄弟矿井比安全、比标准化，这是矿井的定位……”（备注：高阳煤矿、贺西煤矿、双柳煤矿、两渡煤业公司均为山西焦煤汾西矿业（集团）有限公司隶属煤矿。）这是两渡煤业公司经理赵仕元在中层干部大会上的讲话。两渡煤业公司提高政治站位，明确矿井定位、部门定位，明确“安全依靠谁、安全为了谁、为了谁的安全”的问题，解决“做什么，怎么做”的问题，注重安全理念培育，注重行为、习惯、规矩规范的引导，近年来，两渡煤业公司年轻的领导班子大胆破局思维，勇于开拓创新，他们结合实际在传承和实践中摸索，跳出“两渡看两渡”，站在高山望平原，梳理总结出以“打造本质安全型企业，做安全幸福的两渡人”为目标，以“心、形、行、习、信”为核心内容，融入心理抓管理，注重增强对职工思想认识的引导、行为习惯的规范、文明素养的培育，安全意识的增强，安全能力、素质的提高，打造富有矿区特色的安全文化，做到内涵丰富、系统完善、个性鲜明，逐步形成“自主自律、知行合一”的安全文化，推动企业安全、健康、和谐发展。

两渡煤业公司“1151”安全文化战略：

“1”：围绕一个理念——生命至上，安全第一。

“1”：紧扣一个主题——安全发展，科学发展。

“5”：实施五项建设——以“心、形、行、习、信”为核心内容，深入开展安全文化建设。

“1”：实现一个目标——打造本质安全型企业，做安全幸福的“两渡人”。

## 二、主要做法及实施效果

### （一）育之以心是基础——安全“心”文化

“心”是理念、核心、宗旨、目标、思路，是企业安全文化的核心要素，是企业安全文化建设的基本遵循。主抓和首抓育之以心的引导和培育，形成安全文化的理念和思路。第一，认真总结企业多年来安全生产的管理经验，集聚矿山人的安全智慧，提炼具有矿山特色的安全文化成果。认真厘清安全方法、思路，引导职工进一步明确“安全依靠谁、安全为了谁、为了谁的安全”的问题。建立并完善企业安全文化建设实施方案、考核细则等，对企业安全文化建设任务从“心（思路、理念）、形（制度、规定）、行（行为、执行）、习（学习）、信（信心、信念和坚持）”五大项目分解落实，明确落实单位和责任人，在全公司范围内引导、灌输、培育职工安全理念、安全价值观。第二，对企业多年来形成的安全管理思想、安全管理行为和安全管理机制进行深入、系统的思考、梳理和提炼，制作并形成企业安全文化手册，用理念、思路、目标、措施、方法凝练企业安全文化，形成教育引导职工理念、行为安全的有效教材。第三，立足“两台一站”（电视台、微平台、广播站）安全宣传教育，拓展标语、橱窗、板报、简报、安全墙绘、猴车上的安全文化灌输等宣传阵地，形成井上、井下健康文明的安全氛围。第四，抓好安全“习”文化，即五大项目中的“习”——学习。公司应抓好职工的学习，围绕“安全生产、风险管控、隐患排查、文明文化”等项目对职工进行培训，提高职工的安全素质。公司只有通过对职工知识、素养的教育和引导，才能在安全文化的统筹下实现职工素质、技能不断的提高和升华。大力推行“1+3+1”素质提高培训模式。“1”：强化职工思想政治教育和形势任务教育，旗帜鲜明地讲政治、抓安全。“3”：着力抓好业务知识培训、实操技能培训、工作现场培训。抓好“中层干部、工程技术人员、班组长、青年培训”四个常态班的课堂学习培训，提高职工素质；发挥实操培训基地的作用，分专业、分岗位开展实操培训，通过讲原理、讲结构、讲工艺、讲检修、讲维护等“实打实、面对面”的培训，提升职工实操技能；在不同生产环境和状态下有针对性地培训干部职工，提升实际工作水平。“1”：加强职工素质提高考核管理。采取定时间、定内容、定效果的形式，建立培训档案，完善干部职工素质培训考核体系，实施动态管理，以考促学，严格奖惩。

### （二）束之以规是保障——安全“形”文化

“形”是物化明晰的规定、制度、程序，是企业安全文化的制度体系，是全体干部职工应当遵循的规矩、规范、操守。

不触红线、不踩底线，是煤矿安全发展必须遵循的原则和制度。煤矿安全离不开刚性约束。围绕安全管理工作的重点、难点，两渡煤业公司在制度建设与管理方面，做到所有工作首先确保安全第一，所有投入首先确保安全投入，所有制度首先健全安全制度，所有责任首先落实安全责任。例如，两渡煤业公司主要围绕“双重预防”安全管理机制（简称“双预控”），执行安全管理处罚规定，实施安全问责。全面落实各级安全生产责任制。专门制定下发了《公司安全生产责任制汇编及考核制度》，从严管理，明确职责，夯实安全生产基础。

“双预控”机制，即安全风险分级管控、隐患排查治理，用“双预控”机制确保系统大安全，现场零隐患。矿井的安全发展一方面要清楚矿井在系统、工艺、设备设施、关键岗位存在哪些风险，以及如何预防，另一方面要清楚若安全检查不到位，隐患治理不彻底，管理的薄弱环节又有哪些。只有通过对矿井的所有风险进行全面辨识，清楚危险源、风险点，制定防范措施，完善设计、规程、安全技术措施，制定检查分析工作机制，不断完善管控措施，划定区域人数上限，编制治理风险方案，才能达到安全管控效果。

### （三）导之以行是途径——安全“行”文化

“行”是行为、方式、执行，是全体干部职工对核心理念、规章制度进行的诠释和所作出的行动。

近年来，煤炭行业各类安全事故的频繁发生，给企业管理者敲响了警钟。安全制度的刚性管理从某种程度上确实约束和规范了职工的不安全行为。历史上，大禹治水使用堵疏结合，今天我们也应当合理引导，发挥“文化力”这种柔性管理和引导的作用，剔除其中不安全、不和谐的因素，让文化助力安全生产，保障安全发展。因此，两渡煤业公司矿区安全文化建设善于发挥引导、凝聚作用，动员党政工团，使矿区上下各层级努力构建横向到边、纵向到底的行为引导体系，通过严格的约束、管理、规范和适当的灌输、引导、督促，逐步培育企业职工形成良好的安全行为。

企业层面，构建“六条网线”，用好“六个载体”。“六条网线”包括党委负责的党委指导线、行政负责的行政落实线、工会负责的群众监督线、团委负责的青年监督线、纪委负责的纪检监督线、工会女工和家属组成的亲情保障线。“六个载体”是指用好安全责任书、安全责任状、安全责任区、安全联保书、安全服务阵地、安全文化长廊的安全监督、服务、保障功能。

部门层面，开展家企联系、班组互保联保、“三违”人员“过六关”教育等“四项活动”；坚持安全监督检查验收不断线，坚持反“三违”不断线，坚持现场管理不断线，坚持走动式管理不断线，坚持责任追究不断线“五个不断线”，排查“不放心人员”。

队组层面，坚持班前会安全宣誓，建立职工档案，开好班前会、周五例会“两个会议”；做到职工全家福上墙、团队安全理念上墙、安全奖惩上墙、队务公开“四个上墙”；做到职工家庭情况清楚、脾气性格和特长爱好清楚、工作表现优缺点清楚、业余生活和社会交往清楚、不同时期的思想变化“五个清楚”。做到婚丧嫁娶必访、家庭发生矛盾必访、员工生病住院必访、家庭困难必访、缺勤旷工必访、本人和家庭发生重大变故“六个必访”；做到员工思想波动必谈、受到批评必谈、人际关系紧张必谈、工作变动必谈、新工人进入必谈、完不成任务必谈、发生“三违”“七个必谈”。

职工层面，严格做到“一遵守、两坚决、两签订”，确保自身安全。“一遵守”是指遵守和执行公司的各项安全管理制度、规程和措施。“两坚决”是指坚决推行“双卡双述”（岗位安全操作要领卡，岗位风险告知卡）、手指口述现场安全确认法。“两签订”是指职工个人与单位签订《安全责任书》，职工和家属签订《家属联保责任书》。

两渡煤业公司通过建立安全行为引导和管控体系，以及规范化管理、标准化作业，引导职工在生产过程中养成良好的习惯，让职工严格按照每个过程、每个流程的标准去认真贯彻落实，实现了安全生产的可控和再控，提供了可靠的安全保证。

### （四）持之以恒是关键——持续抓好安全“信”文化建设

“信”是信心、信念、诚信，是职工对安全文化核心理念的不懈追求和自身价值的具体体现。

一种思维影响另一种思维，一个行为带动另一个行动，一种习惯推动另一种习惯，从行为习惯到文明素养的培育，就形成了文化。文化的影响、带动、培育不是一蹴而就的，需要一朝一夕的灌输引导，才能不断强化升华。安全文化建设是企业安全生产的重要保障，需要长期坚持和推动，长效巩固和落实。

两渡煤业公司通过常年开展安全文明整治和安全文化活动，培育活跃的安全文化团队。两渡煤业公司围绕“地面规范化、井下标准化、管理科学化”工作思路，狠抓井上、井下基础整治，营造安全文明的生产、生活环境。井上，定期整治环境卫生。开展四旁植绿和美化整治工作，加强地面规范化治理；建立职工个人安全档案、健康档案，为职工免费体检，关注职工生产、生活安全，并为入井职工清洗工作服、烘干工衣；加强废水余热回收利用、煤改气工作，创造文明生产氛围。井下，狠抓工程质量、制度完善、文明生产、隐患排查等标准化整治，夯实安全生产基础。

两渡煤业公司深化安全文化的培育和创建，全力推进“1151”安全文化战略，深化“心、形、行、习、信”安全文化建设，打造安全稳定的矿区环境。在安全“信”文化方面，两渡煤业公司针对安全的事情，总是定了就办，说了就干。实行安全一票否决制，全员安全风险抵押，季度考核兑现；开展安全宣誓，发挥党员干部的带头表率作用，引导职工行为安全规范。积极承担捐款救灾、爱心捐赠、扶贫救助等社会责任，展现一个老矿深厚的社会情怀和职责担当。坚持每月开展党、团员文明志愿服务活动，开设理发、量血压、配钥匙、推案板、修车子、安全宣传、旧衣回收、熨烫衣服、智能手机维修等服务项目，适时增设安全咨询、电脑维修、健康宣传、爱车护理等实用信息技术服务项目，解除职工生活后顾之忧。公司先后通过安全演讲赛、安全漫画展、安全警示教育会和读书分享会等室内安全演示、安全慰问活动，为职工营造安全稳定的文化环境。

两渡煤业公司一直把安全文化建设作为推动企业安全生产发展、职工群众安居乐业的最有效活动，作为全面建设和谐矿区建设的基础性工作，在安全管理的实践中不断摸索培育、推进实施“1151”企业安全文化战略，营造安全生产的健康态势，从而使企业安全生产持续稳定，安全工作局面持续稳固，职工精神面貌明显改善，违章大幅降低，企业安全生产周期不断延长。两渡煤业公司实现了安全生产周期 8373 天（截至 2019 年 11 月底），顺利通过了省级煤矿安全文化示范企业命名，向着打造全国安全文化建设企业的目标全力迈进！

主创人：史治水

参与人：赵仕元　魏向东　贺云财

# 内部市场化在色连二矿的实践与应用

鄂尔多斯市中北煤化工有限公司

## 前言

色连二号煤矿是淮南矿业集团在鄂尔多斯市建设的第三对矿井。淮南矿业集团是中国500强企业和安徽省13家重点企业之一，全国14个亿吨级煤炭基地和6个大型煤电基地之一，是安徽省煤炭产量规模、电力规模、房地产规模、港口集装箱吞吐规模最大的综合型企业集团。色连二号煤矿位于东胜区内，行政区划属于鄂尔多斯市东胜区罕台镇管辖。规划井田南北长16.8千米，东西宽4800~6900米，面积106.3平方千米，资源量为10.33亿吨。现已取得矿权范围38.32平方千米，资源量5.96亿吨。矿井规划400万吨/年，后核增产能至800万吨/年，配套建有一座洗选工艺先进的同等规模选煤厂。矿井采用斜—立井混合开拓方式，工业场地布置有主斜井、副立井和回风立井。矿井为全负压抽出式机械通风，倾向长壁条带式开采，综合机械化采煤法，一次采全高采煤工艺，全部实行机械化开采模式。

## 一、实施背景

2016年煤炭经济整体下滑，煤矿企业盈利能力减弱，传统体制与机制难以适应新的市场环境，为适应新形势，提高企业自身竞争力，急需寻找合理先进的措施来改善企业的经营管理现状。为此，推行内部市场化管理，对传统管理的缺陷进行改善，可以有效提高劳动生产率，激发职工生产积极性及提高其节约成本意识，增强企业外部竞争实力。

## 二、内涵

煤矿企业实行内部市场化管理，把市场的功能引入企业管理，弥补依靠单纯行政手段管理经济的弊端。内部市场化管理，就是按照市场经济原则，充分利用价值规律、经济杠杆和竞争机制的作用，使职工个人与基层单位、基层单位与矿之间单纯的行政隶属关系变为行政隶属和经济关系有机结合的管理机制，使单位之间、单位与矿之间的协作关系和管理关系转变为等价交换的经济往来关系。在公司内部以市场交易价格结算的形式，对各单位生产、经营管理的效果进行考核，对职工工作态度、工作能力进行考核。通过内部市场化结算结果，可以直接反映出单位生产经营管理的效果以及职工日常工作表现，从而督促各单位管理人员增强经营管理意识，刺激职工的工作积极性。内部市场化工作是促进企业革新，推动降本增效，实现管理升级的一个重要举措，是打破“大锅饭”，提升岗位工作效率，强化考核流程的一个重要抓手。鄂尔多斯市中北煤化工有限公司（以下简称“中北公司”）自2017年开始全面推行内部市场化工作，三年来不断探索实践，逐步建立了符合公司实际的内部市场化管理运行体系，为企业生产经营管理起到了积极的促进和保障作用。

## 三、主要做法

### （一）公司内部市场化建设历程

#### 1. 初步摸索阶段（2016年度）

2016年，中北公司以两个综采队为试点单位开展内部市场化工作。内部市场化工作仅限于对二级单位（即各基层队）的市场化结算，即公司利用价格结算的方式对各基层队进行考核结算，各单位二级收入与本单位生产、经营管理成果直接挂钩，初步形成了内部市场化管理构架，没有深入三、四级市场。

#### 2. 全面推行阶段（2017年度）

中北公司于2016年12月正式成立内部市场化办公室，隶属于企业管理部，2017年开始，内部市场化建设工作进入全面推行阶段。2017年年初中北公司制订并下发了《生产经营管理及考核实施方案》，确定了各二级部门市场化二级定额、结算单价及考核方式；上半年完成了各基层队的三、四级定额及价格的制定，各基层队开始模拟“班清班结”市场化结算；年中引进了由北京缓步能源科技有限公司研发的内部市场化管理系统应用软件，实现了基层队二、三、四级市场考核数据的录入及市场化结算工资分配；下半年完善了基层队四级价格目录、机关部门绩效考核实施细则及内部市场化软件相关结算功能。

中北公司通过2017年各项工作的全面开展，各单位内部市场化管理制度基本完善，夯实了内部市场化建设基础体系，明确了组织管理机构，制定了定额管理、价格管理、计量管理、结算管理等基础体系管理办法；二、三、四级市场价格结算模型初步形成，二级市场实现月度综合单价考核结算，三级市场实现“日清日结”价格结算，四级市场实现“班清班结”价格结算，并实现职工“班清班结”收入市场化结算兑现率达90%；内部市场化结算及工资分配实现信息化管理，引进内部市场化软件管理系统后，建立了二、三、四级市场定额及结算模型，各级市场结算数据均实现信息化管理与结算，为公司内部市场化建设奠定了基础。

3. 全面深化阶段（2018 年度）

2018 年中北公司内部市场化建设工作进入全面深化阶段。3 月中北公司制订并下发了《生产经营管理及考核实施方案》，对公司年度生产、经营指标进行了预算分解，并确定了二级市场定额综合单价；4 月下发了《内部市场化建设考核实施办法》，加强对内部市场化的考核力度，并对各基层队内部市场化建设进行了深层次的调研；第二季度针对调研提出的各项问题，重点完善了各基层队的三、四级定额及结算考核方式，机关部门也开始制订工作价格目录，实行以量计资价格结算的方式；第三季度各专业要素市场已建立，完善了各要素市场基础建设、制度建设及考核结算方式；第四季度在完善各项基础工作的同时，制订了链式结算实施方案，并开始模拟运行。

中北公司通过 2018 年度内部市场化建设的进一步深化，各项工作均有了明显的提升，内部市场化也取得了显著的成效。二级市场结算更加精准，三级市场定额更加贴合班组实际，四级市场考核更加合理，机关辅助部门建立了绩效考核与价格结算相结合的内部市场化结算体系。

4. 全面提升阶段（2019 年度）

2019 年中北公司内部市场化建设进入全面提升阶段，重点抓深化、促提升、创标杆。年初中北公司陆续下发了《2019 年内部市场化工作实施意见》《内部市场化建设达标创标杆活动实施方案》《内部市场化结算运行实施细则》《链式结算运行实施方案》等管理办法，从制度建设、保障体系、基础考核、日常运行等方面工作标准做了进一步细化。

2019 年内部市场化工作重点是创标杆及全面推行链式结算。中北公司确定了以保供队为标杆区队、以煤炭运销科为标杆部室、以修旧利废市场为标杆专业要素市场，达标考评标准对创标单位内部市场化建设提出了更高的要求，以建立“分级价格精准、结算兑现严格、市场运作精益、运行机制高效”的内部市场化管理体系为目标更深层次地开展各项工作；链式结算以原煤运输、供电服务、物资供应等链式结算为主线，深化了内部价格结算体系，以单位之间存在的供求服务关系确定交易定额单价，将二级单位之间市场化结算收入与本单位工作职责紧密结合起来，通过链式交易结算，提高了生产效率和经济效益，并减少了部门之间的责任纠纷。

（二）公司内部市场化建设体系

按照组织管理层级，中北公司建立四个层级的内部市场化管理市场，即一级市场（矿）、二级市场（区队）、三级市场（班组）、四级市场（岗位/个人），进行四级市场运作。色连二矿四级内部市场管理结构见图 1。

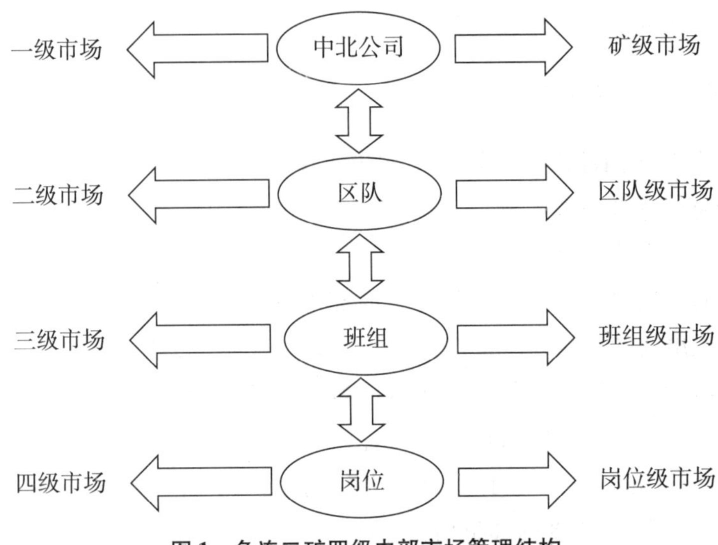


**图1　色连二矿四级内部市场管理结构**

矿：一级市场主体，与上级公司、下属区队（科室）的指标分解及经济往来结算形成一级市场。

区队（科室）：二级市场主体，与矿、其他区队（科室）及所辖班组的指标分解、往来结算形成二级市场，区队（科室）核算组为二级核算点。

班组：三级市场主体，与上级区队（科室）、其他班组及下属岗位/个人的指标分解、往来结算形成三级市场，班组核算组为三级核算点。

岗位/个人：四级市场主体，与上级班组及其他岗位/个人的指标分解、往来结算组成四级市场。

2019 年结合中北公司实际，共制定二级定额结算单价 64 条，三级定额结算单价 131 条，四级定额结算单价 2469 条。

1. 二级市场运行情况

二级市场（即公司各二级单位）的市场化结算严格按照《内部市场化结算运行实施细则》进行。基层队以其二级定额综合单价及链式交易规则结算市场化收入，地面机关部门以其挂钩的各项生产、经营指标完成情况结算市场化收入。二级市场实行链式结算，主要包含物资交易（物资管理科与各基层单位之间交易）、供电交易（保供队与各用电基层单位之间交易）、皮带运输交易（机运队与综采队之间交易）等链式交易模式，打破了原有的一级市场（矿）与二级市场（区队）直接结算的模式，由二级市场各单位之间通过相互依附的服务与被服务关系，以“服务产品价格结算”的方式进行自主交易，通过对产品数量、产品质量的共同鉴定，以规定价格进行结算，各二级单位本着“互利共赢”的原则，避开了一级市场（矿）的行政参与，简化了内部市场化考核程序，减少了单位之间的责任纠纷，进一步提高了生产效率。色连二矿二级市场链式交易结算流程见图 2。

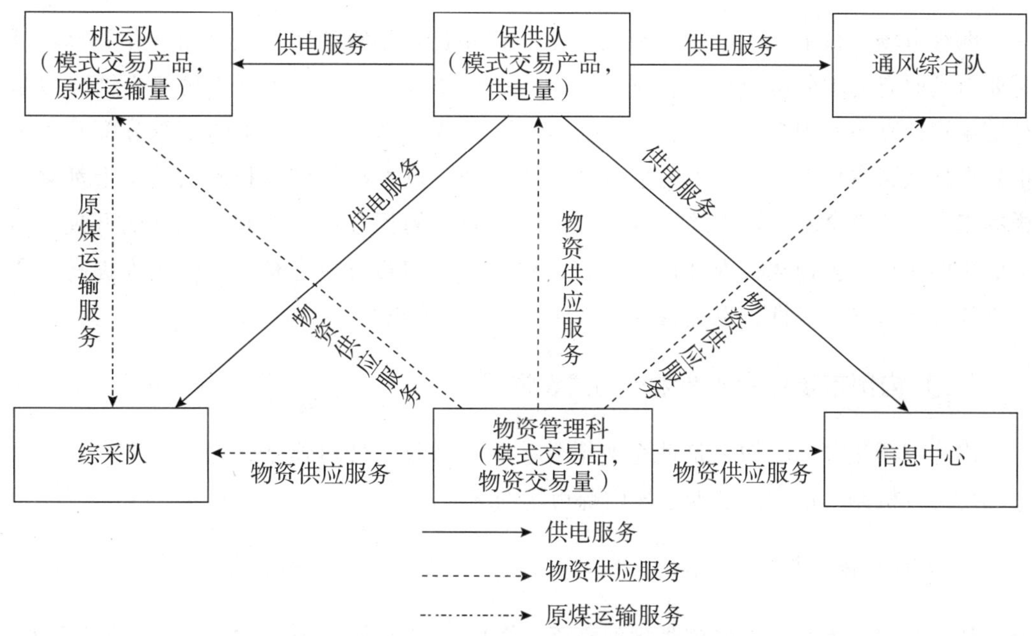


**图 2　色连二矿二级市场链式交易结算流程**

2. 三级市场运行情况

三级市场考核，即各二级单位对其管辖班组的考核。班组是最小的组织单元，各区队生产的具体工作安排、经营的细节管理最终都体现在各个班组的工作上。各基层单位将其二级生产指标、经营指标（主要是材料费、电费指标）分解到各个班组，然后根据指标测算各班组三级定额单价，每月根据班组生产、经营完成情况核算班组收入。哪个班组生产组织得好、经营管理得好，收入就高，反之收入就低。通过对三级市场的考核，各基层单位生产任务、经营任务的管理落实到了最基层，这不仅激活了班组的管理潜能，还大大促进了各项工作的落实与开展。

其中综采队以原煤产量指标为定额，以各项经营预算指标为测算基础，制定了三级材料费单价、电费单价、人工费单价；机运队主井系统以原煤运输量指标为定额，副井系统以副井走勾数为定额，以各系统经营预算指标为测算基础，分别制定了主井班及副井班三级材料费单价、电费单价、人工费单价；保供队供电班以供电量为定额，大件班以排水量为定额，综合班以污水处理量为定额，以各班组经营指标为测算基础，分别制定了各班组三级材料费单价、电费单价、人工费单价。通过对三级市场的深化考核，各基层单位生产任务及经营指标均完成得比较理想，班组管理水平得以进一步提升。

### 3. 四级市场运行情况

四级市场实行个人工作量“班清班结”以量计资结算。实行内部市场化管理，就是要打破原有的工分考核模式，制定出具体的工作价格目录，实行“班清班结”以量计资结算，真正实现多劳多得、多贡献多得，打破平均主义。原来的工资分配基本上都是在什么岗拿什么工资，干得多的和干得少的、技术高的和没技术的基本上都拿一样的工资，这就会滋生职工的惰性，打击先进职工的积极性，不利于工作的开展，阻碍职工的成长。公司实行内部市场化“班清班结”以量计资考核，不仅大大提高了职工工作和学习的积极性，也更直观地体现了公平与公正。

## （三）内部市场化专业要素市场建设情况

内部市场化管理的初衷是使企业增效、职工增收，公司建立并完善几个专业要素市场的运行机制，最大限度地激发内部市场的活力。

### 1. 修旧利废市场

建立修旧利废市场，由物资管理科统一管理，加强物资回收复用、交旧领新管理，将各类物资材料的回收率、交旧领新流程、修旧利废奖励标准等进行明确，组织公司各单位职工进入修旧利废市场对废旧物资进行分类、修复，修复后的物资经修旧利废市场及内部市场化办公室工作人员验收合格后，对照修旧利废奖励标准向修复人员结算维修费。色连二矿修旧利废市场运作流程见图3。

修旧利废市场建立后，公司采取多项措施保证工作有序推进，一是加强物资回收及交旧领新考核，确保修旧利废工作可持续运行；二是鼓励基层区队领用修复后的旧材料（旧材料不计单位材料成本），降低新材料采购投入；三是实行基层单位修旧利废带指标运行，压实基层降本增效责任。修旧利废市场考核运行机制的不断完善，既增加了职工收入，又为公司节省了新材料的投入，创造效益日渐明显，内部市场逐渐深入人心。

### 2. 设备维修市场

公司设备由机电工程管理部统一管理，设备维修实行市场化维修和自修相结合的方式，因机电工程管理部检修班人员配备不足，很多损坏的设备都无法自主完成维修工作，如果损坏设备不进行维修只能报废，造成直接经济损失；如果外委维修，又势必占用相当一部分设备维修费用。建立设备维修市场后，坚持以矿内单位维修为主、矿外维修为辅的原则，积极组织公司各单位职工进入设备维修市场对损坏设备进行维修。内部维修市场的建立大大降低了矿井对材料费和设备外委维修费用的投入力度，实现了材料优化配置，有效降本增效，满足了矿井生产需要，同时也锻炼了职工的实操水平，增加了职工收入。色连二矿设备维修市场运行流程见图4。

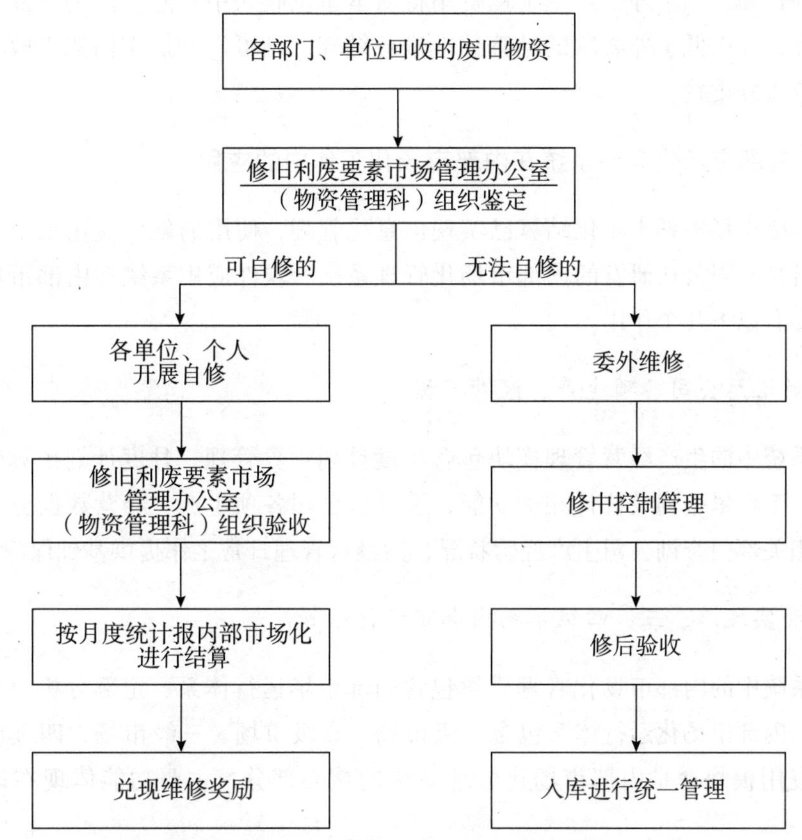


**图3　色连二矿修旧利废市场运行流程**

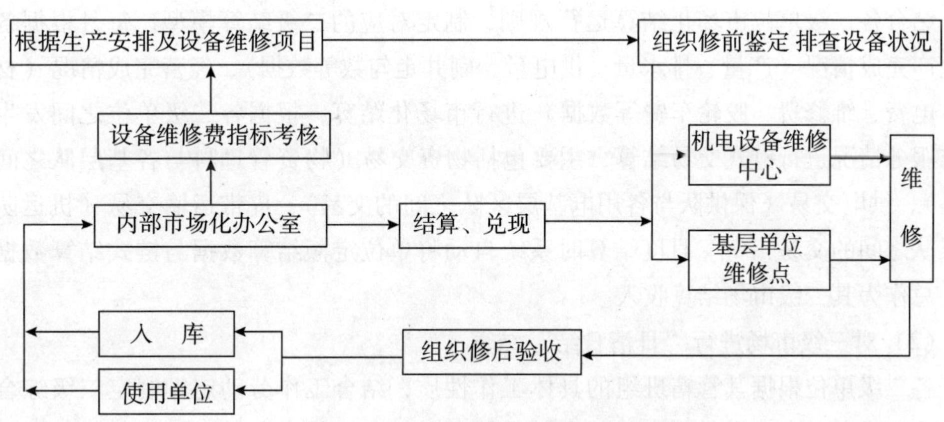


**图4　色连二矿设备维修市场运行流程**

3. 工程施工市场

外委工程费用是公司的一项重要支出，减少外委工程量将减少外委费的支出。建立工程施工市场考核运行机制，对矿内各单位划分职责范围，凡是职责范围内的工程一律不允许外委，如果外委发生工程费用将从本单位收入中扣除。鼓励内部单位承揽界面外工程，并以低于外委队的结算标准进行结算，既可以增加矿内职工收入，又可以为公司节省外委费。

### （四）内部市场化软件系统在内部市场化工作中的应用

公司各级市场内部市场化结算已实现信息化管理，使用的软件应用系统是由北京缓步能源科技有限公司研发的内部市场化管理系统。软件应用系统在内部市场化建设过程中主要有以下几个作用。

#### 1. 有效汇总公司各项生产、经营数据

软件系统中的生产经营管理模块包含年度计划预算管理、月度计划预算管理、工作量录入、工作量查询及统计相关功能，可以将公司各项生产、经营数据分类录入系统，便于相关部门查询公司生产经营状况，为经营管理日常工作提供基础保障。

#### 2. 全面实现二、三、四级市场内部市场化结算

软件系统中的内部市场化管理模块包含内部市场运行体系、定额分析、要素市场三大系列。内部市场化运行体系包含一级市场、二级市场、三级市场、四级市场及月度结算等应用模块，是内部市场化管理系统的核心部分，主要功能体现在以下几个方面。

（1）对二级市场各单位进行市场化结算

结合各二级单位市场化结算运行规则，制定对应的二级结算模型，每月根据各单位生产完成情况（产量、排水量、供电量、副井走勾数等数据）、经营完成情况（材料费、电费、维修费、胶轮车费等数据）进行市场化结算；根据各二级单位之间发生的供求服务情况进行链式交易结算，主要包括物资交易（物资管理科与各基层队之间的交易）、供电交易（保供队与各用电基层区队之间的交易）、皮带运输交易（机运队与采煤队之间的交易）等。月度结算时系统自动将单位定额结算数据与链式结算数据进行汇总作为其二级市场结算收入。

（2）对三级市场进行“日清日结”结算

各二级单位根据其管辖班组的具体工作性质，结合工作劳动定额制定三级综合单价（人工费单价、电费单价、材料费单价等）并录入系统。各班组根据每天实际生产经营情况，将班组当天具体工作录入系统，系统根据综合单价自动计算出班组的综合收入、材料支出、电费支出等数据，最终计算出该班组当天结算利润。通过对班组“日清日结”的结算考核，班组日常经营管理效果以结算数据的形式呈现出来，更有利于对班组日常工作的分析与管理。

（3）对四级市场进行“班清班结”结算

各单位根据具体岗位工作性质，结合工作定额制定四级工作单价并录入系统。各班班组长根据各岗位职工当班具体工作完成情况，将个人工作量录入软件系统，然后系统根据工作单价自动计算出该职工当班工作收入。这种通过对职工“班清班结”的结算考核方式，使每位职工当班工作完成情况以工作收入的形式呈现出来，将个人工作量与工资收入直接联系起来，从而全面提高职工工作积极性。

（4）对月度市场化结算工资进行科学分配

人力资源部根据各二级单位市场化结算情况，核算出各单位应发工资，系统将通过各二级单位三、四级市场的结算情况，将工资科学分配至每位职工。月度结算模块主要包括三、四级收入月度平衡、月结、区队工资调整、市场化工资分配、绩效工资分配等功能，通过一系列结算操作，将市场化结算工资分配至每位职工。工资结算完成后，可以通过个人查询模块查询每位职工的“班清班结”结算收入、三级结算利润、个人工资分配等数据，从而实现职工收入公平、公开、公正。

### 3. 适时查询月度经营考核情况及部门奖罚考核情况

通过对二级单位的市场化结算，系统将自动生成月度经营考核完成情况，各项经营指标与实际完成数据进行对比，自动计算出月度及季度经营费用的超节情况；各职能部门对生产辅助单位在日常管理中的具体考核情况录入系统后，各项奖罚考核按考核部门、考核内容、奖罚金额自动呈现，便于了解各单位日常生产考核情况。

### 4. 自动对接获取其他管理系统相关数据

截至目前，内部市场化管理系统已与物资消耗管理系统、互联网+能源系统、井下人员定位系统实现对接，可以直接获取各二级单位物资消耗情况、用电使用情况及人员下井信息等数据。

## 四、实施效果

中北公司通过内部市场化运作考核，基层单位提高了生产的积极性，增强了经营管理理念，加强了对材料费、电费及其他支出的管控力度；将生产任务、经营任务的管理落实在了最基层的班组，激活了班组的管理潜能，大大促进了各项工作的落实与开展；内部专业要素市场同步运行，为企业职工提供了施展技术才华的平台，对损坏设备、废旧物资进行内部自主维修，对内部工程自主承包施工，最大限度激发市场活力，增强企业创效能力，提高职工创收及实践水平。内部市场化方案实施三年以来，原煤生产能力提高了400万吨，利润增长4.13亿元。

## （一）生产经营管理效果显著

2019年1—10月，中北公司原煤产量927.48万吨，比2018年同期（850.41万吨）增产77.07万吨；商品煤产量763.62万吨，比2018年同期增产62.08万吨。全矿材料费消耗8455.26万元，比2018年同期减少467.56万元；商品煤材料实际成本11.07元/吨，与年度预算指标相比减少0.21元/吨，较2018年同期相比减少1.54元/吨；全矿电量实际发生8901万千瓦时，商品煤吨煤电耗11.65千瓦时/吨，较2018年同期（12.24度/吨）降低0.59千瓦时。

## （二）专业要素市场创效可观

### 1. 修旧利废市场

2019年1—10月，修旧利废市场共完成维修产值916.95万元，主要维修物资有管路附件、电缆挂钩、五小电器、导向滑靴、高分子单体柱鞋、矿用隔爆型LED巷道灯、滚轮罐耳、驱动油缸、矿用本安型扩音电话、气动隔膜泵、铰接顶梁及其他设备性材料，职工创收奖励兑现66.53万元，为企业节省材料费300万余元。

### 2. 设备维修市场

2019年1—10月，设备维修市场维修设备64台，主要维修设备有高压真空开关、移动变电站、低压真空开关、照明综保、采煤乳化液泵、液压支架、工业热风机、水泵等，维修设备总产值达2497.48万元，参与相关鉴定、维修、验收工作等职工达275人次，职工创收总计达43.69万元，为企业创效200多万元。

### 3. 工程施工市场

2019年1—10月，内部单位承包井下井底车场及大巷公共质量标准化维护约10万米；施工井下顺槽风门共计15道；施工修旧利废市场打地坪工程约2510.2平方米，施工油料区围墙169平方米，自主拆除安装井下中央泵房大泵水泵，自主更换副井交通罐主提升钢丝绳等工程，为公司节省外委费300多万元。

主创人：朱先龙　汪义军

参与人：张小祥　李建波　尚权伟

# 新经济背景下财务人员管理模式创新研究

酒泉钢铁（集团）有限责任公司

## 前言

酒泉钢铁（集团）有限责任公司（以下简称“酒钢集团”）始建于1958年，经过六十多年的建设发展，目前已形成以钢铁、铝业两大产业为主导，电力能源、物流运输、装备制造、建筑设计施工、新型建材、酒店餐饮、房地产、现代农业等相关产业配套延伸的多元化经营格局。本文从酒钢集团实行财务人员集中管理的实践出发，对这种管理模式的背景、意义、优势和劣势进行分析，为加强财务人员集中统一管理的推广和规范提供参考。

## 一、实行财务人员集中统一管理的背景

2015年7月，酒钢集团深化内部改革，对分、子公司充分下放经营权，释放分、子公司经营活力。“放权”以后需要重点关注分、子公司的盈利能力，保证国有资产保值增值，而这些最终都要通过财务进行体现。因此，集团公司决定对财务人员实施集中统管，以“全面统管、高度集中、统一委派、权责明确”为基本原则，按照“立足实际、建章立制、摸清底数、稳步实施”的总体思路予以开展，以期通过“管人”达到“管事”的目的。从集团层面讲，实行财务人员集中管理，可以保证财务人员相对独立的职能地位，使其不受干扰而能有效履行监管职责，进而真实反映分、子公司的财务状况和经营成果。实行财务人员集中统一管理并不是单纯为了集团公司“集中财权”，也不代表分、子公司财务决策权力的转移和消失，而是通过有“放”有“收”，进一步强化集团公司对分、子公司经营的监管力度，提高集团整体风险防范和控制能力。

财务人员被集中统一管理之前，其人事、薪酬等关系全部在成员单位，也就是说财务人员的薪酬待遇、职务晋升的决定权全部掌握在成员单位，财务人员要想保证相对独立的职能地位，有效发挥监管作用的难度比较大，在坚持准则、提供决策支持方面的“话语权”较少，在履职尽责方面也就有一定的难度。难度体现在：第一，集团将经营权下放各成员单位，使其拥有一定的生产和经营自主权，财务人员也属于各成

员单位管理，成员单位为了完成各自的任务目标，在财务报表出具、利润负债等方面就会存在造假或隐瞒行为，集团母体对其财务控制能力不够，财务信息透明度不足，影响决策判断。第二，集团对各成员单位的资源调配困难，不能很好地进行优化配置，影响了集团整体利益。第三，财务控制以事后控制为主，缺乏一体性，对事前预算和事中控制重视不够，财务风险防控不到位。

## 二、实行财务人员集中统一管理的内涵

目前，部分国有大型企业集团存在国有资产流失、产权管理不规范、会计信息失真失效、监督机制不完善、财务人员管理松散、内部经营管理责任不明等问题，针对这些问题，企业着手从财务管理尤其是人员管理方面进行改革，逐步探索和尝试在集团总部内部建立财务人员的委派制度。这种会计管理模式对扭转集团所属成员单位会计造假、防止会计信息失真等问题来说是一种有益尝试。

## 三、财务人员集中统一管理的意义

### （一）有助于消除母子公司信息不对称的弊端，提高资金、资产、人员的利用效率

财务人员被集中统一管理之前，集团公司和分、子公司之间存在财务信息不对称、财务管理壁垒等问题。实施财务人员集中统一管理后，对集团整体财务资源进行有效的配置、控制、优化，调整集团公司内部各独立法人财务分块管理的管理模式，可以突破集团与分、子公司之间的财务管理壁垒，缩短相应的财务管理流程，消除集团母子公司之间信息不对称的弊端，进而提高资金、资产、人员的利用效率。

### （二）有助于强化财务监督职能、防范控制财务风险，通过“管人”实现“管事”

第一，以往财务人员的人事薪酬关系隶属各分、子公司，容易与分、子公司成为“利益共同体”，财务人员不能充分发挥监督管理职能，不能很好地履行为出资人负责的职责；第二，由于集团公司对各独立法人的财务实行分块管理，不能有效监管分、子公司的财务，造成分、子公司财务报告的可靠性不强，不能真实反映分、子公司的财务状况；第三，由于分、子公司个别财务人员本身业务能力的欠缺或职业道德的缺失，加之集团层面监管力度弱化，个别财务人员本身也出现过违反财经纪律甚至违法犯罪的问题。通过对财务人员集中统一管理，明确界定集团公司、基层单位、派驻财务人员三者的职责权限，建立顺畅的财务管理体制和有效的监督约束机制，促使派驻财务人员自身守法且相对独立地发挥监管作用，最终达到强化财务监督、防控财务风险、实现集团目标的目的。

### （三）有助于强化资金控制，提高企业的整体信用和筹资能力

酒钢集团实行财务人员集中统一管理的目的就是要通过“管人”实现“管事”，尤其是对资金的合理把控。可以实现对全部子公司资金的控制，实现资金集中归集，从而能够合理、有效地对资金进行分配。集团对外统一开户，集团的整体资金得到加强，诚信度得到提高，集团可以比较轻松地筹集到短缺资金，各分、子公司也可以通过财务公司获取所需的资金。

### （四）有助于强化管理、降低成本，保证集团内部财务目标的协调一致

一方面，酒钢集团制定总体的经营战略和规划，并逐级分解到各成员单位，最终通过分、子公司的执行和落实来实现集团目标，在这个过程中如果财务系统反应不及时、不统一，将对集团整体经营战略和规划的执行产生很大的影响。酒钢集团实行财务人员集中管理，实行统一的会计制度，在服务、监管、提供决策等各个环节协调发力，使其各个子系统在有效实施战略和规划中产生聚合效应，最大限度降低集团公司的经营成本和财务费用。另一方面，如果集团公司财务管理职能分散，必然会导致核心利益监控不力，从而严重损害集团公司的利益。实行财务人员集中统一管理是在财务体系内改变这一现状的有益尝试，在保证集团内部财务目标的统一协调方面有一定的作用。

### （五）有助于实现整体利益最大化，确保国有资产保值增值

一方面，实行财务人员集中统一管理，财务业务管理上处理好“分散”与“集权”的问题，可使集团的财务管理机制得到充分发挥，使集团决策层得到最真实可靠的财务信息，从而提高子公司的战略经营效率，降低经营成本。另一方面，在防范风险的同时，可以提高财务管理效率、加强财务管理体系、减少财务支出，同时在资产的运作中能有效提升企业价值、综合实力和市场竞争能力，改变单一静态的财务分散管理，为综合动态财务统一集中管理，为实现企业利益最大化、确保国有资产保值增值发挥应有的作用。

## 四、实行财务人员集中统一管理的做法

### （一）成立财务人员管理机构

为做好财务人员集中统一管理工作，酒钢集团成立了专门的管理机构——财务人员管理中心，其隶属于集团财务主管部门，负责集团所属各成员单位财务机构的成立与撤销、财务人员的统一管理，主要职责是管理委派财务人员的劳动合同、人事关系、薪酬与福利待遇，根据工作需要核定派驻各成员单位财务岗位编制和层级，建立相关

的管理制度，考评财务人员的工作业绩，负责派驻财务人员的调整配置、轮岗交流、教育培训等。

（二）统一人事薪酬关系

按照实行集团财务人员集中统一管理的基本原则，酒钢集团对集团及其所属成员单位原有财务人员的任职资格、工作业绩进行评估，不符合条件的由原单位进行安排，将符合条件的财务人员进行集中统管，并将所有财务人员人事关系从原服务单位统一上收，改签为集团公司劳动合同，由集团公司财务人员管理中心统一派驻至各成员单位履行服务监督职能。在薪酬福利方面，按照“以岗定薪”的原则，对所有财务岗位编制及岗位层级进行重新核定，执行集团公司总部机关普通管理人员薪酬标准，统一财务人员的社会保险、企业年金、福利待遇标准等，并首次将财务人员的工资标准与个人职称挂钩；个人职务晋升、薪酬上调实行“两条腿”走路，一是与个人专业职称挂钩，二是与年度考核评价挂钩，二者缺一不可；比如财务人员担任科级岗位必须具备会计审计类中级以上职称，担任主管岗位和关键岗位必须具备会计审计类初级职称。

（三）健全完善财务人员管理制度

自实行财务人员集中统一管理以来，酒钢集团不断建立健全与集中统一管理模式相匹配的管理制度办法，先后制定下发了《酒钢集团公司派驻财务机构与人员管理制度》《财务岗位与薪酬套靠规则》《年度考核评价管理办法》《专业考核及问责处理实施细则》等多项制度办法，对集团财务主管部门、服务单位、派驻财务人员之间的职责权限进行了明确界定，对财务人员聘任与解聘、轮岗交流、薪酬标准、党群关系、日常考勤、考核评价等进行了明确和规范。

## 五、实行财务人员集中统一管理取得的成效

（一）加快了集团公司改革发展进程

事实证明，酒钢集团实行财务人员集中统一管理是建立财务内部监督约束机制之上的一项有效举措，在充分保证成员单位经营自主权的前提下，通过向成员单位派驻财务人员并直接参与成员单位的财务活动，有效监督和约束成员单位财务工作。这项改革不仅契合国有资产监督管理部门对酒钢集团改革的要求，更重要的是使成员单位真正成为责、权、利有机结合的市场法人主体。

（二）提高了集团公司资源利用效率

酒钢集团实行财务人员集中统一管理，对集团有限的财务资源进行有效的优化、配置，打破了集团公司内部各成员单位财务分块管理的模式，消除了集团与成员单位

之间的财务管理壁垒及集团母子公司之间信息不对称的弊端，缩短了财务管理流程，进而提高了资金、资产与人员的利用效率。

### （三）强化了集团公司内部监督管理

财务人员集中统一管理的实行，使酒钢集团内部原来的事后监督变为事前、事中和事后相结合的、经常性的、普遍性的监督，从根本上改变了集团层面内部审计、监事会等“软监管”的状况，进一步加强了国有资产管理，有效预防了国有资产的流失，同时严肃了财经纪律，杜绝了不合理的开支。

### （四）加强了集团公司风险防控能力

酒钢集团将财务人员集中于集团层面统一管理，通过建立顺畅的财务人员管理体制与有效的监督约束机制，很大程度上防止了财务人员与成员单位形成“利益共同体”，加之对集团公司、成员单位、委派财务人员三者职责权限的明确界定，促使委派财务人员相对独立地发挥监管作用，最终达到了强化财务监督、防控财务风险的目的。

### （五）统一了集团公司会计基础规范

酒钢集团通过实行财务人员集中统一管理，建立了集团一体化的财务管理体系，统一了会计政策与会计估计，保证了整个集团会计基础设置的统一性和规范性，为实现集团不同产业会计信息数据的可比性打下了基础。同时，会计委派制的实施，使酒钢集团理顺了会计工作秩序，规范了会计核算行为，加强了会计基础建设，稳定了委派会计队伍，提高了财务人员素质和办事效率。

### （六）完善了集团公司会计监督职能

实行财务人员集中统一管理，进一步强化了酒钢集团内部各成员单位的会计监督职能，使其贯穿于各成员单位经济活动的全过程。由于委派财务人员的岗位编制、人事及薪酬关系统一集中至集团公司，其岗位调整、薪酬待遇等不受成员单位约束，从根本上消除了委派会计与成员单位之间的附属关系，委派财务人员可以不受成员单位干扰独立地发挥会计的监督作用，同时依照财经法律法规赋予的职权办事，从而有效地维护了财经纪律的严肃性。

### （七）推动财务管理向价值创造转型

实行财务人员集中统一管理，符合向管理要效益的发展方向，这一举措将推动传统的财务管理思维的改变，让价值守护转向价值创造成为可能。目前酒钢集团主产业务基本进入红海市场，竞争白热化成为普遍，所以实行财务人员集中统一管理为集团公司寻求了一种新的价值创造过程，实现了有限财务资源的高效配置，同时提升了财务管理工作效率，从而让部分财务管理人员腾出精力，真正介入生产经营，进而将财务管理变成一种市场竞争力。

### （八）提高了集团公司会计队伍的素质

财务人员集中统一管理的实行，将财务人员薪酬待遇与职称技能等级挂钩，激发了财务人员的学习热情，实现了“要我学”向“我要学”的重大转变。统一管理前，财务系统中级会计师及以上人员 55 人；统一管理实行三年来，通过鼓励自主学习，将岗位与职称挂钩等方式，目前已形成注册会计师 5 人、注册税务师 3 人、美国注册管理会计师（CMA）7 人、高级会计师 11 人、会计师 121 人，审计师 7 人，经济师 23 人，会计类初级职称 142 人的专业人才队伍，中级会计师及以上人员增加幅度超过 100%。同时，加大财务人员轮岗交流力度，三年内关键岗位全部进行了轮岗交流，集团内部实现了不同单位、不同岗位之间委派财务人员的岗位交流互换，财务人员从事同一单位单一业务的“短板”正在补齐。财务人员集中统一管理的实行，使酒钢集团财务人员的监督意识和服务意识得以提高，财务人员的业务素质与技能整体得到提升，各级财务人员基本能够按照财经法律法规和集团的有关规定严格履职，通过“管人”实现“管事”的目标正在逐步实现。

## 六、探讨

国有大型企业集团内部实行财务人员集中统一管理，是集团企业为加强对成员单位财务管控进而提高集团整体财务管理水平而进行的一种创新，是强化集团内部财务控制与监督的有效途径和方式之一。但是，作为一种制度本身在实施过程中肯定有利有弊，企业管理者要一分为二地认识和评价其效果，在看到这种管理体制有利一面的同时，也应看到其局限性，这种作用能否持久有效还有待实践检验。因此，国有大型企业集团要想靠财务人员委派制来解决内部财务管理方面的所有问题是不现实的，也是不可能的，只能说实行内部财务人员委派制是解决国有大型企业集团内部财务管理中一些问题的有效措施之一。只有通过理论的探讨和实践的不断摸索、总结和完善，才能使财务人员集中统一管理在国有大型企业集团内部财务管理实际工作中发挥更大的作用，进而全面助推集团整体会计信息质量的提高，规范成员单位经营管理者的行为，推动财务管理转型，维护集团公司整体利益，确保国有资产保值增值，更好地为企业集团战略目标服务。

主创人：赵浩洁　牟挺
参与人：肖锴　殷三平　慈庚申

# 煤矿链式成本管控研究与实践

甘肃靖远煤电股份有限公司大水头煤矿

## 前言

甘肃靖远煤电股份有限公司大水头煤矿（以下简称“大水头煤矿”）位于甘肃省白银市平川区，是靖远煤业集团有限责任公司（以下简称“靖煤集团”）的骨干矿井之一，始建于1958年，现核定年生产能力220万吨，属煤与瓦斯突出矿井。全矿下设13个机关部室，14个基层单位和5家服务单位。现有职工1998人，其中具有大中专以上学历的645人，各类专业技术人员309人，是一支年轻且富有活力的团队。矿井按照“一主一辅”搭配回采工作面，以“一掘保一采”配备2个综掘工作面，采掘机械化程度达100%。矿井推行“三六”作业制，取消夜班。近年来，大水头煤矿始终把成本管控管理体系建设作为矿井安全发展和可持续发展的有力抓手，突出全员绩效管理和模拟市场创建两个重点，狠抓降本增效一个关键，融入班组管理一种模式，构建了链式成本管控管理体系，激发全员管理潜能，使企业经营管理取得了显著成效。

## 一、实施背景

党的十九大指出，“创新是引领发展的第一动力”。2019年的《政府工作报告》强调要坚持创新引领发展，培育壮大新动能。靖煤集团是老工业基地，近年来，随着煤炭供给侧结构性改革的不断深化，企业转型升级的意愿逐渐增强，但转型升级的基础支撑差，转型升级难度很大。面临资源枯竭、管理体制差、观念落后及社会包袱重等问题，资源、环境、区域经济约束逐渐增强，煤炭主业发展和升级空间越来越狭小。从长远发展考虑，煤炭企业成本管控管理体系必须通过创新引领来促进企业资本、技术、管理、劳动力和人力资本等生产要素的提升，进而优化企业生产结构、分配结构，持续推动企业供需关系高水平匹配和经济高质量发展。

## 二、成果内涵

大水头煤矿深入学习贯彻党的十九大精神、中央经济工作会议和省委经济工作会议精神，以煤炭安全、绿色、智能化开采和集约化利用为主攻方向，注重理念创新、管理创新、模式创新、动力转换，加强经营风险预控管理，靠实目标责任，精准市场营销，优化板块结构。为了切实解决靖煤集团以及大水头煤矿财务管理中存在的突出问题，应补齐管理短板，全面预算管理，提升内控执行力，增强财务管控能力，将成本管控作为提升企业核心竞争力的关键。煤炭生产的投入不但受到煤层赋存条件和井下瓦斯、煤尘、水、火、顶板、冲击地压等自然灾害的影响，而且受安全监管特殊要求等因素的影响，因此生产成本费用增支因素较多，成本管控难度较大。针对企业成本控制的难点，大水头煤矿按照因地制宜、全员参与的原则，结合靖煤集团推行的“三无六型”班组建设和“人人都是班组长”全员管理模式，把责任成本管理嵌入班组建设中，创新精细化管理方法，形成具有自身特色的煤矿链式成本管控模式。

## 三、主要做法

### （一）大水头煤矿链式成本管控的体系建设

#### 1. 构建组织体系

大水头煤矿设立精细化绩效办公室，负责制定精细化管理各项制度；建立横向到部门，纵向到区队、班组和个人的成本管控体系；构建内部模拟市场，将生产成本划分为 14 个成本责任中心和 18 个费用控制中心。

#### 2. 创建三级模拟市场

在实行全面绩效管理的基础上，大水头煤矿创建原煤市场、掘进市场、瓦斯抽采市场、零星工程市场、劳务市场、物资市场、修旧利废市场、用水市场、电力市场等 10 个模拟市场，确立矿、业务部室、基层单位 3 个层级的市场主体，使各基层单位、班组、各工序所提供的产品、服务转化为内部由价格衡量的价值，实行有偿往来结算，达到班组和全员自主管理、自我约束、独立经营、自负盈亏，不断优化生产要素配置，降低生产成本，提高生产效率和经济效益。

（1）一级市场定指标

大水头煤矿考核部门作为一级劳务市场部、物资市场部、用水市场部、电力市场部，依据年初《精细化考核责任书》确定的全矿劳动工资、材料消耗、修旧利废、用水、用电指标，每月对人力资源部二级劳务市场部、供应公司二级物资市场部、通防部二级用水市场部、机运部二级电力市场部核定指标。

（2）二级市场定定额

把内部二级模拟市场划分为劳务、物资、用水、电力 4 个专业市场，分别由人力资源部、供应公司、通防部、机运部制定定额。

——人力资源部作为二级劳务市场部，按照“一工程一定额”原则，结合矿井安全生产实际，及时修订编制各基层单位劳动定额，包括综放队原煤产量劳动定额、综掘开拓队掘进进尺劳动定额、抽采队各类型钻孔进尺劳动定额、抽采队抽采瓦斯发电劳动定额、运输队各条线路不同类型车辆运输劳动定额等。并将原煤产量劳动定额和掘进进尺劳动定额及时录入大水头煤矿内部模拟市场信息平台。

——原煤市场由调度室负责计量统计两个综放队每日产量，将剔除掘进煤之后的产量录入内部模拟市场信息平台；煤质部每天对两个综放队生产的原煤分别化验发热量，按照实际发热量与计划发热量比值确定各综放队当天原煤产量工资结算系数，并录入内部模拟市场信息平台。内部模拟市场信息平台依据原煤产量劳动定额、原煤产量、发热量结算系数自动结算各综放队前一日原煤产量工资。

——掘进市场由生产部负责测量统计各综掘开拓队每日掘进进尺，将各队进尺录入内部模拟市场信息平台，内部模拟市场信息平台依据掘进进尺劳动定额、掘进进尺自动结算各综掘开拓队前一日掘进进尺工资。

——瓦斯抽采市场由通防部专职验孔人员每班对抽采队钻孔进尺进行验收，对不同用途、孔径和煤岩类别的钻孔按相应单价结算当天钻孔进尺工资；按照瓦斯抽采发电劳动定额结算前一日的瓦斯抽采工资，每天推送到大水头煤矿 OA（办公自动化）办公平台。

——轨道运输市场，轨道运输是矿井安全管理的难点，是事故多发易发点。调度室按照各条线路轨道运输劳动定额分别印制不同的车辆运输票，依据各基层单位月度车辆预算，向各用车单位发放车辆运输票，各单位领用物资装车、验收后，由本单位材料员向当班运输人员支付相应路线车辆运输票，运输人员按规定进行检查、运输。运输单位每天将收到的车辆运输票送到副井口验收站，验收站核对统计后将运输票和统计表一并报调度室，调度室审核统计后，核算各用车单位车辆运输量和运输费，向车辆运输单位结算前一日轨道运输工资，每天推送到 OA 办公平台。

——零星工程市场，每一项零星工程施工前必须由主管业务部室下发通知，施工通知中要准确核定工程量，提出工程质量要求和施工期限，并明确管理单位、监督单位和主管领导，同时核定劳动用工数、材料费用和用车数。工程竣工后由管理单位、调度室进行验收，待一项工程全部完工后一次性结算工资、材料和用车费用，做到了一工程一结算。

——供应公司作为二级物资市场总部，根据大水头煤矿月度生产任务安排向生产部、机运部、通防部下达全矿支护材料、机运配件和通防费用控制指标，同时向各基层单位下达自耗材料消耗定额。生产部向基层单位下达支护材料消耗定额，并将自耗材料、支护材料消耗定额录入内部模拟市场信息平台，然后内部模拟市场信息平台根据各队完成生产任务和材料消耗定额情况自动结算公布各队前一日材料费用。月末供应公司、生产部分别对各队自耗材料和支护材料进行汇总考核，供应公司对生产部、机运部、通防部管控的全矿支护材料、机运配件、通防费用进行绩效考核。

——通防部作为二级用水市场部，机运部作为二级电力市场部，每月分别修订下达各基层单位用水、用电定额，并录入内部模拟市场信息平台，然后内部模拟市场信息平台根据各队完成生产任务和用水、用电定额情况自动结算公布各队前一日用水、用电费用。

（3）三级市场定薪酬

各基层单位作为三级市场部，创建运行工序价格化劳动工资分配机制，在人力资源部下达劳动工资定额的基础上，测算班组单位产品工资单价，依据班组单位产品劳动工资单价测算制定各工序劳务单价，如：综放队生产一吨原煤、顺槽内运输一车物料，综掘开拓队截割一网进尺、打一根锚杆、喷一车砂灰，运输队在不同的线路运输一车物料，抽采队施工一米顺层钻孔等，均制定了工序劳务价格；依据部室下达的材料、用水、电力消耗定额测算制定班组材料、用水、电力消耗定额。每小班由验收员对当班完成工作任务进行验收和考核，详细填写工程验收台账，按工序价格核算当班工资总额，跟班队长和队长进行审核，班长确定当班员工个人岗位系数，核算员将当班工资分配到员工个人。每班统计材料、水电消耗情况，按定额考核，节超部分在当班工资中兑现，形成用工资换成本机制，让职工形成一种节支降耗、控制成本的意识。

## （二）大水头煤矿链式成本管控的实现路径

按照“定目标、明责任、控过程、重实效”的原则，以“小步慢走，不走过场，注重实效，螺旋上升”为思路，大水头煤矿逐步形成经营目标层层分解、员工绩效层层考评、收入绩效紧密挂联、部门职责相互约束的全员绩效管理模式。在此基础上引入市场运行机制，针对主要业务和重点指标建立内部模拟市场，并将三级市场运行（区队班组核算）与“人人都是班组长”全员管理模式充分融合，整体推进，划小经营实体和核算单元，使员工收入与其当班的工作任务、工程质量、材料成本、行为规范挂钩兑现，做到“人人当家，个个算账”，进一步提高企业运行效率和经济效益。

### 1. 定指标，明责任

结合矿井实际，细化分解靖煤集团下达的安全生产经营指标，明确主管部门和工作任务，制定考核细则，完善精细化考评体系；层层签订《精细化考核责任书》，与公司战略目标的精准对接。按照《精细化考核责任书》规定的权重分值和考核细则，每月下达月度生产作业计划，修订劳动工资定额和材料、水电消耗定额。

### 2. 抓绩效，提效率

按照核岗定员标准，制定各岗位职责和绩效考核细则，建立完善激励约束机制，将管理责任明确化、具体化。员工每天填写工作日志，部门负责人对工作绩效进行考评，月度考评分值作为个人当月绩效工资的结算比例，做到工资收入与个人绩效挂联兑现，有效提高员工的服务质量和工作效率。

3. 重成效，促提升

每月定期召开精细化考核会议，总结通报业务考核、成本指标完成、工资结算等情况，公布排名。排名靠前的部室总结经验，分享交流；排名靠后的部室发言表态，分析原因，提出改进计划和措施。会上分析总结当月成绩和不足，制定改进措施和办法，监督落实完成，实现闭环管理，不断健全完善精细化管理工作体系。

4. 挖内潜，增效益

倡导“节约的就是工资，浪费的就是收入”“能修复的不领用新的”，不断加大材料回收复用、修旧利废管理力度，提高修旧物资的利用率。供应公司为二级修旧利废市场总部，各生产部室为二级修旧利废市场分部，每月初各生产部室根据各自材料管辖范围，按照生产作业计划和工作面实际情况编制材料回收复用、修旧利废和加工检修计划。各基层单位将能够复用的物资在井下直接移交使用，不能直接复用的废旧物资回收升井交机修厂加工改制或报废处理，经过机修厂改、代、修、加工后全部进入大水头煤矿修旧利废超市，并按原价的30%计价供基层单位刷卡领用，费用计入单位成本进行考核；同时供应公司对各生产部室和基层单位材料回收复用和修旧利废计划完成情况进行考核。

### （三）大水头煤矿链式成本管控的具体实践

1. 推行管理结构的转变

推行班组新管理模式以前，全队为三个生产班、一个检修班、一个喷浆班和一个综合班，队长书记直接管理到每个人，生产班只考虑怎么掘进尺，检修班只考虑设备检修，管理体系盲点多，管理难度大。推行“人人都是班组长”全员管理模式后，大水头煤矿将职工整合成四个班组，每个班组都配套有掘进、设备维护、电器维护等各工种岗位人员，岗位司机，管理权下放，由班组长统一安排协调本班组的所有事务，包班组副队长协助管理。这一转变彻底激发了班组长的“火车头效应”，也让员工学会了换位思考，切身体会班组管理的权责担当，体验各岗位的工作性质，培养了员工的大局意识，减少了猜忌、抱怨，使每名员工变推卸责任为主动担当，变被动执行为创新思考，变消极等待为积极参与，变漠视问题为积极寻求解决问题，实现了从“要我安全”到“我要安全”的转变，形成了人人参与、人人发力、人人负责的良好氛围。

2. 推行生产部署的转变

推行新管理模式前，当班怎么生产、怎么协调全由队长来说，往往出现跟班队长汇报现场情况不真实的现象，导致班前会上作的安排和生产实际脱节；还有很多副队长和班组长过多地考虑了队长书记的权力问题，不敢大胆调整生产安排，致使作业现场生产工作推进不力。而在“人人都是班组长”模式下，班委根据实际情况大胆调整，同时将设备检修和生产任务在作业现场统一部署，既能够保证正常组织生产，又能够安排设备检修。现场随时调整人员搭配，使班组长有了真正意义上的管理权，可以调动每一位职工在更适合自己的岗位上完成当班的工作任务。

3. 推行责任分工的转变

以往班前会上任务和责任分工由队长书记直接安排到个人，但队长书记往往对职工现场的工作协调组织能力了解得不够清楚，安排的责任人有时候不能够胜任现场组织协调工作，出现很多窝工浪费，因其他人员不服造成矛盾的情况，甚至诱发安全事故。推行“人人都是班组长”全员管理模式后，由班委协商确定人员责任分工，轮值班长进行安排，能够更准确地将有组织能力、有领导才干、有责任心、有业务能力的人员安排到更加适合的岗位，责权分担清晰，更符合生产实际。用班组团队式管理，摒弃了部分员工随意性、挑拣性上班的恶习，保证了出勤率，解决了劳动力短缺问题。而班组成员轮值换岗重新搭配，不但满足了班组在作业过程中对各类岗位工种的需求，还大大提高了班组的团队作业能力，提升了班组集体荣誉感。

4. 推行考核机制的转变

推行新模式前，每一项事务或每一个细节是否达到标准、做得是否到位，都要由队长书记考核，副队长更多时间只是现场监管。推行新模式后，队部结合生产中的各个工序，制定了对应的工作流程和标准，考核权直接下放到班委，由当班负责相应事务的班委成员按照流程和标准先进行监督和验收，不符合要求的现场督促整改，拒不整改的班委直接考核到个人，逐层逐级将问题彻底解决。针对有些不符合标准的工作，班组内部包庇没有考核的，均由队长书记和技术队长直接考核班组，再由班组内部落实到个人；包班组副队长和班长现场管理不到位或者放弃管理而导致工作质量下滑的，队长书记考核班组时则要对包班组副队长和班长进行挂联考核。

5. 推行薪酬分配的转变

在“人人都是班组长”管理模式下，先将生产中的各个工序细化并罗列出来，再根据劳动定额核算确定每一个工序的价格，人员现场工作状况由班委实地掌控，如谁干了哪些工作，应得哪些工序工资，零散工作的工资怎么分配，均由班委在班后会上按工作实际分配到个人，做到班清班结，月底结算时进行汇总。这样将薪酬的分配权交于班组，不仅职工薪酬获得更符合实际，还调动了每一名职工的工作积极性。同时，明确划分轮值班组长和班委的职责、权限和利益，让他们有责、有权、有利。轮值班组长和班委具有生产指挥、安全管理、考核分配、学习组织、工作协调的权力，可享受当天的薪酬待遇和一定的奖励待遇，这种管理模式弱化了区队垂直管理，强化了班组自治管理，使薪酬分配更加公平、公正、公开，班组班务更加民主、透明，提高了班组成员的存在感和获得感。

6. 推行学习模式的转变

推行新模式，可以激发员工自学，激励员工成才，形成一种学比赶超的良好风气，营造互相学习、互相探讨、共同提高的浓厚学习氛围。轮值学习委员，肩负着班组成员的学习引领工作，势必要加强自学。俗话说“要想给别人一碗水，自己首先要有一缸水”，只有通过加强自身业务技能学习，才能扮演好学习委员这一职务，才能更好地为班组的进步拼尽全力。班组集中学习，则是用员工自身的理论知识和工作技能，通过相互交流探讨经验，相互学习，共同进步、共同提高，实现班组成员之间知识互换互学、互联互通、共享共赢。

## 四、大水头煤矿成本管控管理体制改革取得的效果

### （一）原煤产量持续稳定，商品煤质保持优良

大水头煤矿通过创建运行原煤市场部，每天按产量和热值系数结算相应单位工资，激发了员工保障生产任务、提高煤质的积极性，矿井实现了持续高产稳产，商品煤质量持续保持优良。2015—2018 年大水头煤矿均完成了公司下达的原煤生产任务，2015—2018 年分别完成商品煤热值 22373 千焦/千克、22503 千焦/千克、22553 千焦/千克、22557 千焦/千克，均超过公司下达的煤质指标。

### （二）瓦斯抽采效率提高，瓦斯发电量逐年增长

大水头煤矿通过创建运行瓦斯抽采市场，瓦斯发电量逐年增长，瓦斯抽采率明显提高。2015—2018 年分别实现瓦斯抽采发电量 850 万千瓦时、1074.4 万千瓦时、1150.6 万千瓦时、1310 万千瓦时，瓦斯发电量年均增长 15.5%。同时，瓦斯抽采浓度由原来的 7%～8%提高到 8%～11%，抽采纯流量由原来的 6～10 立方米/分钟提高到 8～13 立方米/分钟，抽采率由原来的 33%～35%提高到 35%～45%，解决了工作面特别是上隅角的瓦斯超限问题，综放工作面逐步取消了瓦斯抽采巷，实现了以孔代巷的技术革新，做到了高瓦斯矿井低瓦斯开采。

### （三）车辆运输高效调度，运输安全得以保障

大水头煤矿通过狠抓轨道运输市场的运行，实行按票结算，提高了车辆使用效率，使得车辆运输总量锐减，运输时间大幅缩短，同时降低了轨道运输事故发生的概率。

大水头煤矿2015年轨道运输量38816辆，2016年轨道运输量40141辆，2017年轨道运输量22190辆，2018年轨道运输量20779辆。2018年轨道运输量较2015年减少了46.5%，较2016年减少了48.2%。2019年上半年轨道运输量11039辆。同时，大水头煤矿充分利用节约的时间，对煤矿主要轨道运输系统从地面副井车场—副井筒—1180主石门—东西大巷—东三、东一采区运输巷的轨道全部进行了更换，道床进行了硬化，完成了主要轨道运输系统的优化升级，真正夯实了运输安全基础。

## （四）修旧利废全面实施，挖潜降耗成绩突出

2015—2018年，大水头煤矿分别完成材料回收复用、修旧利废及加工制作产值621.16万元、691.23万元、362.39万元、404.95万元，年均完成材料回收复用、修旧利废及加工制作产值520万元。剔除材料回收复用、修旧利废过程中投入的人工工资和材料费用后，年均实现净产值306万元。利用挖潜降耗节约的资金实施了矿井重难点工程，维修了1180主煤仓、扩修了1180主石门，并对地面供应公司物资库房和机修厂维修车间、厂区进行了标准化整治，使矿井的安全基础设施得到最大限度的修复，安全生产标准化水平持续提高。

## （五）管理模式推陈出新，职工队伍素质提高

大水头煤矿推行“人人都是班组长”全员管理模式以来，基层员工潜能被激活了，员工职业素养大幅提升，实现了管理靠经验到管理靠模式的转变，员工的工作态度、行为规范以及工程质量、团队精神等各方面都有了优良改观、正导向的转变和更优、更强的提升。轮值班长的自我展示平台，增强了员工自信心、责任心、事业心，使员工了解和理解了班组长肩负的艰辛权责，从而减少了基层安全管理中的矛盾与冲突。“想作为、要作为”的自我意识，“敢担当、要担当”的精神风貌成了轮值班委新的价值观和人生坐标，学习氛围越来越浓厚，安全意识越来越强，安全生产形势越来越好。

## （六）成本管控效果明显，企业利润稳步增长

大水头煤矿通过加强材料物资管理，深挖修旧复用潜力，加快应收款项及存货的资金收入转化速度，降低了全矿生产成本，全面完成了甘肃省国有资产管理委员会及靖煤集团开展的“两金清理压降”工作。大水头煤矿不含薪酬成本和材料成本连续多年均控制在公司下发的指标以内。2015年全年不含薪酬成本完成52.85元/吨，2016年全年不含薪酬成本完成51.83元/吨（政策性因素未提取30元/吨的安全费用），2017年全年不含薪酬成本完成83.04元/吨，2018年全年不含薪酬成本完成84.25元/吨，2019年前三季度不含薪酬成本完成85.73元/吨。2015年实现利润3.18亿元，2016年实现利润3.53亿元，2017年实现利润4.66亿元，2018年实现利润4.93亿元，2019年上半年实现利润2.419亿元，经营利润呈逐年递增趋势，年均增长16%。通过精细化

管理的创新实践，大水头煤矿成本控制由原来主要靠领导推动向自主约束、自主控制转变，由原来的被动的指标管理向主动的全员管理转变。

### （七）践行绿色环保理念，修复自然生态环境

“绿水青山就是金山银山。”大水头煤矿将掘进、开采和洗煤过程中排出的固体废物煤矸石堆砌起来的矸石山，进行景观生态修复性建设，妥善解决了煤矸石污染与环境治理之间的矛盾，做到植被修复与重建。2015—2019 年，大水头煤矿绿化亮化矸石山，投入资金 603.08 万元，绿化亮化面积 4.2 万平方米。2019 年大水头煤矿对 2#矸石山东侧裸露部分和东南侧边缘进行了补充治理，对 1#、2#矸石山进行了补充绿化，1#矸石山新增绿化面积 2300 平方米，2#矸石山新增绿化面积 7560 平方米，共种植柏树 2500 棵，槐树 2667 棵，柠条 5000 株，沙柳 4800 株，柳树 70 棵。确保煤矸石边排放边治理，不给环境留一丝隐患。

近几年，大水头煤矿链式成本管控管理体系通过深度融合、大胆探索实践，为矿井安全生产、经营管理工作注入了新的活力，有效激发了员工自律、班组自管、区队自治的工作积极性和主动性。内部控制体系的创新改革，成为激发安全潜能、夯实安全管理基础的有效载体和方法，促使安全生产标准水平稳步提高，安全生产基础逐步夯实。2017 年 11 月，矿井顺利通过国家煤矿安全监察局组织的现场检查考核定级，被评定为一级安全生产标准化矿井；2018 年 11 月，矿井再次顺利通过国家煤矿安全监察局组织的一级安全生产标准化矿井复查验收，实现了安全高效平稳发展。

主创人：邵嗣华　王亮亮

参与人：张泽发　吴国君　毛万忠

# 国有企业中层干部全维度考核评价与结果应用实践

国电内蒙古东胜热电有限公司

## 前言

国电内蒙古东胜热电有限公司（以下简称“东胜公司”）于2005年12月成立，由国家能源集团旗下国电电力发展股份有限公司控股经营。公司现有装机容量2×330兆瓦亚临界空冷供热机组，分别于2008年1月、6月投产发电。2010年4月，控股成立国电东胜热力有限公司，负责城区1300万平方米的供热，实现热电联产、热力自主收费运行的一体化模式。投产以来，东胜公司于爬坡过坎中斩关夺隘，于激流险滩中奋楫前行，强管理、降成本、赢市场、争效益，不仅成为蒙西地区的标杆企业，更成为中国电力行业的明星企业，投运12年持续盈利，截至2019年11月末，累计实现利润18亿元、完成发电量391亿千瓦时。

党的十八大以来，以习近平同志为核心的党中央多次强调要抓好干部的选拔任用和日常管理，多次强调“要改革完善干部考核评价制度，建立系统完备、科学规范、有效管用、简便易行的干部综合考核评价体系”，东胜公司领导班子围绕这一目标，几年来在干部管理和绩效评估等多方面进行摸索与尝试，逐步形成了一套对干部全维度全过程的评价体系并加以应用，有效压实干部“一岗双责”，构建大党建格局，实现对干部的科学评价。

## 一、成果背景

国有企业对中层干部的考核管理经过多年的发展，特别是伴随国有企业改革的深入推进，已经由单纯的民主测评考核完善至相对全面的绩效业绩+民主评议+上级考核等全方位的考核形式，但在执行过程中仍然存在一些问题，如生产型企业的中层干部考核指标全部为生产经营指标且相对细化，一般缺少干部党建党廉、“一岗双责”方面指标的量化、细化管理；对于干部年度考核主要依据年末的民主测评，没有关注干部的一贯表现，个人主观印象占据主导地位，客观评价不充分；考核结果的应用过于生硬，硬性末位淘汰引起人员恐慌，不利于干部队伍的管理；薪酬与测评结果虽然实现联动但应用深度不够，奖惩标准量化细化不到位；等等。

因此在突出政治标准，打造一支坚决维护党中央权威，忠诚干净担当的干部队伍的基础上，建立敢管敢严、常管常严的日常管理机制，形成精准有效、注重实践的考核评价机制，构建科学管用、赏罚分明的干部奖惩机制，推进关心厚爱、撑腰鼓劲的正向激励机制，引导各级干部成为政治素质、行政业务上的双排头兵，建设与一流企业发展目标相匹配的一流干部人才队伍，成为我国国有企业基层党组织和组织人事部门亟待思考和妥善解决的问题。

## 二、成果内涵及意义

东胜公司党委通过完善和丰富评价内容、完善评价维度、优化评价方式，强化结果应用，实现对干部“一岗双责”、履职尽责、锐意进取、敢于担当、失职追责和容错纠错的管理目标，引导干部牢固树立“四个意识”和“四个自信”，打造政治立场坚定、业务素质过硬、作风正派、敢于担当、清正廉洁的干部队伍。

通过改进和完善指标库，实现全维度指标评价，进一步拓宽评价范围；建立月度个人、部门、公司不同层级党建、党廉绩效责任书，将党建、党廉绩效与个人、部门绩效有机结合，构建党建党廉行政一体化管理大格局；强化日常评价对年度考评的影响，将月度评价结果在个人年度绩效中加以引用，个人年度综合实现部门业绩、党建党廉、工作作风、群众基础、履职敬业等全方面评价，确保干部评价全过程、全周期、全维度；评价结果对干部的组织处理以行政处罚和经济处罚相结合，通过强化日常管理，提醒中层干部及时自查、自省，对于一些非否决项目，组织上按照程序认定后给予改正机会，保证队伍的干劲和动力。

该研究对新形势下生产型企业中层干部日常管理、考核评价有积极意义，实现了过程组织把控，统一量化考核标准，过程结果可查可比，最大限度减少人为因素影响，保证选人用人的公平、公开、公正。

## 三、改革前存在的问题

### （一）对于干部考核评价主要集中在生产经营指标上，干部“一岗双责”没有量化、细化

生产型企业中，各级领导一般更多地关注企业的安全稳定生产、经营效益，由此形成的中层干部考核评价库、考核指标多以生产经营中的 KPI（关键绩效指标）为主，安全生产经济指标和行政职能完成情况成为干部评价管理的重点，缺少对党建党廉责任相关指标的量化考核。中层干部，特别是部门一把手“一岗双责”的落实，存在不同程度弱化和边缘化的情况，党性修养和政治定力与自身工作结合不够，使得有些中层干部虽然是业务技术管理上的“尖子”，但却是政治理论和政治修养中的“矮子”，对党务工作和党务学习关心、支持力度不够，参与度经常以业务忙、事情多为理由而

旁落，理想信念中缺少马克思主义政治理论支撑，缺少与时俱进的政治修养学习和对所处腐败风险的防控和预判，党性修养没有达到与职务相匹配的高度，在不法分子的“围猎”中有可能迷失自我，久而久之造成政治信念丧失，经济业务违规的现象，以权谋私甚至违法的风险加大。从很多反面的案例我们可以看到，很多业务技术、经营管理上的能手最后沦为经济罪犯或贪污腐败分子就是源于最初的党性不严、定力不够、自查不足，从忽视和淡化党性教育开始的，因此党性教育必须抓在日常、管住重点。

### （二）对于干部的年度考核主要依据年末的民主测评，没有关注干部的一贯表现

首先，一般在企业中层干部的年度考核中，党建党廉类指标通常作为否决性指标，这样就有可能产生一种现象：没有发现问题时，干部都是达标状态，都是合格干部，而一旦被查出违规违纪就被评价为不合格。甚至有可能出现昨天政绩突出的干部，今天可能成为纪检部门调查的重点对象，在已经发生质变的结果下，量变的积累缺乏体现，这是因为缺少日常渐变过程的监督与细化衡量，“红脸出汗，咬耳扯袖”的针对性不强，企业缺乏相应的预警机制，没有把好挽救干部的日常管理关口。其次，中层正职对副职考核权缺少量化，上下级之间更多是业务上的管理与指导，没有实现党建党廉各项指标压力层层传递、任务层层分解的目标。副职对分管专业领域的“一岗双责”作用体现不明显，党风廉政逐级管理的职能发挥不突出，没有形成党建党廉的“横向到边、纵向到底”管理格局。很多人的意识中还存在党建党廉只是个别领导干部工作的想法，“事不关己，高高挂起”，没有形成齐抓共管、一级抓一级、层层抓落实的局面。最后，单纯依靠年度民主测评来评价中层干部的一贯表现，有可能会造成在临近评价时期，部分中层的工作标准、工作表现出现较大反差，工作上和处理问题上要么畏手畏尾、不再坚持原则，要么积极表现、博取众人眼球，容易用一时的表现来获取大众的短时印象，“不作为、乱作为”都会给企业的正常管理带来负面影响。之所以产生如此偏差，都有可能是我们在引导方式和评价办法中存在漏洞的一种反映。

### （三）薪酬与测评结果联动得不够深入，优秀奖励不突出，处罚标准不够细化

在东胜公司的管理标准中，中层干部测评结果经公司党委会审议通过后，对于年度综合考核在 90 分以上，且排名前 20% 的干部将被评为优秀中层，依照岗位绩效工资管理模式薪点工资给予涨一薪级工资的奖励，第二年降到基础薪级，重新根据结果调整，这样虽然实现了部分薪酬、评价联动的作用，但激励机制的连贯性不强，激励作用发挥不明显，以综合绩效得分作为薪酬联动的杠杆效果不强，国有企业以岗位绩效工资为主体的薪酬激励作用不够凸显，薪点工资的动态管理正向激励作用不强。而对于落后人员，主要执行薪酬降岗或组织上降职降级处罚，经济性惩戒的手段运用不够且容易激发更大的矛盾。

### （四）考核结果处罚应用过于生硬，末位淘汰引起恐慌，不利于干部队伍的管理

在东胜公司原有的管理标准中，考核结果达到合格等级以上均全额兑现薪酬，这种制度对于干部来说缺少自我建标、逐日提升的动力，导致部分干部在工作中逐步产生懈怠情绪，连续几年排在后几名也没有进行及时整改。另外，员工对个别中层干部工作作风、工作能力有较大意见，认为公司在干部管理上存在能上不能下、收入能升不能降的情况，干部考评流于形式。改革过程中调整为年度评价结果中排在后两名的中层干部当年降岗级，若连续两年排在后两名，就面临降职、降级或免职的处理。这种高压、快速收紧的管理尺度又让部分中层干部难以适应，使得整体队伍中存在一定恐慌情绪，给企业生产和员工队伍稳定性造成一定影响，中层干部工作的开展力度和积极性在一定程度上也受到影响。个别干部对自己已经达到合格标准，但由于连续两年排名靠后给予免职产生疑问，认为组织处理的原则依据不充分，干部管理的严肃性执行不够，制度的合理性受到质疑。同时，此种做法与干部管理中容错纠错机制存在一定背离，处理方式偏激，因此需要党委和组织部门对干部管理、评价方式加以修正。

## 四、主要做法

通过梳理原有干部考核评价机制中存在的不足，东胜公司近几年经过不断地摸索与尝试，对中层干部考核评价方式进行了持续优化和完善，并最终形成了一套全维度考核评价与结果应用方式，主要改进措施包括以下四种。

### （一）完善中层干部指标评价维度，构建党建党廉“7531”管理体系，将党建党廉绩效与个人绩效、部门绩效有机结合

东胜公司各部门绩效评价由部门 KPI 和月度工作任务目标构成，并根据不同部门的工作性质确定不同的占比，以突出行政管理重点，强化指标共担和业绩导向，从而实现关键业绩指标的量化考核与工作任务的督办，并根据完成情况进行滚动计算，用月度保年度，滚动推进完成，具体见表 1。

**表 1　各部门月度绩效评估构成**

| 部门 | 月度绩效构成及占比 | | 月度绩效得分 |
|---|---|---|---|
| | Σ关键绩效指标（KPI） | Σ 工 作 目 标（GS） | |
| 发电部 | 60% | 40% | Σ关键绩效指标（KPI）60% + Σ工作目标（GS）40% ± 其他加扣分值 |
| 设备管理部 | | | |
| …… | | | |

续 表

| 部门 | 月度绩效构成及占比 | | 月度绩效得分 |
|---|---|---|---|
| | Σ关键绩效指标（KPI） | Σ工作目标（GS） | |
| 总经理工作部（党委办公室） | 50% | 50% | Σ关键绩效指标（KPI）50% + Σ工作目标（GS）50% ± 其他加扣分值 |
| 人力资源部（党委组织部） | | | |
| …… | | | |

在部门绩效评价的基础上，构建党建党廉“7531”模式，将部门绩效与个人绩效，党建党廉考核与业务考核进行深度融合。表2示出个人月度绩效根据不同的职务进行设置，重点突出部门一把手和党支部书记“一岗双责”的履行。按照专职党支部书记、专职党支部书记兼部门副职、主任兼党支部书记、主任兼党支部副书记、主任、副主任职务等几种情况分别将月度个人党建党廉绩效得分按照90%、70%、50%、30%、10%、10%的比例引入个人月度综合得分，实现工作上有侧重、管理上有标准，构建大党建格局，形成党建党廉齐抓共管局面，党建基础和工作深度得到加强。（其中：专职党支部书记兼任副职职务中个人综合得分依照副职评价方式进行计算，个人得分部分由部门正职对其进行评价，突出业务上的领导与管理，实现行政业务与党建党廉相互融通。）

**表2　　中层干部个人月度综合绩效得分构成**

| 职务 | 月度绩效构成及占比 | | | 月度个人综合得分 |
|---|---|---|---|---|
| | 月度个人绩效 | 月度部门绩效 | 月度党建党廉绩效 | |
| 部门正职 | — | 90% | 10% | 部门得分90% + 个人党建党廉得分10% |
| 部门副职 | 30% | 60% | 10% | 部门得分60% + 主任评价30% + 支部书记评价10% |
| 专职党支部书记不兼任副职职务 | — | 10% | 90% | 党支部所辖部门平均得分10% + 个人党建党廉得分90% |
| 专职党支部书记兼任副职职务 | 30% | — | 70% | 个人综合得分30% + 个人党建党廉得分70% |
| 主任兼职党支部书记 | — | 50% | 50% | 部门得分50% + 个人党建党廉得分50% |
| 主任兼职党支部副书记 | — | 70% | 30% | 部门得分70% + 个人党建党廉得分30% |

针对党建党廉的考核内容，2018 年，东胜公司逐步完善《党建党廉工作绩效考核管理办法》，明确了中层干部党建党廉管理的各项内容，进行了规范统一，实现规范化管理，具体见表 3。

表 3　部门正职的党建党廉月度绩效评分

| 项目 | 基础分 | 绩效内容 | 绩效标准 |
|---|---|---|---|
| 党建工作 | 60 分 | 1. 支持、配合党支部书记按时高质量完成公司党委部署的各项工作任务 | 1. 未按要求完成公司党支部交办的工作任务扣 1 ~ 3 分；影响公司党政、行政工作的扣 3 ~ 5 分 |
| | | 2. 支持、配合党支部书记围绕本部门中心任务，以带促活动为载体，积极组织开展党员创先争优等主题实践活动 | 2. 部门配合党支部每季度开展至少一次创先争优活动，未配合支部工作扣 1 ~ 3 分。没有活动方案、报道不及时的扣 1 分 |
| | | 3. 支持、配合党支部书记组织开展党员（或党小组长以及支委）集中教育学习、培训活动，上党课 | 3. 部门配合支部工作，未配合支部工作扣 1 ~ 3 分 |
| | | …… | …… |
| 党廉工作 | 30 分 | 1. 支持、配合党支部书记做好党风廉政建设工作，落实“两个责任” | 1. 未按要求完成公司党支部交办的工作任务扣 1 ~ 3 分；影响公司党政工作的扣 3 ~ 5 分 |
| | | 2. 支持、配合党支部书记开展廉洁从业教育活动 | 2. 部门配合支委工作，未配合支委工作扣 1 ~ 3 分 |
| | | …… | …… |
| 其他 | 10 分 | 1. “送温暖”活动 | 1. 了解本分工会员工家庭情况，开展“送温暖”活动 |
| | | 2. 员工维稳工作 | 2. 开展员工思想动态分析，适时组织员工座谈会，及时向工会反馈信息，反映员工需求和要求 |
| | | …… | …… |

（二）将月度评价结果、个人民主评议等情况，体现在中层干部个人年度综合得分中，实现全过程评价

一方面，中层干部个人年度绩效得分包括月度评价得分、所在部门年度绩效得分两方面。表 4 示出年度个人综合绩效得分的构成，由个人月度综合得分与部门年度绩效得分加权组成，并根据不同岗位职务进行区别，所在部门的年度绩效得分分别占个

人年度综合绩效得分的10% ~90%。这种进行嵌套计算的方法既突出岗位特点和业绩导向，又突出管理重点和关注事项，从而确保干部评价的全过程全周期，计算过程不重复、不漏项。部门年度绩效评价内容涵盖部门整体业绩、干部履职敬业、党建党廉工作开展、部门工作作风等各方面，东胜公司将所在部门、所在管理团队的成效表现与个人业绩挂钩。

表4　　中层干部年度绩效综合得分构成

| 职务 | 全年绩效构成及占比 | | 年度个人综合绩效得分 |
|---|---|---|---|
| | ∑月度个人综合平均得分 | 部门年度绩效得分 | |
| 部门正职 | 10% | 90% | 部门年度90% +∑月度个人平均10% |
| 部门副职 | 30% | 70% | 部门年度70% +∑月度个人平均30% |
| 主任兼职党支部副书记 | 30% | 70% | 部门年度70% +∑月度个人平均30% |
| 主任兼职党支部书记 | 50% | 50% | ∑所辖部门年度平均50% +∑月度个人平均50% |
| 专职党支部书记兼任职务 | 70% | 30% | ∑所辖部门年度平均30% +∑月度个人平均70% |
| 专职党支部书记不兼任职务 | 90% | 10% | ∑所辖部门年度平均10% +∑月度个人平均90% |

另一方面，在中层干部年度综合得分中引用民主测评。让上级、平级、下级从不同角度对中层干部进行评议，从而更加全面细致地了解干部，突出干部的群众基础和个人威信。

个人年度综合得分=中层干部年度综合绩效得分×30% +第一阶段民主测评结果（占10%）+第二阶段职代会测评结果（占60%）。

其中阶段一民主测评、阶段二民主测评是按照非员工代表和职代会员工代表进行区分的，以实现全员参与，运用大数据实现评价结果的可靠性和代表性。职代会员工代表中，公司领导、中层干部、普通员工代表的打分权重分别为60%、30%、10%。测评表从德、能、勤、绩、廉五个方面，政治素质、职业素养、决策能力、执行能力、学习进步、工作业绩、团结协作、开拓创新、遵章守纪、思想境界十个小项进行打分，集中体现党管干部原则。

通过上述计算方式，东胜公司建立了一套涵盖党建党廉、部门绩效、个人绩效、上级对下级，相互关联、上下联动的绩效指标体系，实现了对中层干部的全方位评价。

### （三）年度评价结果与薪酬直接挂钩，结果直接可见

经过反复讨论，东胜公司对奖惩方式进行了调整。对于评价结果排名符合标准，且未触发否决条件的人员，经党委会审议后评定为优秀中层，优秀中层干部当年可上调一档薪级，在此基础上，第二年如果又被评为优秀中层，则将该人的基础薪级上调一档。这种奖惩方式消除了薪级每年只能在原有薪级基础上上浮一级的尴尬，加快薪级调整步伐，加大奖励力度，形成长效激励，鼓舞优秀人员持续保持工作干劲；同时避免了薪级连续上浮、进度过快的情况发生，保障了薪酬标准执行的严肃性，保持薪酬激励空间，创新薪酬管理方式。对于相对落后的人员，除岗级受到处罚外，同时年终基础奖按照80%兑现，变组织处理为主到经济处罚为主，明确奖惩标准，处罚手段更为柔和、理性，更易为干部所接受。

### （四）组织处理更加科学严谨，确保干部管理的严肃性

针对中层干部民主测评为基本称职或虽然达到称职及以上但当年排居后两位的继续执行降岗处罚，并进行提醒谈话。这种管理方式旨在提示中层干部要自省管理方式和工作质量中存在需要调整和改进的地方，及时纠偏，并对工作改进效果进行问责。中层干部民主测评为基本称职或虽然达到称职及以上但连续两年排名居后两位或当年民主测评为不称职的，岗级继续保持降一岗水平，年终基础奖按照80%兑现，分管领导进行诫勉谈话，根据需要调整其工作岗位，消除人岗不相宜产生的影响，给予机会进行纠偏。已降岗人员下一年民主测评如果不在后五名的，恢复至下调前岗级，在后五名的继续保持降岗水平，让干部看到可预见通过努力可实现的目标。中层干部民主测评连续两年民主测评为不称职的，给予免职处罚。东胜公司通过这些方式的调整实现了处罚梯度适当放缓，程序上更为合理的管理目的，让干部在认识到自身不足的同时也能够接受组织的处理结果，有利于鼓舞其奋起直追的斗志，过程中增设人岗匹配度关注指标，通过适当的岗位调整让合适的人到合适的岗位，同时强化岗位综合锻炼，达到事半功倍的成效，提高干部综合履职能力，构建和谐企业。

经过对制度的优化调整，东胜公司对于排名处于两端的人员，特别是对排名相对落后的人员的处罚更加科学和理性，对优秀人员的激励更加持久。组织上既要对他们的付出全面评价、把握主流，又要指出不足，促使他们在今后的工作中尽可能减少失误，将干部容错纠错机制中“三个区分开来”予以坚决贯彻，给予干部自我反省、改进完善工作方式的机会，又让他们在经济上受到损失，教育与警示并重，营造干事创业环境，保护干部的工作积极性。避免干多干少一个样、干好干坏一个样、干与不干一个样甚至不干比干更得利的导向，保障培养、选拔任用干部过程的严肃性和权威性。同时对于评价不称职、违反否决性条件，以及干部的德、能、勤、绩、廉与所任职务

要求不符的，坚决予以免职或退出现职务处理，这种管理方式进一步打通了干部能上能下的通道，实现了相对客观科学的管理，提高了干部队伍的纯洁性。

## 五、实施效果

经过十年的摸索，特别是近三年的全维度指标评价体系的构建，东胜公司形成了一套适合自身企业发展的干部管理模式，在激励措施、考核评价和容错纠错机制方面进行思考和应用，通过丰富评价内容、完善评价维度、优化评价方式，有效激励干部干事创业，推进“一岗双责”落实。

### （一）从机制体制上突出了选、育、用、评的关键点

用全维度的考核评价体系，对中层干部的政治生涯进行量化评估，实现了常态化管理，帮助他们把好政治关、品行关、作风关、廉洁关，真正让忠诚干净担当、为民清廉务实、奋发有为、实绩突出的干部得到褒奖和重用。

### （二）构建了党建党廉“一岗双责、齐抓共管”的大政工格局

通过引导，广大干部月度工作中对部门的党建党廉工作开展情况关注度、参与度、支持度大幅提高，自觉党建党廉学习意识增强，党支部融入中心、服务大局的职能得到强力支持并有效发挥，部门合力明显提升。

### （三）创建党建党廉“7531”管理模式，形成党建党廉与业务管理相互融合

党建党廉“7531”模式在干部管理中的应用，实现了党建党廉融入中心、服务大局的目标，同样也将党务干部与部门业绩相挂钩，对各部门形成合力、提升团队凝聚力产生积极影响。

### （四）丰富了评价维度和层级，实现干部全方位管理与评价

让个人与组织、上级与下级、行政与党务、员工和领导相互融通，搭建起干部评价网格，丰富干部管理内容，强化干部全方位监督，为打造一支好干部队伍奠定了基础。

### （五）延伸管理链条和周期，将把控质变关口前移至量变

按照月度评价、年度引用的方式，一方面关注干部的日常行为规范，另一方面年度进行排序评比，减少评价的临时性、偶然性，及时对得分相对较低的人员进行提醒，强化日常管理。

在机制的引导和规范管理下，东胜公司中层干部之间已经形成了良性互动竞争氛围，强党性、比业绩、竞履职、晒服务、促廉洁、助发展，每个人都在为工作如何取

得效果、员工是否认同、开展有无实效、亮点是否突出、内容有无创新等方面下功夫，公司的整体工作质量得到大幅提升。同时无任何一名中层干部在党建党廉方面出现滑坡，未收到过任何不廉洁情况的举报，支部思想阵地建设坚不可摧，整个团队团结和谐。员工对中层的工作质量、对公司管理成效和干部队伍的表现满意率和认同感有大幅提升。在中层干部的带领和影响下，员工同样工作热情高涨、吃苦善战，自我提升意愿强烈，创新氛围浓厚，在国电电力的各项技术成果创新和技术技能比武竞赛中屡屡拔得头筹，东胜公司的管理品牌效应已初见成效。

该研究只是对截至目前东胜公司管理机制的一个阶段性总结，在面临不同的市场环境和需要处理不同的矛盾面前，仍然需要持续不断的调整和补充，但整体管理思路对国有企业干部管理有积极的借鉴意义，是一次有益的尝试。

## 六、结束语

回顾发展历程，在电力市场竞争异常激烈的蒙西区域，东胜公司连续12年保持盈利，成为区域火电企业的奇迹，机组能耗水平达到中国电力企业联合会（简称“中电联”）能效对标先进水平。公司先后荣获全国模范职工之家、内蒙古自治区文明单位、内蒙古自治区文明单位标兵、鄂尔多斯市五一劳动奖状、2012—2017年度全国企业文化建设优秀单位和改革开放40周年中国企业文化优秀单位等荣誉称号。连续五年被集团公司评为五星级企业，2018年被评为国电电力先进单位、国家能源集团安全环保一级企业、中央企业先进集体，公司党委被授予中央企业先进基层党组织荣誉称号。2019年8月23日，由公司主持编制的国内首套《火电智慧企业建设规范》发布。2019年10月29日，公司实施的“国内首套智能发电运行控制系统研发及其应用”项目通过了中国电机工程学会技术鉴定，整体技术达到国际领先水平，思想动能转化为行动指南的成效可见一斑。

东胜公司已经提出了未来5年内创建世界一流火电企业的奋斗目标，这既是对干部队伍综合能力提出更高的要求和标准，也是对干部管理工作的一项考验，在不断的实践与发展中，相信该项管理成果的作用会日益凸显，助力东胜公司早日实现奋斗目标。

主创人：武兴卓　孙同敏

参与人：伏龙峰　赵俊杰　王列萍　姜素萍　刘存弟

# 基于全过程质量追溯的高速铁路道岔智能制造平台

中铁宝桥（南京）有限公司

## 前言

中铁宝桥（南京）有限公司（以下简称“南京公司”）是国内专业生产铁路道岔产品的高新技术企业，隶属于中铁宝桥集团有限公司（以下简称“中铁宝桥”），是国资委辖属大型国有企业中国中铁股份有限公司三级子公司。南京公司成立于2009年10月22日，坐落于中国长江三角洲重要城市江苏省南京市经济技术开发区，主要经营铁路道岔及配件和城市轨道交通产品的研发、制造、安装铺设、技术服务、技术咨询、仓储等。

南京公司占地面积26万平方米，拥有5000吨液压模锻压力机、56米双龙门铣大型数控加工设备等国际一流的生产、技术装备166余台，修建铁路专用线4.2千米。年生产能力为整组道岔2000组（以60－12提速道岔为代表产品，其中高速、客运专线道岔300组）。

在国内道岔加工领域，南京公司首家引进了ERP（企业资源计划）的管理思想、理念和管理流程，全面实现了企业管理、研发主设计和制造流程的信息化、智能化，确立了“国内领先，国际一流”的企业建设目标和市场定位，并以此作为信息化建设的要求。信息化系统的建设为企业决策运行提供了有效的管理平台，从而提高企业的核心竞争能力。

## 一、项目实施背景

### （一）外部环境变化的需要

#### 1. 国内道岔市场竞争激烈，需要管理创新

国内道岔主要生产企业为中国中铁下属的中铁宝桥、中铁山桥、新铁德奥，中国铁建下属的中铁轨道系统集团有限公司及中国北车集团下属的北京南口轨道交通机械有限责任公司五家企业。综合分析以上国内五家主要从事道岔制造企业基本情况及产

能可以得出，国内总的道岔生产能力为17600组（其中客专1450组），依据《中长期铁路网规划》（2008年调整）和有关资料，2008—2012年是我国客运专线、高速铁路、新线建设，既有线大修改造和城际、城市轨道交通，建设的高峰期，根据铁路建设投资分析，每年铁路基本建设投资将稳定在3000亿元，2013—2020年铁路基本建设仍将延续快速发展的态势。依据未来道岔市场需求进行综合分析预测，我国铁路建设道岔的年总需求量约为15950组，其中客专道岔约650组，可以看出，国内生产能力明显大于市场需求量，在竞争日益激烈的市场环境下，降本增效提升企业竞争力和生命力显得尤为重要，迫使企业必须进行管理创新，提升国内道岔市场竞争力。

2. 为进一步拓展国际市场占有率，需要管理创新

当今世界拥有铁路的国家和地区约为140个，铁路运营总里程约为120万千米，据有关资料，目前世界上正在规划或建设的高速铁路约为2.3万千米，高速道岔整体市场需求呈逐年上升趋势。目前，法国Vossloh Cogifer公司、德国BWG/VAE公司、英国的Balfour Beatty公司等几家大型企业基本垄断了全球高速铁路的道岔市场。虽然我国道岔生产制造企业通过引进、消化、吸收国外先进技术和技术创新，使高速客运专线道岔制造技术有了较快发展，但与国际知名企业还有一定差距，要进一步拓展国际市场占有率，国内道岔企业必须加大科技研发投入，进一步优化道岔产品，提高产品工艺水平，提升产品核心竞争力，这促使企业必须进行管理创新。

3. 为适应市场对产品品质及工期的高标准要求需要管理创新

自2007年以来，国内道岔市场竞争激励、形势严峻，铁路建设周期不断缩短，导致用户对道岔产品质量和工期的要求不断提高。为提升产品品质，缩短生产制造工期，做到产品全过程追溯，企业必须在生产加工、生产计划管理与指挥、产品物流、安全与后勤保障等诸方面赋予现代化的手段，实现管理创新。

## （二）内部条件的需要

随着国家铁路建设以及城市轨道交通建设的快速发展，竞争形势正在逐步加剧，而随着国家体制改革的不断深入，民营资本参与铁路投资建设的放开，铁路建设领域的市场化程度也正在逐步扩大和加深。同时，各铁路局和地方铁路公司也纷纷成立轨道装备公司，逐步蚕食普速、站内等道岔市场。虽然南京公司作为国家轨道交通装备制造专业的龙头企业，在研发设计、制造工艺、装备水平一直处于国内领先水平，但在目前的竞争形势下，也倍感压力。加强企业技术改造力度，提高现代化制造水平和管理水平，进一步提升核心竞争力已成为当务之急。由此，南京公司通过认真细致的调研与可行性分析，认为通过加强企业信息化系统的综合改造，在研发设计、生产制造中建立ERP管理信息系统，才能使企业的运作过程实现全面信息化，进而实现产业

升级，有效地提高产品质量和生产效率，降低成本消耗，极大地提升公司的运作水平及核心竞争力，使其继续保持国内领先地位，争创世界领先水平。

## 二、项目建设内涵

南京公司为提高管理水平与产品质量，建立 ERP 系统流程化管理体系，通过材料线性套裁系统最大限度地提高原材料利用率，通过条码与喷码系统实现生产过程中质量信息的全过程质量追溯，车间 MES（制造执行系统）建立起 ERP 系统与车间制造的同步化桥梁。通过引入物联网系统实现道岔轨件的室内位置追溯；通过物联网系统实现 UWB（无线载波通信技术）系统、图纸工艺系统、机床控制系统、生产报工系统多系统集成，完成了生产加工过程数据采集、自检数据分析、三维自动化监测相互融合、相互制约的智能化生产线，形成了产品生产过程大数据管理，实现了每一组道岔产品都能追溯到每一道工序的机加工过程数据，如热加工过程数据、检验数据、物料流转轨迹数据等，为产品质量高精度把控提供了一体化、数据化、高效化的管控平台。

## 三、主要做法

### 1. 观念创新的确立

南京公司认为，企业管理的创新首先来自观念的创新，观念的创新是一切创新的前提和基础。而观念的创新，则在于是否需要将过去陈旧的“人治管理”转变为当前让员工实现自我发展的“共治管理”。南京公司在建企之初就已经将观念创新贯穿企业发展建设的方方面面，在充分做好项目技术准备的同时，从 2009 年 11 月项目立项开始，就借鉴国内外著名企业的先进管理经验，从技术、制度和管理方面构建现代企业管理体系。通过几年来持续不断地进行观念创新管理培训和体系运行，全体管理人员和员工逐渐接受并认同了观念创新带动技术创新、技术创新带动产品创新、产品创新带动生产创新的创新体系。正是在这种创新体系管理下，南京公司已经成为道岔加工行业领军企业，引领着行业的发展方向。南京公司每名员工也都完全融入这种管理体系的运行中，通过参与体系运行来看是否有能力体现和追求自己的价值，从而达到不断挑战自我、完善自我、超越自我的境界。

### 2. 信息化管理系统建立

南京公司在企业建设初期就将信息化管理作为企业建设的一个重点项目，并做好信息化系统的五年规划工作。南京公司选取全球著名的甲骨文公司的 ERP 软件 Oracle E - Business Suit 作为信息化管理平台（见图 1），通过其良好的架构、组件式的特性，先进的数据交互技术，实现了企业内部数据的统一与共享，解决了企业管理数据的统一性、一致性等难题。

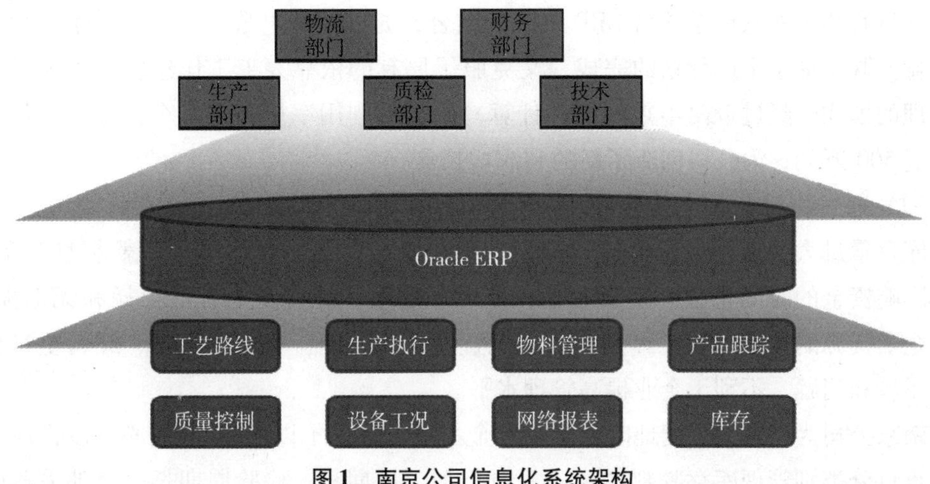


**图 1　南京公司信息化系统架构**

从 2010 年信息化建设初期至 2011 年年底项目上线试运行，南京公司先后投入资金 1000 万余元，完成了企业基础网络建设、机房硬件系统建设、车间终端设备安装、ERP 系统实施上线等多项信息化工作。其中 ERP 系统涵盖了企业从销售到发运的所有流程管理，并将 MRP（物料需求计划）、MES（生产信息化管理）和 APS（高级计划排产）集成于 ERP 系统中，构建销售订单管理、物料主数据及 BOM（物料清单）管理、生产计划及排产管理、生产过程控制管理、采购管理、库存管理、质量管理、财务管理、底层数据集成分析、上层数据集成分解等模块，打造了扎实、可靠、全面、可行的制造协同管理平台，全面提升了企业的管理水平。

3. 智能化生产过程的信息技术应用

（1）通过线性优化算法求解最优钢轨下料方案

道岔产品成本中，钢轨原材料成本占到总成本的 70% 以上，如何最大限度地利用原材料一直是南京公司管理者重点关注的问题。在以往的管理中主要依靠人工经验进行简单的套裁，但是人的大脑无法将一个月的所有工件进行排列组合再找出最优解，因此必须有一个最优的套裁解决方案。

南京公司通过与北京盛世天良科技发展有限公司合作，根据线性规划理论，采用逐级优化的设计思想，开发出套裁软件，大大提高了原材料的利用率，有效地降低了产品的生产成本。同时 ERP 系统与套裁下料软件实现了数据对接，生产工单数据在 MRP 计划运行后快速传递给套裁下料软件系统，保障了数据的实时性与准确性，其主要算法有简易分切（Simple - Strip）算法、多段分切（Multi - Strip）算法、极限组块（Greedy Case）算法、规划组块（Program Case）算法等高效的优化算法，同时能够平衡交期与利用率寻求最优化算法，实现了通过计算机软件科学统筹解决钢轨利用的难题。

通过套裁下料软件系统与ERP系统的结合，充分发挥出数据共享、科学管理产生的效益。既保证了生产计划的完成，又克服了原有的依靠人工工作经验对钢轨下料进行管理的模式。经过近两年来的统计计算，原材料利用率提高了7个百分点，年生产效益近500万元，为公司创造了新的利润增长点。

（2）通过物料需求计划（MRP）实现低库存值运行

库存量过大会占用大量的流动资金，造成资金呆滞，既加重了货款利息等负担，又会影响资金的时间价值和机会收益；造成产成品和原材料的有形损耗和无形损耗；造成企业资源的大量闲置，影响其合理配置和优化；掩盖了企业生产、经营全过程的各种矛盾和问题，不利于企业提高管理水平。

南京公司为了最大限度地降低库存资金占用，采用了以MRP为核心，以供应链管理为重点分类别管理库存物料的模式。对于加工周期长、检验周期长、海外采购的物料允许一定量的库存，其余产品一律按照零库存战略进行管理（见图2、图3）。这种管理模式会带来两方面的问题：一方面，即时采购往往不能满足现场生产的要求，延误生产；另一方面，每月的采购订单维持品种多、批量少的采购模式，采购人员工作量大。为此，南京公司采用了供应商库存管理模式以及采供一体化协作平台，从而解决了由零库存所产生的问题。在公司近些年的运行中，已经形成零库存的管理模式，同时培养了员工降低库存的管理意识。

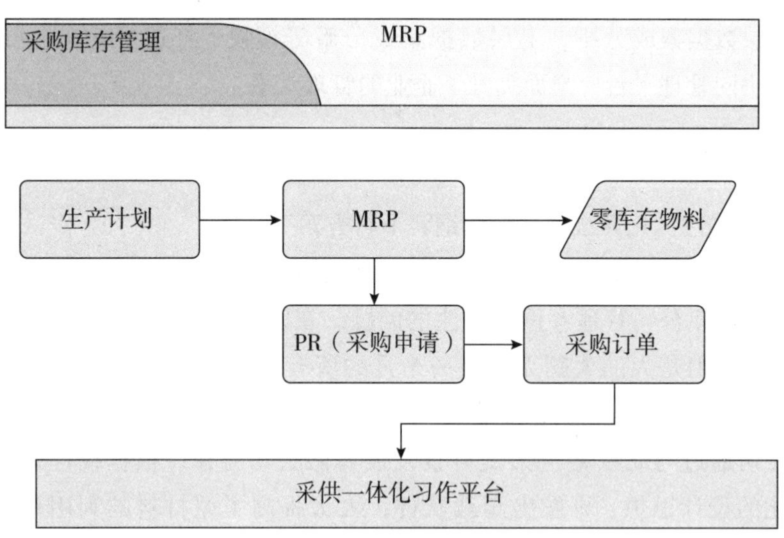


**图2　供应链管理示意**

南京公司实行以MRP为核心的零库存管理模式，不仅使零库存管理贯穿于计划、采购、库存整个供应链管理中，还使公司一直维持在低库存值水平，生产经营轻装上阵，这提高了资金运转效率和库存周转率，降低了库房的工作量。此项管理创新每年比前期降低库存资金占用600万元，库房管理人员由以前的12人降低至目前的5人，

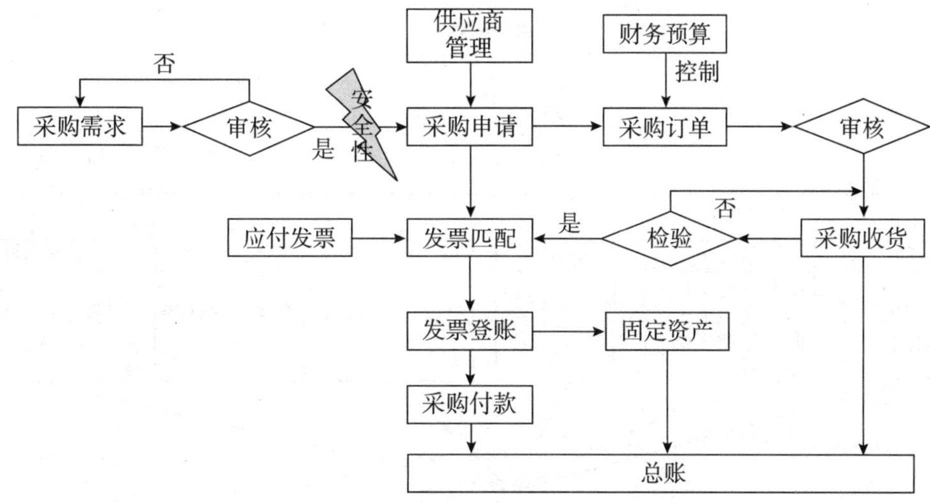


**图 3　供应链流转示意**

折合节约人工成本近 40 万元。

(3) 通过高级计划排产系统（APS）实现设备日班次级生产计划

道岔产品装配件品种多，加工工艺复杂，一直是道岔产品产能提升的制约因素。在传统生产过程管理中，基本依靠生产调度人员的现场指挥来调节生产节奏，但是随着生产线的扩大，产量的提高，在制产品越来越多，现场调度越来越困难，经常出现装配工序缺件、漏件的问题。调度衔接也矛盾重重，如无法把控总体工期，无法科学安排每台设备班产任务，因计划不均衡导致设备能力不足或者工序等料现象日益突出，这使得生产计划的科学性、严谨性和可执行性得不到体现和发挥。

依托 ERP 系统的信息化、智能化、数据化优势，根据 MRP 计算的开工日期与完工日期，按照产品实际加工工时、工件工序转线时间，设备加工能力、工件加工主次选设备、设备工作日历，设备工装、配对加工等多项制约因素分类，建立数学模型，运用运筹学方法对生产工单进行运算，规划求解最优的排产方案。缩短数据准备周期，科学安排生产计划，充分发挥生产组织的协调指挥能力，第一时间整合、调配各工序，以最快的响应速度、最合理的组织方式推进生产。

高级排产计划系统将生产任务按照工序细化到每台设备的每一个班次，并将计划下发到每一台设备的终端电脑上，排除现场调度人为控制因素影响，科学安排每台设备班产任务，最大限度地解决了上述问题，彻底将传统的粗放式管理提升到目前的精细化管理之上，满足了当前产品结构复杂、工期紧的市场需求。排产要素示意如图 4 所示。

(4) 依托条码与喷码技术，通过制造执行系统（MES）实现车间数字化管理

铁路道岔产品种类规格繁多，加工复杂，在传统生产管理中，管理者很难实时掌握每类产品、每道工序加工情况，导致经营决策信息滞后，管理效率低下；生产过程

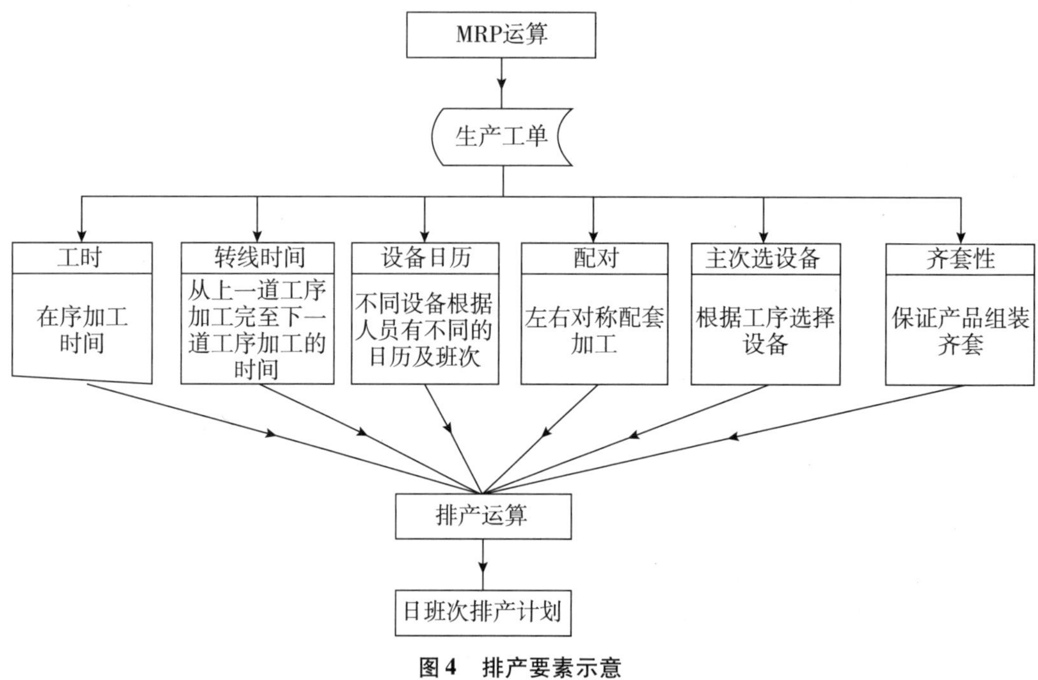


**图4　排产要素示意**

中，产品不规范的手工参数标记，往往因为信息不全、字迹潦草，导致下工序错加工、误加工的情况频繁发生，人为因素造成的废品率居高不下，产品单位成本较高；绩效管理中，人工报工管理不规范，工时虚报、考核管理方式落后，无法体现绩效管理在企业经营管理活动中的价值和作用，影响薪酬管理的科学制定。

对此，南京公司将条码系统、喷码系统、报工系统等集成于 MES（车间制造执行系统）。MES 通过对生产计划的执行与反馈，实现生产任务的下达与过程数据的收集工作，提升生产管理水平，规范生产过程控制，优化绩效管理流程，实现管理集约化、生产精细化。车间制造执行系统流程示意如图 5 所示。

将喷码机、条码机接入 ERP 系统管理终端，操作者在对钢轨下料同时，喷码机根据 ERP 指令将所下料的物料编码、产品图号、规格、长度、材质、产地等信息直接通过喷码机喷印在钢轨的腰部及顶端，便于下工序快速查找本班次生产任务所需原材。同时，条码机生成含有每根轨件的唯一流水号及产品相关信息，张贴在产品相应位置，便于操作者在产品完工后，通过扫描枪扫描条码获取完工轨件的详细信息。

报工系统实现生产任务的下达及完工数据收集工作。高级排产首先形成设备日班次排产计划，通过报工系统将本班次的生产任务显示在每台设备旁的终端电脑上，系统将当班任务、加急任务、可超产完成任务清晰地显示在电脑上，同时附有详细的加工工艺。操作人员必须按照终端电脑安排的顺序完成当班任务。

在产品完工后，操作者通过扫描产品条码快捷报工，系统自动完成报工动作并详细记录相关的加工过程数据，产品工时直接与绩效管理结合，实时显示操作者当天、

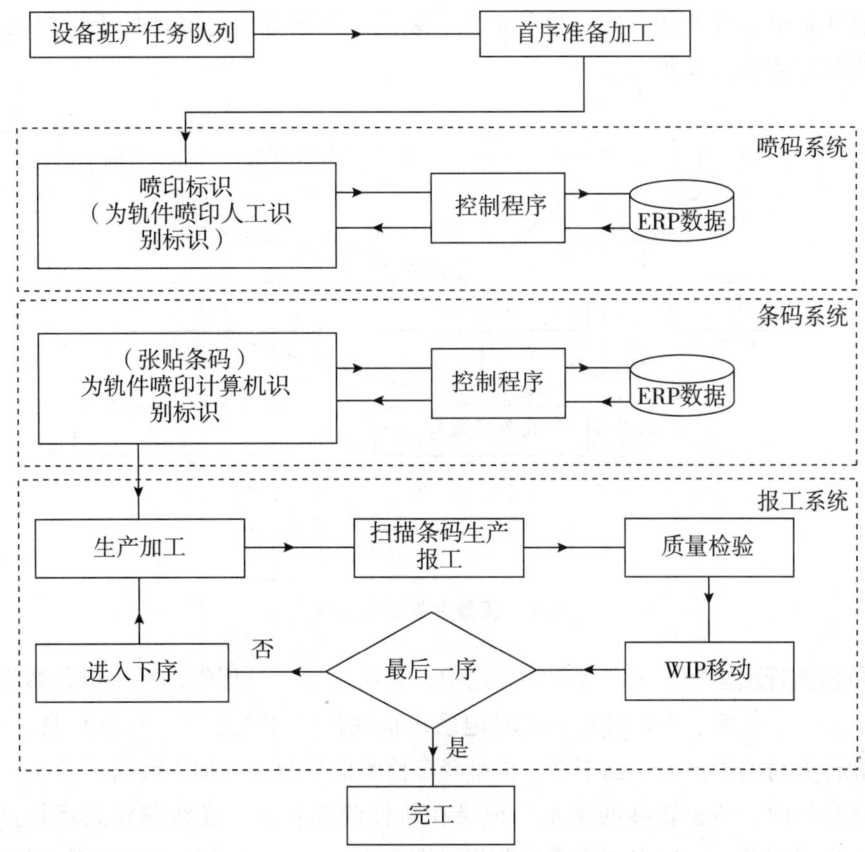


**图5　车间制造执行系统流程示意**

当月任务完成率，系统自动汇总员工工时完成情况，员工薪酬情况透明清晰。

ERP 系统和喷码、条码的结合将数据信息与信息标识技术有机结合起来，通过标准化的产品喷码与条码信息，改变了传统手工信息处理和传递方式，避免了因人工方式传递信息错误造成的经济损失。喷码与条码的应用使产品数据信息的可靠性、唯一性和准确性得到保证，产品质量得到严格控制，品牌形象得到质的飞跃，在实际应用中获得用户的广泛好评，极大地提升了产品的市场竞争力。经过近年来的统计，喷码与条码的应用将因为信息传递不准确，产品标识错误，工艺信息有误等造成的错加工、误加工率，从占总产量的 0.25% 降低至 0.18%，年减少经济损失 300 余万元。

（5）通过流水号管理实现道岔轨件的全过程质量追溯

产品质量管理和质量追溯一直是生产过程控制中最难解决的管理问题之一。尤其发生质量事故后开展质量追溯，需要通过人工查找大量的纸质产品流程卡、领料单等信息来展开过滤、清查，不仅浪费大量人力及时间，而且面对客户的质量诉求，售后人员响应缓慢、效率低下，对公司的品牌建设、售后成本和企业形象都造成很大影响。

对此，南京公司提出了以流水号管理为主要形式的全过程质量追溯要求，通过 ERP 系统为每件产品、每个物料分配唯一的流水号作为身份编码，作为轨件的身份识别号码在供应链的管理和查找工序的加工、装配、检验等信息时都处于可控之中。质量追溯逻辑示意如图6所示。

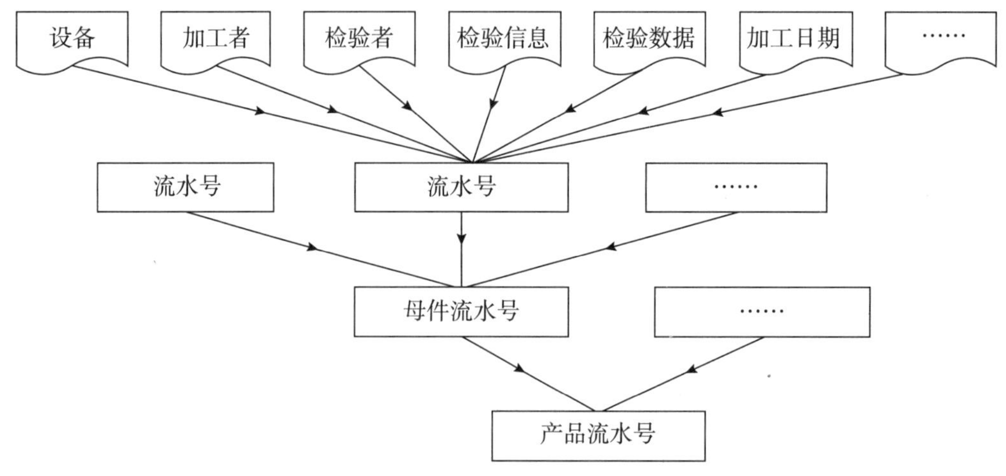


**图6　质量追溯逻辑示意**

质量追溯管理运行于生产过程管理之中，其通过生产过程管理系统进行数据收集，在轨件的加工、装配、发运过程中实时记录每根轨件的相关加工、检验信息。系统自动收集轨件原材的炉批号、加工者、检验者等检验信息及过程加工数据。

产品出厂时，每根轨件的流水号记录在轨件的标牌上，在线路正式运行过程中，如果发生质量问题，可以直接查询到问题轨件的加工者、检验者等相关责任信息及相关加工过程信息。

通过系统可以追溯到每组道岔的使用地点，同时，通过线路上的产品可以追溯到每组产品每根零部件的生产加工过程信息，为企业质量问题分析及质量改进提供依据。

（6）建立以UWB（超宽带）系统为基础的道岔智能制造系统

根据标签工业现场使用要求，2019年南京公司对标签进行了六次改进，针对防滑处理、电路板缓冲、电路板固化、螺柱优化、几何尺寸改进等16个方面进行优化改进。目前已完成了数据库系统的建立，本系统采用Oracle存储历史定位数据及系统相关数据，并针对后期千万级数据的存储备份建立了完成的方案；完成了数据表结构、数据关系、大数据存储、检索方案的设计；完成了定位基站的布设；优化了定位算法，道岔车间以金属设备与金属轨件为主，成垛的轨件及设备会对信号造成干扰，所以需要通过算法对反射信号、延迟信号及非有效信号进行过滤。

（7）建立标准化的售后服务管理体系

2019年，南京公司完成了售后服务系统微信端开发、电脑端开发及与Oracle EBS系统集成工作，并在上半年对该系统进行了多次优化与改进，并对售后服务管理流程进行标准化，目前运输管理模块已经投入使用，售后服务模块还没有全部应用起来。

（8）建立移动端工业 App

2019 年南京公司不断完善“我的宝桥”App 开发工作，开发完成了下料工段、胶结轨工段自检记录手机程序，包装单管理箱号采集程序、生产进度查询程序、看板程序等，使 App 能更多地为生产现场及移动办公服务。

（9）将供应链管理延伸至供应商管理，建立采供一体化协作平台

南京公司为降低库存资金的占用，对 95% 以上的物品实行零库存管理，这样导致企业的采购订单一直维持在工期紧、批量小、品种多的采购模式，给物资管理部门带来很大的工作压力。

对此，南京公司建立了一套采供协作平台，该平台实现了企业与供应商同平台协作办公。采购订单审批通过后，系统自动将订单详细信息传递给供应商，同时通过手机短信、邮件提醒供应商。供应商在协作平台上对订单工期、交货数量等信息进行确认和承诺，并将发货信息在平台上发布，然后，南京公司的采购人员及生产管理人员等都能在系统中实时获取到货物的发运以及到货信息。同时，该协作平台还能完成通信、结算、统计汇总等工作。

南京公司将供应链管理延伸至供应商后，通过多年的运营，物资管理正逐步地迈向 JIT（准时生产）管理模式，并利用与供应商建立的战略合作伙伴关系，使供应商利用自己的储备物料，及时满足南京公司采购订单需求。这种管理模式不仅缩短了物料采购周期，还减小了供应商的生产压力，促使供应链稳定良性发展。

（10）优化发运及运费结算流程

道岔产品的发运是一项费时耗力的工作，不同规格、不同作用、不同地点的产品的装载要求、包装方式各不相同，尤其铁路轨件长短不一，工作人员无法统一装载发运方式，使得运输成本核算极为烦琐复杂。因此，如何科学规划装载形式和发运方式，达到多装料、少花钱且能满足客户需求成为企业管理者必须思考的一项工作。

南京公司发运管理示意如图 7 所示。

ERP 系统自动生成成品移交和装车明细单据。产品完工后，操作者通过系统自动导出成品移交单，向发运部门移交产品；发运人员根据生产计划及入库情况，通过系统发运模块与销售模块互联互通，抓取订单发运信息形成成品发运计划，再通过系统自动导出装车明细单。

ERP 系统自动形成装车预估方案，减少装车筹划工作。

ERP 系统根据要发运产品的轨件长度、重量、到站等信息，按照系统设置好的配车方案，自动计算出预估装车方案，发运管理人员只需按照实际情况进行稍加修改便可完成配车方案，提高了工作效率。通过配车方案模拟数据，引入了铁路特种平板 D22A 车型批量装载普通及高速道岔，提高装载效率，突破车辆选择的局限性。通过对铁路货物装载加固方案的优化，设计并顺利使用 D22A 型特种平板大批量装载普速、高

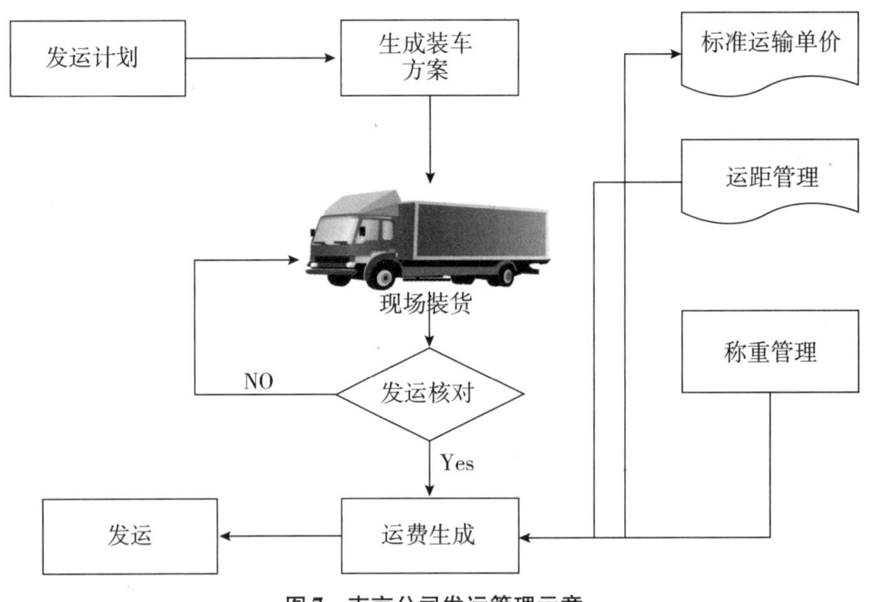


**图7　南京公司发运管理示意**

速道岔产品。2016年上半年，南京公司共计发送铁路重车152辆，同比2015年的224辆下降32.1%；共计产生铁路运输费150.25万元，同比2015年的188.07万元下降20.1%。

完成发运单价及运距管理标准化工作。

南京公司通过招标选择合格的物流发运公司，并将标准的发运价格维护在ERP系统中，形成标准的运费价目表。销售人员根据“到站以百度地图为标准查询运距，运距以自驾高速优先”为原则进行查询，并在ERP系统中维护，完成运费结算的自动化工作。

通过与ERP相连接的自动化无人值守地磅系统自动识别车辆牌号，获取发运重量，留存影像资料，同时通过获取对应的运输单价、运距、长度等，系统自动计算发运运费并生成汽车装载签收单，整个操作过程完全无须人工干预。不仅降低了工作人员配置和工作量等人工成本，更促进了车辆满载运输降低运输成本，并且系统数据及影像记录齐全，使得车辆运输工作具备可追溯性。

标准化的发运核对，防止错发漏发现象的产生。

发运时通过扫描零部件的电脑，手持终端自动判断发运的物料是否准确，如有错误，系统会给予提示，现场装车人员必须重新核对，直至货物准确才能通过。同时漏发系统也会给予提示。标准化的发运核对系统很好地解决了错发漏发的发生，进一步降低了发运差错率。

总之，南京公司通过对发运管理流程的优化，减少了发运人员的工作量，提高了发运效率，使发运人员的精力主要集中在联系客户、确认发运方案、掌控发运进度等关键环节。通过ERP管理实现了运价标准化、发运运距精细化、发运过程系统化，发运管理工作质量得到大幅提升。

## 四、项目平台建设效果

### （一）提升了管理水平

通过ERP系统的应用，南京公司在管理和生产经营等方面成为国内道岔行业的“领头羊”，引领着行业的发展方向。ERP系统优化和重组了公司的组织机构和各部门的管理职能，使公司内各部门间可以实时、快速地传递生产经营信息。物流、资金流、信息流和工作流的集成消除了人力、物力等资源的内部消耗。ERP管理流程理顺了部门间的工作关系和工作流程，降低了管理成本，提高了运转效率，使公司市场竞争力和占有率迅速提升；同时也提高了公司管理人员的管理水平和业务素质，从本质上提高了公司管理水平。此外，ERP系统的应用还提高了公司在市场上和同行业中的知名度，增加了公司的无形资产。

#### 1. 为科学决策提供依据

ERP系统的应用，把公司管理和生产经营活动的高层决策分解转化为执行计划，使得公司的每一位员工都在执行统一的计划，公司管理者以统一的计划统筹公司运作。通过执行的进展状况，以及决策与执行之间实时交会，ERP系统为公司决策提供科学依据。同时ERP系统能够让公司的中层管理者从繁重的基础工作中解放出来，把更多精力投入方案的解决、流程的优化和管理的提升中。

#### 2. 提高工作效率和生产效率，加速市场的反应能力

ERP系统的应用，简化了部门间业务的沟通、传递方式，提高了公司管理工作效率。Oracle数据库使技术部门对用户个性化订单的技术准备周期大大缩短，能够迅速对定制产品作出技术响应。MRP计划的齐套性使产品以最短的周期进行生产，保证了产品的交货期。ERP系统的产品信息档案能够快速地对用户提出的产品质量信息作出响应，提高了用户满意度。总之，ERP系统的应用让南京公司在管理的各个方面都加快了运转效率，从而提高了公司对市场的响应能力。

#### 3. 产品品牌形象提升，市场竞争力增强

南京公司率先在国内外同行业中对道岔制造过程与管理采用了喷码与条码技术。喷码、条码和ERP系统的结合将数据信息与信息标识技术有机结合起来，通过标准化的产品喷码与条码信息，实现了生产过程和现场用户的规范和统一，同时喷码与条码的应用又使得质量控制的载体得到了保证，避免了因标识不清而造成的浪费和损失。而且喷码与条码的应用还使产品的品牌形象得到了质的飞跃，在实际应用中得到了用

户的广泛好评，极大地提升了产品的市场竞争力。

4. 生产组织的扁平化管理和生产过程的实时化、透明化管理

通过 ERP 系统的引入，南京公司逐步建立了以合同订单和计划为导向的扁平化生产组织管理模式，公司生产安全部通过信息系统直接将生产任务发放至车间各工段、各工序和各设备作业点。所有的生产环节以计划为导向，通过计划与执行的结合，使生产过程做到了透明化、精细化和可视化管理以及实时掌控，同时简化了管理链条，切实提高了生产组织的管理效率和管理水平。

5. 生产经营计划做到科学、周密、严谨

ERP 系统的应用使南京公司形成了以订单为导向的销售—研发—生产—交付的计划管理体系。南京公司通过 ERP 系统对公司生产经营能力，供应链资源的模拟、平衡，科学合理地制订出公司的生产经营计划。物料的采购提前期紧密结合产品零部件的生产加工周期，提高了装配的齐套性，避免了生产缺件待工、加工能力不足、突击性加班以及配套物料库存积压等现象，降低了产品的生产制造周期，提高了产品的准时交付能力和公司信誉。

6. 产品质量可控

ERP 系统可实现产品从原材料入厂到产品发运的全过程质量追溯，为每个零部件建立了档案信息及身份编号，档案信息记录每个零部件在每个工序的加工、装配、检验等信息，再结合喷码、条码与生产现场的实时电子报工管理，使产品生产过程中每个环节的质量都处于可控之中。

（二）获得了经济效益

1. 加强了对资金流的控制

ERP 系统通过对各部门的资金占用情况以及对物流和生产过程中各阶段发生的费用进行监控，严格控制了公司的各项费用。南京公司通过 ERP 系统建立了所有物料的定额成本，并结合制造过程中产生的各项费用，分析各项生产经营活动产生的效益，从而使整个生产经营活动的成本得到了有效控制。

2. 降低了库存费用

MRP 在计划运算时综合考虑了库存、采购在途、采购订单、批量、价格等因素，使生产、采购、发运等物料计划科学合理，避免了由传统人工方式导致的计划不合理、库存积压等现象。以计算机系统代替手工记录台账的模式，实现了入库、检验、配送、

出库等所有流程的标准化管理，为公司管理人员提供了快速、准确、方便的库存查询功能，降低了库存管理费用。

3. 节约了成本

ERP 系统提高了管理和经营的自动化程度和工作效率，降低了相应部分的管理成本和人工费用，以及不必要的时间费用。南京公司通过对供应链的管理，减少了采购费用和库存积压，使积压资金得到释放；通过均衡生产提高了劳动生产率，降低了产品的工时成本；利用套裁优化算法对原材料进行套裁下料，弥补了人工经验配料的不足，经过近两年的使用原材料综合利用率已提高了 7 个百分点。

4. 减少了错误带来的损失

ERP 系统由于采用计算机系统进行信息的建立、收集、保存、检索和传递，改变了传统的手工信息处理、传递方式，保证了数据信息的可靠性、唯一性、准确性，减少了因以人工方式计费、盘点导致缺项、错误等而造成的经济损失。生产信息的发放和生产现场的加工制造反馈都依据 ERP 系统进行传递，避免了再制品、废品的产生。

（三）带来了社会效益

1. 快速参与、响应市场竞争，提升行业水平

目前在离散加工制造企业、重工业制造行业，尤其是在铁路道岔制造行业中，企业的管理模式、生产组织模式都比较落后，大多仍以传统的手工、经验管理模式为主。这已不能适应市场发展的步伐，所以南京公司通过引入 ERP 系统先进科学的管理思想、理念和管理流程，既使公司的管理水平、生产效率和市场竞争力得到了提升，又使道岔制造行业的层次和快速参与、响应市场的能力向前迈了一大步。

2. 与用户实现资源共享、信息共用，共享市场

基于网络架构的 ERP 信息系统，不仅使南京公司在企业管理和生产经营活动中实现数据共享，而且使上下游供应链的企业也能够参与公司的生产经营中。目前南京公司将要和上海铁路局实施道岔配件物资供应产成品库存信息共用项目。此项目的推动可实现上海铁路局道岔配件采购计划与南京公司生产计划紧密联结，使用户实时掌握公司生产及产成品状况，有效减少了上海铁路局各站段道岔配件的库存积压，每年可为上海铁路局减少道岔配件库存资金占用近 3000 万元。

## （四）带来了生态效益

### 1. 减少了资源浪费

MRP 计划与高级排产的应用，使公司与客户、供应商的供应链体系达到了精细化管理，使供应链资源得到更加有效的利用，节约了传统经验模式管理造成的资源浪费。同时 ERP 系统与线性套裁优化算法的结合，提高了公司原材料的利用率，节约了钢材的使用。

### 2. 提高了铁路运输安全

ERP 系统全过程质量可追溯，使产品生产过程中每个环节的质量都处于可控之中，提高了国家铁路运输安全。

### 3. 保障了铁路运量的增长和发展的需要

ERP 系统的应用极大地提高了南京公司的生产效率，使公司生产能力能够满足日益增长的铁路建设发展需要。

主创人：徐光辉
参与人：杨海　高苏会　潘超

# 支部共建工作探索与实践

贵州天义电器有限责任公司

## 前言

习近平总书记在全国国有企业党的建设工作会议上强调，要把党的领导融入公司治理各环节；把企业党组织内嵌到公司治理结构中；坚持服务生产经营不偏离，把提高企业效益、增强企业竞争实力、实现国有资产保值作为国有企业党组织工作的出发点和落脚点，以企业改革发展成果检验党组织的工作和战斗力。

长期以来，贵州天义电器有限责任公司（以下简称“天义”）党委在融入中心、服务发展上做了不少有益的探索和尝试，但党建工作与业务工作“双向融入”始终存在着形式融得多、内容融得少等具体问题和弊端。对此，天义党委认真贯彻落实习近平总书记对国企党建工作的重要指示，对天义存在的问题进行剖析和反思后认识到，问题产生的主要原因在于价值取向不清、切入点找得不准、关键点抓得不牢和缺乏有效的载体等。对此，天义党委认真学习研究集团公司党组和机载系统分党组的有关指导意见和要求，积极探索党组织发挥作用的方法和途径，把党的政治优势、组织优势转化为发展优势，不断探索实践党建工作和企业业务工作的“双向融入”，促进企业可持续健康发展。

## 一、实施背景及目标

### （一）党组织基本情况

天义党委下设 17 个基层党组织，共有在职党员 351 人，其中，生产一线党员 161 人，技术岗位党员 94 人，管理岗位党员 96 人。2017 年，天义党委被授予贵州省国防工业系统抓基层党建工作先进党委称号。

### （二）基本思路和要解决的突出问题

一是给支部做指引，解决“方法少”的问题。公司党支部工作存在切入点不准、目的性不强、策划不充分等问题，究其原因是缺少合理有效的方法。“共建共享 互助成长”支部共建的首要目的是为支部找到帮手，多出点子，形成更多的方法和路径指引。

二是以共建带业务，解决“两张皮”的问题。公司党支部在解决党建业务“两张皮”问题进程中还存在如内容融入不深、载体结合不紧和连续性不强等问题。开展“共建共享 互助成长”支部共建，把业务共建和支部共建放到一个平台上运行，提高问题解决的实效性和持续性。

三是为支部搭平台，解决“活力弱”的问题。公司党支部工作还存在着方式生硬陈旧、内容单一枯燥等问题。开展“共建共享 互助成长”支部共建，寄希望于党支部拓展工作思维、创新方式方法等，提高工作活力、吸引力和实效性。

## 二、内涵

以习近平新时代中国特色社会主义思想为指导，认真贯彻落实习近平总书记对国企党建工作的重要指示，并按四个原则推进。一是守初心，准确定位。把党组织的作用更好地发挥在企业发展具体任务中、落实在支部和班组里，与广大干部职工共同努力，促进国防型号任务完成，提升企业发展质量，提高职工收入，更好地实践全心全意为人民服务的根本宗旨，守好初心。二是担使命，形成方法。坚持辩证唯物主义的基本观点，不回避问题和不足，而是统筹思考和系统谋划，找到具体办法。三是找差距，识别不足。对标行业先进企业，学习好的做法，在具体实践中，根据新情况和新变化，及时完善和持续改进。四是抓落实，持续推进。坚持在谋划之初厘清实施步骤和计划，强化分类指导，成熟一步走一步，力求实效。

2018 年 6 月，天义党委下发了《关于开展“共建共享 互助成长”支部共建活动的通知》，正式启动该项工作。

## 三、基本做法

### （一）精准结对共建，做实业务联系

#### 1. 基于业务“矛盾”结对共建

各企业均存在管理与被管理这对“矛盾体”。2018 年 1—6 月，公司热表分厂生产计划月均完成率仅为 88%，是生产供应部的重点关注单位。公司电气检测中心在产品多、用户多且要求不同的情况下，要减少产品履历本/合格证出错率，同时要快速响应提供外场检测便携设备，是支撑质量部工作的重点单位。为了促进生产和质量管理提升，天义党委将上述两个单位分别结对共建。

#### 2. 基于同类职责结对共建

各企业内部分工不同，但有的业务需要高度契合。公司科技管理部负责型号管理，

控制盒事业部进行产品研制，计划财务部和人力资源部协同推进组织绩效考核和薪酬分配工作，这些部门间的业务流程紧密衔接，工作成果互相使用。基于这些因素，天义党委将此类部门的党支部结对共建，以提高协同力和管理效能。

3. 基于优势互补结对共建

各企业内部机构的能力有强有弱，专长各不相同。公司在人才、设备和管理经验等方面存在不均衡、不充足的现实挑战，以行政管理手段进行调配会产生薪酬分配、任务考核等新问题，不适宜做统一要求。为此，天义党委将以传统加工方法为主的加工分厂和以数字化制造为主的新品机加厂两家党支部结对；将产品特点类似，但制造方法不同的接触器、继电器两个党支部结对；将党建文宣部、纪检部与子公司结对，以实现优势互补和资源互补。

4. 明确共建主责单位

从大量实践来看，共建工作若缺少责任主体，将带来“你等我、我看你”的局面。为此，天义党委明确了各共建支部的主责单位，保障工作有效推进。

## （二）明晰共建内容，突出四个重点

1. 支部互动

主要指党支部工作的协作和融合，共建党支部可联合开展主题党日活动、“三会一课”等，一个策划至少满足两个需要，既能提高工作效率，又能取得共享的效果。

2. 业务互联

主要指业务的相互指导和配合，共建党支部根据各自职能和优势，为对方提供相应的专业指导、业务培训和工作支持等。

3. 人才共用

主要指骨干人员的互补和支持，共建党支部根据遇到的具体问题，通过问题研讨、联合攻关和精益改善等载体，彼此为对方支援人才，共同解决问题。

4. 经验共享

主要指方法和心得的借鉴推广，双方组织开展交流、互访、现场观摩等活动，借鉴对方在支部建设、行政管理、人员激励等方面的有益做法或体会，以改善各自工作。

## （三）打造示范样板，引导思路拓展

为提高支部共建的系统性和深度，天义党委选取个别项目进行组织和辅导，打造样板工作，带动共同进步。

一是组织开展以“人才共用、经验共享”为主题的精益改善活动。组织对5项“周期长、细脖子”的零件进行工艺技术优化，在加工分厂、新品机加工厂两个共建党支部中，分别成立项目组。两个项目组“背靠背”设计方案，“面对面”研讨、迭代，相互吸收借鉴经验，直至达成最优工艺改进方案。

此外，两家党支部还组织技术骨干开展了辅助工具的制造设计、手工编程与计算机编程的优劣点、仿真模拟加工等业务探讨，提升了双方的工艺和加工水平。

二是组织开展以“业务互联、人才共用”为主题的业务培训和管理改进工作。组织质量部与电气检测中心两家党支部，围绕产品质量检测问题，各自抽调党员和技术骨干从产品工作原理、技术规范、测试方法等方面进行授课。此外，双方抽调党员和骨干，联合梳理不同用户的履历本/合格证要求，编制了《履历本及产品合格证制作填写办法》，自2018年7月起至今，无义未发生履历本/合格证提供错误的情况。

### （四）制定党务标准，稳固共建基础

根据《中国共产党支部工作条例》中的党支部基本任务要求，同时确保共建党支部能更好地进行互动和联络，天义党委依据党内相关条例分解操作规范和流程，编撰了《党务工作履职手册》，形成操作模板和流程标准，形成工作案例参考，便于支部党务工作联络中程序清晰、规范高效。

## 四、取得成效

### （一）丰富了党建落地手段

通过支部共建，各党支部的工作开展不再局限于本支部，工作平台大了、“帮手”多了，推进方式更多元了；设计四个方面的共建内容，党支部不再局限于“规定工作”，多了四个具体的工作抓手，工作推进方式更多了。

### （二）促进发展取得实效

天义由于对支部共建内容有具体的定义和要求，使得“双向融入”能有序形成。生产供应部与热表分厂在支部共建中，通过开展主题党日活动强化沟通，组织党员和骨干查摆问题，加速问题处理。2018年下半年，热表分厂月均生产计划完成率从之前的88%提高到95%，为公司2018年获得集团优秀供应商银牌提供了有力保障。机械加工类党支部通过“人才共用、经验共享”开展工艺优化改善，用时四个月迭代验证，单项零件加工缩短用时最高达66.7%，工装最多的减少了62%，创造直接效益15362元，节约的工时每年间接产生经济效益约125685元。器件研制类党支部通过经验共享，找出了双方在高压技术、低电平、感性负载等关键技术方面的方法借鉴，打通了

专业壁垒。党建和纪检党支部与子公司分党委共建后，帮助子公司建立了相关的工作体系；借鉴子公司从华为公司获取的连接管理办法，在《廉洁风险防控手册》指定中学习了部分经验，相互得到了提高。针对公文管理标准难统一、内容修改多的问题，两家共建支部的四个部门负责人开展了标准学习和统一，使问题得到明显改善。

（三）调动了党建工作热情

天义党委因为有了更具体的抓手，支部的积极性明显提高。例如：在方案发布后，近 10 家党支部行动迅速，且党建业务高度关联，推进方式各具特点，一改之前部分工作“千篇一律”的状态。在天义党委开展的 2018 年党建工作满意度测评中，该项工作满意度最高，部分支部备注填写了“好”“希望持续开展”等具体意见。

## 五、计划和展望

“共建共享　互助成长”支部共建是一个持续拓展的平台，目前所开展的工作还十分有限。天义党委将坚持长期思维，逐步改进提升该项工作。

（一）找强项提升

2019 年年初，天义党委按照“找强项提升”的思路，将共建工作与“一支部一品牌”工作进行结合，根据企业的业务推进需要和各部门的业务特点，确立了 14 个支部的品牌建设项目，并选取“党员绩效考核”“党员一专多能开发”等 5 个项目重点指导，预计 2019 年年底形成实践办法。待基本成熟后，分步在共建支部中和其他支部中推广经验。

（二）调组合办法

一是指定组合，根据企业运行的现实需要，及时调整结合组合，如：为继续提升子公司全面从严治党工作，进一步做实党建纪检支部与子公司分党委的共建工作；在企业市场和交付存在突出问题的情况下，把生产、市场和经营计划部门党支部联合共建；在新版质量体系实施中，将质量管理部门和试点车间的党支部组合共建等，强化各部间的沟通和协调，促进业务工作提升。二是自由组合，根据业务需要，如：部分党支部正组成质量提升团队，联合制订库存成品质量提升实施方案，正开展提升库存成品质量的共建活动。

（三）定激励办法

一方面，突出重点，避免内容“杂而全”，在共建工作中明确任务和目标；另一方面，考核激励，按既定任务考核，对完成任务的在党建经费核拨、专项奖励方面得到体现。

## （四）拓内容空间

该项工作在内容上还有较大开发空间，如：支部间在紧急任务中，可以进行人员临时调岗支援；难点攻关时，可以提供智力支持或人员支持；管理改进中，可以把成熟经验和典型做法进行优化推广；技术提升中，可以在同类单位中找到产品共性技术，并进行标准或成果的共享；等等。

主创人：李志刚
参与人：马荣娅　陈怡卓

# “互联网 + 五管五力”党建工作模式的构建

河南中烟工业有限责任公司安阳卷烟厂

## 前言

河南中烟工业有限责任公司安阳卷烟厂（以下简称“安阳卷烟厂”）始建于 1945 年，是中华人民共和国成立以来最早兴建的卷烟厂之一，由中国共产党创办于冀鲁豫军区后勤部。从战争炮火中走来的安阳卷烟厂，把红色基因融入企业发展血脉，历经 74 年的风雨兼程，时刻把握“坚定不移跟党走，不忘初心兴安烟”的党建主题，始终在党的领导下锐意进取、发展经济。安阳卷烟厂 2017—2019 年的党建工作思路为：2017 年打基础，2018 年上台阶，2019 年成特色。目前有 5 个党总支、7 个直属党支部，72 个党小组，745 名党员，其中在职党员 447 名，离退休党员 298 名。在新时期，安阳卷烟厂深入贯彻习近平新时代中国特色社会主义思想和党的十九大精神，落实新时代党的建设总要求，探索“互联网 + 五管五力”党建模式，拓展党建新思路，压实各级党组织党建责任，使党建工作呈现出时代特色。

历经风雨，初心不改。安阳卷烟厂深入践行“国家利益至上，消费者利益至上”行业共同价值观，74 年来为国家经济建设作出了积极贡献。企业先后荣获全国文明单位、全国五一劳动奖状、全国烟草系统先进集体、全国安全文化建设示范企业、全国设备管理优秀单位、全国模范职工之家、全国首届敬老文明号等称号。

## 一、实施背景

### （一）党中央的顶层设计

新时代党的建设总要求内涵丰富，包含了“5 + 2”的总体布局，即全面推进党的政治建设、思想建设、组织建设、作风建设、纪律建设，把制度建设贯穿其中，深入推进反腐败斗争。“5”即提高党的建设质量的五大抓手、五大支撑，安阳卷烟厂“五管五力”党建模式源于新时代党的建设总体布局。当今社会处于信息化时代，党的十九大报告指出了运用信息化手段的必要性，要善于运用互联网技术和信息化手段开展工作。所以，依托互联网思维加强党建工作是时代之需，是党要管党全面从严治党之需。

### （二）行业全面从严治党的要求

全国烟草行业2018年党的建设工作座谈会暨人事工作会议精神指出，坚持党要管党、全面从严治党，全面落实新时代党的建设总要求；在地市级局（公司）、卷烟工厂开展“互联网+党建”试点工作，以点带面、分步推进。要认真贯彻落实加强党建信息化工作的安排部署，把基层党建传统优势与现代信息技术结合起来，以信息化助推基层党建工作创新发展，开辟基层党建工作新阵地，使党建信息化平台成为全面从严治党的工作平台。

### （三）公司党建高质量发展的要求

河南中烟工业有限责任公司（以下简称“河南中烟”）2018年度工作会强调，着力推进全面质量变革，探索构建包括企业党建、生产经营和基础管理等在内的全方位大质量管理体系，全面提升公司整体发展质量；大力推进党建传统优势和信息技术深度融合。为进一步贯彻落实中央、河南省委和国家烟草专卖局部署要求，全面推动党的建设高质量，河南中烟党组印发了《关于以高质量党建推动高质量发展的意见》，形成了以高质量党建推动高质量发展的共识。安阳卷烟厂积极响应行业和公司推进“三大变革”，提高党的建设质量的要求，结合企业实际，对新时期运用互联网和信息化手段提高基层党建质量进行了有益探索。

### （四）安阳卷烟厂发展的内在需求

安阳卷烟厂经历过炮火的洗礼、改革浪潮的冲击，依然生机勃勃，其原因在于企业始终在贯彻执行党的路线方针政策，始终在上级党组织的决策部署中坚定不移、不折不扣。安阳卷烟厂的血脉中传承着共产党人“为人民谋幸福、为民族谋复兴”的红色基因，这一红色基因激励着“安烟人”勇于变革，勇于屹立时代潮流。经过2017年的基础攻坚，安阳卷烟厂党建基础不断夯实，但是面对新时代党建的新要求，还存在过程管理不足、系统性不够、党员教育受时间和空间的限制、党员交流互动平台跨度受限、信息化工具运用不充分等问题，需要寻找新的突破口，进一步加强政治建设、思想建设、组织建设、作风建设、纪律建设，提高党建科学化水平，推进企业高质量发展。

## 二、基本内涵

### （一）“互联网+五管五力”党建工作模式的内涵

“互联网+”即借助一套互联网思维，运用“大数据、云计算”两项技术，连通“手机屏、电脑屏、大展示屏”三屏，贯通“厂党委、党（总）支部、党小组、党员”四个层次，实施“政治建设、思想建设、组织建设、作风建设、纪律建设”五项建设，搭建"组织信息、考核评价、党务工作、支部生活、学习宣传、交流互动"六大平台（见图1）。"五管五力"即"管政治、固定力，管思想、焕活力，管组织、聚合力，管作风、凝魄力，管纪律、育恒力"（见图2）。"互联网＋五管五力"，即运用互联网这一信息化工具，突破党建线下工作的局限性，实施"五管五力"网上运行，使党的建设更具有时代性、先进性。

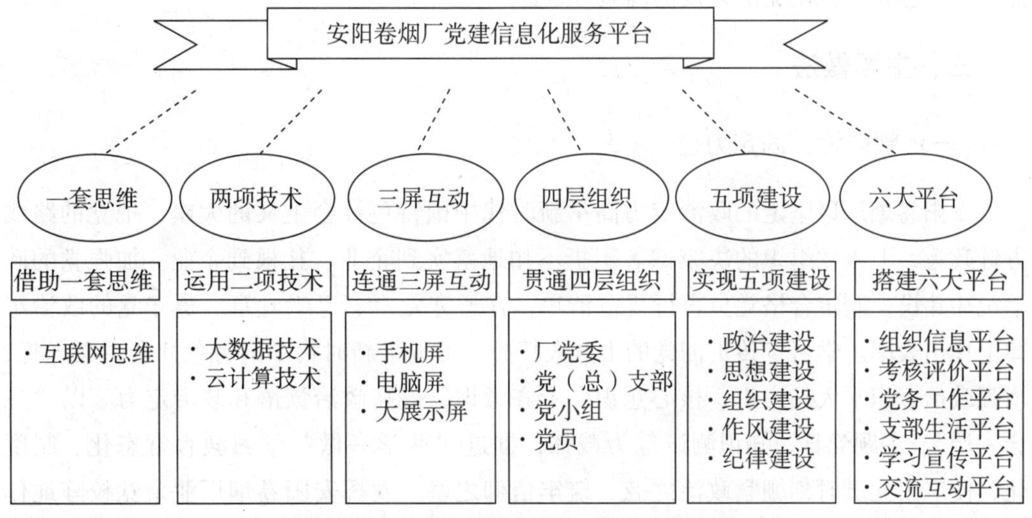


**图1　安阳卷烟厂党建信息化服务平台示意**

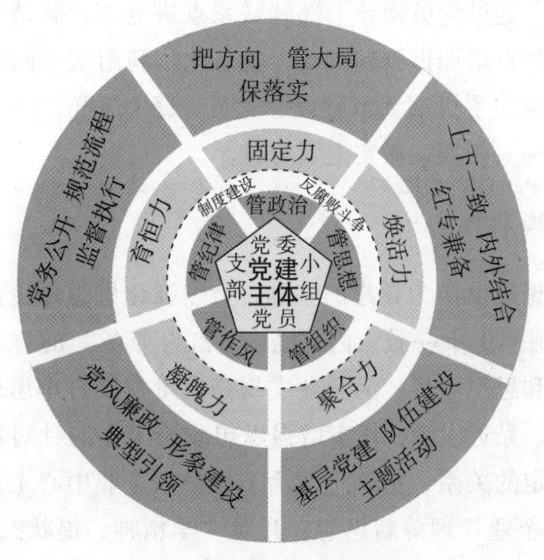


**图2　安阳卷烟厂党建模型**

## （二）构建"互联网＋五管五力"党建工作模式的目的和意义

安阳卷烟厂构建"互联网＋五管五力"党建模式，目的和意义在于探索质量、效率、动力三大变革在党建工作中的具体化和实践的途径，探索党建工作着力点与党建工作目标相结合的契合点，探索党的建设线上线下双线并行的新方式，探索党的建设由结果管理向结果与过程管理并重转变的新模式。在探索过程中，强化政治统领，扎实信念根基，调动党员在聚力企业发展中的积极性、主动性和创造性，发挥党组织的战斗堡垒作用和党员的先锋模范作用，实现党建工作的系统化、规范化、数字化、专业化、特色化，推动党的建设向高质量迈进。

## 三、主要做法

### （一）管政治，固定力

安阳卷烟厂以坚定的政治定力高举新时代中国特色社会主义的大旗，把党的路线方针政策、上级党组织的决策部署不折不扣地落实到企业、扎根到企业。加强党的政治纪律建设，制定合格党员言行规范清单，在遵守党章、尊崇党章、遵守党的政治纪律上作出表率。学习宣传贯彻党的十九大精神、习近平新时代中国特色社会主义思想，增强政治意识、大局意识、核心意识、看齐意识，提高政治觉悟和政治定力。以“三会一课”、主题党日、知识测试等为载体，推进“两学一做”学习教育常态化、制度化，使广大党员时刻绷紧政治之弦、筑牢信仰之基。发挥安阳卷烟厂业余党校阵地作用，把业余党校分为党委中心组班、中层骨干班、党员先锋班、夕阳红班、积极分子班等，进行分层培训。通过党员领导干部到联系点讲党课、聘请专家授课、微党课宣讲等形式，党员学习教育培训做到精细化、常态化。利用烟草网络学院和“一端一群12 微”（安阳卷烟厂党建手机端 App 建设、党员先锋 QQ 群、12 个党支部的微信公众号）学习平台，在学懂、弄通、做实上下功夫。

### （二）管思想，焕活力

安阳卷烟厂把思想建设作为党建的基础，持续强化思想理论武装，及时补充党员的精神之“钙”；运用“上下一致、内外结合、红专兼备”的方式方法，打造锻炼全体党员干部知识体系和思想境界，为企业实现高质量发展打牢思想基础。企业党组织贴近实际、贴近职工、贴近生活，切实增强思想政治工作的针对性和时效性。正确处理好改革、发展与稳定的关系，把思想政治工作融入企业中心工作。以党建新思想引领营销、金叶制造、企业管理等新思想，开展“学精神、提状态、促升级、展风采”活动。依托红旗渠干部学院、全国党建工作先进单位安阳钢铁集团有限责任公司，打造党员教育基地，提高党内教育的吸引力和感染力，焕发党组织的活力。围绕企业“三定”工作，集中开展政策宣传，引导职工紧跟时代潮流、理解支持改革。在技改项目、管理升级等重点工作中，充分发挥党支部的战斗堡垒作用和党员的先锋模范作用。以技改临时党支部为题材的微型党课荣获公司竞赛二等奖，创作的党员教育交流片

《技改火线上的党支部》荣获公司二等奖。以党员黄金叶志愿者为主体，开展高考献爱心、"烟头不落地，安阳更美丽"、"黄金叶骑行活动"、"6S 进零售终端"等公益活动，使党建工作与转型升级相融合，与品牌发展相融合，与文明城市创建相融合，进一步增强企业活力。7 月 18 日，《河南日报》对安阳卷烟厂黄金叶志愿者服务活动进行了宣传报道。

## （三）管组织，聚合力

坚持抓基层、强基础，找好结合点、找准切入点，充分发挥厂党委、党（总）支部、党小组和党员四个层级的作用，凝聚基层组合力，汇集转型升级和高质量发展的凝聚力、向心力。一是明晰党建目标。围绕党的建设高质量发展目标，形成以"五大建设"为纬，"四个层级"为经的经纬交织、泾渭分明的党建立体架构，为实现党建目标提供有力支撑。二是厘清责任清单。制定《安阳卷烟厂党建责任清单》《安阳卷烟厂党风廉政建设主体责任和监督责任清单》《安阳卷烟厂党建主体责任行为清单》等，"明责"环节接口平滑。建立党总支、党支部、党小组三级考核体系，制定《安阳卷烟厂党建绩效考核管理办法》，考核内容实施清单管理，考核结果纳入部门绩效，以经济杠杆撬动党建责任落实，以责任落实凝聚组织合力。三是打造特色党支部。以"三提一树"活动为载体，深化"一支部一特色一品牌"建设，铁军典范营销、担当卷包、阳光动力、知行合一行政等支部特色品牌在实践中发出璀璨的光芒，使基层党组织呈现出蓬勃的内在组织合力。中共党员卫剑获行业年度精益达人称号，被公司聘为特级技师，推荐为行业劳模候选人；高卫军入选河南省享受国务院津贴人选；孟瑾当选为中国工会第十七次全国代表大会代表，制丝部"孟瑾创新工作室"被授予全国工人先锋号荣誉称号。四是开展党建共建。深化与全国党建先进单位安钢基层党支部的"结亲共建"，积极探索基层党支部组织互联、党员互动、资源共享、优势互补的方法和途径，形成"以共建促党建，以党建促发展"的良好局面。扎实推进安濮鹤（安阳、濮阳、鹤壁）烟草党建一体化建设，协同开展中心组学习、主题党日活动、"学精神、提状态、促升级、展风采"演讲比赛、"纪念改革开放 40 周年——我说卷烟终端新变化"征文比赛、"不忘初心 牢记使命——红旗渠精神在安阳烟草"研讨会等，以党建一体化为抓手形成省产烟转型升级和高质量发展的强大合力。

## （四）管纪律，育恒力

纪律建设是全面从严治党的治本之策。加强纪律教育，使铁的纪律转化为党员干部的日常习惯和自觉遵循，孕育党的建设高质量的持续恒力。

一是加强纪律教育。坚持思想建党与制度建党双向发力，同向发力。组织党员干部、党员参观河南省廉政文化教育馆、河南省第二监狱、安阳市职务犯罪警示教育基地等，并观看廉政教育电视片，以案明纪、以案促纪。制作纪律教育电脑屏保，纪律教育经常做、长期做，使党员目之所及均有纪律教育的内容，从而时刻绷紧纪律这根弦。

二是严格执行纪律。深入学习贯彻执行《中国共产党纪律处分条例》，着力提高党的纪律建设的政治性、时代性、针对性，坚持使命引领和问题导向相结合，用严明的纪律管党治党，使纪律成为不可触碰的“带电高压线”。结合企业实际，以务实管用为原则，进一步梳理党建制度，制定和完善党委会管理、党建工作领导小组会管理、党费收缴使用管理、组织关系转接管理、基层党组织管理、“三会一课”管理、党委中心组学习管理、主体责任清单等党建制度10余项，使党建管理实现了有法可依、有据可查。

三是加强党内监督。对公司党组文件落实情况、厂党委会议决定事项落实情况、基层党组织建设情况进行月督办月考核，强化党建制度的约束性，推进全面从严治党。严格执行《中国共产党党内监督条例》，强化自上而下的组织监督，改进自下而上的民主监督，发挥同级相互监督作用。深化运用监督执纪的“四种形态”，经常性开展批评与自我批评。加强执纪队伍建设，打造业务精、能力强、敢碰硬的执纪队伍。

### （五）管作风，凝魄力

党员干部作风建设是企业党建工作落地生根的关键。安阳卷烟厂狠抓中央八项规定精神、纪律底线清单等规定的落实，定期通报违反中央八项规定精神案例，持之以恒敲警钟、明纪律；严肃党内政治生活，扎实开展民主生活会和组织生活会，层层开展批评和自我批评，严要求、细对照、深剖析、立整改。开展形式主义、官僚主义专项整治工作，持之以恒纠正“四风”，增强干部职工两袖清风干事创业的魄力。弘扬艰苦奋斗、自力更生的红旗渠精神，面对难题困局要勇于担当，面对爬坡过坎要敢当排头兵，充分发挥党员的先锋模范作用，铸就企业转型升级发展的铁脊梁。实施“工作在一线开展，问题在一线解决，作风在一线锤炼，干群关系在一线密切，能力水平在一线提升”的一线工作法，厂领导联系点由支部延伸到班组，开展中层干部对接商户、转型升级基层行等活动，以“实干最美，奋斗最真”的作风凝聚推动企业高质量发展的磅礴力量。此外，把制度建设和反腐败斗争贯穿“五管五力”全过程，全力打造政治坚定、思想纯粹、组织有力、纪律严明、作风硬朗的“清风安烟”。

### （六）“互联网+五管五力”党建工作模式

“互联网+五管五力”党建工作模式，即运用互联网思维，将大数据、云计算和网络通信等现代信息技术与“五管五力”党建工作深度融合，以网络媒介为载体，建设一套集约高效、方便快捷、科学合理的党建信息管理系统，推动党建实现组织集约化、管理高效化、履责常态化、决策科学化、主体活跃化，确保全面从严治党方针有效落实。

一是建立掌上移动党建。以“政治建设、思想建设、组织建设、作风建设、纪律建设”为基本模块，党的建设系统线上线下并行。主要模块包含学贯党的十九大精神、上级政策、时政要闻、党建书库、党风廉政、支部工作、志愿者服务、党员积分等，只需一部手机、一个网络，中央精神、上级要求、支部工作一目了然，党的建设工作状态、工作质量随时可以进行查阅。安阳卷烟厂业余党校实现信息化，党员可以随时接受教育，进行学习交流。

二是实施流程再造。“互联网+五管五力”对党的建设实施全程跟进、全面准确的过程管控，推动党的建设全价值链体系化精益管理。通过网上党的建设流程再造，以办公电子化、组织网络化，推动党务工作全过程在线开展，实现党务主体实时交互，党务工作高效规范，党务管理精益节约。以“互联网+党建”的优势有力推动党的建设向着现代化迈进，有力推动党的建设提质增效。

三是创新党建载体。把互联网作为党建管理变革的新载体，探索“互联网+党建”的工作新思路。市场营销分中心党总支针对营销业务点多面广、党员较分散的实际情况，以“互联网+五管五力”党建平台为载体，尝试召开“三会一课”，探索“工作地点分散、党的建设不分散”的管理新模式，提高党建工作效率。

四是实施阳光党建。“互联网+五管五力”党建工作模式，为党员和党组织架起即时沟通的桥梁，为党员提供了一个无论何时何地都能联系组织的渠道，打造了一个丰富多彩、开放便捷的“一站式”组织生活服务平台。党的建设更加透明、公开、阳光，促进考核机制更加公正规范，激励各支部自主开展切合实际、受党员欢迎、富有成效的工作，在党内形成主动创造、积极贡献的生动局面。

## 四、实施效果

### （一）提高了党建工作效率

安阳卷烟厂运用便捷的网络手段、形式多样的信息载体、及时丰富的动态信息，为基层党组织工作提供了丰富的党建内容与工作手段。各党（总）支部使用各自账号登录系统，按照权限进行操作，及时更新梳理相关信息，动态实时掌控、分析所属基层党组织的建设情况和变化趋势，并在网络上进行管理考核，大大提高了党建工作效率。

### （二）提升了党建管理水平

智慧安阳卷烟厂党建系统，覆盖了党支部对党员的教育、管理、监督职责和对群众的组织、宣传、凝聚、服务七项职责，网上建立了支部党务工作平台，实现了全流程覆盖、多节点记录、全过程监督和流程规范。内容依据政治、思想、组织、作风、纪律五大建设，涵盖“两学一做”、“三会一课”、支部生活、党员发展、党群活动、计划总结、网上考试、志愿服务党员互动等多项内容，通过实测运行，已基本实现了对支部的网上管理，信息化党建优势凸显。同时，利用党建信息化系统，许多工作只需一次录入，既便于数据资料保存，又减少反复输入整理所费的工时，大大节约了党务工作者处理日常工作的时间，使他们能够从事务性工作中解脱出来，静下心来认真学习思考，不断提高工作能力。

### （三）激发了党建工作活力

智慧安阳卷烟厂党建系统以直观的形式，把全厂党（总）支部的党建工作开展情况“摆上桌面”，亮亮相、排排队，进行横向比较，对照先进找差距，自觉加压谋发展，有力地激发了党员干事创业的积极性和主动性，促进了各项工作任务的落实。比如：通过上传各党（总）支部开展主题党日活动图片和党员积分情况，大大地促进了党组织工作规范提升和作用发挥，激发了基层党建工作活力，为推动党的建设高质量发展奠定了基础。

### （四）提升了党建服务水平

智慧安阳卷烟厂党建系统数据采集从下至上，从最基层的党组织、党员处掌握第一手资料，如实反映职工思想动态，倾听党员群众诉求，使他们深刻感受到党的温暖和党组织的关怀。“互联网 + 五管五力”党建模式的构建与实施，更好地坚持了服务党员群众需求的导向，创新了党建服务模式和方式方法，增强了系统的实用性，使服务从“群众和干部跑”到“信息和网络跑”，找到了直接联系服务群众的新载体，有效地解决了基层党建信息化“最后一公里”的难题。

### （五）搭建了高质量发展的新平台

安阳卷烟厂通过“互联网 + 五管五力”党建工作模式的构建，探索质量、效率、动力三大变革在党建工作中的具体化和实践的途径，初步实现党建工作的系统化、规范化、数字化、专业化、特色化，调动党员在聚力“千亿工程”中的积极性、主动性和创造性，提升党建工作组织力及其在企业发展中的价值。目前，“智慧党建”已经成为安阳卷烟厂党员党内生活的一部分，党建管理也实现了线上线下并行模式，从单一结果管理向结果管理和过程管理并重转变，搭建了以党的建设高质量推动安阳卷烟厂高质量发展的新平台。

“互联网 + 五管五力”党建工作模式的初步探索，对安阳卷烟厂加速“三大变革”，实现“三个升级”作出了有益尝试，逐步形成了泾渭分明、经纬交织的立体党建模式，切实把党建优势转化为发展优势、党建活力转化为发展活力，凝聚了转型升级领跑者、金叶制造排头兵、管理模式发源地、队伍活力聚集地、多元化发展增长极“五个优势”，以高质量发展建成尊严幸福新安阳卷烟厂。

一是经济运行质量明显提升。2018 年，安阳卷烟厂生产卷烟 35.11 万箱，产值和税金实现大幅增长，创历史最高水平；实现产值 68.37 亿元，同比增长 5.65%；实现税金 47.51 亿元，同比增长 10.16%；入库税金 48.732 亿元，同比增长 23.9%。

二是转型升级结构明显优化。省产烟累计销售 20.11 万箱，省产烟市场份额达到 61.56%；省产烟单箱销售额 21885 元，同比提高 324 元；省产一类烟累计销售 7327 箱，同比增长 16.11%；省产二类烟累计销售 7166 箱，同比增长 14.83%。

## 五、工作展望

随着党建信息化步伐的加快，安阳卷烟厂必将有力地推动党建工作适应新需求，实现新发展。下一步，安阳卷烟厂将把信息化党建工作引向深入，继续完善“互联网＋五管五力”党建工作模式，持续优化智慧安阳卷烟厂党建平台，丰富管理系统功能，通过坚持不懈的探索创新，实现党建工作的信息化、标准化、现代化管理，使党组织对广大党员和群众的吸引力、凝聚力得到增强，使党建工作效果和作用得到进一步提升，为推动高质量发展和建成“尊严幸福新安烟”提供坚实的组织保障。

安阳卷烟厂将全面落实新时代党的建设总要求和高质量发展新任务，牢记“坚定不移跟党走，不忘初心兴安烟”党建主题，以高质量党建引领企业高质量发展，在高质量发展中体现党的建设高质量，为公司顺利实施“千亿工程”、成功跻身行业第一方阵作出更大的贡献！

主创人：秦冬　祁献慧

参与人：魏燕　秦思敏　张一开　朱俊礼　娄艳琴

# 打造市场化运作的新型国企

云南云天化股份有限公司

## 前言

云南云天化股份有限公司（以下简称“云天化”）于1997年由云天化集团有限公司独家发起组建，并在上海证券交易所（以下简称“上交所”）挂牌上市。上市20多年来，云天化把握发展机遇，不断拓展产业，延伸产业链，实现了从单一氮肥企业到多产业协同发展的大型综合化工企业的跨越式、多元化发展。

云天化旗下拥有云南水富云天有限公司、云南磷化集团有限公司、徐州天安化工有限公司、呼伦贝尔金新化工有限公司、吉林云天化农业发展有限公司等30多家分、子公司；在云南、重庆、内蒙古、吉林等10余个省、自治区、直辖市建有生产基地；在中东、东南亚等地区设立了销售公司，销售网络点分布于世界各地。公司高浓度磷复肥产能规模位居全国第一、全球第二；聚甲醛产能规模位居全国第一；磷矿石采选规模位居全国第一。云天化位居2019年《财富》中国500强榜单第176，中国和石油化工企业500强“独立生产经营类”榜单第14，中国农资流通行业综合竞争力百强榜单第2。

2017年年末，云天化在岗员工12914人，总资产635.57亿元，净资产50.31亿元，资产负债率92.08%。2017年，云天化实现营业收入559.71亿元，利润总额4.22亿元，净利润2.59亿元（见表1）。

**表1　云天化营业收入组成**

| 项目 | 2017年 | | 2018年上半年 | |
|---|---|---|---|---|
| | 营业收入（亿元） | 占比 | 营业收入（亿元） | 占比 |
| 化肥 | 161.21 | 28.80% | 93.59 | 40.40% |
| 磷矿采选 | 6.73 | 1.20% | 2.74 | 1.18% |
| 工程材料 | 16.93 | 3.02% | 9.26 | 4.00% |
| 商贸物流 | 358.16 | 63.99% | 120.43 | 51.98% |
| 煤炭采掘 | 8.7 | 1.55% | 2.41 | 1.04% |
| 其他 | 7.98 | 1.43% | 3.23 | 1.39% |

续 表

| 项目 | 2017 年 | | 2018 年上半年 | |
|---|---|---|---|---|
| | 营业收入（亿元） | 占比 | 营业收入（亿元） | 占比 |
| 合计 | 559.71 | 100% | 231.67 | 100% |

截至 2018 年上半年，云天化在岗员工 12704 人，总资产 642.05 亿元，净资产 58.64 亿元，资产负债率 90.87%。云天化实现营业收入 231.67 亿元，利润总额 2.64 亿元，同比增加 5.55 亿元。

2018 年 8 月，云天化成功入选国务院国企改革“双百企业”行列。借助“双百行动”综合改革的契机，云天化坚持从“组织、机制、人”三大核心要素入手，建立了运作精良的新型国企组织，构建了与股份公司战略相匹配的组织能力，培养开放、包容、自我批判、富于进取的组织文化，着力打造公司核心竞争力。云天化的“双百行动”综合改革，对新型国企改革具有较好的先进性、示范性、典型性，有一定的借鉴和推广价值。

## 一、改革现状及背景

### （一）分类推进国有企业改革

云天化 94% 的业务收入来源于化肥制造与商贸物流行业，这两个行业均属于充分竞争行业和领域。云天化为商业一类国有企业，为适应市场化竞争的需要，公司下属 45 家企业均已完成公司制改革。

### （二）完善现代企业制度

#### 1. 推进公司制股份制改革

云天化于 1997 年在上交所公开发行 A 股股票挂牌上市。目前，控股股东持股比例已由最初的 82.4% 降到了 46.7%。

#### 2. 健全法人治理结构

云天化构建了完整的“三会一层”法人治理架构，目前，有董事会成员 11 名，其中独立董事 4 名。董事会下设战略、提名、薪酬考核、审计等 5 个专业委员会，提名、薪酬考核、审计等委员会外部董事均过半数。

#### 3. 健全公司薪酬分配制度

云天化实行工资总额与经营效益、效率双挂钩管理制度，可以及时根据经营情况，调整工资总额发放水平。

4. 深化公司内部用人制度改革

2016 年云天化推进组织变革，精简组织机构，压缩管理层级，优化人员配置，主要单位组织机构数由改革前的 201 个大幅精简到 99 个，精简比例超过 50%；员工总数从 2014 年年末的 2.1 万人下降到 1.3 万人，干部从 1200 多人减少到 600 多人。

### （三）发展混合所有制经济

2015 年，以色列化工集团定增认购云天化 15% 股权，成为云天化第二大股东，并合资成立云南磷化集团海口磷业有限公司。在吉林云天化农业发展有限公司、黑龙江世纪云天化农业科技有限公司、昆明天泰电子商务有限公司等分子公司积极引入民营资本进行混合所有制改革。

### （四）强化监督，防止国有资产流失

云天化“三重一大”事项决策严格按照国家政策要求进行，股权和资产交易按照国有资产管理相关办法，严格履行评估结果备案和经济行为审批。持续完善内部控制体系建设，加强经营环节控制，保证资产安全和完整。围绕生产经营、改革发展领域的重大经济活动及重要经济行为，强化审计监督。

### （五）加强和改进党对国有企业的领导

云天化健全党组织议事决策机制，把党建工作要求写入公司章程，把党委研究讨论作为董事会、经理层决策重大事项的前置程序，强化党组织在企业治理中的领导核心和政治核心作用。

### （六）创造良好的改革环境

自 2015 年以来，云天化聚焦“组织、机制和人”三大核心要素，通过“强组织、控总量、调结构、降成本、活机制”，打出改革“组合拳”，使劳动生产率从改革前的 7 万元/人提高到 31 万元/人，年复合增长率达到 64%，2017 年云天化全面实现扭亏为盈。通过持续推进组织变革，员工对企业改革发展的信心明显增强，以“危机意识、变革意识、创新意识”为核心的进取型文化正逐步形成，组织氛围得到明显改善，为云天化更深层次、更广范围、更大力度地推进“双百行动”综合改革创造了良好的改革环境。

## 二、改革前存在的主要问题

### （一）盈利能力不足，转型升级急迫

云天化历经多次行业整合和资产重组，企业规模快速扩大，但资产总量大、质量

低，低效无效资产多，随着行业产能过剩、市场价格下滑，盈利水平低位徘徊，资产结构不合理的矛盾凸显。近五年来，云天化资产负债率高位运行（特别是2014—2017年均达到90%以上），财务风险日益加大，财务费用越来越高（2017年达23亿元左右）。合成氨、煤炭等关键资源掌控不足，原料获取成本高，呈现出产品和市场结构不合理，制造端远离市场，成本竞争力低的局面。公司创新驱动能力不足，缺乏高层次、专业化、职业化的人才队伍。资产结构、产品结构、市场结构、人才结构不合理等因素持续影响公司盈利能力，2018年上半年，云天化毛利率为15.12%，净利率为0.58%，与25家化肥行业上市公司20.22%和4.55%的平均水平差距较大，企业转型升级迫在眉睫。

### （二）董事会职能发挥不充分，公司治理水平有待提升

云天化“三会一层”架构设置完整，制度和程序较为健全，但各专业委员会和独立董事在决策咨询、监督制约等方面的作用发挥不足，公司治理能力有待提升。国企公司治理中的核心问题——经理层的选聘和激励约束尚未有效突破，责任不到位、激励不到位、约束不到位等现象依然存在。经理层成员结构不合理，成长经历单一，思想观念和思维方式比较传统，职业化、专业化能力有待提升。董事会对经理层成员的考核评价刚性不足，激励约束作用不明显。

### （三）市场化经营程度不高，改革内生动力尚未有效汇聚

市场化用工制度还不完善，云天化95%以上的经理层成员仍是组织任命，市场化选聘比例低，员工退出渠道单一，更多是企业内部退出，与外部市场尚未有效衔接，“干部能上能下，员工能进能出”的目标还处于局部探索和试点阶段，改革内生动力尚未有效汇聚。

### （四）激励约束机制仍需完善，组织活力尚未全面激发

云天化核心骨干的正向激励不够、积极性调动不充分、流失率攀升，人才的吸引力不足等问题依然比较突出。员工薪酬水平与效率、效益不匹配甚至背离的问题依然存在，薪酬水平在对外竞争力、对内公平性方面都有待改善。激励方式单一，聚焦于短期激励，以员工持股、股权激励、岗位分红权等为主的多元化中长期激励体系尚未有效建立，员工归属感和凝聚力不强，组织活力尚未全面激发。

### （五）历史遗留问题多，改革任务重

云天化职工家属区“三供一业”分离移交工作还未完成，涉及1.3万户左右，分离移交难度大；1万名左右企业退休人员尚未实现社会化管理；个别下属企业还存在国有企业办医疗机构等历史遗留问题，改革任务重。

## 三、改革的思路和目标

### （一）改革思路（方向和路径）

坚持市场化理念，聚焦效率和效益，以优化产品结构和市场结构，推进混合所有制改革，提升公司治理水平；以深化三项制度改革为抓手，深入推进国企“双百行动”综合改革。

### （二）改革总体目标

建立权责对等、运作协调、有效制衡的法人治理结构，灵活高效的市场化经营机制和激励约束机制，全面推动“国企市营”，全面增强企业活力和竞争能力，有效突破经营困局，实现高质量发展。到2020年，云天化资产负债率降到75%以下，资本运营效率和效益大幅提升，毛利率、净利率达到或超过行业平均水平，主营业务成本费用率达到或低于行业平均水平，实现利润总额15亿元以上，公司市值提升到260亿元以上。

## 四、改革的重点内容及具体措施

### （一）优化产品结构和市场结构，提高运营效率，提高主营业务竞争力和盈利水平

一是化肥产业。在云天化具有竞争优势的西南、东北地区，寻找整合煤炭、合成氨、氮肥等优质产能的机会，增强成本竞争能力，提升盈利水平。整合云天化复合（混）肥业务，优化产品结构和市场结构，加大南方市场和周边市场开发力度。以缅甸、越南市场为重点，加大东南亚市场开拓力度，培育新增长点。

二是工程材料产业。加强技术创新，提升产品质量，择机整合聚甲醛产业链优质资源，强化产业链领导地位。

三是商贸物流产业。结合云南区域优势，打造大型社会化综合物流服务平台，引进战略合作伙伴，组建社会化物流公司，全力开拓社会业务。优化贸易业务结构，控制贸易风险，加快国际贸易网络体系建设，提高业务盈利能力。

四是强化运营管控。制订供应链优化方案，实施从采购端到市场端的全价值链成本管控，提升公司运营效能。

### （二）推进混合所有制改革，提高国有资本配置效率，降低公司负债水平

一是在上市公司层面，通过定增引入投资者，优化股权结构。在磷化集团、天安化工、水富云天化、聚甲醛产品事业部等分、子公司，通过定增、债转股等方式，引入战略投资者，改善公司资本结构。二是聚焦主业，加速剥离非主业资产和业务。进

一步梳理低效无效资产，加快剥离亏损业务和非主营业务，提升资产质量。聚焦化肥、新材料相关主业，将有限的资源向盈利资产充分集中。

### （三）聚焦国企公司治理核心问题，强化董事会职能发挥，提升公司治理水平

一是聚焦经理层的选聘和激励约束，强化董事会职能发挥。建立经理层成员市场化选聘制度，优化现有经理层成员结构，董事会按照市场化的原则选聘经理层成员，打造职业化、专业化的经营团队。制订经理层成员年度/任期业绩评价与薪酬分配方案，建立与市场化管理模式相适应的差异化薪酬管理机制，强激励、硬约束，干得好就激励，干不好就调整。二是强化独立董事和专业委员会的作用发挥。各专业委员会配置相应的工作人员，建立公司职能部门与专业委员会的工作对接机制，提升公司治理水平。

### （四）坚持市场化理念，存量转换与增量引进相结合，完善市场化经营机制

一是存量转换。“有破有立”，破国企干部身份，立市场化属性，实行职业经理人管理模式，按照身份市场化、管理契约化原则，全面实施股份及主要分、子公司经理层成员身份转换，推行任期制和契约化管理。二是增量引进。制订市场化人才引进计划，在经营管理、市场营销、产品研发、供应链管理、国际化运营等业务板块，加大市场化选聘职业经理人和高端专业人才比例，加大人才引进力度，构建“为我所知、为我所用、为我所有”的人才布局，改善人才队伍结构。

### （五）以奋斗者和价值贡献者为本，完善激励约束机制，激发组织活力

一是股份公司及分、子公司经理层。以限制性股票为激励工具，设立合理且具有挑战性的业绩目标，实施上市公司股权激励计划，建立中长期激励机制，打造“共创、共担、共享”的利益共同体、事业共同体。二是核心骨干员工。按人力资源价值性、稀缺性和贡献度确定核心人才标准，建立公司核心人才库，制订核心人才激励计划，优化薪酬分配机制，对核心人才实行动态管理、精准激励。包含但不限于在国内复合肥、缅甸市场（瑞丰年）等亟须突破的业务板块，实施超额利润分享计划，激励核心骨干员工成为推动公司业务发展的价值贡献者。三是普通员工。推行人力资源效能管理，建立薪酬对标机制，对标行业、市场水平，促进公司效益、效率和员工收入水平的同步提高，激励广大员工成为帮助公司扭转经营困局、实现高质量发展的奋斗者。

### （六）积极推进历史遗留问题解决，确保企业轻装上阵，公平参与市场竞争

根据国家和地方相关政策，云天化加大剥离国有企业办社会职能工作力度，推动所属企业职工家属区“三供一业”分离移交、国企办医疗机构改革、退休人员社会化管理等改革工作。

### （七）加强党的领导，牢牢把握国企改革正确方向，凝聚改革共识

云天化完善公司干部管理制度，坚持党管干部原则与董事会依法产生、董事会依法选择经理层成员、经理层依法行使用人权相结合，创新有效实现形式，强化党委“两个核心”作用发挥。制订“双百行动”综合改革宣传方案，在全公司范围内深入宣贯“双百行动”的重要性，牢牢把握改革机遇，破除思想障碍和制度藩篱，宣扬市场化理念，转变干部员工观念，凝聚改革共识，培育改革文化，营造“不看身份、不看级别，只看岗位、只看贡献”和“能者上、平者让、庸者下”的改革氛围。

## 五、“双百行动”综合改革成效

在经历多次变革后，云天化无论在组织的活力、机制的灵活性和人的思想素质等方面都发生了质的变化。“双百行动综合改革”和“云南省深化国企改革三年行动”为云天化的持续改革攻坚、铸就长青基业注入了“强心剂”。主要体现在以下四个方面。

### （一）落地实施职业经理人及契约化管理制度，市场化经营机制初步建立

云天化高管、主要职能部门负责人及下属单位经理层成员共 66 名领导干部，通过内部转聘方式，转变为市场化职业经理人，不再保留国企领导干部身份。同时做实管理契约化，职业经理人签订聘任合同、业绩合同、劳动合同，由董事会或上级单位对职业经理人进行考核，考核结果作为岗位聘任、薪酬激励、职业发展及退出等事项决策的主要依据。下属单位层面，云天化按照高目标、硬约束、强激励原则，纵深推进中层管理人员契约化管理，与 185 名中层干部签订聘用合同和业绩合同，实现干部市场化管理全覆盖，有效激发企业内在活力和动力。

### （二）构建“三位一体”激励体系

云天化针对全体员工、核心骨干、关键少数，建立“双效工资 + 超利润分享 + 限制性股票激励”的三位一体、短中长期相结合的激励体系，使“以奋斗者和价值贡献者为本”的理念得以落地。一是进一步完善“双效”工资总额管理模式，强化双效工资核算管理的同时，在下属混合所有制企业试点工资总额备案制，唤起员工的干事动力；二是按两级提成、两级分享机制实施超利润分享计划，对 20% 的核心骨干员工实施精准激励，激发骨干员工的进取热情；三是在首次限制性股票授予的基础上，启动限制性股票激励计划预留股份激励对象的确定和授予工作，云天化限制性股票激励计划授予工作全面完成，“共创、共担、共享”的事业合伙人机制全面落地。

### （三）法人治理完善和混改进一步推进

一是完善各专业委员会实施细则、经营层权责事项清单，进一步将董事会对企业中长期发展的决策权、经理层成员选聘权、考核分配权等落实到位，提升法人治理水平；二是积极推进磷化集团、红海磷肥等下属单位债转股及混改，2018 年全年引入权益资金近 13 亿元，资产负债率下降至 88.54%，预计 2019 年财务费用同比下降近 1 亿元。

### （四）企业生产经营成效显著

云天化一举扭转 2016 年巨额亏损 36 亿元的局面，实现了 2017—2019 年连续 3 年持续盈利。2019 年，预计实现营业收入 550 亿元，利润总额 5 亿元，较 2015 年增幅 92.66%。全员劳动生产率从 2015 年的 26 万元/人提高到 2018 年的 44 万元/人，人工成本从 2015 年的 21.4 亿元下降到 2019 年的 15.6 亿元，人力资源效能指数从 2015 年的 0.55 提高到 2018 年的 0.72。

2019 年上半年，云天化实现营业收入同比增长 22.60%；归属于上市公司股东的净利润同比增长 91.98%；归属于上市公司股东的扣除非经常性损益后的净利润同比增长 2267.27%。

此外，云天化在推进混合所有制改革、建立职业经理人及契约化管理制度、完善激励约束机制等方面大胆突破，“双百行动”综合改革各项工作得到云南省、国务院国资委的高度认可。2019 年 8 月云天化作为唯一一家地方国企受邀进行改革精选案例分享，改革案例入选国务院国资委《双百行动专刊》，2019 年 11 月被省国资委作为云南省唯一一家企业先进改革典型推荐到国务院国资委。

主创人：段文瀚

# 卓越绩效模式的管理体系再造

甘肃路桥建设集团有限公司

## 前言

甘肃路桥建设集团有限公司（以下简称“甘肃路桥”）创建于1954年，经过65年的发展和积累，已成长为以公路施工为核心，涵盖市政工程、机场场道、项目投资、房地产开发、科技研发、设计咨询、试验检测、公路养护等领域的综合性施工企业，是甘肃省首家拥有公路工程施工总承包特级资质，集投资、施工为一体的国有大型公路施工企业，是全国建筑业先进企业、全国劳动关系和谐企业、甘肃省交通建筑业龙头企业，年综合生产能力200亿元以上。

甘肃路桥拥有1项公路工程施工总承包特级资质、4项一级总承包资质、16项一级专业承包资质、27项二级专业承包资质，以及行业设计、试验检测双甲级资质，对外承包工程经营资格等多项资质。

甘肃路桥拥有一支蓬勃向上、技术精湛、经验丰富的高素质员工队伍，截至2019年9月，员工5400余人，其中研究生62人，本科生1434人，正高级工程师21人，高级职称持有者323人，注册一级建造师111人。

## 一、实施背景

2014年以前，甘肃路桥的深化改革稳步推进，经营指标平稳运行，但面临的问题严重影响和制约公司可持续健康发展，主要表现在以下两个方面。

### 1. 市场前景仍然向好，机遇与挑战并存

一是根据甘肃省“十三五”规划，省内交通建设市场仍然大有可为；二是甘肃省加快构建“五轮驱动”的交通综合融资体系，整合重组和结构调整为甘肃路桥带来新的发展机遇。但省内公路施工市场日趋开放，竞争更加激烈，而且多条高速公路项目实施总承包、BT（建设—移交）等模式，公路建设模式的转变已成为甘肃路桥发展的巨大挑战。

2. 从企业自身来看，存在亟须解决的问题

一是企业增长方式和产业结构面临考验，创效板块较为单一，产业结构还不够优化；二是企业品牌依然不够知名，市场认可度较低，市场开发能力依然较弱；三是企业精细化、标准化管理水平还不高，创效意识、创效机制、创效能力还不强；四是资金短缺，建筑市场“债难要、款难贷、钱难挣”的局面在短期内不会结束，流动资金将有难以承受之重；五是施工行业为高风险行业，且社会和业主对公路施工行业的质量和安全的要求也日益提高，安全质量管理控制难度不断加大。

以上内外部因素导致甘肃路桥需要进一步遵循市场规律，回归管理本质，向管理要效益，原有的管理模式已不能满足公司发展的需要，创新管理便成为公司寻求生存和发展的核心任务。

## 二、内涵

面临宏观经济新常态、区域发展新战略以及对国企改革的新要求一系列严峻的外部环境，挑战与危险即是机遇，甘肃路桥领导班子果断决定，要创新管理方式，通过全面导入卓越绩效管理模式，持续提升管理质量和水平，增强核心竞争力，拓展经营市场，提高盈利能力，才能推动公司可持续健康发展。

该管理模式有四个特点：一是四化一满意，即目标指标化，指标数字化，管理模式化，模式个性化以及相关方满意；二是侧重两个评价，即自我评价、外部评价；三是管理不仅注重结果，更注重过程控制；四是将管理中存在的问题视为管理改进和提高的机会。

## 三、主要做法

1. 高位推动，引领管理创新

为深入导入卓越绩效管理模式，甘肃路桥建立了董事会、全面质量管理领导小组、职能部门/子公司、员工四级质量管理组织（见图1），企业集团和所属各公司主要负责人主抓质量管理提升工作，有计划、有步骤地实施全面质量管理提升。在具体实践中，坚持找准问题、定准措施、瞄准突破，聚焦解决企业运营和项目管理中存在的突出问题和薄弱环节，通过管理诊断、流程再造，确定清晰合理的管理界面、统一严格的规章制度、高效规范的业务流程，逐步实现管理制度化、制度流程化、流程表单化、表单信息化，以此推进企业转型升级和高质量发展。

为了更好地实现公司愿景和使命，践行核心价值观，甘肃路桥制定了以“三个融合”为重要手段，“三个提升”为重要基础，“三个发展”为重要目标的“三个三”发展战略（见图2），坚持“项目支撑、技术引领、重点突破、全面提升”的工作总基

董事会
卓越绩效领导小组
职能部门
子公司
员工

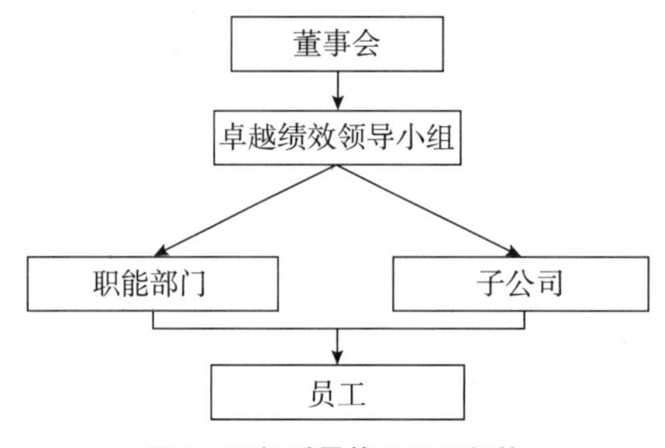

**图1　四级质量管理组织架构**

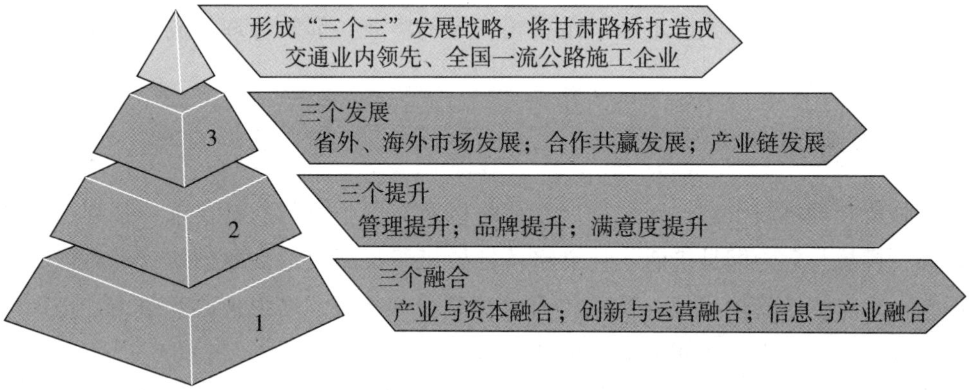

形成“三个三”发展战略，将甘肃路桥打造成
交通业内领先、全国一流公路施工企业
3
三个发展
省外、海外市场发展；合作共赢发展；产业链发展
2
三个提升
管理提升；品牌提升；满意度提升
1
三个融合
产业与资本融合；创新与运营融合；信息与产业融合

**图2　“三个三”发展战略**

调，完善战略管理体系，研判政策环境变化，强化资源有效配置，实施动态评估调整，确保战略规划的前瞻性、科学性、针对性和指标体系的可量化性、可考核性，使战略规划成为打造“双百亿”路桥和“高质量”路桥的行动纲领和前进蓝图。围绕公司战略，各职能部门和所属公司分别制定质量提升、人力资源、品牌建设等11项职能规划和子公司发展规划，横向到边，纵向到底，全面推动战略落地。

甘肃路桥坚守“干一项工程、铸一个精品、树一座丰碑”的质量理念，坚持实行“1132”品质工程管控流程，以构建质保体系为一个核心，以工程管理信息系统为一种手段，以首件制、“三化”建设和“双检制”为三个抓手，确保工程质量优良和风险可控。

2. 培育文化，催化管理创新

文化是企业的灵魂，甘肃路桥把企业文化建设作为提升企业核心竞争力和员工凝聚力的重要手段。

甘肃路桥走过六十多年的风雨历程，在实践“筑路架桥、造福社会”的历史使命中孕育了“大道至简，德行天下”的核心价值观，提出了“打造交通业内领先、全国一流综合性公路施工企业”的愿景。公司广泛吸纳中华民族优秀传统文化元素并融入

企业管理，形成了诚信“德”文化、和谐“安”文化、书香“学”文化、温馨“家”文化、温暖“善”文化、清正“廉”文化、劳模“正”文化7个子品牌，打造出了“1+7特色品牌集群”模式，形成了符合并且能够引导现阶段公司发展的企业文化体系（见图3）。

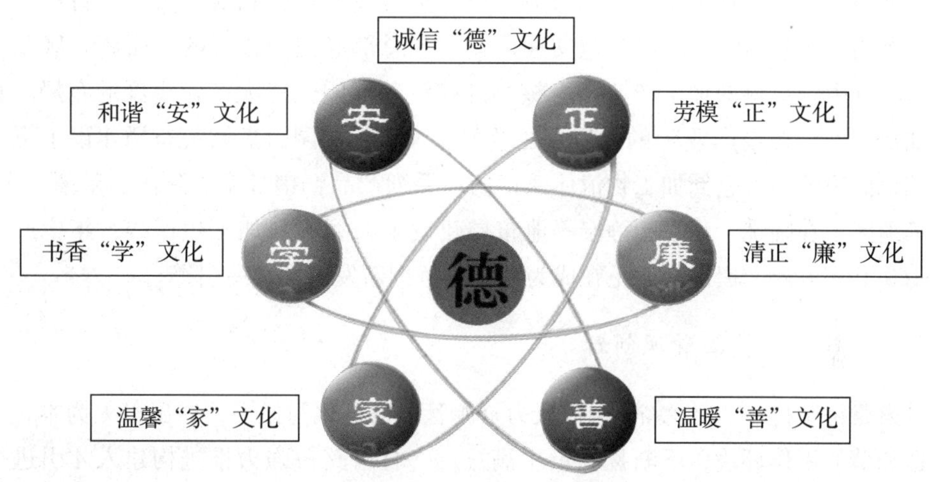


**图3　甘肃路桥企业文化体系**

甘肃路桥注重优秀传统文化的传承和发扬，通过开展“名家名篇”朗读会、微信公众号推送国学经典、开展读书月活动等形式，努力把传统文化中最优秀的基因根植于员工心中，用传统文化的魅力引导员工爱党、爱国家、爱企业。

甘肃路桥大力弘扬“精雕细琢、百年品质”的理念，组织开展“最美路桥人”“路桥好工匠”评选活动，让工匠精神成为员工共识，引导员工追求精益求精的“鲁班精神”，展示精湛的建造技术，打造百年品质的工程项目。

甘肃路桥注重对企业使命、愿景和价值观的宣传，使广大员工树立起家国观、人才观、匠心观、品牌观，坚定文化自信，将文化理念根植心中，融入参与公益事业、加强队伍建设、开展企业管理、打响路桥品牌的具体管理行为之中。甘肃路桥科学的经营理念、创新的价值取向、和谐的团队精神、诚信的企业形象、规范的行为方式和健康向上的精神氛围正在甘肃路桥人心中生根开花，富有特色的企业文化成为甘肃路桥人创造辉煌和不断超越的力量所在。

3. 优化布局，丰富管理创新

甘肃路桥以坚持顾客为中心，市场为导向，坚持“重质量、讲诚信”的理念，发扬工匠精神，建“放心工程”“品质工程”，打造“诚信路桥”“数字路桥”“平安路桥”，不断提升顾客满意度和忠诚度。甘肃路桥通过多渠道收集市场信息，进行整理和分析，使用科学有效的方法细分市场，明确了巩固省内市场、拓展省外市场、打开海外市场的战略目标，省内外市场占有率逐年提高，2016 年以来连续三年中标额突破百亿元。

甘肃路桥以战略为引领，延伸产业链条，并坚持主业专业化、产业多元化，努力规划建设具有竞争优势和增长潜力的路衍经济关联产业和业务集群全产业链，竞争优势明显增强。目前，甘肃路桥基本形成了以养护科技产业园和博睿重型装备产业园为核心的兰州新区基地园区、以智慧交通产业园和总部经济为核心的兰州高新区基地园区、以临洮中铺集料深加工产业园为核心的临洮基地园区三大产业集群的布局。甘肃路桥加快推进“黑白产业”的发展。在兰州、天水、柳园、嘉峪关布局建设了覆盖全省、辐射周边的沥青仓储加工物流体系，沥青系列产品畅销甘肃、陕西、新疆、宁夏、西藏等地区。在临洮、华亭、静宁等地布局建设了大型集料加工生产线，年生产精品集料 160 万立方米。黑白产业正在成为甘肃路桥创新发展的又一引擎。

4. 引培并举，支撑管理创新

甘肃路桥坚持“人才兴企”，以人力资源管理信息化为抓手，突出以人为本，为员工创造和谐的工作环境，不断提高员工满意度。甘肃路桥强力推进构建人才引进培育体系，制定了《员工职业发展通道管理办法》，建立了 4 个序列 7 大类、18 个职级的职业通道的转换机制，拓宽了人才成长渠道（见图 4）；制订了《5522 人才领航工程实施方案》，计划用 5 年时间，选拔培养 50 名领航专家，50 名领航技术工人，20 名领航科研人才，20 名优秀项目经理。通过一系列行之有效的措施，甘肃路桥建设起一支总量适度、结构合理、素质优良、专业拔尖的高效人才队伍，为公司持续发展提供人才保障和智力支持。

<table>
<tr><th rowspan="2">职级</th><th colspan="2">管理序列（M）</th><th colspan="3">专业序列（P）</th><th rowspan="2">操作序列（O）</th><th rowspan="2">支持序列（B）</th></tr>
<tr><th>职能管理类</th><th>项目管理类</th><th>科研类</th><th>技术专业类</th><th>职能专业类</th></tr>
<tr><td>18</td><td>董事长、总经理</td><td rowspan="2">特级项目经理</td><td rowspan="2">首席科研带头人</td><td rowspan="2"></td><td rowspan="3"></td><td rowspan="4"></td><td rowspan="13"></td></tr>
<tr><td>17</td><td>常务副总经理</td></tr>
<tr><td>16</td><td>副总经理</td><td rowspan="2">一级项目经理</td><td rowspan="2">科研带头人</td><td rowspan="2">首席技术专家</td></tr>
<tr><td>15</td><td>总经理助理</td><td rowspan="2">业务总监</td></tr>
<tr><td>14</td><td>一级正部</td><td rowspan="2">二级项目经理</td><td rowspan="2">资深科研专家</td><td rowspan="2">资深技术专家</td><td rowspan="2">首席技能大师</td></tr>
<tr><td>13</td><td>二级正部</td><td rowspan="2">资深业务经理</td></tr>
<tr><td>12</td><td>一级副部</td><td>三级项目经理</td><td rowspan="2">科研专家</td><td rowspan="2">技术专家</td><td rowspan="2">资深技能大师</td></tr>
<tr><td>11</td><td>二级副部</td><td>四级项目经理</td><td>业务经理</td></tr>
<tr><td>10</td><td>一级主管</td><td>五级项目经理</td><td>一级资深科研专员</td><td>一级资深工程师</td><td>一级资深专员</td><td>技能大师</td></tr>
<tr><td>9</td><td>二级主管</td><td>项目高层管理人员</td><td>二级资深科研专员</td><td>二级资深工程师</td><td>二级资深专员</td><td>资深高级技师</td></tr>
<tr><td>8</td><td>三级主管</td><td>项目中层管理人员</td><td>三级资深科研专员</td><td>三级资深工程师</td><td>三级资深专员</td><td>高级技师</td></tr>
<tr><td>7</td><td rowspan="7"></td><td>项目管理骨干</td><td>一级科研专员</td><td>一级工程师</td><td>一级专员</td><td>技师</td></tr>
<tr><td>6</td><td>项目管理人员</td><td>二级科研专员</td><td>二级工程师</td><td>二级专员</td><td>一级技工</td></tr>
<tr><td>5</td><td>班组长</td><td>三级科研专员</td><td>三级工程师</td><td>三级专员</td><td>二级技工</td><td rowspan="2">高级工</td></tr>
<tr><td>4</td><td rowspan="4"></td><td>初级科研专员</td><td>初级工程师</td><td>初级专员</td><td>三级技工</td></tr>
<tr><td>3</td><td>见习科研专员</td><td>见习工程师</td><td>见习专员</td><td>中级工</td><td>中级工</td></tr>
<tr><td>2</td><td rowspan="2"></td><td rowspan="2"></td><td rowspan="2"></td><td>初级工</td><td>初级工</td></tr>
<tr><td>1</td><td>见习工</td><td>见习工</td></tr>
</table>

18个职级的

**图 4　职业发展通道**

甘肃路桥以卓越绩效管理理念为引领，不断强化质量管理意识。对高层领导、中层干部和普通员工分层次进行卓越绩效管理培训，使卓越绩效理念入脑入心。

甘肃路桥连续3年在企业全员中开展质量管理提升活动，动员全体员工把思想和认识统一到质量管理提升工作上来，积极参与质量管理提升活动，使质量管理提升成为员工的自觉行动，使质量管理思想从传统管理向现代公司治理转变，管理方式从粗放化向集约化、精细化转变，管理重心从事后管理向事前、事中转变，管理目标从定性管理向定性与定量相结合转变。

5. 科技创新驱动管理创新

甘肃路桥按照“总体规划、分步实施”的原则，建立了“数字路桥”4大系统，15个子系统、1个主站点、12个子站点，开办了网络大学，建设了远程调度指挥系统、无线办公系统、视频会议系统，智慧工地及BIM（建筑信息模型技术）中心，构建了涵盖集团各类主要业务的信息化管控体系，实现了“办公业务协同、业务流程协同、资料归档协同、网络内外衔接协同”，达到了“知”“管”“控”的动态过程管理，形成了具有甘肃路桥特色的信息化管理模式。

甘肃路桥承建的静宁至庄浪高速公路项目，在甘肃省内率先使用了质量管理大数据平台，是甘肃省第一条施工阶段全线运用BIM技术的高速公路项目。甘肃路桥通过积极探索“互联网+交通基础设施”发展新思路，推进大数据与项目管理深度融合，应用BIM技术，推行“智慧工地”建设，在全线4条隧道设置了视频监控、气体检测、人员定位等系统，在全线的重点场站场所及重点施工部位设置了142个监控点，实现了对重点工艺监测、数据实时互通共享、隐蔽工程数据自动采集、人员密集区及危险区全天候实时视频监控。720°全景高清监控摄像头映刻下每个重要施工点的进展情况，并向全社会公开，实现了对工程建设进度、投资、质量、安全等多层次、全方位“不留死角”管控，高质量提升了项目的信息化管理水平，打造了一条基于BIM技术的数字化公路。

甘肃路桥坚持把创新作为高质量发展的第一动力，注重科技创新平台建设。近几年，共计投入资金7400万余元，引入硕士、博士等高端专业人才60余人，以在建项目为依托，与高校、科研机构共同打造科技创新平台，进行了路基、路面、桥梁、隧道等应用型工程技术的研究开发。目前甘肃路桥拥有公路建设与养护技术、材料及装备交通运输行业研发中心，甘肃省省级企业技术中心等6个省部级技术中心，其中“公路建设与养护技术、材料及装备交通运输行业研发中心”被评为2018年交通运输行业重点科研创新平台。完成国家科技部、交通部等科研项目45项；取得国家级工法1项、省（部）级工法47项；获专利63项；编制交通运输行业标准1部，甘肃省地方标准3部；获得中国公路学会科技奖2项，中国公路建设行业协会公路工程科技创新成果奖12项、科学技术奖4项。在2019年6月召开的世界交通运输大会上，甘肃路桥高新技术转移示范园区面向全球招商并开展成果转移对接，积极引进推广“四新”技术，推动成果转化，走出了一条产、学、研、用一体化的科技创新道路；在公路工程材料、施工设备、工艺改进、养护技术等方面取得了一批有影响、高水平、拥有自主知识产权的技术成果，企业核心竞争力大大提升。

6. 践行责任，彰显管理创新

甘肃路桥人坚持以实际行动践行“大道至简，德行天下”的企业价值观。在贫困农村，甘肃路桥党员干部为贫困群众扶思想、扶观念、扶信心、扶思路；在兰州新区，甘肃路桥青年职工扛着铁锹，拎起水桶，义务植树；在街道社区，甘肃路桥职工开展“畅交通”志愿活动；在大学校园，甘肃路桥领导干部设立路桥助学金；在承建工程项目当地，甘肃路桥人向当地小学捐赠书包、运动服、文体用品；在向灾区捐款和公益献血现场，甘肃路桥人踊跃地献出爱心。

与此同时，甘肃路桥切实把脱贫攻坚作为最大的政治任务，坚持用心用情用力，坚决履行好脱贫攻坚帮扶责任。甘南藏族自治州是国家确定的“两州一县”深度贫困地区，公司帮扶的临潭县所属 3 个村均为深度贫困村。甘肃路桥大力实施劳务输转、产业、教育、基础设施建设等扶贫项目 30 多个，投入直接帮扶资金 340 万余元，将各项脱贫攻坚举措扎实细致地落到实处，切实为贫困群众增产增收“搭桥铺路”。

## 四、实施效果

甘肃路桥通过全面导入卓越绩效管理模式，企业发展一年跃上一个台阶，经营产值再创历史新高，产业集群齐头并进，转型升级蹄疾步稳，综合实力稳步攀升，甘肃路桥品牌影响力享誉全国。

1. 工程质量取得新突破

甘肃路桥先后承建了甘肃省临夏回族自治州永靖县祁家黄河大桥、乌鞘岭隧道群、腊子口隧道、瓜星（瓜州至星星峡）、武罐（武都至罐子沟）、成武（成县至武都）高速公路等一大批国家和省重点工程项目，投资了甘肃省首个公路施工 BT 项目和 PPP 项目，承建了省内首个公路工程设计施工总承包项目。公司承建的兰州中川机场场道工程获中国建筑行业工程质量最高荣誉奖——鲁班奖，金昌至阿拉善右旗公路建设项目荣获全国公路交通行业工程质量最高奖——李春奖；兰临高速公路临洮特大桥等五项工程获甘肃省建设工程飞天金奖。

2. 企业品牌再添新荣誉

甘肃路桥追求高品质建造项目，以专业、专心、专注的工匠精神，争创省部级以上质量奖项，持续扩大行业的影响力。甘肃路桥先后获得 2016 年度甘肃省人民政府质量奖第一名，全国五一劳动奖状；2017 年全国质量奖鼓励奖；2018 年全国质量奖入围奖，全国建筑业文化建设示范企业、全国建筑业 AAA 级信用企业、2018 年甘肃好品牌、甘肃十佳卓越建筑业企业。甘肃路桥获得交通运输部公路施工企业信用评价 AA 级，是甘肃省唯一一家进入 AA 级的公路施工企业，连续 7 年被评为全国“安康杯”竞赛优胜企业，连续 5 年被评为甘肃省优秀建筑业企业，连续 4 年获甘肃省建筑业五星级诚信企业。

3. 企业综合实力迈上新台阶

在全面开展管理创新工作以来，甘肃路桥营业收入、利润总额、净资产等指标快速增长，市场规模于2016 年突破百亿元，生产产值于2018 年突破百亿元大关，近三年上交国有资产收益 9300 万余元，缴纳税费 7. 2 亿元，这是路桥发展史上新的里程碑。

主创人：张伟
参与人：陶永宏

# “推进矿山资源整合，引领行业转型升级”创建绿色智能新材料产业园的探索与实践

湖南临澧南方新材料科技有限公司

## 前言

湖南临澧南方新材料科技有限公司（以下简称“临澧南方新材料”）是中国建材集团有限公司（以下简称“中国建材集团”）旗下南方新材料科技有限公司（以下简称“南方新材料”）的核心企业，主要经营范围是石灰石循环综合利用与开发，砂石骨料、纳米钙、碳酸钙等高新技术材料的生产与加工。

临澧南方新材料作为湖南省最大的专业化骨料生产企业，与中国科学院地理科学与资源研究所共同合作建设长江中游绿色矿山新材料研究基地，通过“优化整合、绿色智能、善用资源”，打造长江中游骨料标杆企业，创建绿色矿山、智能矿山、高新技术材料为一体的新材料产业园，为骨料砂石行业结构调整、转型升级探索了新路径。

## 一、重组整合资源，推动行业转型升级

### （一）砂石骨料行业的背景情况

砂石骨料是建筑、道路、桥梁、水利等基础设施建设不可或缺、不可替代的基础材料。中国每年用于混凝土的砂石骨料总量约150亿吨，加上沥青混凝土、水处理等其他用量，年需求量约200亿吨，产量和用量位居世界第一，可见砂石骨料在国民经济中具有重要的地位。

湖南省内岩石质碎石质骨料来源以碳酸岩质岩石为主，资源丰富，保有量比较大。特别是湘南、湘西和湘中地区资源保障程度较高，但也存在资源分布不均，资源分布与经济发展存在不匹配的情况。截至2017年年底，湖南省砂石骨料年产量达到8.94亿吨。

湖南省城镇化率仅45.1%，低于全国平均水平6.2个百分点，远低于浙江省城镇化率59.0%、江苏省城镇化率55.6%。根据《湖南推进新型城镇化实施纲要》的计划，湖南将建成长沙、衡阳、株洲、湘潭、岳阳、常德6个特大城市和郴州、益阳、永州、邵阳、娄底、怀化6个大城市，并大力推动县城和中心镇的提速发展。随着湖

南社会经济的快速发展及城镇化进程加快，后续砂石骨料需求将逐步增长。在经济发展新常态下，骨料行业正处于结构调整、发展转型的瓶颈期。

为认真贯彻习近平总书记"共抓大保护，不搞大开发"生态优先、绿色发展战略，砂石骨料行业进一步整顿和规范矿产自由开发秩序，深化石灰石资源整合，有效遏制遍地开花、小型分散的浪费资源、破坏生态环境和乱开乱采、掏挖悬采的违规采矿、安全隐患极大的乱象，加强矿山环境保护和提高安全生产水平，促进矿业的健康、有序、可持续发展，实现绿色矿山、生态矿山、智能矿山，为打造百亿石灰石新材料产业园奠定坚实的基础。

### 1. 砂石骨料行业面临的突出问题

砂石骨料产业集中度低，资源不能被有效利用。湖南省骨料企业基本以个人开采矿山、简单加工为主，存在诸多问题：一是矿山滥采滥挖、采富弃贫、乱排乱弃等行为造成了地质灾害频发、矿山资源严重浪费；二是简单加工，不考虑环保收尘，导致粉尘排放量大，严重污染了环境。具体表现在以下四个方面。

①砂石企业多为个体工商户，企业"散、小、乱"，准入门槛低，产品同质化、低端化现象严重，落后产能并存，存在市场恶性竞争，企业效益低迷，甚至破产。近年来，随着国家对资源和环境的不断重视，再加上天然砂（卵）石资源的不断紧缺，以及下游需求的增加，砂、石等原材料价格逐年大幅上涨，部分地区暴涨至130元/吨以上。这种随价格波动而导致的无序竞争不利于行业健康发展。

②近年来由于砂石价格上涨，为追逐利益，石灰石骨料行业乱象丛生。超挖超采、乱挖乱采、不注重安全生产、产品质量参差不齐，直接影响下游混凝土质量以及建筑安全。并且石灰石骨料企业规模小，数量多而且分散，也不利于安全监管部门监督。

③小企业小矿山不注重环境保护，导致粉尘排放量大；汽车超载严重，严重破坏地表环境；采后不注重生态恢复。

④行业产品低端化，由于小企业没有足够资金和人力进行自我研发或者与其他单位合作，导致行业产品单一，偏低端化。此外，不能进行深加工，延长产业链，进行产业升级，这也是对资源的一种浪费。

### 2. 砂石骨料行业的发展趋势

（1）砂石骨料行业正从"无序"向"规范"发展

砂石骨料行业经历了简单、快速、无序增长后，急需优化整顿，不断净化市场，进行产业升级，向"高质、高端、绿色、环保"发展。从2017年4月环保部印发《国家环境保护标准"十三五"发展规划》来看，将综合整治一大批砂石资源，淘汰一大批落后产能的企业，同时更会涌现出一批重创新、利环保的现代化企业。可以说这是一个传统砂石骨料产业快速转型升级的时代。

（2）砂石骨料行业正从“小砂石”向“大砂石”发展

砂石骨料企业的形态由“散、小、乱”，向“规模化、大型化、绿色环保”的清洁工厂转变；由简单、粗放的生产方式，向“信息化、智能化、精细化”的生产管理转变。小矿山在向大矿山转变，污染破坏环境式的矿山开采在向建设绿色矿山转变。

（3）砂石骨料行业正在汇聚优秀人才

过去几十年砂石骨料行业呈粗犷式发展，对从业人员的要求仅是满足生产需求，但是随着行业快速地向规范、精细方向转型，正吸引着大批拥有各领域专业知识、专业技术与创新意识的人才加入。例如，有新材料方面的人才改善骨料品质，也有物联网技术人才优化开发智慧仓储与运输，通过他们与各行各业的学习交流，将成功的经验带入砂石骨料行业，引领该行业的持续健康发展。

这些问题已经引起了国家高度重视，国家相继出台有关政策规范矿山开采及骨料加工。由于天然砂石资源的匮乏，人工砂作为一种较为理想和实际的替代材料，正被越来越广泛地应用于各种工程建筑中。高品质混凝土不仅需要力学性能高、化学成分合格的骨料，更对骨料的颗粒级配、细度模数（砂）、颗粒形状、洁净度提出了更高的要求。

## （二）快速有序实施资源整合

在党中央、国务院“共抓大保护，不搞大开发”“生态优先、绿色发展”战略决策下，矿产自由开发的经营秩序在不断地进行整顿和规范，各级政府也加大了矿产资源开发利用的管理力度。

在此背景下，临澧县委、县政府率先提出走资源利用节约集约化、产业化的绿色高质量发展之路，促进全县矿产资源经济效益、社会效益、生态效益的和谐统一。新安镇政府提出大幅压减整合石灰石开采企业数量，改变小规模分散经营模式，提高矿产资源开发利用率，实现产业化、规模化、集约化经营，逐步形成科技含量高、资源利用率高、环境污染少的矿业发展新格局。实现行业错位发展、协调发展、有机融合，形成整体合力，为打造百亿石灰石新材料产业园奠定坚实基础。

在各级政府的支持和推动下，临澧南方新材料抓住机遇，整合资源，坚持政府引导与市场运作相结合。以规划为依据实行政府引导、市场运作，综合运用经济、法律、技术和必要的行政手段，依法推进整合工作。坚持相互信任与求真存异相结合，坚持资源效益与环境效益相结合，实现安全生产、生态保护，综合效益协调发展。

2018 年，临澧南方新材料依托临澧龙凤山伟厦水泥有限责任公司，整合新安镇辖区范围内龙凤山、白岩寺、金坑石灰石矿区的伟厦、鑫厦、于家山、胡家湾、古城、樟树垭等采矿企业和古城、胡家湾、伟厦、鑫厦、双龙山、鑫龙、鑫泰等碎石企业。8 家公司，10 家矿山企业成立了常德伟厦新材料有限公司（以下简称“伟厦新材”）。

伟厦新材石灰石综合利用开发新材料项目前期征地 15.9 万平方米，拆迁房屋 24

栋。2018 年 10 月开工，一期项目投资 10.8 亿元，主要是进行石灰石选矿，为二期项目生产纳米钙和轻质碳酸钙筛选符合条件的原矿，剩余的尾矿再进行加工销售，建成后可年产 1000 万吨砂石骨料，2019 年 7 月底基本竣工，开始投产出料销售。二期项目投资 20 亿元，前期准备工作已完成，2019 年 7 月基础部分动工，建成后可年产纳米钙 10 万吨、碳酸钙 30 万吨。

2019 年 12 月，南方新材料和伟厦新材合作重组，成立了湖南临澧南方新材料科技有限公司。

## 二、建设绿色智能矿山，打造行业标杆企业

### （一）创新驱动发展，提升企业可持续竞争力

为贯彻党中央、国务院决策部署，践行习近平总书记"绿水青山就是金山银山"的理念，为推动砂石骨料行业的整合与管控、提高产量与质量、提升传统产品的附加值，建立产、学、研为一体的高新技术企业，临澧南方新材料加快推进"绿色化、智能化、集约化、高端化"步伐，打造长江中游绿色矿山新材料标杆企业。

#### 1. 实施绿色化发展战略

①积极推进生产线收尘系统的应用，并在原有设备的基础上做技术改进，增强收尘效果，降低能耗，实现生产线无尘化生产。无尘化生产标准成为全省标杆、全行业模范。

②推进装车系统的喷淋抑尘系统安装和改进，由分散式改为多角度高压雾状抑尘和袋收尘相结合，加强抑尘效果，降低对水资源的消耗及货物的含水量，实现装车无尘化的同时也保障了产品质量。

③对所有运输车辆进行载货量核准，并安装载货自覆盖装置，实现运输车辆不超载，运输途中不撒料、不扬尘，保护厂区、公路和沿途居民的生活环境。

④实现厂区道路硬化及绿化全覆盖，依据厂区地形地势，临澧南方新材料投入资金和人力请专业技术人才设计建造了景观台、景观墙、景观塘，积极打造花园式厂区，大大改变了人们对砂石骨料生产线的传统印象。

⑤按照环保、智能花园式工厂的要求，各部门负责人及员工齐抓共管，按责任区划分，严格履行安全、环保监管责任。整治好本部门工作区域环境卫生，监管好所辖区域的安全与卫生；每月公司组织环保考评，对各部门考核结果纳入年度绩效考核内容。

⑥由于工厂建设和以往矿区开采，厂区留下了大量边坡荒地，临澧南方新材料遵循边开采边修复的原则，与科研院校合作推出生态恢复设计方案，对现有边坡和未来采矿将产生的环境破坏都进行了生态恢复。目前临澧南方新材料已投入 300 万元请专

业团队对前期边坡进行生态恢复，效果良好；后续将投入2000万元对矿山进行持续恢复，真正实现绿色矿山。

2. 实施智能化发展战略

临澧南方新材料积极推动生产销售智能化，对厂区生产采用浙江中控技术股份有限公司SUPCON－WebField系列中控管理系统，包括生产管理系统、自动售料软件、远程监控系统等，整个生产线由生产管理部统一管理，仅需十余人即可完成生产线的管控，这大大提高了砂石骨料行业的管理运营效率和准确性，同时减少了人力成本支出。以信息化带动工业化，用高新技术改造传统产业，这也是公司向智能矿山、数字矿山迈进的一大步。

临澧南方新材料积极推进福州科杰"一卡通"系统和《物联网称重（无人值守）管理系统》的应用。矿石过磅实现无人值守，自动过磅；产品装车实现自动化远程遥控。整个公司实现了产、装、运、检全自动化。生产流程见图1。

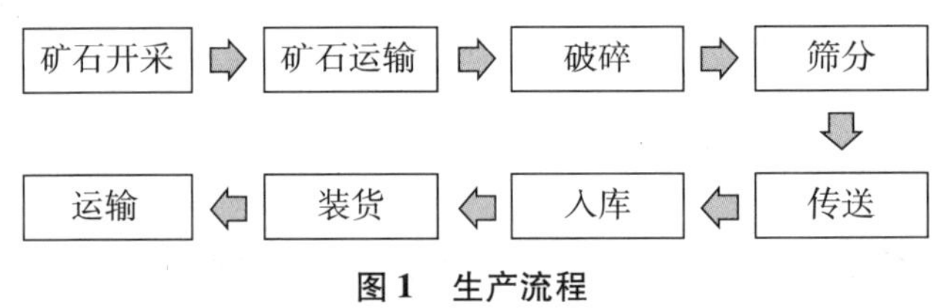


**图1 生产流程**

3. 实施集约化发展战略

临澧南方新材料把质量经营放在重要位置，改变以往砂石骨料企业"散、小、乱"的经营现状，转向以"统一规划"和"做强做大"为主的经营思路上来，在矿山开发、产品质量、负债质量、管理质量、服务质量等方面上了一个档次，实现了经营的集团化、规模化。

临澧南方新材料运用新设备、新技术，采用电子信息化经营。矿山开采请惠州中特特种爆破技术工程有限公司专业爆破人员采用微差爆破技术，挖掘采用卡特、徐州工程机械集团有限公司的大型挖机，钻孔采用志高一体钻机，矿石运输采用豪沃大型矿车。骨料生产线采用河南中誉鼎力智能装备有限公司全套矿山破碎装备及配套设备，如DLPCZ1820重型锤式反击破碎机、DLPC1622整形式破碎机、DL3YKZ3680振动筛等。不断提高科技含量，大力发展信息网络工程，实现"手工、机械"向"电子信息化"转变。请专家对员工进行培训，引进高素质人才，通过电子信息化来实现公司集约化经营管理。

4. 实施高端化战略

临澧南方新材料与中国科学院国家纳米研究中心和超细粉末国家研究所，合作成立专门的研发部门，设立院士工作站研发纳米钙、碳酸钙等系列产品。并与中国科学院地理科学与资源研究所合作共同建设长江中游经济带示范基地，打造绿色矿山、智能矿山、高新技术材料为一体的新材料产业园。

年产10万吨纳米碳酸钙生产线由临澧南方新材料在一期的基础利用高品位石灰石资源，与中国科学院北京纳米能源与系统研究所技术合作新建，选址在一期西南角，拟占地面积22.5万平方米，计划总投资20亿元，主要产品为50%8000~12000目高端纳米钙和50%2000~5000目通用纳米钙，可直接用于医药、化工、造纸、冶炼、塑料、建材、日常用品和农业生产，产品适用范围广，市场前景可观，经济效益好。

目前高端产品市场价格5000~8000元/吨，通用产品800~1500元/吨，根据项目测算，年产10万吨纳米钙生产线建成投产后，年可创产值3.2亿元，创税收4000万余元，安排就业人员120人左右。

## （二）深化管理整合，推动企业提质增效

1. 激发经营活力，打造精干、专业的员工队伍

（1）精简机构

目前临澧南方新材料有财务部、综合管理部、营销管理部、生产管理部、供应部、矿山资源部6个部门，员工50余人，包括电气工程师、机械工程师、地质工程师等专业技术人才10余人，35岁以下年轻员工占员工总数70%，所有员工在企业工作、外部交流期间始终能够保持良好的个人品行和仪容、仪表、仪态。

（2）强化激励

完善激励方案，根据产能发挥率、利润指标确定企业类别及薪酬标准，月度绩效考核突出利润、应收账款指标，单项考核指标上不封顶、下不保底，加大对管理人员的考核力度，确保一线员工的基本工资。设置超额利润奖，年末按超额比例进行奖励。优化薪酬分配方案，员工薪酬标准与产能发挥率、利润指标挂钩并实行动态管理，同职位的销售、生产管理人员的薪酬标准高于行政、采购人员，实验室员工的薪酬标准略高于生产人员。销售员实行独立的薪酬绩效考核体系，按"基薪+提成"模式，严格执行考核淘汰机制。

（3）灵活用人，选拔人才

定期内部人才盘点，选拔优秀人员作为企业的核心骨干，并给予充分发挥能力的舞台。面向社会选聘一批具有专业技能、有社会资源、业务水平高和责任心强的优秀人员，充实到干部队伍中。中层以上干部竞争上岗实现"能者上"，核心员工推行本地

化、专业化、年轻化，对应市场化的薪酬和选聘体系，打造高效的职业经理人队伍，建立营销、技术、管理等后备人才梯队。

（4）严格对标，制定生产销售任务，狠抓落实

一是落实责任主体，选聘企业负责人，择优组建经营团队，明确责任主体；二是落实经营方案，科学制定工作目标，细化分解到每个企业；三是落实监督管理，严格执行公司各项制度，有效管控经营各环节；四是落实对标考核，逐指标分析差距，业绩与薪酬绩效挂钩；五是落实服务保供，提升企业服务能力；六是落实“五比五对标”：企业各项指标与计划比、与上月比、与去年同期比、与兄弟单位比、与同区域非南方企业比，每月召开对标分析会，寻找差距、分析原因并整改到位。

2. 紧抓生产管理，营造安全稳定的经营环境

临澧南方新材料严格遵守国家、省、市、县有关安全生产法律、法规、文件精神，在市、县应急管理部门的指导下，认真贯彻落实企业安全生产主体责任，坚持“安全第一、预防为主、综合治理”的安全生产方针。建设和生产期间，在公司全体员工的共同努力下，安全生产形势整体稳定，实现了“零伤亡”的可喜成绩。

（1）建立健全安全生产管理机构

为确保安全生产责任落实，临澧南方新材料成立了安全生产委员会，并建立安全生产管理机构，设置安全生产管理部门，明确 2 名专职安全管理人员。

（2）制定安全生产管理规章制度

2019 年 7 月初，依据规程要求，临澧南方新材料结合实际情况，由综合管理部起草编制了各类安全生产管理制度，建立健全安全生产责任制，从公司经理、各部门、各车间和班组层层签订了《安全生产责任状》，安全生产工作责任到部门、到岗位、到人员，并依据奖惩考核管理办法予以实施。

（3）注重安全教育，加强员工安全生产教育培训

临澧南方新材料矿山自基建之初便制订了安全生产教育培训计划，组织开展企业三级教育培训，要求矿山特种作业人员必须持证上岗，持证率达到 100%，组织企业主要负责人和安全管理人员参加市局举办的安全生产管理培训班，并通过考试，取得从业资格证，提高了矿山管理人员的业务水平，增强了员工安全隐患识别和事故防范能力。

（4）组织开展安全隐患大排查

依据应急管理部门文件要求结合公司实际，临澧南方新材料组织开展安全隐患大排查，大管控，大整治专项行动，提升安全管理人员管理水平，增强员工安全生产意识，对企业健康可持续发展起到很好的促进作用。

（5）狠抓现场管理，严控事故隐患

根据露天矿山的实际情况，临澧南方新材料有针对性地对重大危险部位进行了专

项检查和评估，对各类安全隐患进行了认真细致的排查，建立了安全隐患排查治理台账，制订隐患治理方案，建设期间，共排查治理销号各类隐患33处。

（6）制定应急预案，防控事故风险

临澧南方新材料成立了应急救援队伍，应急救援物资齐全，并与常德市矿山救护队和临澧县第三人民医院签订了服务协议。依据应急预案组织了应急救援现场演练，有效地提高了从业人员在事故状态下的自救和应变能力。

3. 促进文化融合，构建和谐宽松的文化氛围

临澧南方新材料积极践行中国建材集团“善用资源，服务建设”的企业核心理念，努力将企业打造成注重品质、绿色智能、安全环保、服务一流的砂石骨料示范企业。

（1）企业党建

对于临澧南方新材料而言，党建工作是投入最小、收获最大的项目。在过去的一年，临澧南方新材料从建设到投产，党员同志总是扎根在最前线，带头加班，带头解决难题。公司建设生产任务虽然繁重，他们也不忘党建工作，严肃党内政治生活，认真开好民主生活会、组织生活会，落实“三会一课”和民主评议党员制度。党建工作助推企业发展，正是在党员同志的带领下，全体员工的努力下，临澧南方新材料一期骨料项目才在不到一年的时间里顺利竣工。

（2）工会活动

临澧南方新材料工会积极践行“为企业谋发展，为员工谋福利”的宗旨，组织工会活动，做好工会桥梁纽带作用，服务员工。由于公司员工来自不同县市甚至不同省份，公司举行职工联谊座谈会，以加深彼此了解，促进员工交流；组织员工体检，开展篮球联谊赛，丰富员工文化生活；高温季节慰问企业职工，逢年过节发放节日福利。这些活动极大地提升了员工的归属感和企业荣誉感。

## 三、创建新材料产业园的效果

### （一）行业影响日益增强

近几年，湖南省砂石骨料价格上涨，小型砂石企业迅速增加，企业无序扩张、市场需求下降、产能严重过剩，这不仅严重扰乱了混凝土市场秩序，还带来了严重的质量和安全隐患。

1. 整合行业提升价值

临澧南方新材料作为湖南砂石骨料行业的标杆企业，深入践行中国建材集团“行业利益高于企业利益，企业利益孕于行业利益之中”的理念，充分把握砂石骨料行业的发展规律，成为行业整合的领军者、产业升级的创造者，引导全行业形成共识让砂

石骨料产业回归理性发展，改善砂石骨料产业的生存与发展环境，提高行业的尊严与价值，实现企业的利益并获得成长空间。临澧南方新材料带头整合市场，带头增加行业集中度，带头促进企业间协作，带头推动行业转型发展，在湖南砂石骨料行业无序竞争、滥挖乱采的"乱象"中逐步扭转行业低质低端，推进行业向绿色环保、智能高端转型升级，引领常德市乃至湖南砂石骨料行业创新发展。

2. 引领行业发展方向

临澧南方新材料和中国科学院地理科学与资源研究所本着"优势互补、互惠双赢、共同发展"的原则，共同建设长江中游新材料研发基地，临澧南方新材料充分利用各种资源，为科研工作提供工作基础和后勤保障。中国科学院发挥智力、信息、管理和技术等方面的优势，为临澧南方新材料在社会经济发展总体规划、生态规划、生态修复、智慧城市等专项发展中提供智力支持和技术咨询服务。中国科学院在拓展科研业务，新建科研基地或推广科研成果时，将优先选择临澧南方新材料作为科学研究配套基地、科研成果转化基地和数据采集点。

### （二）生产经营效益明显提升

升级改造前，龙凤山伟厦水泥有限责任公司（简称"伟厦水泥"，临澧南方新材料前身）年产骨料 10 万吨，人员 14 人，年销售收入约 400 万元，利润约 50 万元，利润率仅 14%，人均产值 28 万元。经过升级改造后，临澧南方新材料年产骨料 1000 万吨，产量提升 10 倍，人员 50 余人，年销售收入约 4 亿元，销售利润约 2 亿元，利润率高达 100%，人均产值 250 万元（见图 2）。

2018 年以前，新安镇所有砂石骨料企业年产量仅为 600 万吨，通过集约化管理，临澧南方新材料砂石骨料年产量达 1000 万吨，产能大幅提升（见图 3）。

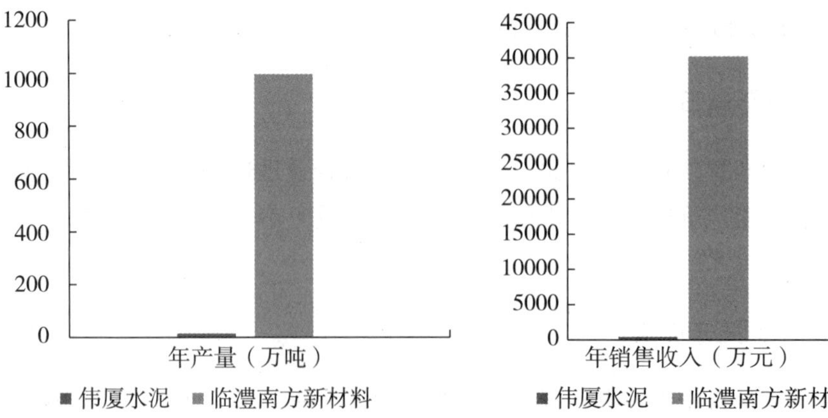

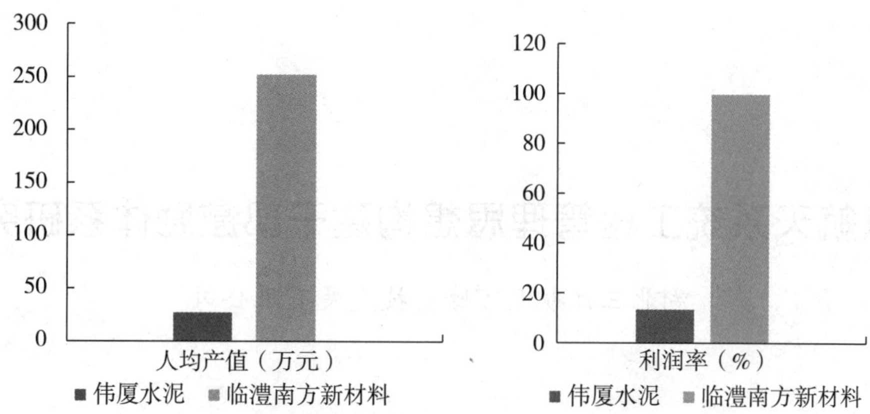


**图 2 伟厦水泥占临澧南方新材料生产情况对比**

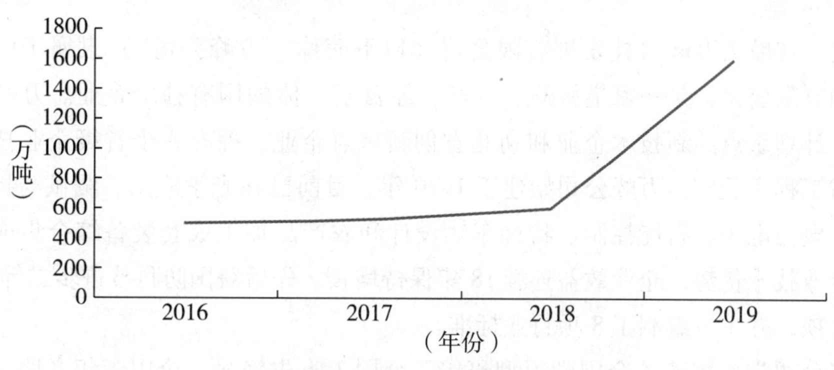


**图 3 新安镇砂石骨料年产量趋势（万吨）**

## （三）助力地方经济发展

目前临澧南方新材料一期砂石骨料生产线 1000 万吨/年，已建成投产达标，年产值可达 4 亿元，税金 3700 万元。全部工艺生产线竣工，实现年销售收入 7.2 亿元以上，税金 6800 万元，带动就业岗位 180 人以上，拉动第三产业数亿元。同时，公司为建筑及其他行业提供了优质的产品和服务。

项目的建成极大地改善了当地生态环境。随着一大批小矿山企业的相继关闭，困扰当地居民的扬灰、噪声、地表景观破坏、超载等问题得到极大的改善。同时，带动了物流运输、餐饮娱乐等相关产业，为当地经济发展注入了强大的活力。

主创人：谭志雄　张丕明

参与人：徐宗望　王杰　胡宗元　潘爱华　张惠

# 以航天系统工程管理思想构建干部激励体系研究

湖北三江航天万峰科技发展有限公司

## 前言

湖北三江航天万峰科技发展有限公司（以下简称“万峰公司”）隶属于中国航天三江集团有限公司，是一家集科研、生产、经营于一体的国有独资企业。万峰公司是国家火炬计划重点高新技术企业和湖北省创新试点企业，拥有一个省级企业技术中心和湖北省工程实验室。万峰公司始建于1970年，目前已在光学应用、测试与控制、定位定向、电力电子、智能控制、特种车辆设计和农产品加工成套装备综合集成等领域形成了专业技术优势，企业效益连续18年保持增长。先后获国防科技进步二等奖1项、专利242项，并主持编制了8项行业标准。

万峰公司先后培养了全国学习型班组、全国工人先锋号、全国青年文明号、国家级技能大师工作室、全国技术能手、全国五一巾帼标兵、湖北省劳动模范、湖北省五一劳动奖章获得者等一大批先进模范群体和个人。先后荣获湖北省最佳文明单位、湖北省国资委先进基层党组织、湖北省五一劳动奖状、综合治理先进单位、厂务公开民主管理先进单位、“五保”劳动竞赛先进集体等多项荣誉称号。

## 一、实施背景

国有企业是中国特色社会主义的重要物质基础和政治基础。习近平总书记强调，国有企业要成为党和国家最可信赖的依靠力量；成为坚决贯彻执行党中央决策部署的重要力量；成为贯彻新发展理念、全面深化改革的重要力量；成为实施“走出去”战略、“一带一路”倡议等的重要力量；成为壮大综合国力、促进经济社会发展、保障和改善民生的重要力量；成为中国共产党赢得具有许多新的历史特点的伟大斗争胜利的重要力量。

当前，国有企业改革已进入深水区，重大挑战、重大风险、重大阻力、重大矛盾交织，尤其需要加强企业干部队伍高素质专业化建设，支撑企业提质增效和创新发展。干部激励是科学与艺术相结合的综合学科，“宽松软”固然会导致干部价值创造能力下降，“从严从紧”“贪大求全”同样也会诱发形式主义、官僚主义。如何坚持“党管干部”原则，通过设立“传感器”与“接力站”，正确把握“从严管理”与调动创新活力、保护担当精神的关系，构建新时代干部激励体系，是国有企业党组织需要研究的重点课题。

万峰公司一直将干部管理工作作为企业党建、企业管理的重要研究课题，在精细化管理、差异化考核、保护性区分方面开展了有益的探索，多项干部管理工作研究获得中国国防工业企业协会管理创新成果、中国航天科工集团政研成果和湖北省管理创新成果等奖项。2017 年开始，万峰公司以党的十九大提出建设“航天强国”战略安排为背景考量，以习近平新时代中国特色社会主义思想以及习近平总书记在国有企业党建工作会、全国组织工作会议上的重要讲话精神为工作指引，对标分析国际一流企业，以航天系统工程思想为主线，全面开展干部激励体系诊断与重构。

### （一）解决党性教育的“深度”不够等问题，实现干部培养与企业目标紧密结合

理想信念淡化会导致干部能力水平弱化和担当意识退化，目前国有企业干部的党性教育与能力提升培训，依然存在针对性不强、与企业实际结合度不高等问题。在党性教育方面，未能将中央和上级党组织的要求转化为促进企业发展的有效手段，用习近平新时代中国特色社会主义思想武装干部头脑不够，存在“照本宣科”“上下一般粗”等问题。在业务培训的课程设计上，没有以企业的战略目标为导向，未能结合分解战略同步进行，培训内容偏宽泛零散，缺乏精确的针对性与持续修正的灵活性，未能服务于企业的战略发展。

### （二）解决履职责任的“长度”不清等问题，确保整治形式主义、官僚主义取得实效

航天企业作为建设“航天强国”的主力军，其产品大多为复杂动态的巨系统，具有研制生产周期长，协作关系多，研制、量产和售后服务交叉并行等特征，进度、质量、安全要求均非常高。面对“武器装备竞争性采购”“民参军”“互联网 +”、质量问题终身追责、保密责任全覆盖、安全责任倒查等新形势新压力，加之干部评价标准不具体、考核评价方式相对单一、监督整治存在复杂性和滞后性等因素，一些干部产生了“精神懈怠”“能力不足”“脱离群众”“政绩观错位”等具有隐蔽性和迷惑性的形式主义、官僚主义问题，导致企业出现责任失序、权责失调现象。厘清责任的长度，加强实绩考核，需要开展干部激励体系的顶层设计，以满足“制度化、差异化、经常化”的要求。

### （三）解决考核容错的“宽度”不足等问题，全面提升干部担当作为的主动性

党的十八大以来，全面从严治党成为总趋势，中央聚焦党员领导干部这个“关键少数”，执纪问责日趋制度化、常态化。但目前部分管理部门干部习惯于用“最全事

项、最高标准、最严要求、最快速度”进行“顶格管理”，存在“一票否决”和“责任令”的依赖症，部分干部受问责倒查的掣肘，主动担当的心理压力加大，不敢理直气壮、放开手脚。

容错宽度体现了企业对改革创新的承受能力。当前企业普遍存在容错不清晰和纠错不彻底两方面不足。对于很多表象相近而成因相反的问题，如大胆管理与简单粗暴、敢于担当与大包大揽等，在企业管理制度中还缺乏相应的评判标准。对于工作失误，深挖根源不够，存在问题未查清先问责现象。对受到问责的干部，虽能从思想、政治层面进行教育，但从心理、生活上进行的帮扶关怀不够。

万峰公司以习近平总书记提出的“三个区分开来”作为根本指导思想，落实《关于进一步激励广大干部新时代新担当新作为的意见》文件精神，坚持“事业为上、实事求是、依纪依法、容纠并举”的原则，努力构建容错纠错工作机制。

## 二、内涵

该课题落实全面从严治党总要求，采用航天系统工程管理思想，遵循整体性原则、综合性原则、层次性原则、结构性原则、环境关联原则和功能性原则，综合运用胜任力评价、特性确认法、关键事件法、目标管理法等绩效考核工具，从教育、问责和容错三个维度同时发力，将企业战略目标、战略导向、总体原则、产业载体、战略能力、工作主线贯穿干部管理制度重组、格局重构和机制重塑全过程。树立讲担当、重担当的用人导向，宽容干部改革创新的失误错误，大力整治形式主义、官僚主义，形成崇尚实干、带动担当、加油鼓劲的干部管理全链条机制和良好生态，在追求忠诚干净担当高素质专业化目标的进程中促进航天企业持续发展。

## 三、主要做法

### （一）坚持开展干部教育，实现政治素质、能力素质和业务素质提升

针对当前干部教育存在的党性教育不全面、培训内容千篇一律、业务锻炼不充分等问题，万峰公司坚持按习近平总书记提出的好干部“五条标准”和国有企业领导人员“二十字要求”，从筑牢干部信仰之基、从业之基、廉政之基和能力之基入手，瞄准干部队伍在政治素养、认识境界、前瞻判断、专业素质、业务能力、工作作风等方面的不足，建立源头培养、跟踪培养、全程培养的素质培养体系。

#### 1. 抓好党性党风党纪三项教育，提高政治素质

扎实推进“两学一做”学习教育常态化制度化以及“不忘初心、牢记使命”主题教育，以坚定理想信念、增强宗旨观念和改进作风为重点，坚持用党的创新理论武装头脑、教育干部，引导干部深入学习领会习近平新时代中国特色社会主义思想。通过

中心组学习、专题研讨、调研成果交流、党课等形式，树立崇尚实干的作风，把干部干事创业的积极性和创造性引导好、保护好、发挥好。抓好两级党组织的民主生活会和组织生活会，在严肃的党内政治生活中锤炼党性，促进干部全面学知识、强意识、提能力、受警醒、明底线、知敬畏，保持奋发有为的姿态和干事创业的锐气。

2. 创新开展干部理论知识培训，提高理论素质

更新“缺什么补什么”的传统观念，构建人岗相适的知识体系。改变“一本教材培训所有干部”的情况，按岗位类别、年龄层次、任职时间等条件设置不同课程，对干部进行全方位、多层次、系统性地培养锻炼。万峰公司于2017年启动“学习型、勤奋型、专家型、创新型、廉洁型”干部队伍建设活动。通过党委中心组（扩大）学习、集中培训、学习分享会、报告会、专题讲座等形式，每月两次集中学习。设立学分制，干部可通过参加学习、授课、成果获奖、分享学习体会、政治理论考试、职业资格取证6大项15个小项获取学分。学分与责任令、“四好班子”等考核评比挂钩。

3. 创新开展干部能力提升锻炼，提高业务素质

突出对干部“专业知识、专业能力、专业作风、专业精神”的培训培养，帮助干部弥补知识弱项、能力短板、经验盲区，提升干部适应新时代、实现新目标、落实新部署的能力。以中层干部轮岗交流为载体，将年富力强、德才兼备、开拓精神强的中层干部交流到情况比较复杂、矛盾比较集中的部门，帮助其积累领导全面工作的经验；将专业基础扎实、发展潜力大、经历单一的技术型中层干部交流到任务艰巨、工作面广的综合管理部门和精准扶贫一线，增强宏观管理、综合协调等方面的能力；将长期从事军品科研生产的中层干部交流到民品公司，增强市场营销观念与控制成本意识。该课题实施期间，实现干部交流54人次。

## （二）确立“四项原则”，推进干部激励制度创新

针对考核激励制度重叠、空白和冲突等问题，万峰公司妥善把握“保护担当、全面准确、责罚适当、动态更新”四项原则，严格执行《党政领导干部选拔任用工作条例》《党政领导干部考核工作条例》精神，从制度建设入手，抓紧形成新的组织安排和制度安排。

1. 保护创新担当原则

万峰公司成立课题组，全面收集整理了2014—2019年的干部问责案例、投诉信息、审计报告和调查问卷，对涉及违反进度、质量、安全、保密、技术状态、劳动纪律等的243个案例进行了统计分析，更加关注对干部工作思路、工作基础、精力投入、作风转变、人才培养、效能提升等方面的考核与评判。

2. 全面准确原则

针对容错尺度不统一、问责标准不统一等制度遗漏与冲突问题，万峰公司找准方向，管好关键人、管到关键处、管住关键事、管在关键时，开展关联分析、聚类分析、趋势分析、孤立点分析和偏差分析工作，将干部划分为生产管理型、技术管理型、综合管理型、车间管理型，合理设置考核指标。根据不同单位、不同层次、不同类型的特点，通过召开清单动态管理联席会议研究讨论激励标准和问责形式。

3. 责罚适当原则

坚持共性内容与个性内容相结合，用制度设定限度，突出“务实管用、宽严相济、用语准确、逻辑严密”要求，保持制度范围、内容、边界的相对稳定，突出广泛性、针对性、系统性和统一性。注重定性和定量评价相结合，强化对负面清单的量化表述，减少人为裁定空间，使考核有依据，评价有标准，检验成效有尺度。

4. 动态更新原则

根据企业经营的复杂性和现实情况的多样性特征，抓早抓小、防微杜渐，明确持续改进的切入点，定期组织开展制度的清理与修订工作，及时把发展中出现的新情况、新问题加入制度。2019 年万峰公司完成 42 项企业管理制度的修编工作，根据不同部门、不同层次、不同类型的特点，建立各有侧重、各具特色的考核内容和指标。

### （三）推进“三联单”，形成权力、程序、责任清单清晰边界

加强顶层设计，构建干部履职胜任力模型，全面汇总梳理权责平等、责权明晰的干部权力清单、程序清单和责任清单，进一步健全制度制定与平衡机制。

1. 明确工作权力清单

全面梳理各部门在科研生产经营管理体系中的职权，按照指挥、协调、决策、检查、考核等分类方式，进行合法性、合理性和必要性审查，汇总形成职权清单目录。重点解决权责划分不清晰、职责交叉问题的问题，将管理职权及其依据以清单形式明确列示，加快形成边界清晰、分工合理、权责一致、运转高效的职能体系。

2. 明确工作程序清单

坚持制度化、规范化，对于确认后的职权，按照透明、高效、量化原则，制作工作运行流程图，明确承办部门、办理要求和完成时限并及时公示。大胆剔除管理体制、工作制度及评判标准上的陈规陋习，全面从严规范检查、考核、考评等事项，对考核内容、考评主体、考核程序、定量评价、定性评议、考核结果运用等方面作出具体的

规定，纠正重“痕”不重“绩”的不良现象。加强信息共享能力建设，“让数据多跑路，让基层少跑腿”。

3. 明确工作责任清单

按照权责一致的原则，逐一厘清与权力相对应的责任事项，建立责任清单，明确责任主体，杜绝上下级之间、部门之间相互推诿的情况发生。充分考虑权与责、条件与效果之间的关系。实行严格计划管理和报批制度，不搞生硬的“一刀切”“一票否决”。健全问责机制，厘清责任主体，精确定位问责对象，不能以集体责任替代领导责任。

（四）强化选人用人机制，突出导向作用

选什么人，用什么人，对党的作风建设具有重要的导向作用。万峰公司把敢于担当作为选人用人的重要导向，引领干部队伍作风常态化建设，形成了正向的传导机制。

1. 坚持选人用人政治导向

万峰公司始终坚持注重品行、崇尚实干、重视基层、群众公认、鼓励创新的选人用人导向，严格贯彻《党政领导干部选拔任用工作条例》精神，坚持“德才兼备、以德为先、以廉为基”的原则，严格按照条例的原则、标准、条件、资格和程序选拔任用干部。拓宽选用干部的渠道，实现干部来源的多元化，将党性强、敢担当、有能力、有实绩的同志及时选拔到干部岗位上来。保障广大干部群众对干部选拔任用工作的知情权、参与权、监督权，将考察人选、考察方法进行公示。

2. 强化政治、作风和业绩考核导向

万峰公司针对考核激励作用不足、问责力度不够、考核标准不够量化、过度留痕等问题，加强政治、作风和业绩考核。政治考核重点考核干部是否自觉做到“两个维护”，是否学习尊崇《中国共产党章程》和《中华人民共和国宪法》，在政治立场、政治方向、政治原则、政治道路上是否同以习近平同志为核心的党中央保持高度一致。作风考核重点在于考核干部贯彻落实中央八项规定情况、抵制和纠正“四风”情况、“一岗双责”落实情况等。业绩考核重点在于干部“责任书”“责任令”任务及专项专题重点任务完成情况、企业经营业绩情况、完善企业治理和推动可持续发展情况等。

3. 突出考核结果运用“三结合”

万峰公司进一步强化干部考核结果的分析和运用，将考核结果与干部选用结合起来，与评先奖优结合起来，与问责追责结合起来，明确了免职“四必下”，即担当不够者必下、人岗不相适者必下、激情衰退者必下、不注重团结者必下。以《整改通知书》

提出具体整改要求、整改期限。建立整改中期评估和后评价制度，要求责任人从问题危害、思想根源、整改措施方面写出书面认识，并在一定范围内公示。

### （五）坚持“三个区分开来”，形成容错甄别“十个要件”

为解决“担当越大，出错越多，受罚越重”的“洗碗效应”，摆脱“一抓就死，一放就乱”的两难处境，万峰公司综合学习能力、政治素质、工作作风、工作经历、任务难度、风险程度、工作量、协调量、下属数量、下属素质等主客观因素，运用关键事件法，精准容错、合理减责，初步形成了容错甄别“十个要件”。客错甄别标准要素关系见图1。

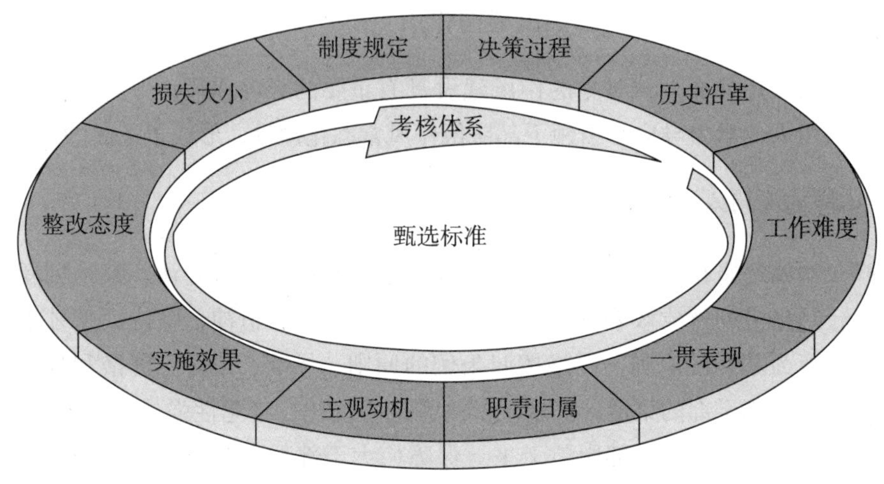


**图1　容错甄别标准要素关系**

1. 制度规定

检索查阅相关制度和任务计划。如果由于表述不清、内容不完整、适新应变不够等原因而导致干部理解与执行上出现歧义的；或因干部缺乏经验，先行先试出现探索性失误的，可视情节轻重，从轻处罚或免予处罚。

2. 决策过程

调查决策是否需要经过集体研究，是否经过了全面的风险分析和评估，是否有风险防范预案和处置预案。如果确属谨慎研究后制定决策的，可视情节轻重，从轻处罚或免予处罚。

3. 历史沿革

对制度未明文规定的，应重点调查了解历史沿革，分析判断过去对大多数类似行为是默认的，还是确属违背基本公序良俗。如果确为广泛性错误的，可视情节轻重，从轻处罚或免予处罚，并尽快修编制度。

4. 工作难度

全面分析任务难度和风险等级。如果确属在难度较大、不确定因素较多、资源紧张背景下，由于经验不足、信息不全等原因做出错误决策的，可视情节轻重，从轻处罚或免予处罚。注重向科研、销售、技术开发、质量管理等摊子大、任务重、困难多的领域倾斜。

5. 一贯表现

通过组织评价、干部评价和群众评价等手段，对出现错误的某个干部进行综合评价。如果非经常性的粗心大意或简单粗暴，确属偶发性初次失误的，可视情节轻重，从轻处罚或免予处罚。

6. 职责归属

对实际责任进行划分。对于主动揽责涉险，承担非本职或边界模糊的急难险重任务时出现失误或损失的，可视情节轻重，从轻处罚或免予处罚。

7. 主观动机

对于为了促进任务完成、维护企业利益，并无私心私欲，但出现了意料之外的错误、失误或偏差的，可视情节轻重，从轻处罚或免予处罚。

8. 实施效果

将结果型错误与阶段型错误区别开来，对为提高效率进行容缺受理、容缺审理产生一定失误或偏差的，重点分析最终实施效果。如果未造成损失或实施后取得了较好的效果的，可视情节轻重，从轻处罚或免予处罚，并进行必要的批评教育。

9. 整改态度

重点调查在错误行为发生后，该干部对待错误的态度和表现。对于认错态度端正且整改措施有效，最终通过努力、积极主动消除影响或挽回损失的，可视情节轻重，从轻处罚或免予处罚。

10. 损失大小

开展定损工作，重点评价因错误决策、错误指挥等原因产生的损失大小。对于无实际损失或损失轻微的，可从轻处罚或免予处罚。对于涉及国有资产、人身安全、环境安全、国家秘密等重大损失，即使符合从轻原则，仍然要按规定严格处理。

### （六）坚持常态化、制度化和多样化，形成“四风”问题监督防线

针对企业中存在的监督主体职能交叉、职责重叠、难以形成合力等问题，万峰公司坚持“容错不如防错，纠错不如戒错”，变事后处理为事前监督、事中预警，形成统一指挥、信息共享、协调各方、齐抓共管的监督防线。

#### 1. 党内监督常态化

执行好民主生活会、“三重一大”事项决策、领导干部个人重大事项报告、述职述廉、民主评议、函询等党内监督制度。完善法律风险防范体系，推进规范董事会建设，完善决策执行监督机制；分层分级签订党建工作责任令，形成“横向到边、纵向到底”的全覆盖责任体系。修订更新《中层干部管理规定》《后备干部管理规定》《推进中层干部能上能下若干规定》《中层干部选拔任用和纪实工作管理办法》；梳理完善《“三重一大”决策事项管理办法》，明确了6个方面184项决策事项清单。

#### 2. 职能监督制度化

围绕人、财、物和重点、热点、难点问题，从重点任务完成情况、支部建设、作风评价、学分等方面，每季度开展干部考核，并将考核结果反馈给干部本人。不定期开展重要制度执行性的专项审计和重要业务风险诊断，完善重大决策风险评估和风险事件管理机制，逐步加大风险导向审计业务的范围。下发《万峰公司保障监督体系建设方案》《万峰公司经济问责管理办法》《武器装备质量责任追究实施细则》等制度，开发了保障监督信息管理平台，明确了8个方面问责追究事项，突出对中层干部日常履职问责落实。

#### 3. 民主监督多样化

畅通群众性监督举报渠道，通过职工思想动态调研、党代表联系群众机制、述职测评、纪检信息反馈、社情民意收集、职工工作满意度调查、设置意见箱等形式，认真听取职工对干部作风、干部管理工作的意见和建议，把群众满意度作为评价干部、识别干部、任用干部及奖惩干部的重要依据。对举报或发现的问题，做到有诉必查，查必有果，快查快处。“两学一做”学习教育与“不忘初心 牢记使命”主题教育期间，800余人次参与调研和意见征集，共征集各类建议235条。

### （七）完善问责异议申诉仲裁机制，坚持“三个一律”

针对科研生产经营工作节奏快而造成的失察、问责不准等问题，万峰公司贯彻落实党的十九大精神，建设法治环境，推进依规治企，严格规范公平公正公开地开展考

核管理。

1. 一律受理

很多过错成因错综复杂，互相作用，而且时间跨度大，有时短期难以厘清真正的责任者。为提高考核的公正性，万峰公司建立问责异议申诉仲裁委员会，下设涉及科研生产、技术、投资、质量、安全、党建思想政治等7个领域的问责异议申诉仲裁小组，小组成员由公司领导、主管部门领导及纪检、审计、信访机构工作人员和管理部门专家组成。干部如对问责有异议，可在一周内以书面形式，写明申诉的原因、过程经过、文件依据和个人意见，向问责异议申诉仲裁小组提出仲裁申请。问责异议申诉仲裁流程见图2。

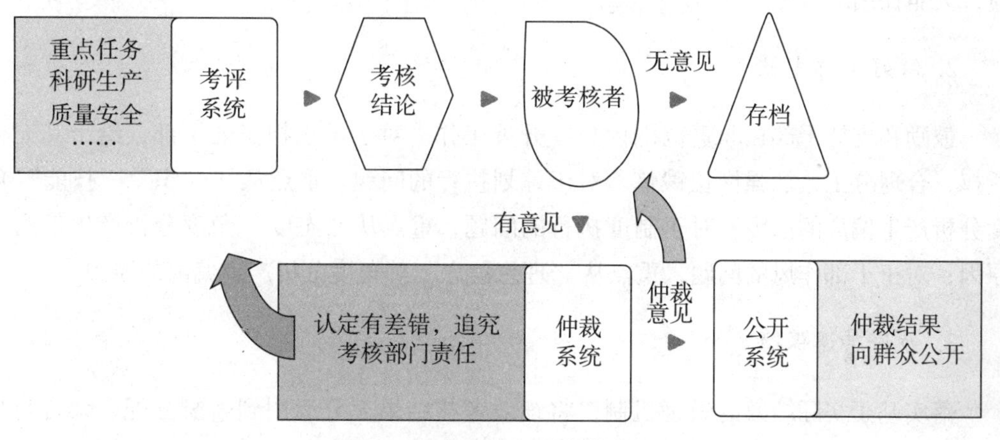


**图2 问责异议申诉仲裁流程**

2. 一律详查

仲裁小组根据异议内容，指定一名仲裁组成员开展尽职调查，并按“甄别标准”形成书面材料、提交仲裁组集体讨论裁定。对原结论有重大变更的，提交问责异议申诉仲裁委员会集体研究。仲裁意见书面反馈给相关考核部门和异议申诉人及所在单位。因考核部门调查取证、制度解释等原因出现的“冤假错案”，问责异议申诉仲裁委员会可提请党委会审议，追究考核部门责任。

3. 一律公开

异议申诉机制与公开机制同步建立。仲裁完成后，仲裁组负责将异议申诉对象、事件、原因、结果等在一定范围内公开，自觉接受群众监督，提高容错纠错的民主性和科学性，让问责部门、被问责干部心服口服，让群众看得见、受教育、可监督。对问责有误的，在一定范围内澄清过程，消除负面影响。

## （八）完善干部关爱机制，把握“四个做好”

万峰公司党委按照干部管理权限和组织关系，对干部政治上激励、工作上支持、待遇上保障、心理上关怀，积极营造干事创业的良好氛围。

### 1. 做好政治激励

系统学习贯彻习近平新时代中国特色社会主义思想的实践成果，切实增强干部的政治认同、思想认同、情感认同。以充分理解、充分信任为基础，避免矫枉过正，对被问责的干部，在工作上同等对待，客观公正地评价其表现。对有锐气、善作为、敢担当，但偶尔出现工作失误的干部，敢于为他们撑腰壮胆、鼓劲打气，及时肯定其成绩，大胆任用。

### 2. 做好工作支持

鼓励和支持干部在职责范围内独立开展工作。对于勇于担当的干部，给予其充分授权，合理分工，加强岗位锻炼。对于计划执行的问题，重点从“知识”“技能”角度分析产生偏离的原因；对于制度执行的问题，重点从“态度”角度分析产生偏离的原因；对于干部作风的问题，重点从“理想信念”等角度分析产生偏离的原因。

### 3. 做好待遇保障

落实基于实际绩效的激励机制，将绩效考核结果充分运用到薪酬分配、荣誉与待遇激励之中，让勇于担当的干部得实惠、有干劲。落实干部体检、休假制度，保证干部正常福利，保障干部合法权益。落实“五必问、五必访、五必谈”要求，通过与干部谈话、与所在单位负责人和其他干部座谈等形式，全面了解干部工作表现以及思想、工作中存在的疑惑和问题，多为干部做一些雪中送炭的实事，让干部进一步增强组织归属感。

### 4. 做好心理关怀

倡导宽容失误、理解失误，发挥党组织的生活关爱服务功能，使干部在思想上解压、政治上解惑、工作上解难。完善干部谈心谈话制度，关注干部心理健康，注重围绕单位改革发展等重大任务做好思想政治工作。通过民主生活会、组织生活会等党内政治生活形式，用够用好批评与自我批评。建立“一帮一”的分级教育帮带制度，对于被问责的干部，在党政负责人、班子成员、党支部中指定教育联系人，帮助干部解开思想疙瘩，消除思想顾虑，放下包袱、轻装前进。

## 四、实施效果

### （一）干部三项素质得到增强，促进了企业经营业绩提升

该课题论证期间，正值国有企业全面深化改革、军品竞争性采购机制建立、经济下行等新形势不断出现。万峰公司通过干部管理体系的重构，使干部的理想信念及改革创新、探索实践、担当负责的意识与能力明显增强，加快了全员适应新竞争形势的步伐，使企业保持了良好的发展态势和较高的经营业绩。

万峰公司通过干部以身作则、率先垂范，层层示范、层层带动，企业计划更新响应速度提高了30%，参与飞行的项目成功率保持在100%，交检合格率达99.73%，顾客满意度为94.82%。万峰公司不断突破传统的业务结构，在火箭军、空军、海军、陆军等军兵种实现全面配套，军品配套能力和市场竞争能力明显提升，产品附加值显著提升，营业收入年均增长率达到26.2%，抗风险能力和综合竞争力得到较大幅度的提高。

### （二）通过查遗补漏，促进了万峰公司基础管理水平提升

万峰公司充分认识到干部管理工作的长期性、复杂性、艰巨性，及时研究前进道路上的新情况、新问题，不断回应从严治党的新要求，形成了和谐有序、共谋发展的良好环境。

异议申诉仲裁系统的启用，为考核双方搭建了一座沟通桥梁。万峰公司上下互动，整体推进，相关管理部门积极制定整改措施，使过去被掩盖的矛盾与不足得以发现，使许多长期干扰科研生产经营的难题得到有效解决，从而推动了科研生产管理体系的不断完善，提升了企业在航天防务产业中的战略地位和整体形象。异议申诉仲裁系统启动至今，共受理异议25项，促使15项制度完成修编。

### （三）营造了干事创业的工作氛围，干部管理工作更加贴近企业中心

容错纠错机制的构建，使干部敢于暴露与查摆自身存在的知识空白、能力弱项、观念落后等问题，提高了干部培训的针对性。万峰公司党委促进学习型干部队伍建设，通过拓展学习阵地，丰富学习内容，干部队伍把握方向、抢抓机遇的能力和水平得到了进一步提升。近年来万峰公司新提拔12人，调整54人次，年终考核为“优秀”的中层管理者累计达40人次。干部队伍中国家级有突出贡献的中青年专家有1人，享受国务院“政府特殊津贴”的专家有4人。干部负责的5项管理创新成果获得省部级以上奖项，32人次获得专利成果。

以航天系统工程管理思想构建的干部激励体系，为管理部门大胆考核、精准问责扫清了障碍，万峰公司大力推行首问负责制、限时办结制、服务承诺制、责任追究制

等工作制度，各部门齐抓共管，延长了监督触角，增强了监督管理合力，“大监督”格局逐步形成。两年来，万峰公司给予干部诫勉2人、调整2人、通报批评5人、经济处罚15人、提醒谈话8人，选人用人的群众满意度明显提升，“能者上、平者让、庸者下”的氛围进一步深化。

### （四）丰富了企业文化内涵，企业形象进一步提升

该课题成果的实施，使上下级之间、部门之间增进了沟通与理解，尊重个性、宽容失败、求同存异、创先争优的氛围得到了加强。万峰公司通过强化干部的战略思维、辩证思维、系统思维、创新思维、底线思维，活跃研讨气氛，倡导民主集中制，鼓励干部敢于探索、勇于冒尖，进一步形成了想创新、敢创新、善创新的创新文化氛围。

围绕中心工作，万峰公司干部职工队伍以提高发展质量和效益为中心，始终保持饱满的工作热情和昂扬向上的精神状态，提升精气神、增长新本领、展现新作为，在推进万峰公司转型升级、高质量发展进程中发挥重要作用。

主创人：蔡昭斌

参与人：罗贵宾 王宇

# 国有企业基础管理创新

甘肃金创绿丰环境技术有限公司

## 前言

甘肃金创绿丰环境技术有限公司（甘肃省危险废物处置中心，以下简称“金创绿丰”）是由原国家环保总局、国家发展改革委共同批复，经国务院《关于全国危险废物和医疗废物处置设施建设规划的批复》（国函〔2003〕128 号）批准建设的全国 31 个综合性危险废物集中处置中心之一，是甘肃省最早提供专业化服务的综合性危险废物处置企业，承担着危险废物污染事故应急处置和甘肃省危险废物及兰州市医疗废物处置的重要职能，是甘肃省危险废物环境管理的基础性硬件保障项目，是具有重要公益性保障职能的企业化运营单位。金创绿丰在省科技投资集团领导下立足节能环保产业发展，始终秉承严谨、务实、进取、创新的企业精神，服务社会危废治理，保障城市环境安全的企业使命，力争打造西北危废处置一流企业。

金创绿丰取得兰州市生态环境局颁发的“医疗废物经营许可证”及甘肃省生态环境厅颁发的“危险废物经营许可证”，兰州市公路运输管理处核发的“危险货物运输经营许可证”和“普通货物运输经营许可证”资质，具备收集、运输、贮存、处置《国家危险废物名录》中除 HW14、HW15、HW49 类其他废物（900－044－29 废弃铅酸蓄电池、荧光粉和阴极射线管）、HW08 类废矿物油与含矿物油（废油）、HW29 类含汞危险废物外其他所有危险废物的资质，是兰州市城市管理委员会和垃圾分类办公室指定的有害垃圾唯一处置单位。

## 一、实施背景

由于公司工作环境、地理位置等原因，金创绿丰自运营以来职工队伍整体素质偏低，缺少专业化人才。

自公司脱钩改制以来，在独立面对市场主体的新形势下，创新培育发展新动力，化解产业发展面临的困境尤为重要。

企业若没有形成系统的企业文化体系，就谈不上有核心竞争力。企业文化对于打造企业核心竞争力，推动企业生存与发展有着决定性的作用，所以建立企业文化迫在眉睫。

公司基层党组织力量薄弱，党建工作不同程度地存在党的领导、党的建设“四化”问题，且党建与业务工作存在“两张皮”现象，为更好地发挥国有企业党组织优势，为企业健康稳定发展提供有力保障，金创绿丰必须做好党建与生产经营融合工作。

## 二、内涵

在知识经济作为主导结构的前提下，只有加强人力资源管理，增强企业核心竞争力，才能使企业赢得发展主动权。企业要想拥有更强大的能力与竞争优势，就必须全面提高企业的人力资源能力，并不断追求创新，建立适合企业自身的人力资源管理体系，以使企业不断发展壮大。

准确的市场定位是企业发展的根本。金创绿丰最初定位为传统形式的危废处置企业，可以满足当时的市场环境。但随着危废处置行业的迅猛发展，一批资质齐全、技术先进的处置企业相继投建运营，在危废处置市场强势侵袭，使得整个危废处置市场格局发生了变化。因此，找准市场定位，创新经营理念是金创绿丰现阶段的必需课程。

企业文化为企业注入生命活力，带来有形和无形、经济和社会双重效益。企业文化的创新性是时代和企业文化自身发展的共同要求，优秀的企业文化在继承中创新，在发展中变革，追求卓越，追求创新。为适应新形势，直面新挑战，公司在创建企业文化上必须下大力气，形成核心竞争力。

在新时期，公司要摆脱就党建抓党建的陈旧观念和做法，变被动适应为主动创新，用新的思路去开拓国有企业党建工作的新路子，必须适应新形势、新任务的要求，坚持围绕中心、服务大局，拓宽领域、强化功能，扩大党的工作的覆盖面，不断提高党的基层组织的凝聚力和战斗力，提升党建与生产经营深度融合的能力。

## 三、主要做法

### （一）以人才管理为中心，在人力资源创新上下功夫

#### 1. 做好拔尖人才扶持培育工作

由于公司工作环境、地理位置等原因，金创绿丰自运营以来职工队伍整体素质偏低，缺少专业化人才。目前130名在岗职工中，仅有高级职称1人，中级职称6人，缺少符合国家人才项目工程条件的各类拔尖人才，因此人才申报评选与推荐评优工作难以推进。针对拔尖人才短缺的现状，金创绿丰一方面要加大引才力度，通过制订更具吸引力的引才方案，持续完善人才工作机制，吸引更多专业领军人才共谋企业发展；另一方面要搭建平台，通过双向培养机制提高人才素质，采取“请进来教、走出去学、沉下去练”的办法，培养公司各类人才。具体措施为：有计划、有重点地选派专业技

术人才到行业协会、相关单位学习和交流，促进各类人才更新知识、提升能力；创建劳模工作室并持续完善软硬件设施建设，大力弘扬劳模精神，积极培养公司新时代的技能人才；建立完善公司内部人才激励方案，发现并留住优秀人才，以榜样力量带动公司员工快速学习成长；开展“师带徒”工作，形成先锋引领、比学赶超的良好氛围。

2. 做好急需紧缺人才引进扶持工作

为破解技术难题，提升企业核心竞争力，金创绿丰一方面与兰州理工大学联合，针对公司在处置方案、设备技术工艺方面存在的问题及危险废弃物资源循环利用领域开展技术合作，探索建立联合实验室及技术中心，充分发挥校企双方各自资源优势，形成“技术创新、成果转化和人才培养”良性循环机制。目前，双方已联合申报了2019年度省级科技计划项目“危险废弃物无害化处置与资源循环利用体系建设关键技术开发研究”。另一方面，金创绿丰与兰州大学环境科学与工程学院合作建立本科生及研究生教学实践基地，共同培养环境科学与工程人才，为公司引进及储备人才创造条件。为进一步加强急需紧缺人才引进工作，根据重点任务分解要求及公司《关于加强和改进人才工作的措施》，金创绿丰计划以“关系不转、双向选择、合同约束、自由流动”的柔性引进机制，通过项目合作、课题招标、教授讲学、科研攻关或在异地设点、工作等方式，开拓新的人才使用通道。例如，吸引科研院所、高校、企业高层次人才来公司从事兼职、咨询、讲学、科研和合作，目前计划聘请3名专家顾问，给予2万元/年顾问费。同时建立和储备外部专家人才库，为公司科研创新和发展提供技术支持。

3. 做好大中专毕业生创新创业扶持工作

一是2019年金创绿丰加大对大中专毕业生的选聘力度。对于新招录的大学毕业生实施人才补贴计划，其中给予“985”“211”工程高校毕业生2万~3万元补贴款，一本、二本高校毕业生1万~1.5万元补贴款；对于外地“985”“211”工程高校毕业生同时给予5000~10000元的一次性安家费。2019年金创绿丰通过双选会、招聘会、内部引荐等多种途径，引进高校毕业生10名（其中硕士研究生3名、本科生4名、大专生3名），进一步优化了公司人才结构，提高了人才引入质量。二是为引导青年人才创新创业，金创绿丰以多种形式进行积极探索，鼓励员工自主申报创意、创新项目，制定《甘肃金创绿丰环境技术有限公司科研项目管理办法》《甘肃金创绿丰环境技术有限公司创新奖励办法》，以按贡献、业绩进行奖励为原则，充分调动员工创新、节能增效、共谋企业发展的积极性（相关成果同公司共享）。在不高于市场价的前提下，金创绿丰鼓励员工利用业余时间承担完成公司部分外协工作并获取相应报酬；鼓励员工在不影响本职工作前提下在内部兼职兼薪，共创共享，实现人力资源价值最大化。

4. 做好人才（团队）培养基地建设工作

为加强企业与高校、科研院所联合培养高层次人才，其一，金创绿丰推荐1名技术骨干报名参与“西部之光”访问学者选拔；其二，金创绿丰与兰州理工大学、兰州大学合作开展危险废物处置技术开发研究工作；其三，金创绿丰印发《甘肃金创绿丰环境技术有限金创绿丰QC成果奖励办法（试行）》，鼓励公司相关人才参与企业科技研发和重大技术改造工程，推动科研成果转化。2019年金创绿丰开展的大修技改工作成效显著，每年可节省维修费用和能源消耗约73万元，年运行时间预计增加80天，年处置能力提升约2800吨，并有一项成果已申报甘肃省优秀职工技术成果奖。

5. 做好三项制度改革工作

金创绿丰脱钩改制以来，大力推进内部三项制度改革，通过全面开展中层干部岗位竞聘工作、制定并实施职位体系管理办法和人才工作计划、薪酬分配制度改革，初步形成了管理人员能上能下、员工能进能出、收入能增能减的市场化经营管理机制，为公司实现经营目标、增强组织运行效率、提高干部员工队伍素质提供了有力保障。

6. 做好完善制度建设工作

一是完善员工中长期职业规划，为员工职位晋升创造条件。金创绿丰制定《职位体系管理办法》，不断优化完善体系设计及职位晋升标准，注重员工的实践学习成效。二是完善考核制度。金创绿丰建立以逐级业绩考核为基础的考核激励机制，充分发挥各级领导的考核管理职能，以考核促管理，以考核提绩效。

## （二）以狠抓市场为导向，在经营创新中求发展

自2018年脱钩改制以来，金创绿丰产业正式走向高质量发展新阶段。在独立面对市场主体的新形势下，创新培育发展新动力，化解产业发展面临的困境显得尤为重要。公司秉承着营销为市场服务，技术和生产为营销服务的原则，以业务流程为核心，让管理简单化、柔性化。金创绿丰使技术、业务与生产之间协同作业，建立长效的创新体系，激发员工才智和参与创新的积极性；以人为先创建“小改进、大奖励”制度，通过奖励手段激发员工参与管理创新的积极性，鼓励员工提出问题和解决方案。

1. 业务创新

金创绿丰业务人员以前是被动地等待业务，有多少干多少。随着危险废物处置市场的迅速扩张，公司为了适应不断加剧的市场竞争，业务上开始转变思路观念，让员工走出办公室，以专业、快捷、差异化服务为导向，根据客户的类型、产废规模、需求进行差异化服务和管理。金创绿丰倡导员工以专业的业务素质提供专业的服务，做

到及时沟通、及时响应、及时解决，从与客户前期接洽至合同签订、转移手续办理、危废转移等一系列流程由专人负责，提供一站式管家服务。专业的人做专业的事，金创绿丰在改变工作方式后，加强了与产废单位的交流沟通，不仅打消了客户的疑虑，还提高了工作效率，增加了公司的营业收入。同时，金创绿丰提供前置上门技术指导服务，主要对危险废物规范分类收集、标识、包装、贮存及台账建立等相关管理工作进行指导，为客户节约物资与管理成本；或者是为客户企业危险废物贮存设施建设和后期管理提供技术支持，解决设施建设要求的技术难题和管理过程监管要求高的问题，降低企业安全风险和提升危险废物规范化管理水平。为了激励业务人员工作的主动性，公司制定了《业务管理办法》，完善业务人员业务提成的工作流程，保证业务人员的利益分配，同时人员的绩效发放，也由原来的大锅饭，即大家平均分配，转变为绩效与业务量挂钩，谁完成得多，谁的绩效就多。这种多劳者多得的分配方式，促进了员工工作的积极性，使公司的业绩迈上一个新的台阶。

2. 技术创新

金创绿丰虽一直设有专门的技术研发部门，但只负责危险废物特性分析、处置方案、处置技术的制定及实施。2019 年 2 月公司制定了《甘肃金创绿丰环境技术有限公司创新奖励办法（试行）》，成立了项目办公室，鼓励创新、增效，对员工按贡献、业绩进行奖励，充分调动员工大胆创新、节能增效、共促企业发展的积极性。不仅公司全员可参加公司级项目申报，而且设立了 QC（质量控制）小组，开展有利于公司生产经营管理的创新活动，成果一旦被公司采纳，根据奖励的类型，均可以获得一定的经济奖励。

在金创绿丰 2019 年年初大修技改期间，生产系统人员集思广益，群策群力，对焚烧系统进行了多项技术改造，焚烧车间回转窑尾部出渣与冷却结构改造、提升机及进料系统优化改造、尾气治理设施局部优化改造、高盐废水回用技术改造四个项目，均取得了一定的效果，其中焚烧车间回转窑尾部出渣与冷却结构改造效果最为显著，日均焚烧处置量提高 50%，同时解决了窑尾设计不合理、出渣口易结焦等问题，年运行时间预计增加 80 天，年处置能力提升约 2800 吨。针对高含硫、含氯等难处置的危险废物，金创绿丰借助“产学研”的优势，与兰州理工大学共同研究处置方案。双方通过大量实验室小试，结果数据分析，直至实验室中试，最终确定技术工艺路线，改变了危险废物传统处置模式，实现了危险废物的无害化、资源化利用，为公司日后资源化利用开辟了新的路径。

### （三）以文化软实力为基石，在企业文化创新中谋方向

企业文化为企业注入了生命活力，带来了有形和无形、经济和社会双重效益。企业文化是企业价值观在其指导思想、管理风格和行为方式上的反映。企业文化的创新

性是时代和企业文化自身发展的共同要求，优秀的企业文化在继承中创新，在发展中变革，追求卓越，追求创新。核心竞争力蕴含于企业文化，融合于企业内质，为企业员工共同拥有。从定位上来看，企业文化是企业核心竞争力的原动力，成就和塑造了企业核心竞争力；企业核心竞争力既体现了企业文化的价值，也为企业文化完善自身提供了方向和目标。从作用重点来看，企业文化的重点作用对象主要是内部员工，即通过对员工行为的约束，来提高企业运作的效率；而核心竞争力的重点作用对象则主要是竞争对手，企业通过核心竞争力的培育，使其顾客更易从众多的竞争对手中识别出该企业，进而为企业带来更多的市场优势。但无论是企业文化的建设还是核心竞争力的培育，都必须通过企业差异化战略的实施来实现，企业文化和核心竞争力的形成是企业差异化战略实施的共同结果。总而言之，企业没有企业文化，就谈不上有企业核心竞争力。企业文化对于打造企业核心竞争力，推动企业生存与发展有着决定性的作用。综上，为适应新形势，直面新挑战，公司要在创建企业文化上下大力气。

1. 企业使命

服务社会危废治理，保障城市环境安全。公司致力于危险废物的处置与治理，提升危险废物处置利用水平，提高各种危险废物突发事件应急处置的能力，为城市环境安全提供有力保障。

2. 企业愿景

严格的标准，先进的技术，打造西北地区危废处置一流企业。公司根据国家与国际规定的危废处置规范，制定公司危废处置安全标准与技术标准。处理处置危废时员工应严格按照工作标准进行，坚决执行公司危废处理技术标准，确保危废得到充分的处置。不断完善提高公司的管理标准，激发员工的工作热情，提升公司的核心竞争力；不断提升员工专业素养，不断培养、引进危废处置行业的高技术人才。配置先进的危废处置仪器设备，加强技术改造，不断提升危废处置技术水平；通过五年的努力把公司打造成西北地区设施先进、技术过硬、经验丰富、处置能力高的危废处置一流企业。

3. 公司价值观

诚信敬业，安全高效，公司效益与社会责任并重。诚信敬业中的“诚信”是指为人处世真诚、信守承诺；“敬业”是指勤勤恳恳地工作，兢兢业业地在工作岗位上奉献。这里的诚信敬业不仅是指公司对社会上其他单位团体以及个人的守信践诺，也是指公司内部员工在与他人交往时的真诚与守信。公司在经营中，各级员工都应恪守自己的工作职责，认真努力地完成公司交付给自己的工作任务；一线员工应牢记日常工作规范，严格执行公司制定的各项工作标准，保证处置的危废符合国家制定的安全技术标准；管理人员带头遵守公司规章制度，体贴关心下属，树立良好的领导作风形象。

安全高效：安全是指没有威胁、危险、危害、损失；高效是指效率高，即在相同或更短的时间里完成比其他人更多的任务，而且质量与其他人一样或者更好。安全包含危废处理的环境安全以及操作员工的身体健康安全，不仅要求公司处理后的危废符合国家要求的安全标准，达到环境保护的要求；而且要求公司要做好员工防护措施，保证操作员工的身体健康。高效要求在工作中做到管理高效、危废处置高效、员工工作效率高效。其中，管理高效要求避免冗余不必要的管理程序，减少程序时间的浪费，使员工能在最短的时间内完成所要做的任务；危废处置高效要求企业在处置危废时高水准、高效率，既能保证危废的处理效果和质量，也能保证危废处理的数量，尽量减少城市危废的堆积及其对自然环境的破坏；员工工作效率高效要求员工具有坚持不懈的工作精神，在工作岗位上认真负责不懈怠，按时按量按质完成工作任务，保证危废处置高效地完成。公司效益与社会责任并重：效益指的是公司的经济效益，即企业的生产总值与生产成本之间的比例关系，或者是指一定企业资本所获得利润的多少。社会责任是指一个组织对社会应负的责任，一个组织应以一种有利于社会的方式进行经营和管理。公司效益与社会责任并重是公司在追求效益的同时，也要积极承担良好的社会责任，树立良好的信誉。公司作为一个社会组织，是社会中的一分子，其生存依赖于社会上各种资源的供给，生存在社会的大环境下，应积极发挥社会赋予的职能，在贡献社会与他人方面起到引领带头作用。

4. 企业精神

严谨、务实、进取、创新。严谨是指严肃谨慎，细致周全，追求完美。包括工作过程严谨、技术工艺严谨、员工操作规范严谨以及危废处置程序严谨。公司应减少危废对城市环境产生的危害，确保经处置的危废符合环境安全标准，确保危废处置工作人员的身体健康。务实就是讲究实际、实事求是。公司员工个人应具备务实的工作态度，将务实的态度付诸工作实践；公司整体作为社会运营中的一分子也应具备务实的态度，积极扮演好组织危废处置的角色，尽最大努力减少危废对城市环境造成的危害，为人们提供一个安全的城市生存环境。进取就是努力上进，力图有所作为。公司应制定良好的竞争机制，激发企业员工的进取心。员工应有危机意识，时刻保持进取与奋发向上的精神；公司应积极学习国内外先进的经营管理理念与经验，探索引进国内外先进危废处置工艺技术，同行业领域内标杆企业竞争。创新是指以现有的思维模式提出有别于常规或常人思路的见解，并能获得一定有益效果的行为。创新能够使企业长久地保持核心竞争力而立于不败之地，能够使企业富有生机与活力。创新体现在管理制度创新、员工工作内容与标准创新、产品创新以及生产工艺流程创新等方面。公司要不断探索与创新，积极改进与创新危废处理新工艺，不断拓宽危废处理种类领域，实现危废处置技艺创新；公司在企业内部应建立良好的创新氛围，建立人人可创新、人人争创新的企业创新环境，积极鼓励基层员工大胆尝试新的思维想法；公司要灵活调整管理制度与方式，杜绝僵化不变的管理思维与规范，跟上社会时代发展的步伐。

企业文化在培育和提升企业核心竞争力过程中起着重要的作用，但它毕竟属于一种思想范畴的概念，是企业的价值理念，并不能脱离核心技术和资源而单独成为核心竞争力。企业真正的核心竞争力应是两者高度融合之后所形成的。在科学技术日新月异的今天，如果企业过分注重开发技术和资源，而忽视企业文化建设，便不能得到长久的核心竞争力。过分注重企业文化的建设而忽视对核心技术和资源的开发，到最后只会变成思想家。企业只有把企业文化与核心技术和资源高度融合才会形成一种不断创新的机制，从而拥有永久的核心竞争力。企业的核心竞争力主要不是来自企业外部，所以没有企业文化，根本谈不上核心竞争力，而没有优秀的企业文化，核心竞争力就会受到局限。

### （四）以党管一切为抓手，在党建与经营融合创新上下功夫

#### 1. 坚持党组织围绕企业中心开展工作，在指导思想和工作目标上实现融合

一是建立统一的目标管理体系，为实现目标打好基础。金创绿丰生产经营坚持以习近平新时代中国特色社会主义思想为指导思想，在认真贯彻落实上级各项决策决议的前提下，以年度为单位制定《甘肃金创绿丰环境技术有限公司党建工作要点》。工作要点充分做到党建工作目标和生产经营目标相融合，在各有侧重的同时，实现目标共担，责任共负，共同承担起企业发展的重要责任，实现目标任务同下达、同检查、同考核，推动企业发展。二是开展扎实有效的活动，推进目标的实现。党支部积极组织参与生产经营活动，要求党员在日常工作中主动“戴党徽、亮身份、做表率”；开展党员承诺活动，全体党员签署党员承诺书，促进党员充分发挥在生产经营中的模范带头作用，在急、难、险、重任务上走在前、做在前，为企业目标的实现提供保障；同时发挥好群团组织作用，开展学雷锋纪念日活动、五四青年节系列活动，动员和组织方方面面的力量，攻关克难，提升企业的竞争力。三是增强员工对企业的认知，确保目标的实现。联合工会组织，长期开展合理化建议征集活动，最大限度地调动广大职工参与企业管理的热情，积极为企业献计献策，共谋发展；在企业文化创建活动中，面向全体员工公开征集企业使命、愿景、核心价值观、企业 Logo（商标），使全体干部职工更加自觉地践行企业文化，把思想和行动统一到公司确定的各项工作部署上来，不断增强企业凝聚力和执行力，引导员工爱企业、作贡献，激发员工投身生产经营和发展建设的工作热情，从而把企业的远景与个人的意愿统一起来，促使企业发展壮大。

#### 2. 坚持党支部参与企业重大问题决策，在企业决策上实现融合

一是公司内部推行党员“三先”制度，即党中央和上级党委的重大部署、重要决策让党员先学习、先讨论、先行动，使党员统一思想、提高认识，先行一步，带动和

影响广大员工群众，使党的路线、方针、政策和上级党委的决策、决议得到有效的贯彻落实，使党员在企业的中心工作中发挥作用，并通过这种个体上的高度融合，实现党组织与企业中心工作的深度融入。二是结合支委会议事规则及公司“三重一大”事项决策管理制度制定出台《甘肃金创绿丰环境技术有限公司党支部委员会会议管理办法》，充分建立党组织参与企业决策的有效途径，进一步增强党组织的领导力，落实好党组织研究讨论是董事会、经理层决策重大问题前置程序这一要求，使党组织的意见在企业治理主体中得到尊重和实现。《甘肃金创绿丰环境技术有限公司党支部委员会会议管理办法》明确了“贯彻执行党的路线、方针、政策和上级党组织决定、决议的意见和措施”等7项支委会研究决策事项以及“公司经营计划和投资方案、公司发展战略、中长期发展规划、生产经营方针、公司中高层经营管理人员的考核、薪酬、管理和监督”等17项参与决策事项，使党组织充分发挥领导作用，把方向、管大局、保落实，确保企业决策符合中央路线方针政策和国家法律法规。三是党建工作制度与生产经营制度同步修订，当企业生产经营制度随着战略任务调整同步修订时，党建工作制度也应及时修订，以确保与生产经营制度相适应、相协调。

### 3. 坚持人才兴企战略，在员工队伍教育培养上实现融合

一是统一进行教育培养。人力资源是企业的第一资源，员工素质的提高，是企业可持续发展的支撑和保障。金创绿丰通过内控培训、改进公司内部激励机制等形式，对各类人员分层次、按计划进行有针对性、适应性的培训教育，开展“师带徒”“结对子”等强化管理和技术技能知识的学习方式，推动员工综合素质的全面提高。二是对各类人才给予关注，通过提高待遇和帮助解决实际困难等手段，增强各类人才的归属感、幸福感。三是通过引进高学历人才，弥补公司高精尖人才短缺的现状，整体提高员工素质。

### 4. 坚持以人为本理念，在营造和谐稳定环境中实现融合

党支部在关心员工物质层面的需要的同时，还应注重关心员工精神文化层面的需求，将企业文化建设作为提升员工精神境界的重要载体和抓手，坚持物质利益与精神激励并重、教育引导与关怀服务并重原则，积极营造“企业以员工为本，员工以企业为家”的浓厚氛围，进而为员工营造和谐稳定的良好环境。金创绿丰通过创造良好的员工食堂就餐环境，提高伙食质量；抓好员工劳动保护，组织员工定期健康体检，实施员工带薪年假，组织开展文化娱乐、员工生日祝福等活动，这些都实实在在地解决了员工实际问题，体现了党组织对员工的人文关怀，达到了春风化雨、润物无声、和谐共赢的思想政治工作效果。

5. 坚持“交叉任职”和“双责双考”，在党政共同作为上实现融合

一是职责任务上充分体现党的目标，按照双向进入、交叉任职要求，全面推进党政“一肩挑”，落实支委班子分工负责制，同时强化领导班子对分管部门业务和党风廉政建设工作领导责任的落实。大力推进基层党支部标准化、制度化、阵地化建设，明确党组织和党员的工作职权、工作责任、工作清单，把党组织工作目标与生产经营发展目标相结合，把党员要求与岗位职责要求相结合，发挥党支部的战斗堡垒作用，真正让党组织在企业生产经营改革发展中唱主角。二是在高管人员的考核上，采取“双责双考”的考核办法，既考核各项经营指标完成情况，也要考核在员工队伍稳定、综合治理达标、党风廉政建设方面是否有成绩。这样做可以有效地克服一手软、一手硬的现象，增强干部的大局意识、责任意识，使其更好地投入行政工作和党建工作中。三是融入监督，既监督领导班子决策，又监督决策执行情况；既监督结果，又监督过程；既监督干部，又监督党员，实现党组织监督全覆盖。比如，在重大战略实施过程中，发现有偏离或违背国家政策、企业实际的事项发生时，党组织应及时纠正；在关键岗位人员出现异常情况时，党组织应及时“咬耳扯袖”，让员工在遵守规则的前提下冲锋陷阵。

## 四、实施效果

金创绿丰自实施改革创新以来，逐步优化、完善原有管理制度，使党建与经营融合创新、经营创新、文化创新、人力资源创新等均取得了一定的成效，实现了扭亏为盈，效益持续增长。公司营业收入从 2017 年的 3885. 05 万元增长至 2018 年的 4339. 22 万元（2019 年度预计营收 4800 万元），利润总额从 2017 年亏损 196. 24 万元到截至目前实现利润 845. 74 万元，用实践证明了管理创新做实了就是生产力，做强了就是竞争力，做细了就是凝聚力。

主创人：盛永宁　葛娅娟　王有治

参与人：张雯　白艳萍　陈洋　胡晓娇　赵亚琼

# 综合光电产品装调生产线建设及运行机制的构建

江苏曙光光电有限公司

## 前言

江苏曙光光电有限公司（以下简称“曙光公司”）始建于1969年7月，隶属于中国兵器工业集团公司。2016年6月，根据兵器工业集团战略部署，曙光公司整体划入北方信息控制研究院集团有限公司。

曙光公司主要从事激光应用及光电集成装备等综合光电产品的研制生产，是国家重点保军单位、国家高新技术企业。截至2018年年底，曙光公司资产总额为21.15亿元，在职员工1035人。公司设有3个研发部门，直接从事科研开发及技术保障人员占企业总人数的40%。

曙光公司长期坚持“科技引领、创新驱动”战略，从简单光学仪器起步，已发展成为具有现代化的设计研发、试制生产及试验检测条件，集科研开发、生产试制、系统集成于一体的高科技光电企业，在激光应用和光电信息装备的系统集成和工程化方面具有较强优势，是国内最大的军用激光应用装备供应商和服务商，产品广泛应用于各军兵种多个武器装备平台，在各军兵种多个武器平台细分市场具有比较优势。作为国家重点从事军用综合光电系统的研制生产单位，曙光公司拥有精密超精密机械加工（含特种焊接）、光学超精密磨削和抛光、光学薄膜镀制、光电产品总装总调等高端制造工艺技术，配备了国际一流的机械、光学加工检测设备，钛合金光学反射镜等多项制造技术为国内领先水平。50年来，曙光公司获得省、部级以上科技进步奖100余项，创造了数个国内第一。

## 一、实施背景

曙光公司主要从事激光应用和光电集成装备等综合光电产品的研制生产，是典型的离散型制造企业，生产的主要特点是小批量、多品种，生产组织难度大、交货周期短。其中，××测距类产品是公司优势明显的传统领域，每年订货近3000台（套）；××火控类产品一直是支撑企业经济效益的支柱型产品，近年来产品基本占到公司年产值的2/3。以上两类产品作为公司的主导产品，生命周期较长，质量和可靠性要求较高，加之近年来订货量呈急剧增长态势，按时保质低成本地满足客户需求的紧迫性就凸显出来，同时传统生产方式与目标任务达成之间的矛盾也凸显出来。为满足新形势下武器装备的生产需求，贯彻落实国家产业结构化调整，需要切实改变传统单元式生产方式，通过流线化生产线建设，提升生产能力，然而系统内光电企业产品装配生产线的建设尚无成熟借鉴案例与相关实践规范。基于此，曙光公司产生了探索总结适用于光电产品装配流线化生产线建设规范及运行管理机制，使之既能够指导生产线建设与复制，又能够提升和规范已建生产线的运行效率和创新动机。因此，2017 年曙光公司以××测距类产品的总装总调生产过程为对象，从产线建设过程和运行机制入手组织开展流程梳理，分析出产线建设与运行过程中存在的普遍共性问题。

### （一）注重生产过程问题消除，缺乏系统分析的产线策划

产线建设的需求往往很迫切，非常希望通过产线建设解决产能不足、计划达成、准时交付等一系列现实问题。加之光电产品系统集成密集、装调精度高等原因造成的自动化程度低，出产任务批量小引发的供应链不成熟、物流线路缺乏规划，种类多引起的装调工艺路线多样，作业标准化程度低等一系列制约因素，使初期产线建设策划偏重于应急解决现实问题，只是就事论事，没有系统地开展现状与需求分析，将连续化、柔性化、数字化的理念融入生产线建设，缺乏能够针对光电装配类产线建设的成熟经验借鉴和指导。

### （二）注重产线硬件设施建设，缺乏生产运行的管理规范

一条产线设计得再好，最终是通过其运行结果来验证的。建设完成只是第一步，真正发挥作用和实效，是需要通过与人员、物料、工艺方法等一系列相结合的有效运营来实现的。现实中公司往往是只注重产线的硬件建设，对设备、仪器的配置重视较多，似乎硬件建设完成就代表产线建设完成，而缺少产线运行机制与规范，以及对人员作业标准化、设备利用高效化、物料配送准时化、异常解决快速化等一系列问题的思考，未根据行业性质及产品特点进行梳理整合，缺少系统的方法来指导生产实践和持续优化。

## 二、内涵和主要做法

### （一）以战略定位为引导，以生产需求为牵引，明确产线建设目标

#### 1. 分析外部环境，明确产线建设方向

产线建设首先要明确建设需求，建设需求要从内外部环境构成进行分析。外部分析从行业的战略发展定位和产品发展方向来明确产线建设方向。在战略层面，信息化

战争的必然趋势，要求光电武器装备要向装载平台多样化、系统轻量小型化、作战训练双模式化、多弹种通用化、系统集成化、基础产品系列化等方向发展。随着军队信息化建设的加速推进，作战模式的变革和光电装备的升级换代，为曙光公司光电产品产业的巩固和拓展提供了战略机遇；但随着光电行业竞争的加剧，研发节奏的加快，客户对产品交付周期要求越来越短，这对现实生产能力提出严峻挑战。而生产现状是传统的集群式生产布局，推动式生产组织方式，从而导致生产周期长、产品质量稳定性不足、生产成本大，不能满足客户的现实需求，也阻碍了公司在光电行业的地位确立。因此，改变现状既是现实需求也是战略需要，公司决策应以“注重体系发展、强化基础支撑、转变制造模式、提升核心能力”为指导原则，建立以拉动式生产方式，流线化生产布局为主的的生产线，以提升光电产品制造能力，推动公司高质量发展。

2. 分析内部现状，确立产线建设目标

内部分析从产品产量和工艺两方面确定产线建设构成条件，一是具有一定的产品生产量，二是产品工艺具有相似性和成熟度。应用 P－Q 分析法（见图 1），对产品对象多维度要因进行分析，包括生产瓶颈、成本占比、周转时间、工序复杂度、质量稳定性、工艺流程相似度等；同时考虑建设对象在公司近年及未来承担批量生产、关键技术攻关、型号研制等任务态势，从而筛选出具有代表性的产品对象作为建设依据。

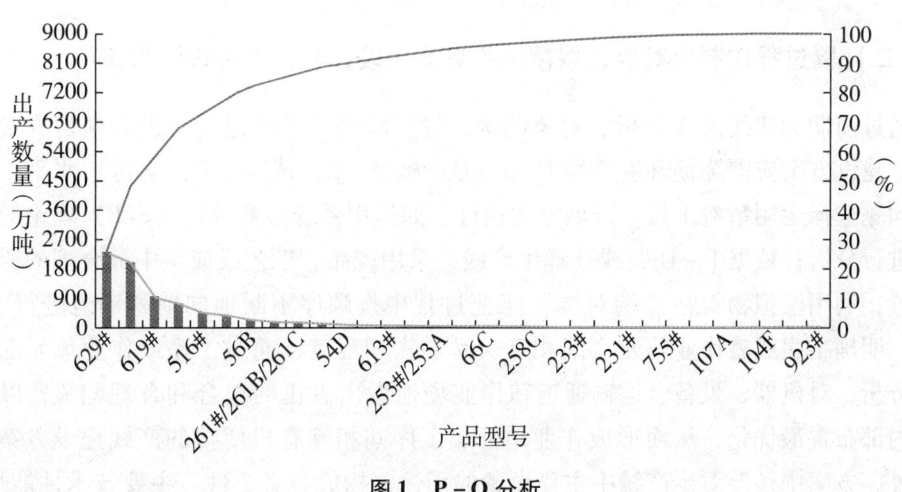

**图 1　P－Q 分析**

确定产品对象后，通过 P－R 分析法进一步确定产品族分类，根据每个产品族开展不同的影响因素分析。从生产纲领、工艺成熟度、物资供给、设备仪器工装使用情况、人员配置、组织方式、信息化程度进行翔实的调查。结合公司现有技术和能力，对标行业先进制造水平，分别从制造执行管控能力、工艺设计指导能力、工装设备能力、物流配送能力等角度出发，从连续化、柔性化、自动化、智能化等制造先进性水平入手，分析建设对象技术与能力方面的差距和不足，明确建设需求，论证其必要性（见图2）。

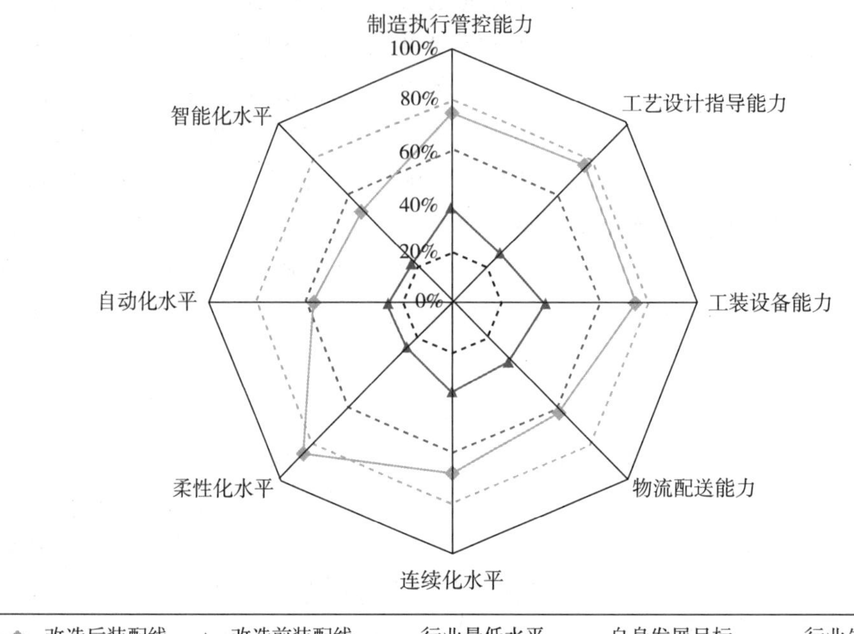


**图2　P－R分析**

## （二）以过程控制为对象，以精益工具为手段，制订产线设计方案

通过前期的建线需求分析、对象明确、过程梳理，产线建设将进入项目方案设计阶段。建设方案应围绕提升生产线QCD（Q：质量，C：成本，D：交付）水平，针对实际问题选择运用精益工具，开展方案设计。如运用系统布置设计（SLP）理论对基本要素进行分析；依据P－Q曲线选择生产线，采用产品、工艺或成组中最合理的原则进行布置；利用模拟物料在“端对端”工艺过程中按顺序不断地向前移动地进行P－R分析，明确工序或者作业单元之间相互关系的密切程度；通过工序或作业单元的相互关系分析，对机器、设备、运输通道和作业场地做出有机的组合和合理配置，以达到系统内部布置最优化，从而形成作业单元、工序间相互有机衔接的产线建设方案。除此之外，方案中还要对生产线中主要设备的用途、构成、必要性、主要技术性能指标、初步可行性、投资估算进行分析，并对人员配置、工装系数、物流规则、土建工程等计划进行部署，确保各部门在前期启动、计划阶段、控制执行、竣工验收等阶段各司其职。

### 1. 开展程序分析，获取基础资料

方案制订遵循先宏观再微观的过程，程序分析是对生产过程全面的、系统的分析，

从工艺路线分析出发，细化至各道工序的动作流程，具体包括工艺程序分析、流程程序分析、物流路径分析等。通过工序管理、搬运管理、布局管理、作业编制等获取基础资料；再对流程中不经济、不均衡、不合理现象进行研究改进。程序分析见表1。

**表1　　程序分析**

| 工具名称 | 用途 | 具体内容 | 输出资料 |
|---|---|---|---|
| P－Q 分析 | 整理产品出产数量 | 选定种类占20%、产量占80%的产品系列 | 产品/产量帕累托图 |
| P－R 分析 | 明确产品族种类 | 确定关键工艺程序类似的产品族 | 产品工艺流程图 |
| 工艺程序分析 | 梳理工艺路线 | 采集现状工艺流程 | 工艺程序图 |
| 流程程序分析 | 整理工艺流程 | 记录加工、检查、搬运、存储、等待 | 流程程序图 |
| 物流路径分析 | 描述物流路径 | 分析物流路径，寻找改善方案 | 物流路径图 |

2. 运用价值分析，明确流程窄口

在基础资料分析的基础上，重点关注生产现场管控、现场工艺规程、装配调试工装、现场物流管控、人员配置等方面，结合物流与信息流现状，分析产品从原材料到产品生产的全过程。分析并找出产品生产过程中的制约因素，这些制约因素是影响生产能力、质量稳定、计划达成的根本，消除这一系列因素也正是产线建设的价值所在。因而运用价值流分析工具，通过价值流增值比明确制造过程的短板及窄口，寻找包括过量生产浪费、搬运浪费等各种浪费现象，以及最终将造成问题的因素按照相互关联性进行整理，寻找出制约的重要因素。运用现状价值流图对产线流程的输入—输出进行分析，从现状到远景系统性地梳理从原材料到生产再到出货的端对端生产过程，通过量化分析所有流程与动作寻找爆炸点，以全局的视角总结出原生产线为孤岛式生产、物流路径未经设计、作业未实行标准化等一系列瓶颈问题。

3. 综合分析要素，分级构建布局

曙光公司在总结××测距类产品生产线布局规划基础上，根据光电行业特点及自身工艺成熟度特点，提炼多种工艺布局优点，综合考虑计划、设备、物流、人员等制约因素，合理配置生产、工艺、信息化等资源，提出光电类产品生产线分级布局规划技术。

产线布局规划技术架构如图3所示。

车间模型设计是布局规划技术的基础模型，依次包括车间宏观布局设计、车间微观布局设计、生产线布局设计三个部分，其中车间宏观布局设计主要集成了车间地形、面积、动力保障、配套设施等信息；车间微观布局设计基于宏观的模型，主要梳理车间各生产作业区相互关系，工艺路线下各生产作业区物流路径，库房位置等；生产线布局设计作为微观设计环节，对工作实践、设备利用率、空间空闲率、物流阻塞、动

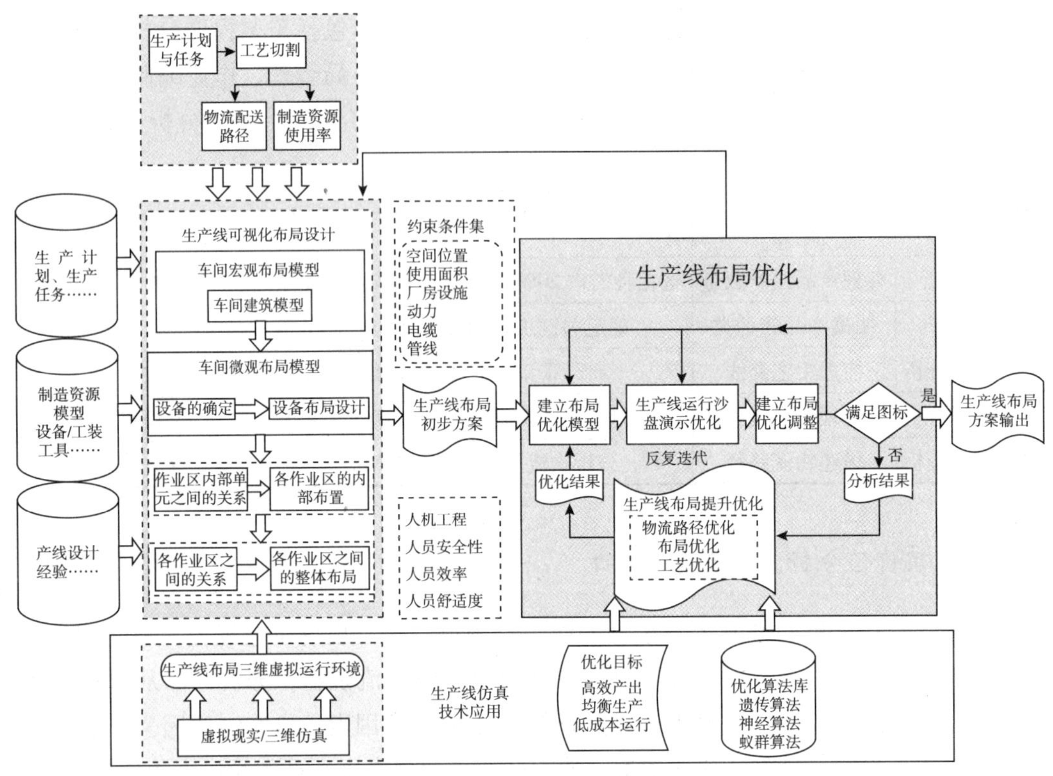


**图3　产线布局规划技术架构**

力管线等因素进行分析，识别生产、物流等瓶颈，通过改变相关的制约因素来达到系统的整体优化。通过设立制造资源模型（如设备、工装工具等）及生产信息（如拉动式计划、异常管理等）和工艺信息（如标准作业等），梳理整合生产线布局所有可利用资源。材料、成品在同一方向，物流和设备配置选用呈U形配置，生产单元内的在制品数量能够保持恒定，不会产生多余的在制品，有异常时，整条生产线必须停下来，问题得以及时暴露。两条生产线并排在一起且所加工的两种零部件向同一方向流动，可以选择双排形配置，后工序同时需要A、B两种零件，可以直接将两条线与后工序相连。两条生产线各自的TT（节拍工时）应该一致，对于物流方向和作业者步行方向相反的设备，必须配置自动向下个工序传送的工件装置，否则会造成作业者需要在工序间反复步行。另外，还要增加标准中间在制品库。自动化设备（无人操作）与需要手动设备相分离，可以采用自动化设备混合配置，这样配置的好处是：将作业者的作业区域与自动化设备区域分开，可以缩短作业者的步行距离，实际运用中要根据具体情况而定。布局时总的原则就是要使设备的排布有利于物的流动、人的流动和信息的流动，使浪费减到最少。产线设备配置见表2。产线布局规划技术见表3。

4. 产线模拟运行，消除流程断点

产线建设完成必须有一个模拟运行过程，通过模拟运行可以发现设计中的问题，也

**表 2** **产线设备配置**

| 基本型 | | 设备配置举例 | |
| --- | --- | --- | --- |
| 1 | U形配置 | 成品 8 7 6 5<br>← 物流方向<br>材料 1 2 3 4 | 注意：作业者按逆时针方向操作比较好 |
| 2 | 双排形配置 | 材料A 1 2 3 4 成品A<br>物流方向 →<br>材料B 1 2 3 4 成品B | |
| 3 | 自动化设备混合配置 | 成品 9 8 7 6<br>← 物流方向<br>材料 1 2 4 5<br>3（自动化设备）<br>注：将人的作业区域与机械的区域分开 | |

**表 3** **产线布局规划技术**

| 工具名称 | 用途 | 具体内容 | 输出资料 |
| --- | --- | --- | --- |
| 生产节拍确定 | 明确生产线产量 | 计算每日产能需求，确定产线生产节拍 | 需求产能分析 |
| 产线平衡设计 | 改善生产线工序平衡 | 确定工位数（工作站数）、各工位的动作分配 | 产线平衡设计 |
| 作业人员分析 | 提升作业人员技能水平 | 作业人员配置、多能工评价及培训计划 | 作业人员分析 |
| 在制品数确定 | 保证生产线平稳化运行 | 按在制品确定规则，确定在制品数 | 在制品数确定 |
| 人机工程 | 提升作业动作经济性 | 产线设计中人机工程的研究与应用 | 人机工程改善 |
| 物流工程 | 提升物流效率 | 物料搬运、物流分析、运输管理 | 物流路径改善表 |

可以发现运行中的问题。光电产品生产线由于自身存在的装校要求精度高、光机电系统集成密集等原因，在试运行过程中就曾经出现停工待料、生产节奏不均衡等问题，导致生产节拍达不到设计要求，造成产线终止、工时浪费。模拟运行可以帮助公司在新的环境条件下发现新瓶颈，通过改善、优化资源配置使生产线达到更高的平衡率水平。例如，针对工艺差异性造成的作业时间不同的情况，可以通过工序时间观测法，连续观察生产线作业活动，记录实际工作时间、剔除异常值后评估作业执行情况，测算相应评定系数，形成生产线工序标准作业时间评定方法。在此基础上运用 ECRS（E：取消，C：合并，R：重排，S：简化）原则取消多余浪费环节，合并非瓶颈步骤，重

排最佳作业顺序，简化出最经济、最合理的标准作业程序。在模拟运行过程中不断消除生产流程“断点”，淡化工种的概念，提高作业同期化水平。产线模拟运行过程见表4。

**表4　　产线模拟运行过程**

| 工具名称 | 用途 | 具体内容 | 目标 |
| --- | --- | --- | --- |
| 5Why 分析法 | 分析问题要因 | 对目的、原因、时间、地点、人员、方法5次提问 | 连续提问，根据问题答案，弄清问题所在，探讨改进可能 |
| ECRS 原则 | 优化资源配置 | 取消、合并、重排、简化 | 改善时一般遵循对目的进行取消，对地点、时间、人员进行合并与重排，对方法进行简化 |
| TOC（瓶颈理论） | 解除约束要素 | 1. 找出系统的瓶颈；2. 决定如何发掘瓶颈潜能；3. 其他一切迁就上述决定；4. 给瓶颈松绑；5. 如4打破原有瓶颈，重回到1 | 通过解决瓶颈提高生产力，减少库存 |

## （三）以实践运行为基础，以业务协同为目标，构建产线运行机制

完成产线的硬件建设仅是建设的基础，要使其发挥实效必须有一套与之相适应的机制保障。这一机制既应包含产线的建设规范，也应包含产线的运行规范。总结××测距类产品生产线的建设经验，从建设初期流线化布局设计、人员配置、设备工装，到运行过程的物流工程、标准作业、现场管理等方面建立一系列管理规则，确保公司已建成的包括未来建设在内的流线化生产的高效运行。

### 1. 基于业务协同，形成内外拉动机制

产线运行有效不是靠单一部门可以实现的，一定是整个生产组织系统协同的结果。基于拉动式生产管理理论，建立产线内部拉动和产线外部拉动机制，从而实现计划指令信息、物料配送拉动的有效衔接。

（1）产线内部拉动

产线所在车间根据生产任务进度要求，制订月度生产计划，产线则依据月度生产计划分解形成五日生产滚动计划，生产线中整机装配单元及整机校正单元按照五日生产滚动计划进行生产。其物料需求依据“线边超市管理板”向前道部件装配单元传递计划指令；前道加工单元按照各自工期向物流小组传递配送指令。主要物料以专用标准周转容器进行配送，并标识产品部件名称、数量及配送工位信息，物流配送人员与部件装配单元组长进行交接，配送完成后，在指定区域将空周转容器回收带走；标准

件方面的配送数量比清单多2%左右，以备补充不良的标准件；硅橡胶、焊锡丝、混合液等常用辅料由生产线人员在现场定时巡视时，根据产品辅料清单配备并补充。

（2）产线外部拉动

产线所在车间与生产管理、物资供应部门的协调也采用拉动方式。生产线按照自身生产节拍及任务执行情况，在单件产品循环周期前向生产管理部门提交配套需求计划。生产管理部门分析需求周期和数量，对于库存满足的物料，下达库房配套指令，依据指令，配料人员将物料配送至生产线现场；对于库存不满足的物料，则形成采购计划实施采购。

### 2. 固化工作方法，形成管理标准文件

基于实践到理论再以理论指导实践的原理，曙光公司将产线的建设和运行进行了总结，形成了《综合光电产品生产线建设运行规范》。《综合光电产品生产线建设运行规范》主要由产线设计、产线建设和产线运行三部分组成。

（1）产线设计部分系统地将全过程分解为六个步骤，并对每项工作内容进行了描述，同时对所有工作过程资料都进行了明确规范（见图4）。

①需求分析。通过对现行产品的产量进行分析及对具体产品进行数据采集，确定建线对象的产品族。

②现状梳理。采集分析现状工艺流程并进行动作拆分；开展现场工时观测；统计实际时间分配；采集现状信息流程信息，运用价值流图将现状物流信息、信息流信息图示化，分析现状、发现问题；分析物流路径，寻找改善方案。

③工艺优化。运用5Why分析法、ECRS原则等手段进行现状工艺流程分析，对工艺流程进行取消、合并、重排、简化等优化；通过现状作业流程分析取消不必要的检查、搬运、储存、等待等浪费行为；统计时间分配，形成工艺流程、作业流程。

④方案设计。开展需求产能分析，计算每日产能需求，确定生产线节拍工时；进行产线平衡设计，确定工位数（工作站数）、各工位的动作分配，生产线工序平衡改善；对作业人员分析，形成作业人员配置、多能工评价及培训计划；按在制品确定规则，确定在制品数；将物料在整个生产过程中的流动路径、物料布局进行规划；建立线边库、周转库等定置、货架确定；确定各工位的设备、工装、工位器具配置；依据改善的价值流绘制生产线布置图，最后编制××生产线建设方案，制订实施计划。方案文本必须包括以下几个方面：背景介绍（对单位产品进行简单介绍，以及立项的背景）；现状分析（主要讲述当前生产状态及主要问题）；生产线规划；改善效果（据生产线规划改善后，对布局、物流、产能、生产周期、质量和人员设备等方面的改善效果进行说明，能量化的要提供数据对比）；预算（对生产线规划中新增的工位器具和设备进行列表说明，包括对数量、价格、型号，布局改造中产生的费用进行分类说明）。

⑤作业标准化。编制标准作业票、标准作业组合票、工序能力表、作业标准指导

书等；开展 SMED（快速换产）研究与应用，形成快速换产作业指导书。

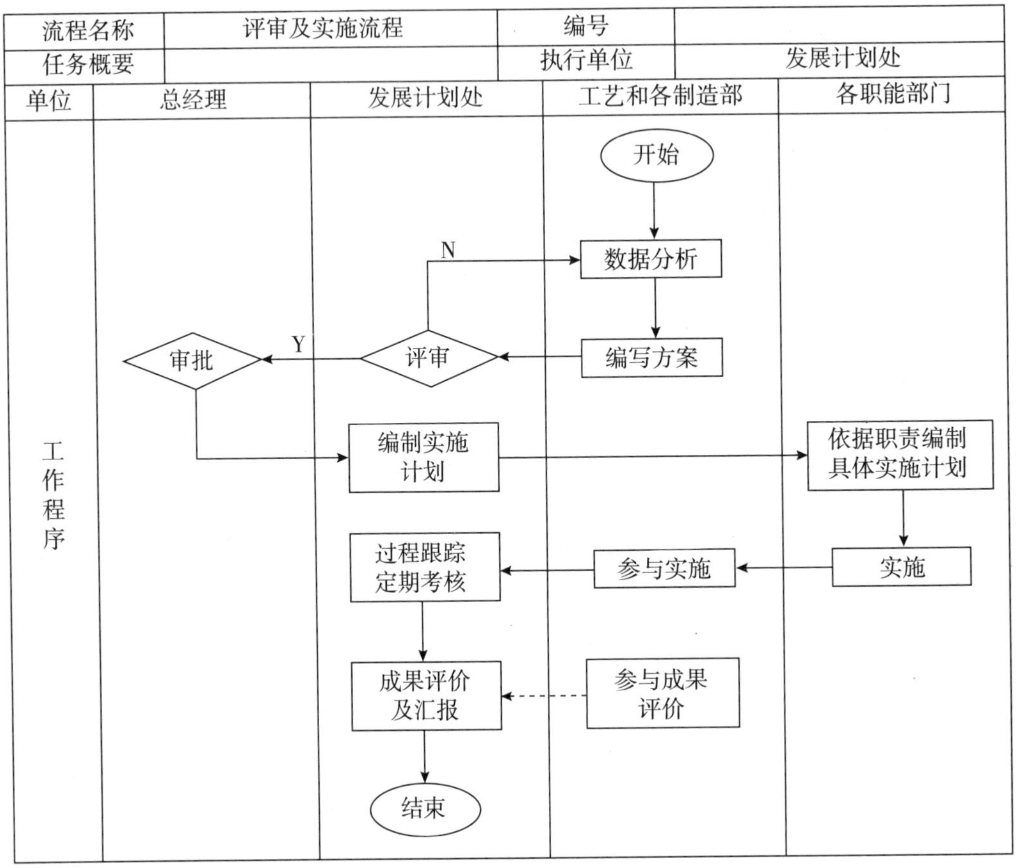

| 流程名称 | 评审及实施流程 | 编号 | |
|---|---|---|---|
| 任务概要 | | 执行单位 | 发展计划处 |

| 单位 | 总经理 | 发展计划处 | 工艺和各制造部 | 各职能部门 |
|---|---|---|---|---|
| 工作程序 | 审批 | 评审<br>编制实施计划<br>过程跟踪定期考核<br>成果评价及汇报<br>结束 | 开始<br>数据分析<br>编写方案<br>参与实施<br>参与成果评价 | 依据职责编制具体实施计划<br>实施 |



**图 4　产线建设方案评审及实施流程**

⑥方案评审。评审资料包括生产线建设方案、生产线布局平面布置图、设备及工位器具统计表、生产线实施计划、标准作业资料。

（2）产线建设部分主要从产线建设的需求提出、跨部门协作团队的建立、方案的设计、产线的实施、产线的模拟运行与评审五个方面进行了规范。

①制定《能力建设项目管理办法》，明确各职能部门职责，分工实施。

②制订具体分解计划和实施方案，完成施工图设计并落实。

③对新增设备、仪器进行论证，并提供论证报告。

④根据生产线建设方案要求制订信息系统施工方案。

⑤制订施工计划并下发实行。计划应明确物资采购清单，布局调整，厂房改造（含基础设施、环境要求等），设备搬迁、安装，强弱电改造，用水、用气改造，现场 6S 管理方案，改造验收规范。

（3）产线运行打破了生产单元以功能型班组为基础的模式，建立了以产线为基本单元的管理运行机制，这一机制包括八个方面。

①组织职责管理。明确车间主任、主管调度、精益专员、生产线线长、组员等相应人员的任务与责任。

②生产计划管理。以生产线锁定形式下达计划，制定计划偏离的纠正措施与防范措施。

③作业标准管理。以标准作业“三表一票”为基础，由工艺人员与技能人员协同针对瓶颈工序及生产线平衡率进行有效改善并及时固化。

④物料供应管理。明确产线节拍为依据的拉动式物料供应模式，限定现场在制品数量。

⑤过程质量管理。规范了生产线加工产品的检验规范，通过 QC 工程图对关键质量控制点与过程质量控制进行管理。

⑥生产现场管理。运用6S、目视化管理方法，制定生产工具、工装存放管理标准，建立定期点检、定期维护的现场管理。

⑦快速换产管理。以生产线柔性化为依据，制定换产管理流程。

⑧生产异常管理。建立针对造成产线停工或延迟的各类异常情况的处理流程。

通过《综合光电产品生产线建设运行规范》的制定将整个产线的前期策划、中期建设和后期运行全过程进行了规范，将实践过程很好地进行了标准化，为光电行业产线建设或优化工作提供了指导范本。

### （四）以规范机制为教材，以岗位提升为目的，培养精益实践人才

在产线建设规范和运行机制制定过程中，公司技能带头人为骨干，与管理人员和产线员工一同，作为“精益医生”，利用精益工具在生产线现场诊断现场存在的问题，并针对问题开出有效的“药方”，围绕产品可靠性、成本控制、交付周期等关键指标进行改善。这种方式既保证了建设规范和运行机制的切实可行，同时还带动和培养了一批岗位实践人才。更主要的是可以将固化形成的建设规范和运行机制作为公司内部培训教材，开展岗位培训，改善以往岗位培训都是一些通用基础知识培训，缺少岗位针对性和实践指导性的缺点，这有效地提升了培训的针对性和人员岗位技能，很好地实现了理论与实践的有效结合。

## 三、实施效果

曙光公司通过产线建设及实践经验的总结和提炼，实现了产线实体的建设，使生产效率、生产成本等指标得到有效改善；同时对产线建设规范和运行机制的固化，提升了实践经验的理论性，形成了具有指导性的管理方法，有效地指导了后续的产线建设和优化。除了上述现实效益之外，更有长期和隐形的效益，即带动和培养了一批具有精益理念，掌握精益工具，具备实践操作能力且能传授指导他人的业务人才。

## （一）以产线建设为抓手，固化形成产线建设运行规范

从生产实际需求出发，曙光公司通过生产线建设提升公司满足客户需求的能力。同时在巩固和优化生产线建设基础上，不断总结提炼生产线建设的成功经验，探索形成了一套基于综合光电产品装配的流线化生产线建设规范及运行管理机制，将工程实践固化上升到管理机制，将产线建设的前期分析策划、中期设计建设以及后期运营管理融为一体。2018 年基于这套管理机制，曙光公司对已建成××测距类产品生产线进行了优化提升；同时建设了××火控类产品生产线，并不断拉动相关的业务环节改善提升，进而逐步打造由生产线及相关业务环节构成的精益制造系统。

## （二）以规范机制为引领，推动内部生产制造体系变革

曙光公司通过产线建设规范和运行机制的实践应用，有效地打破了部门壁垒，以产线生产需求为牵引，将计划部门、制造部门、工艺部门、生产管理部门、设备管理部门等各个部门，以信息流和物流传递形成部门联动，对原有生产组织方式进行变革，消除了“生产线孤岛”现象。通过业务环节改善提升，将均衡化组织、拉动式生产、准时化物流、精细化管控等管理需求有机融合，建立了以业务流程为引导的跨部门业务协同机制。这一机制的运用，有效保证了 2018 年××测距类产品生产线连续化、平稳化运行，在管理上形成了由生产计划（科研计划）、生产作业计划（物料需求计划、工艺装备计划、加工计划、验收交付计划）、供应链的保障（市场采购、系统配套、委托加工）、过程质量控制、生产过程问题反馈等有机衔接的生产制造体系，有效解决了生产计划的达成和物料齐套的难题，初步构建了精益制造体系。

## （三）以指标改善为目标，提升生产能力，保障任务完成

曙光公司通过产线建设规范和运行机制的实施，提升了包括计划达成、产能、合格率等一系列指标，高效地完成了年度军品任务，有力践行了强军首责的使命。就××测距类产品生产线而言，优化前人均生产一套典型产品需 450 分钟，人均年产能为 159 台（套）/年。2017 年生产线建成后，节拍工时为 15 分钟，人均年产能为 238 台（套）/年，产线年产能由 500 台（套）提升为 2400 台（套），全年共出产典型产品 1310 台（套），生产计划达成率为 100%。2018 年生产线共出产典型产品 2300 台（套），节拍优化为 12 分钟，生产计划达成率为 100%（见表 5）。

**表 5　××测距类产品生产线主要建设指标**

| 指标名称 | 2017 年实际值 | 2018 年目标值 | 指标优化程度 | 实际值（截至 12 月底） |
|---|---|---|---|---|
| 生产效率（件/人·时） | 3 | 4 | 33% | 4 |

续 表

| 指标名称 | 2017 年实际值 | 2018 年目标值 | 指标优化程度 | 实际值（截至 12 月底） |
|---|---|---|---|---|
| 典型产品生产周期（时） | 2640 | 2500 | 5.30% | 2500 |
| 生产计划达成率（%） | 100% | 100% | — | 100% |
| 工序间一次交验合格率（%） | 94.50% | 95% | 5.30% | 95.10% |
| 生产线平衡率（%） | 79.60% | 86% | 8% | 86% |
| 单价产品成本［万元/台（套）］ | 5.4 | 4.8 | 0.6 | 4.8 |
| 生产线实际产量［台（套）］ | 1310 | 2300 | 75% | 2300 |
| 作业标准化普及率（%） | 100% | 100% | — | 100% |
| 生产能力［台（套）/年］ | 2400 | 2400 | — | 2400 |
| 典型产品换产时间（分钟） | 120 | 80 | 33% | 80 |

××激光器生产线建成后，实现了××激光器分线生产，满足近五年××激光器产能需求，××Ⅰ类激光器生产能力达4200具/年，××Ⅱ类激光器生产能力达520具/年，××激光器保持现有生产能力。××火控类产品生产线经过流线化改造，消除孤岛式生产的手段，具备年产能450台（套）（见表6）。

**表6　××火控类产品生产线主要建设指标**

| 指标名称 | 改善前实际值 | 改善后目标值 | 指标优化程度 |
|---|---|---|---|
| 生产效率（件/人·时） | 0.21 | 0.41 | 100% |
| 典型产品生产周期（时） | 800 | 720 | 7.50% |
| 生产计划达成率（%） | 100% | 100% | — |
| 工序间一次交验合格率（%） | 90% | 95.00% | 5.00% |
| 生产线平衡率（%） | — | 80% | 80% |
| 单价产品成本［万元/台（套）］ | 24.5 | 23.8 | 2.85% |
| 生产线实际产量［台（套）］ | 228 | 309 | 35.50% |
| 返工返修率（%） | 82.20% | 89% | 6.80% |
| 作业标准化普及率（%） | 0% | 100% | 100% |
| 生产能力［台（套）/年］ | 225 | 450 | 100% |
| 典型产品换产时间（分钟） | 480 | 60 | 87.50% |
| 作业人员数量（名） | 7 | 4 | 42.80% |

主创人：蒋宜荣　周昌平　方正

参与人：韩冲　马红平　许维思　张云峰　沙材亮

# 党支部建设标准化

甘肃电投金昌发电有限责任公司

## 前言

甘肃电投金昌发电有限责任公司（以下简称“金昌发电公司”）是甘肃省电力投资集团有限责任公司的全资子公司，坐落于“中国镍都·西部花城”甘肃省金昌市。金昌发电公司于2008年6月注册成立，现有职工1100余人，主要从事电力、热力及电力副产品粉煤灰的生产营销业务，是金昌市电、热负荷供应中心，甘肃河西电网的重要电源支撑点。

金昌发电公司前身是永昌电厂，始建于1960年，是我国镍钴工业基础的配套电源建设项目，经前后三期改扩建，形成7炉7机，装机总容量29.9万千瓦生产规模。2007—2010年，甘肃电投积极响应国家节能减排政策，相继爆破关停全部7台小机组。机组服役期间，累计发电约448亿千瓦时。

建厂以来，金昌发电公司与时代使命同行，树立了开拓发展、勇于担责、奋力争先、安全清洁的企业公民形象，曾荣获国家优质工程奖、全国模范职工之家等称号300多项，被社会各界誉为“戈壁明珠”。

走进新时代，跨入新征程。金昌发电公司将以习近平新时代中国特色社会主义思想为指导，深入贯彻集团公司第一次党代会精神，努力将公司打造成受社会和行业尊重的一流综合能源服务企业。

党的基层组织是党在社会基层组织中的战斗堡垒，是党全部工作和战斗力的基础。在全国组织工作会上，习近平总书记强调，“要加强支部标准化、规范化建设”。习总书记还指出，“标准决定质量，有什么样的标准就有什么样的质量”。开展国有企业党支部建设标准化建设，有利于打牢基层党支部建设基础，有利于提高基层党支部建设的科学化水平，有利于进一步发挥好企业党组织的作用，有利于推动国有企业的改革发展。按照甘肃省委要求和集团公司党委统一部署，金昌发电公司党委于2018年6月启动了党支部建设标准化工作。

金昌发电公司党委现有党支部18个，党员467名，其中，在职党员293名，离退休党员174名，在职党员人数占职工总数的25.2%。在近60年的发展历程中，金昌发电公司党委积淀了较为深厚的党建文化，形成了“五板一栏”支部阵地、“七盒一册”台账体系等党支部工作规范，党支部标准化建设有了一定基础。进入新时代，如何开展党支部建设标准化，提升党支部建设标准化工作质量，真正把党支部标准化建设作为加强基层党建、提升党支部战斗力、发挥党员先进性、凝聚全体职工的重要抓手，为公司高质量发展提供坚强的政治、思想和组织保证，是金昌发电党委一直在探索和思考的问题。

## 一、注重顶层设计，精准定位定标

金昌发电公司党委坚持以企业管理思维推动创建工作，坚持目标导向、问题导向，以争创集团标杆、甘肃省优秀国企为目标，以解决好党建工作和业务工作深度融合、党支部和党员“两个作用”发挥为重点，抓住“标准规范”这个关键，既从顶层设计上谋划标准化建设布局，又从举措方法上聚焦解决突出问题，在边推进边优化中推动党支部建设标准化工作不断深入。

### （一）对照规范，细化分解80项工作措施，靠实责任

2018年6月初，通过党委理论中心组专题学习集团公司《推进方案》、组织党务专（兼）职工作人员参加集团视频培训会、公司领导专题辅导等，从思想深处全面认识党支部建设标准化工作的重要性，系统把握工作要领。坚持问题导向，经党委会研究制订下发了《金昌公司党支部建设标准化工作推进方案》，对照26项规范，细化分解为80项工作措施，明确了目标，列出了任务，靠实了责任。

### （二）以八个“清单”明确标准化工作日程

依据《甘肃省国有企业党支部建设标准化手册》26项规范，按照各党支部工作实际，经反复提炼、总结，金昌发电公司党委制定了党群工作部工作清单、党支部工作清单、党支部书记和支委工作清单等8个清单，将支部建设工作任务细化到周、月、季、年，明确了各层面标准化工作日程，解决了基层党支部党建工作“月底补课、年底突击”的现象。

### （三）以两本“汇编”统一创建工作标准

通过组织党务专职工作人员系统学习、准确掌握《甘肃省国有企业党支部建设标准化手册》26项规范的内容和实施步骤，编制了《党支部建设标准化文件汇编》和《党支部建设标准化规范汇编》。其中《党支部建设标准化文件汇编》整理收录了标准化工作中所涉及的33个文件，为标准化工作提供理论依据；《党支部建设标准化规范汇编》以工作清单、“十个台账”和支部阵地建设以及26项规范为主要内容，系统梳理出了248个标准模板，内容全面，格式规范，让参与支部建设标准化工作的党务人

员，不论业务水平高低，都能从汇编中找到工作标准和依据，每个人都能按汇编独立开展创建工作且能做到统一规范，解决了支部建设工作标准不统一、程序不规范等问题。

### （四）以“十个台账”标准化规范使台账资料各就其位

按照《甘肃省国有企业党支部建设标准化手册》中党支部台账管理规范内容，金昌发电公司党委把《党支部建设标准化规范汇编》中6个方面26项规范197个标准模板分门别类地归入10个台账之中，形成了党支部建设“十个台账”具体内容和标准。同时，统一设计并配置了台账盒，统一了文件资料的格式和装订标准，统一设计配发了党支部会议记录本、党小组会议记录本、谈心谈话记录本等6类记录本，规范了14种会议的记录格式。标准模板和十个台账的“量身定制”，解决了台账资料标准化统一归档的问题。

### （五）以阵地建设规范提升活动场所政治氛围

按照集团公司党建活动阵地“五个一”的要求，金昌发电公司党委完成了18个党支部的阵地建设，统一室内标识、统一电教设备等，根据党支部组机构变化情况对上墙内容进行了更新和完善。制定了阵地建设规范18个标准，对活动场所门牌标识、党旗党徽、上墙内容、桌椅设备、报刊栏、支部台账、学习资料的标准样式、定置摆放、形迹标识、佩戴标准等以图文的形式作了明确规定，解决了党支部活动阵地标准不统一、政治氛围不鲜明的问题。

### （六）借助党建智慧平台提升支部工作质量

按照习近平总书记推动“互联网＋党建”建设要求和《甘肃省国有企业党支部建设标准化手册》中关于“开设网络平台”的要求，经多方面调研，金昌发电公司党委开发建设了金昌发电智慧党建平台。平台主要有“学、考、管、评、服”五大板块，网上党校、在线学习考评、党员积分管理、党支部“三会一课”管理等七大功能，实现了党员学习形式多样化、党员管理方法科学化、“三会一课”规范化、党务管理信息化，极大地方便了党组织、党员的学习和交流。2019年以来，在总结使用智慧党建平台经验的基础上，8月各党支部按要求完成了甘肃党建平台的登录使用，实现了党支部工作在线管理、动态监督和党员的日常考评监督，开拓了基层党支部建设新阵地，成为新形势下提升党建工作的“助推器”。

## 二、提升创建质量，促进党务业务深度融合

开展党支部建设标准化工作，提高党的建设质量，是党的十九大总结实践经验、顺应新时代党的建设总要求提出的重大课题。金昌发电公司党委坚持争创达标与推进工作相结合的原则，注重把党支部日常工作纳入标准化管理体系，强化示范引领作用，

做到“两手抓、两不误、两促进”。

### （一）坚持问题导向，强化培训，提升标准化工作水平

为切实激发党支部书记的内生动力，引导支部书记坚持从问题入手，从实际出发，担当作为，以专业素养、专业精神做好支部建设标准化工作，金昌发电公司党委为各党支部配发《习近平新时代中国特色社会主义思想三十讲》等书籍15种3000余册，邀请省委讲师团专家教授举办了党的十九大精神专题培训班、依托集团清华企业网络学堂举办了各类培训10多场，将《甘肃省国有企业党支部建设标准化手册》中涉及党建专业术语和定义编入《党建基础知识汇编》小册子并下发给全体党员学习。对各党支部书记、支委就党支部建设标准化进行了“面对面”互动式集中培训5次，不断提升党支部的管理能力和标准化工作水平。各党支部组织党员集中学习宣贯，使每名党员理解标准、认同标准、服从标准、自觉实施标准，真正使标准化工作入心入脑入行。

### （二）规范组织设置，优化调整组织机构

为减少组织机构层级，使业务与党建更好地融合，进一步强化党支部的政治功能，充分发挥支部战斗堡垒作用，经金昌发电公司党委会研究决定，对基层组织机构进行了优化调整。组织各党支部书记、支委现场观摩党群党支部的选举过程，引领示范。新成立的党支部在党务专职人员的指导下，按规范要求完成了支部的成立及选举工作，有缺额的支部进行了支委补选，其他各支部进行了选举模拟演练，熟练了选举流程。

### （三）转变作风，凝聚服务职工群众，形成发展合力

金昌发电公司党委把服务群众、造福群众作为创建工作的出发点和落脚点，先后开展了“转变作风改善发展环境建设年”活动、“四查四治”专项整治、“不忘初心、牢记使命”主题教育，广泛听取群众意见，不断改进作风，尽力而为、量力而行地解决职工群众的现实问题。建立了困难党员、老党员信息台账；慰问帮扶老劳模、老党员、困难员工400余人次，对47户困难职工进行了“一对一”帮扶；制订实施了服务职工群众的“十大实事”活动方案。连续两年实施了棚户区改造工程，受到了职工的交口称赞；为全体职工购买了雇主责任险；建设开放式科技书屋3个，建立了职工健康关爱角4个；常年开展“金秋助学”、健康体检、欢送退休职工、员工生日会等活动，用心用情服务凝聚职工群众，公司上下呈现出了奋发向上的可喜局面。

### （四）围绕中心，提升组织力，将支部对标创建成效体现在攻坚克难主战场

各党支部结合实际，通过抓党建工作与“保安全、谋创新、促营销、降能耗、强素质、精管理、聚人心”七个方面的深度融合，深入开展劳动竞赛、技术攻关和党员突击活动等，“两个作用”的发挥更加凸显。金昌发电公司党委下发了《关于规范党支

部开展主题党日活动的通知》，以“4 + X”“五讲四结合”促进党课和主题党日规范化，切实解决问题、补齐工作短板，推进党建与中心工作深度融合。

### （五）加强监督检查，确保对标创建工作顺利进行

支部建设标准化工作开展以来，金昌发电公司党委多次开会专题研究党支部建设标准化工作并到各支部全面督查，及时掌握标准化工作推进情况。党群工作部组织党务骨干集中进行了两个生产党支部、一个职能部室党支部“十个台账”的建立，并以此为标杆，指导其他各支部完成了台账的建立。定期组织召开由支部书记和党务工作人员参加的支部建设标准化工作推进会，每月到支部检查督促推进情况，及时协调解决工作过程中出现的问题。定期组织党支部之间互相交流学习，在边学习边整改边提高的过程中，党务工作人员的质量意识、标准意识、规矩意识和业务素质得到了较大幅度的提升。

## 三、突出目标导向，务求取得实效

自党支部建设标准化工作开展以来，金昌发电公司明确提出了“集团标杆、全省国企优秀”的创建目标。按照集团公司党委推进方案的要求部署，迅速启动，全面部署，依照《甘肃省国有企业党支部建设标准化手册》对6个方面26项操作规范的目标要求，明确了工作进度、主要措施、责任人和完成时限。以《甘肃省国有企业党支部建设标准化手册》要求为指引，以《党支部建设标准化工作汇编》为操作规程，逐条逐项开展了创建工作。目前，各党支部标准化建设工作验收工作已顺利结束，验收合格率94%，优秀率35%。

从创建成果上看，金昌发电公司党支部建设标准化工作取得了“五个一”的初步成效：一是提高了一个意识，即全体党员的政治意识。召开支部选举大会、严肃“三会一课”程序，使全体党员在参与党内严肃的政治生活中锤炼党性，政治意识不断提高。二是建立了一套体系，即党支部建设标准化规范体系。《甘肃省国有企业党支部建设标准化手册》依据权威、内容系统、操作实用，《党支部建设标准化工作汇编》则是根据公司党建实际对它的细化和补充，大大提高了创建工作的质量和效率。三是打造了一个平台，即金昌发电智慧党建平台。平台的建立不但使党支部建设标准化从资料盒走向互联网，更为下一步党建工作创新开拓了新的领域。四是建好了一个阵地，即各党支部的“党员之家”。通过共建共享，19个党支部都建成了自己的党员活动阵地。五是带出了一支队伍，即初具专业水平的党务工作人员队伍。在创建过程中，金昌发电公司把专职党务人员、各支部党务工作者集中起来，集体学习讨论，分工起草并反复修订了《党支部建设标准化工作汇编》，选取3个党支部进行了集中创建。在不断地学习实践中，专职党务工作人员的党务工作水平有了很大的提高，对创建工作的全面顺利推进起到了很好的作用。金昌发电公司的党建标准化创建经验特别是自主编写的

《党支部建设标准化工作汇编》得到了系统内外的广泛认可，集团系统兄弟单位、新疆等地合作企业纷纷来人学习交流，进一步促进了创建工作的深入推进。

## 四、今后党支部建设标准化工作的几点思考

党支部建设标准化工作是一项系统工程、长期任务。在全国组织工作会议上，习近平总书记强调，要“提高党的建设质量”，“包括要提高发展党员质量、提高教育实践活动质量、提高选人用人质量、提高党内政治生活质量、提高人才培养质量、提高党的制度建设质量”。质量和标准是相辅相成的，要有高质量，必须要有好的标准。要提高基层党支部建设质量，党支部建设标准化应是题中之义。按照中央全面从严治党战略布局和省委、集团公司党委有关要求，今后党支部建设标准化工作还要重点落实以下工作。

### （一）落实新时代党的建设的根本原则

党的十九大报告指出，党政军民学，东西南北中，党是领导一切的。中国共产党的领导是中国特色社会主义最本质的特征。坚持党的领导，首先，就是要坚决维护习近平总书记的核心地位，坚决维护党中央权威和集中统一领导。其次，作为国有企业，要落实党的路线、方针、政策在公司的贯彻执行，切实发挥管大局、把方向、保落实的领导作用。最后，要在党的建设工作中，在党支部建设标准化工作中贯彻落实党的十九大、全国组织工作会议精神和省委、集团党委对加强党的建设的有关要求，这既是把政治建设摆在首位的具体体现，也是党的领导在国有企业的集中体现，更是新时代党的建设的根本原则。

### （二）落实标准化建设为组织体系建设服务的要求

以组织体系建设为重点，是新时代党的组织建设提出的明确内容，也是加强党的组织建设的首要任务，其核心要求是增强党的政治领导力、思想引领力、群众组织力、社会号召力。党支部在党的组织体系建设中具有特殊而重要的作用。当前基层党组织面临的一个突出的瓶颈制约，就是有搞好党组织建设的良好愿望，却不清楚如何规范抓好建设，不知道怎么加强推进，工作做起来有些迷茫。要坚持推进党支部建设标准化工作，不断细化完善创建标准规范，不断创新推进标准化方式方法，既要推动“硬”的标准落地见效，又要推动“活”的经验生根开花，持续用力，久久为功。

### （三）推动标准化建设与智慧党建深度融合

习近平总书记多次强调要顺应互联网发展趋势，勇于创新、勇于变革，利用互联网特点和优势，推进理念、内容、手段、体制机制等全方位创新。如今，互联网正同一切领域进行深度融合，党建工作也概莫能外。金昌发电公司党建智慧平台运行以来，在党员学习教育、支部“三会一课”管理方面已经显现了良好的作用。下一步，金昌

发电公司还将借助甘肃党建平台的应用，借助互联网和大数据，不断完善党务全流程管理功能，把当前党务工作中大量的手工台账、记录、统计等工作数字化、智能化和移动化，解决当前党务工作手工记录多、工作表面化形式化的问题，为基层党的建设工作插上互联网和大数据的翅膀。

（四）以高质量党建推动高质量发展

2019 年以来，集团公司提出了坚持稳中求进工作总基调，坚持新发展理念，按照高质量发展的要求，以供给侧结构性改革为主线，“以电为基、多业并举，延链建链、转型升级”的发展思路。实现这一目标任务，关键在于发挥好各级党组织的作用，特别是党支部的战斗堡垒作用和广大党员的先锋模范作用。为此，金昌发电公司必须以党支部建设标准化工作为抓手，在标准化建设上有新提高、在工作规范上有新提升、在抓党建促业务上有新举措、在抓基层强基础上有新拓展，不断提升党支部组织力、凝聚力、号召力，把党的政治优势、组织优势和群众工作优势转化为推动企业改革发展的强大动力，以高质量的党建工作推进公司高质量发展。

（五）落实党章党规与《甘肃省国有企业党支部建设标准化手册》《党支部建设标准化规范汇编》的衔接

2018 年 9 月以来，中央先后制定了《中国共产党党支部工作条例（试行）》《中国共产党党员教育管理工作条例》《中国共产党国有企业基层党组织工作条例（试行）》等党规，这为金昌发电公司下一步推动全面从严治党向基层延伸，进一步推进党支部建设标准化工作提供了基本遵循。金昌发电公司要持续抓好党章党规的宣传贯彻落实，使各级党组织、全体党员全面掌握相关内容，特别是党务工作人员要深入研究党章党规与《党支部建设标准化规范汇编》的衔接，及时修订标准规范，确保标准化建设与中央要求相一致。

今后，金昌发电公司党委将继续按照上级党组织要求，创新工作思路，强化组织保障，靠实党支部书记责任，把党支部建设标准化工作与公司中心工作紧密结合，与党支部例行工作日常融合，与甘肃党建平台融合，以推动党支部日常工作规范化和公司经营发展的成效来检验党支部建设标准化的实效，努力打造一支信念过硬、政治过硬、责任过硬、能力过硬、作风过硬的党员队伍，真正把党支部建设成为宣传党的主张、贯彻党的决定、领导基层治理、团结带动群众、推动改革发展的坚强战斗堡垒，为建设受社会和行业尊重的一流综合能源服务企业提供坚强的政治、思想、组织保证。

主创人：王东洲　杨其军　刘东
参与人：李振奋　马西宁　石志强

# 企业运营机制创新与路径探索

山东能源龙口矿业集团有限公司

## 前言

山东能源龙口矿业集团有限公司（以下简称“龙矿集团”）前身为龙口矿务局，始建于1968年10月。1974年12月洼里煤矿建成投产，结束了“胶东无煤”的历史。1987年5月龙口矿务局成立，并先后建成了北皂煤矿、梁家煤矿。2003年3月龙口矿务局改制为龙口矿业集团有限公司，企业体制由厂矿制改为公司制，改制16年来，龙矿集团成功进行了海下采煤，成为全国唯一实施过海下采煤的企业；陆续推进西部矿区开发，完成外部三家电厂、油页岩综合利用产业、省级煤炭储备配送基地的建设，形成了“煤电油运”产业格局。2011年3月龙矿集团成为整合后的山东能源集团旗下的六家主要企业之一。2016年以来，龙矿集团确立了“稳定、持续、高效”发展目标和“存量做优、增量做强”战略举措，调整形成了以煤炭生产为基础，生产服务业为配套，热电、物流、建工产业为支持的“113”产业体系，整体工作站在了新的历史起点上。经过50多年的发展建设，现资产总额213亿元，权属企业23家，在册员工1.1万余人，经营领域横跨山东、山西、吉林、内蒙古四省（区）。现有4对生产矿井，在山西、内蒙古整体或部分托管了4对矿井；拥有4座热电厂，在胶州、莱州、海阳城域供暖方面占据主导地位。

## 一、背景与起因

近年来，随着供给侧结构性改革的深入推进，企业内部机制僵化，导致市场竞争力差、员工积极性不高、活力不强等深层次的矛盾问题更加突出。如果一味地按部就班或等待观望，企业必将陷于被动，最终被亏损消灭。2016年3月底，龙矿集团新一届领导班子任职以来，面对企业前所未有的生存和发展压力，针对企业内部体制机制僵化，企业效率、效益低下的实际问题，企业紧紧围绕上级关于亏损企业治理工作总体部署，以“模拟产权、股权改革、创新经营机制”为核心，以“一企一策”规范有序推进为原则，以实现“改革脱困、治亏创效、企业增效、员工增收”为目标，在企业运营机制创新方面进行了积极探索，全力助推企业治亏创效，并取得了较好效果，促进了企业健康持续发展。

## 二、主要做法

### 1. 创新 + 精准，对症施策破困局

在充分调研和分析论证的基础上，龙矿集团针对首批三家试点单位实际，致力创新“三种模式”。一是推行“资产租赁”运营模式。针对机电维修制造中心资产净值体量小、员工少的特点，实施了“资产租赁”运营模式。即将机电维修制造中心部分有效固定资产，以“租赁”方式，由机电维修制造中心领导班子成员、中层管理人员、核心技术人员以及普通员工，按规定额度出资“入股”租赁，员工按出资占总资产的比例获取收益，实现企业利益和员工利益捆绑、利益共享、亏损共担的利益分配机制。二是推行“股权信托”运营模式。主要在龙口海湾酒店管理有限公司进行试点改革。龙口海湾酒店管理有限公司为独立法人公司，租赁经营龙口煤电公司酒店资产。该公司虽然实行公司制运营，但经营机制固化等深层次问题并没有得到根本解决，员工责任意识、服务意识还不够强，工作积极性不高，“等、靠、要”思想仍然存在。为解决龙口海湾酒店管理有限公司存在的问题，依据《中华人民共和国公司法》《中华人民共和国信托法》等法规精神，龙矿集团实行了“股权信托”的经营运作模式，即将龙矿集团拥有的龙口海湾酒店管理有限公司国有独资股权中的60%，“信托”于龙口海湾酒店管理有限公司工会，由工会代行出资人部分管理、监督权，并模拟实行“员工持股”，实现风险共担、收益共享。三是推行“股权众筹”运营模式。主要在工程建设公司试点改革。长期以来，工程建设公司体制机制僵化，历史包袱沉重，经营状况逐年恶化，工资拖欠严重，员工工作热情低迷，且资产负债率超过100%，已经成为龙矿集团治亏解困的“老大难”问题。针对这一现实，龙矿集团坚持“改下稳上，先易后难，分步实施，有限分割，股权众筹”的原则，在工程建设公司推行模拟“股权众筹”的运营模式，即依据股权众筹的原理，在“分公司”体制下采取的一种模拟“股权众筹”的融资模式。工程建设公司与所属四个“分公司”按一定比例募集资金，作为“分公司”运营流动资金，“分公司”再面向本公司管理团队、核心员工等筹集资金，形成“持股人”。通过出资“入股”，形成责任共担、利益共享的经营新机制。改革过程中，龙矿集团始终遵循“公开、民主、透明”的原则，三家单位的改革改制方案在经过龙矿集团党委常委会充分研究后全文公开，采用自下而上的方式在各自单位征求员工意见，主动提交给各自单位职工代表大会或职工大会审议表决，成熟后付诸实施。让员工有充分的知情权和参与权，防止不公平、不透明等问题引起员工心理不平衡的现象发生，保证改革改制得到广大员工的理解与支持。

### 2. 股权 + 收益，利益捆绑激活力

龙矿集团坚持走“共同经营”之路，积极探索推行管理层、员工“持股”制度，

将员工和企业利益紧密捆绑在一起，打造员工与企业的深度利益共同体、命运共同体，坚持做到“两推行”。一是推行按岗购“股”。在“股权”设置和分配中，各改革改制单位的管理层，包括领导班子成员、中层管理人员和技术骨干必须按照规定的出资比例入股，普通员工可自愿入股。例如：机电维修制造中心共137人出资589.2万元认购“股权”，占其资产的29%。其中，主要负责人认购50万元，领导班子其他成员认购30万元/人，部门正职认购12万元/人，部门副职认购8万/人，一般管理人员按不超过4万元/人的标准认购，普通员工自愿认购。员工持股让员工成了企业的“当家人”，与企业利益共享、风险共担，充分调动了员工工作的积极性、主动性及责任心，激活了企业持续发展的核心驱动力。二是推行按“股”分红。龙矿集团通过改革，将“股权”分红收益作为薪酬收入的一个重要部分，实行“基本工资+绩效薪酬+‘股权’分红”的收入分配模式，企业盈利按照相应“股权”比例进行分配，企业亏损按照相应比例扣减认购“股金”。改革改制单位年度经营结束后，经龙矿集团经营业绩审计，一次性考核兑现。如实现盈利，按其认缴总额占资产比例分配利润；如出现亏损，领导班子成员、中层管理人员按认缴总额占资产比例承担亏损；其他员工按认缴额参与盈利分配，不承担亏损损失。龙矿集团切实将企业经营情况与员工经济收入紧密挂钩，形成了“绩效升收益增、绩效降收益减”的联动机制，让员工通过资本和劳动实现收入增加，极大地激发了员工自主创效激情。

3. 竞聘+契约，市场选人增动力

龙矿集团推行以市场为导向的用人制度，打破管理人员“铁乌纱”，有效激活管理人员的工作热情，增强企业活力。一是淡化“级别制”竞聘上岗。改革改制单位原领导班子成员和管理人员全部下岗，通过公开选聘重新上岗。竞聘演讲答辩得分由三部分组成：评委打分占50%，民主评议打分占30%，认缴资金额度和承诺年度盈利额占20%。普通员工代表评委按照普通员工和技术骨干占70%、中层及以上管理人员占30%的比例，公开推选出30名员工代表参加民主评议，民主评议打分占竞聘者总成绩的30%，真正让员工自己选出“威信高、能力强、作风好、信得过”的带头人。二是打破“终身制”契约考核制度。龙矿集团与公开竞聘产生的改革改制单位主要负责人签订契约聘用协议，将管理人员的责任、目标和个人薪酬紧密挂钩，实施刚性考核，根据完成目标情况兑现薪酬激励。同时，明确任职期限，改革改制单位新组建的管理团队任期为一届三年，到期必须下岗，重新竞聘；任期内如因经营管理不善导致企业亏损并造成“股金”损失殆尽的，领导班子任期自动结束，领导班子成员集体免职，并承担亏损补偿责任，进一步明确了权、责、利关系。

4. 放权+严管，强化管理防偏离

龙矿集团按照“放管结合、以放为主、管控有力”的原则，着重抓好“三放权、三转变、三强化”。一是“三放权”释放新活力。对于三家改革改制单位，全部实行“三放权”。即改革改制单位享有相对独立的人事权、经营权、分配权。在人事管理上，有自主组阁管理团队的权力，有在龙矿集团有关意见指导下自主用工的权力；在经营管理上，有自主经营权力，在国家政策允许的范围内，根据市场需要做出经营决策，选择灵活多样的生产经营方式。同时，按认购“股权”比例承担企业盈亏的责任；在薪酬分配上，有自主分配的权力，在确保员工最低工资标准及总体工资指标不突破企业控制指标的前提下，有权按照内部制订的分配方案进行分配。“三放权”体现了权、责、利相对等，赋予改革改制单位更多的自主决策权，给“想干事”的人以平台，提升了经营者的工作热情和激情，激发了企业经营活力。二是“三转变”强化“后管理”。龙矿集团制定下发了三家改革改制单位的监督管理意见，明确了权力清单和监管重点。要求龙矿集团各职能部门既要当好“监督员”，更要当好“服务员”，及时跟踪督导、纠偏纠错，防范经营风险，监管方式由管企业为主向管资本为主转变、由事前管理为主向事中及事后监管为主转变、由直接管理为主向授权管理为主转变，实现了监管方式转型、监管水平提升、企业活力增强的目标。三是“三强化”夯实组织保障。龙矿集团强化党的领导，各改革改制单位明确党组织定位，设立专职党的领导，健全党的组织，确保企业党建工作不弱化；强化纪委监察，设立纪委监察组织，由上级主管部门直接委派纪委监察领导，全面强化党风党纪的监督保障；强化民主监督，各改革改制单位，从改革起始即全面履行民主程序，明确工会组织在改革过程中的民主监督作用，各级工会负责人一律通过民主程序产生，保证了工会作用的发挥，为改革改制单位最大限度地维护员工权益奠定了坚实基础。

## 三、取得成效

企业运营机制的创新为企业注入了强大的内生动力，实现了企业在管理运营、利润效益等方面的叠加效应，促进了各项工作提速、提质、提效，拓展了企业稳定持续高效发展新空间。

### 1. 经营业绩有了新成效

随着运营机制创新的深入推进，改革改制单位的经营潜力逐渐释放，经济运行质量和效益得到显著提升；同时，还为集团本部单位百余名富余人员提供工作岗位。机电维修制造中心作为龙矿集团首个改革试验点，改革前，经营亏损严重，2016 年 1—7 月账面亏损 761 万元。自 2016 年 8 月改革后，成效明显，2016 年 8—12 月盈利 810 万元，全年实现利润 109 万元，一举扭亏为盈；2017 年再接再厉，实现利润 435 万元，同比增盈 326 万元，超额完成了全年利润考核指标；2018 年持续发力，同比增盈 982 万元，创历史最高水平。工程建设公司在改制之前，长期体制机制僵化，连续 3 年亏损在 2000 万元以上。通过改革激励，该公司 4 个专业化公司主动外出承揽工程，分别在吉林、山西、陕西等地承揽了多个矿建和安装工程，2017年盈利3775万元，一举扭转了连续3年亏损的局面，并创出自2010年以来的最高水平；2018年以来继续保持良好发展势头，经营成效持续提升。

2. 工作效率有了新提升

在“股权”的激励和带动下，广大干部员工将企业当成自己的“家”来经营，变“给企业干”为“给自己干”，主动从自身和全局利益角度去关注企业的经营业绩，在本职岗位上激情创业。机电维修制造中心坚持“维修人员、制造产品走出去”，改革以来组织外出维修施工人员近百人，承揽外部业务2860万元；积极开发7项适应矿井生产需要和市场发展前景的新产品，改变了多年来产品研发滞后的局面，激活了发展新动能。同时，在防控风险的基础上，倒逼机电维修制造中心产业升级，做强产业规模。龙口海湾酒店管理有限公司坚持“内强管控，外拓市场”的经营策略，实施改革激励后，广大员工将企业当成自己的“家”，主动参与经营管理，自觉节支降耗，成本费用率逐年降低，能源费用同比减少19.3万元，降幅达9.35%；建立完善规章制度20余项，优化管理流程，最大限度减少“跑冒滴漏”现象；组建员工代表巡检小组，对原材料采购流程进行定期巡检，保障了规范运营。同时，积极“走出去”外拓市场，变“坐商”为“跑商”，成功承揽了北京技术培训会、山东省中小学优质课评选、烟台新教材培训会等外部会议41场，竞争意识明显增强。

3. 精神状态有了新变化

龙矿集团深入推进运营机制创新的初衷，就是要让企业和员工都有获得感，充分激发员工干事创业的“精气神”。自改革以来，2016年、2017年兑现“分红”后，机电维修制造中心人均工资分别增长31%、67.6%；龙口海湾酒店管理有限公司人均工资分别增长13.23%、18%；工程建设公司4个分公司2016年年底改革后，2017年矿建分公司、安装分公司、建筑分公司、蓝有分公司人均工资分别增长85%、46%、114%、66%，收入的持续提升增强了员工的获得感，实实在在让员工感受到了受尊重、有尊严，充分激发了广大干部员工干事创业的激情干劲，精神面貌焕然一新，企业上下士气高昂、担当承责、主动作为，有力推动了各项工作提速、提质、提效。

4. 引领作用有了新增强

运营机制创新不仅激发了改革单位的内生动力，而且充分发挥了示范带动作用，带动了企业各专业的积极性，破解了以往按部就班的守旧意识，实施工作责任倒逼机制，各项工作高效推进。同时，针对管理中的弊端，重构了“计划、预算、考核”互为一体、流转顺畅的运营体系，保持了正常的生产经营秩序，提升了经济运行质量，商品煤产销量、掘进进尺、销售收入、利润总额、经营现金流等主要指标，均创出5

年来同期最好水平。2018 年完成商品煤产量 801 万吨，销售收入 72.5 亿元，人均收入同比增长 8% 以上，广大干部员工齐心协力、攻坚克难，全力保障了企业稳定有序发展。

主创人：周宙　孔令循

参与人：臧波　周国伟　马亮　张德苗　王深林

# 内部管理效益提升之人力资源创新

兰州兰石换热设备有限责任公司

## 前言

兰州兰石换热设备有限责任公司（以下简称“兰州兰石”）成立于2002年，从原兰石总厂板式换热器厂改制而来，是目前兰州兰石集团有限公司下属的专业从事板式热交换器研发、设计、生产和服务的控股子公司。1965年兰州兰石自行设计制造了中国第一台BP05型板式换热器，50多年来根据市场需求先后成功研发了100多种系列可拆式板式换热器、热交换机组、全焊式板式换热器、宽通道焊接式板式换热器、压焊板换热器、板壳式换热器、板框式换热器、压力容器、容积式换热器、板式蒸发器、二段冷却器、海洋撬装等产品及工程总包项目，拥有近50项各类产品专利。兰州兰石取得民用核安全设备设计和制造许可证，特种设备设计和制造许可证、CCS（中国船级社）船用产品型式认可证书，ASME（美国机械工程师协会）“U”钢印证书等国家级、省级和行业的产品和体系认证，也是GB 16409—1996《板式换热器》标准、建设部行业标准CJ/T 191—2004《板式换热机组》、NB/T 20514—2018《核级板式热交换器设计制造规范》和Q/SHCG 11004—2016《全焊式板式热交换器采购技术规范》的起草单位之一。

兰州兰石先后获国家重大科技成果奖、国家科学技术进步奖、国家新产品奖等省、部级以上奖项10项，拥有专利43件，参与制（修）订国家、行业标准3项。还先后多次被兰石集团授予先进单位等荣誉称号，其中2006年公司全焊车间被共青团中央授予国家级“青年文明号”的荣誉称号。

兰州兰石经股份制改造后成立了兰石集团下属公司兰州兰石换热设备有限责任公司，并成功研制了国内首台宽通道焊接式板式热交换器，打破了国外公司对中国市场的垄断，目前宽通道焊接式热交换器已在国内砂状氧化铝生产和燃料乙醇规模化生产中获得了广泛的应用。2018年兰州兰石取得高新技术企业证书、环境管理体系及职业健康安全管理体系证书和安全生产标准化二级证书等资质。2019年国家国防科技工业局核应急与军工核安全监管司正式批复兰州兰石具备军工核安全设备目标产品设计、制造的能力，并颁发“军工核安全设备设计许可证”和“军工核安全设备制造许可证”资质证书，为公司发展提供资质保障。

兰州兰石视质量为生命，多年来一直以满足顾客的要求为宗旨，连续多年在行业抽检中，产品均合格。从产品的设计、制造、检验、出厂均有完善的质保体系，公司已取得了 ISO 14001 环境管理体系、GB/T 28001 职业健康体系、武器装备 GJB 9001B 质量认证体系、ASME、压力容器、核质保体系、安全注册管理体系等，并完全能够按照国家及行业标准、美国 ASME 标准、欧洲 PED 认证（压力设备认证）等国际标准进行设计、制造。

## 一、实施背景

作为国内唯一一家板式热交换器国有企业，2013 年后兰州兰石由于出城入园搬迁，产能迅速扩大，但没有与之相对应的订单，市场较为疲软，造成产能放空、费用加大、盈利下降的不利局面。原优势行业冶金、生物能源和石化行业的订货量下滑得非常严重，并且单台产值和订货额相对较高、利润较大的焊接板式热交换器近几年的订货量急剧萎缩，新型焊接类板式热交换器的开发跟不上市场的节奏。同时市场订单结构倾向采暖市场，回款周期长，价格竞争激烈，公司经营质量压力增大。思想观念开拓不足，变革、创新思想观念不足，依靠历史资源及市场等进行经营管理，公司发展进入瓶颈阶段，应对行业、市场的技术、产品方向等已经不能适应市场竞争的要求。

兰州兰石近年来创新思维及观念开放程度不足，导致一直依赖历史资源开展生产经营活动，公司市场份额逐步减少，市场结构竞争力不足（如：公司产品结构全部倾向竞争力强、回款差的供暖市场，导致公司利润值低、现金流状况差等），公司整体干事创业氛围不足，企业生产经营活力不够，企业内部管理逐步处于松散状态，公司工作效率低、质量问题突出，导致部门间推诿扯皮事宜较多，员工归属感不足，对企业发展缺乏信心；管理人员结构比例大，组织运行效率低等，严重影响了员工职业晋升和发展，以及公司的效益。绩效考核方面，考核指标流于形式，干部对考核存在漠视观念，同时为全力保全生产一线薪酬，出现工资打折等现象，严重影响员工工作的积极性；培训方面，公司缺乏完备的培训体系，对培训学习工作重视程度不够，没有建立一个持续学习的氛围，培训工作只重视体系管理，缺少实际提升全员各项综合能力的培训课程、培训效果评价。

自 2018 年后，兰州兰石紧紧抓住国有企业发展的政策机遇，通过逐步探索国有企业管理创新发展，不断从企业内部人力资源管理创新出发，通过激发“人”的创新活力，带动其对市场、技术、产能的创新提升。

## 二、实施内涵

企业内部管理核心在于人才的管理，而人才管理的核心在于人力资源的管理。兰州兰石通过创新公司人才选拔、任用、晋升及日常管理的模式，持续优化公司工作作风，建立干部“能上能下”，薪酬“能高能低”的工作机制，持续激发企业内想干事的年轻团队的工作热情，为公司发展注入新的活力，建立干事创业的企业生态；围绕企业的核心业绩，建立工作流程中的项目推进制，通过建立项目制团队的指标体系、责任体系以及跟踪、评价、考核体系，切实推动员工个人与企业的同步成长，达到企业发展与员工价值提升的双赢。

在企业核心竞争力中，人力资源管理创效对于推动企业生产经营有至关重要的作用，人才的竞争在当下占了尤为重要的位置，而人才驱动企业发展的活力在于人才、整体团队效能的提升。这就需要企业在生产经营活动中通过培训、绩效等管理工作激发员工对组织的驱动力，同时员工自身要结合企业生产经营战略目标，持续加快自身能力的提升。兰州兰石通过以人为核心的管理提升，持续从企业内部管理、市场结构优化、技术创新、质量提升、内外部资源整合等，围绕公司核心主业，持续从“人机料法环”等方面综合解决企业面临的重大问题。

## 三、主要做法

兰州兰石通过优化人力资源创新，一是兰州兰石大力开拓国有企业岗位年度业绩竞聘淘汰制，摒弃公司原有员工自发的管理形式，让全体员工了解本职岗位工作的价值，并明确与公司经营发展战略相背离的行为或态度是公司所禁止的，对没有工作能力、工作积极性差的员工通过转岗等方式进行消化，确保公司组织生态的风清气正，打破人员长期固化的工作思维，激发全员工作的积极性与工作热情——员工手册更新下发、企业文化宣贯、应知应会考试。

二是持续推进企业内部人事分配制度改革，以更好地适应外部激烈的市场竞争。兰州兰石按照“市场化选聘、契约化管理、差异化薪酬、市场化退出”的理念，建立“干部能上能下、员工能进能出、薪酬能升能降”的动态管理机制；利用内部劳动力市场的竞争机制，落实目标责任绩效考核制度，对工作业绩差、群众意见大、违反公司纪律、给公司带来严重损害的快速予以调整；以市场为导向，通过主动压岗缩编提效，提升员工“舍我其谁”的责任担当精神，提高人力资源效能；坚持用发展的心态，大胆提拔年轻优秀人才，大力推进干部人才多岗位锻炼，提高综合素质能力，不断激励员工展现爱岗敬业、求实创新的积极进取精神，不断提升工作质量效益，持续为公司发展提供最核心的人才保障。结合企业战略转型积极拓展人员选聘任用的思路，让能干事、想干事、有责任、有担当的年轻人到公司关键岗位工作，通过选拔各部门部长负责制，见习部长参与管理制，干部交流任职等方式，提前为企业战略转型储备人才，这样做一方面可以发挥年轻团队的创新思想，另一方面可以为企业、部门解决在战略转型升级阶段无人可用的状况。

三是探索项目团队负责制，结合企业生产经营过程中面临的困难问题，并通过成立公司成本、进度、技术、质量等方面的专项项目组，为想干事的员工搭建干事创业平台，通过定任务、下指标、盯进度，一方面可以持续推进公司重难点问题的解决，另一方面可以开展培养公司管理、技术相关岗位的后备力量。同时让关键岗位员工在做好本岗位工作的同时，去生产系统岗位挂职锻炼，培养核心骨干人员的综合能力（项目组奖励、经营承包奖励、节能降耗奖励等）。

四是强化绩效考核督察，全中抓重，对涉及公司重点工作加大绩效考核工作的落实跟进，完善绩效考核体系，强化对公司成本效益、资金周转率、存货、应收账款、利润率等指标的动态管理，系统推进指标体系、责任体系、跟踪体系、评价体系和考核体系的落实，将奖金分配与部门、个人业绩挂钩，形成企业效益和劳动生产率挂钩的工资决定和正常增长机制，查找问题补齐短板，进一步强化绩效考核的激励作用；结合年度生产经营目标，订立公司业绩考核指标，通过层层压力传导，每月两次的绩效考核通报对跟踪落实情况、产品拖期、工作执行力不强等行为给予绩效考核，同时曝光通报，持续以“严管厚爱”的工作氛围，加快绩效考核工作的落实，通过强化精细化管理，持续加强生产经营各环节成本管控等工作。

五是统一组织目标，创新建立“风清气正”的工作氛围。成立人力资源服务中心并对通过业绩考核制淘汰下来的员工进行转岗工作培训，从关键核心岗位向一般普通岗位转变，持续统一全员思想，搭建实干的干事创业平台，营造公司干事创业的工作氛围，形成统一的组织绩效目标，鼓励全员求真务实、真抓实干，推动公司整体工作业绩。

六是创新薪酬待遇分配，强化绩效考核管理，激发员工活力，提高员工工作积极主动性与责任担当意识。坚持效益导向，积极推进薪酬制度改革，建立与企业发展效益相适应的薪酬分配体系。坚持薪酬分配总量增长与企业效益同步，薪酬分配向研发一线、生产一线、管理一线及高端人才倾斜，通过骨干员工奖励、岗位系数工资、项目岗位奖励，探索利润分享、项目分红、岗位分红的激励措施，持续完善中长期激励机制，绝不能让那些为企业经营发展作出贡献的人吃亏，激发职工积极性、主动性和创造性。

七是创建学习型组织，提升组织整体效能。通过建立大师技能工作室、创新工作室等，培养标杆人才，提升职工创新意识和荣誉感；着力构建学习型团队，通过应知应会培训、召开注册安全工程师取证人员经验交流暨表彰会等形式，不断鼓励员工自动自发学习、自我提升的意识；增加员工内、外部培训机会，选派业务骨干与干部到省委党校、行政学院、干部网络学院学习进修，将培训作为一种福利，拓展职工视野，通过持证给予奖励，如注册安全工程师、二级建造师等。

八是通过强化技术、质量、销售内部团队管理，持续激发市场拓展、技术创新、质量提升等的活力，通过优化供应商管理，提升了供货的质量及进度；通过搭建中高端产业创新平台，完成了消“白烟”PCHE（印刷电路板式换热器）等一批中高端创新项目；通过转换市场拓展思路，打造了核电、军工、石化、节能环保等中高端行业，并将低端的采暖行业逐步进行缩减，有效完善了市场结构。

九是加大对外项目申报，通过积极对接外部政策资金项目的申报工作，兰州兰石于2018年完成了高新技术企业奖励资金申报20万元，于2019年取得了稳岗补贴资金申报300万余元，公司持续通过项目奖励、成果申报等，积极对接上级单位申报相关资金补贴。

## 四、实施效果

兰州兰石通过人力资源优化创新，一是实现了公司内部管理思想、目标、行动的统一，在组织目标一致的情况下推动了公司整体绩效的向前推进，公司结合三年战略规划目标，持续围绕存量市场及中高端增量市场，实现了公司在行业范围内的品牌价值提升。二是实现了公司内部良好的工作氛围和工作风气，增加了全员对公司未来发展的信心，公司内部沟通交流逐步顺畅，公司各项指标渐趋上升，全员对公司生产经营信心更足。三是围绕公司年度经营任务目标，搭建平台解决公司瓶颈问题，通过成立成本核算项目组，完成公司成本考核指标及考核奖惩制度设计；长期应收账款催收项目组，针对长期未回收的应收账款通过发布催款函、律师函等进行催收；集成供应链小组推进，解决公司产品质量和效率、部门沟通壁垒、流程不清的问题；“两金”压降项目组，全力解决公司库存及应收账款回收问题；机加工车间成本独立核算项目组，探索业务承包制，成本分摊平台工作小组，运用“物料＋批次”维度核算归集成本，实现成本精细化管理。兰州石化通过搭建干事创业平台，持续推进公司重难点问题解决；通过搭建项目制专项团队，实现了公司内部瓶颈问题的解决和具体推进，同时赋予团队考核任务，增加了团队内部人员综合能力的提升，涌现出了一批想干事、能干事的优秀年轻团队，形成了求真务实、干事创业的氛围。四是转换思路，搭建干事创业平台，积极开展多岗位锻炼平台，派公司二线人员兼职生产一线学习产品知识并帮助一线解决管理问题，实现人才提升及业绩改善。五是通过人力资源管理创新，公司战略转型不断向中高端行业转型，通过核电、军工、石化、节能环保等行业，持续打造板式换热器甘肃标准、甘肃制造。随着人力资源调整，公司通过优化产业区域拓展思路，逐步缩减低端采暖市场，完善公司整体市场结构。六是强化技术创新平台搭建，提升技术人员创新能力。通过开展消“白烟”、空预器、PCHE等中高端产品研发，不断完善公司的技术创新能力。同时通过参加中国石化行业展会，加入中国供热协会等，不断拓展公司在外界的品牌实力。七是参与行业标准制定，提升企业在行业内的影响力。兰州兰石参与多项国家标准和行业标准制定，是GB 16409—1996《板式换热器》标准、建设部行业标准CJ/T 191—2004《板式换热机组》、NB/T 20514—2018《核级板式热交换器设计制造规范》和Q/SHCG 11004—2016《全焊式板式热交换器采购技术规范》的起草单位之一。八是公司各项经营指标提升。截至2019年12月，公司全年营业收入同比增长7.38%，利润总额同比增长104.39%，净利润增长105.22%，人均产值同比增长1.7%；新增订货同比增长3.60%，货款回收同比增长2.89%，公司全年各项指标基本全部处于正增长趋势。

主创人：苏斯君

参与人：车生文　张涛　李治国　肖生泽　许小刚

# 废弃矿井瓦斯综合治理及资源化利用

中节能宁夏新能源股份有限公司

## 前言

中节能宁夏新能源股份有限公司（以下简称“中节能宁夏公司”）是由中国节能环保集团控股的股份公司，中国节能环保集团是中国唯一一家以节能减排、环境保护为主业的中央企业。中节能宁夏公司前身宁夏安泰新能源股份有限公司，成立于2007年4月，于2014年6月由中节能工业节能有限公司注资控股。中节能宁夏公司主要致力于废弃矿井瓦斯综合治理技术的研发及推广应用、废气能源和可燃工业废气的回收利用及处理、再生清洁能源的开发、矿山生态治理及技术研发等业务，是宁夏唯一从事煤矿瓦斯开发及综合利用的企业。公司所属的研发中心——废弃矿井瓦斯综合治理研究院，是中国唯一专业研究废弃矿井瓦斯综合治理的专业机构，下设三个中心、一个事业部、一个实验室和两个示范基地，分别是矿山生态治理工程中心、废弃矿井瓦斯治理中心、碳资产管理中心，瓦斯综合治理利用事业部，废弃矿井生态修复实验室，废弃矿井乌兰示范基地、废弃矿井石嘴山示范基地，为公司开展科技创新活动搭建了平台。通过技术研究创新、产学研结合，中节能宁夏公司对国内现有废弃矿井瓦斯灾害治理技术、废弃矿山治理及生态修复技术等进行研究，形成了一套专业的研究体系和技术，为更好地推动行业的发展，促进当地经济和社会发展，实现美丽中国美好愿景打下坚实基础。

## 一、实施背景

2015年前，中节能宁夏公司是以煤矿开采过程中从矿井巷道内和待开采煤层中抽出的瓦斯利用为主业的新能源发电公司。2015年后，国家煤炭行业开始实施去产能政策，中节能宁夏公司所依附的煤矿也在此次国家政策调控下永久性关停，成为废弃矿井，这给公司的经营带来了极其严重的影响。面对困境，中节能宁夏公司积极寻找新的发展领域，与中国工程院、中国矿业大学、国家安全生产监督管理总局煤炭信息研究院（现应急管理部信息研究院）、中国煤炭地质总局勘察研究总院、中煤科工集团西安研究院、股东方德国电力（RWE）等相关科研院所和单位交流，确定了废弃矿井瓦斯综合治理和利用为公司新的转型创业领域，上报股东会批准后于2016年年初正式立项，项目名称为“废弃矿井瓦斯综合治理和资源化利用”。

随着中国经济进入新常态，能源结构不断调整，环境治理力度加大，煤炭需求减少，政府加快推进煤炭行业整合重组、关闭落后煤矿，逐步淘汰落后产能，煤矿数量进一步减少。据不完全统计，“十二五”期间中国淘汰落后煤矿7100处，淘汰落后产能5.5亿吨/年，其中关闭煤矿产能3.2亿吨/年。预计到2020年，中国去产能煤矿数量将达到1.2万处，到2030年数量将达到1.5万处。这些废弃矿井保有瓦斯储量达万亿立方米量级，而且大部分为中、高瓦斯矿井。由于废弃矿井的瓦斯逸散极易发生爆炸，引起矿山及周边塌陷滑坡、井下积水造成水体污染、瓦斯泄漏导致温室效应加剧等危害，全国大量关停的煤矿犹如随时可能爆炸的炸弹，威胁着人民生命安全和生态环境的平衡。

在国外，英国自1954年开始研究废弃矿井瓦斯利用，已成功开发30个项目，废弃瓦斯综合利用装机容量为60兆瓦；美国目前有38个报废煤矿开展瓦斯治理利用项目，回收利用瓦斯量为1.6亿立方米；德国1998年开始对废弃矿井瓦斯进行抽采利用，上网电价政府补贴达到4欧分/千瓦时，有36个报废煤矿瓦斯综合利用项目在运行，装机容量约185兆瓦，每年抽采量达到2.5亿立方米，每年发电量10亿千瓦时。

国内废弃矿井瓦斯治理还处于初级阶段。2008年，国土资源部、国家发展改革委、环保部、国家安全生产监督管理总局联合下发《关于加强废弃矿井治理工作的通知》，但因国内地质条件复杂，地区差异性大，缺乏规模化、商业化开发经验，未取得实效。2017年4月15日，由50余名院士参与，以中国工程院院士袁亮为项目负责人承担的中国工程院重大咨询研究项目“我国煤矿安全及废弃矿井资源开发利用战略研究”启动会在北京召开。会议涉及拟构建煤矿安全与废弃矿井资源开发利用顶层设计与战略规划指导体系、提出工程科技攻关研究计划建议、形成示范工程指导意见，促进多学科交叉研究发展等议题，为国家相关方面提供决策参考和支撑。

2018年全国两会上，全国人大代表袁亮院士建议开发去产能煤矿资源开发利用示范工程，并提出三个研究方向：一是调研去产能及关闭煤矿可利用空间资源；二是开展去产能及关闭煤矿资源开发利用相关研究；三是开展去产能及关闭煤矿资源开发利用政策研究。全国政协委员、宁夏回族自治区副主席杨培君提出了“关于将废弃矿井安全及生态环境治理列入国家重大专项的建议”，解决废弃矿井重大安全隐患和生态环境修复问题，实现人与自然的和谐共生。在宁夏回族自治区“十三五”规划中期评估报告过程中，已将废弃矿井综合治理列为国家级示范项目的建议上报国家能源局，并积极协调国家能源局出台废弃矿井瓦斯综合治理利用政策，明确行业定位。

2019年全国两会上，袁亮院士再次提出“废弃矿井仍有很大开发价值”的提案，建议出台财政补贴、减免税、专项基金等多种扶持政策；国家应急管理部副部长黄玉治委员建议出台《煤矿闭坑管理办法》及配套规定，加强煤矿闭坑后资源的综合开发利用。

## 二、内涵

废弃矿井瓦斯综合治理是系统性工程，需要研究煤矿地质、水文、采矿、通风等条件，每个煤矿的客观条件有所不同，因此要有针对性、系统化地研究，制订治理方案。以中节能宁夏公司乌兰和石嘴山两个示范基地为依托，为废弃矿井瓦斯综合治理行业技术成果转化与应用提供可借鉴的工程示范经验，并提出“技术联盟＋产业基金”的商业管理模式，以及将废弃煤矿的治理纳入煤矿前期规划的安评和环评中。

中节能宁夏公司通过研究掌握废弃煤矿残存瓦斯的运移规律，构建的煤层群多煤层排采瓦斯资源储量预测模型，具有关键参数获取难度小、计算分类方法系统、计算精度高的特点。研发出的废弃煤矿地面卸压钻孔高效排采技术，可有效解决煤矿关闭报废后遗留的重大安全隐患和生态环境污染问题，实现大量废弃资源的回收再利用。针对不同关停煤矿的情况，中节能宁夏公司自主创新出适合国内煤矿地质条件的废弃煤矿瓦斯治理前治理和后治理两种模式，实现了国内废弃煤矿治理技术的突破和成功实践，并将废弃煤矿井下1%左右的超低浓度瓦斯进行综合利用，实现了废弃煤矿瓦斯零排放。通过废弃煤矿水污染防治技术和废弃煤矿水资源化利用的研究与实施，实现了废弃煤矿水回收、处理和循环再利用，以及回用水进行碳汇造林和生态产业园的建设，缓解了矿区用水紧张，实现了生态修复和废弃煤矿水资源的循环再利用。

## 三、主要做法

针对日益凸显的废弃矿井的瓦斯逸散容易发生爆炸，严重污染环境，引起塌陷滑坡、矸石污染、井下积水危害等灾害性问题，中节能宁夏公司通过废弃矿井瓦斯综合治理关键技术的应用，分别从废弃矿井瓦斯资源量评估、采空区及裂隙区瓦斯高效排采技术、废弃矿井瓦斯运移规律及富集区布井技术、关停煤矿矿井水治理及资源化利用技术、超低浓度瓦斯利用技术、低浓度瓦斯利用装置及关键部件创新、商业模式及产业化推广研究等方面展开研究，最终解决了废弃矿井瓦斯所造成的重大安全隐患、生态环境的严重破坏、废弃矿井水污染的防治、废弃瓦斯资源的浪费等问题，促进了关停煤矿转型脱困，增加了新的就业岗位及清洁能源供应，开辟了新的经济增长点。

该项目采用实证法、案例法、对比分析法等方法进行撰写，实证研究、案例研究以及经验总结是以废弃矿井乌兰和石嘴山两个示范基地为依托，针对不同关停煤矿的情况，研究总结出废弃矿井瓦斯综合治理前治理和后治理两种模式。

前治理模式是指在矿井关停未封闭前，在井下进行瓦斯和涌水抽排系统改造，巷道封堵，达到矿井关停后仍可继续抽排井下涌水和瓦斯的要求，实现废弃矿井瓦斯综合治理和资源化利用。废弃煤矿瓦斯治理前治理模式如图1所示。

后治理模式主要是对高瓦斯矿井在已经关停封井闭坑后的条件下，在地面通过实施地面卸压钻孔系统性工艺技术对废弃矿井瓦斯进行治理，实现废弃矿井瓦斯综合治理和生态环境修复。废弃煤矿瓦斯治理后治理模式如图 2 所示。

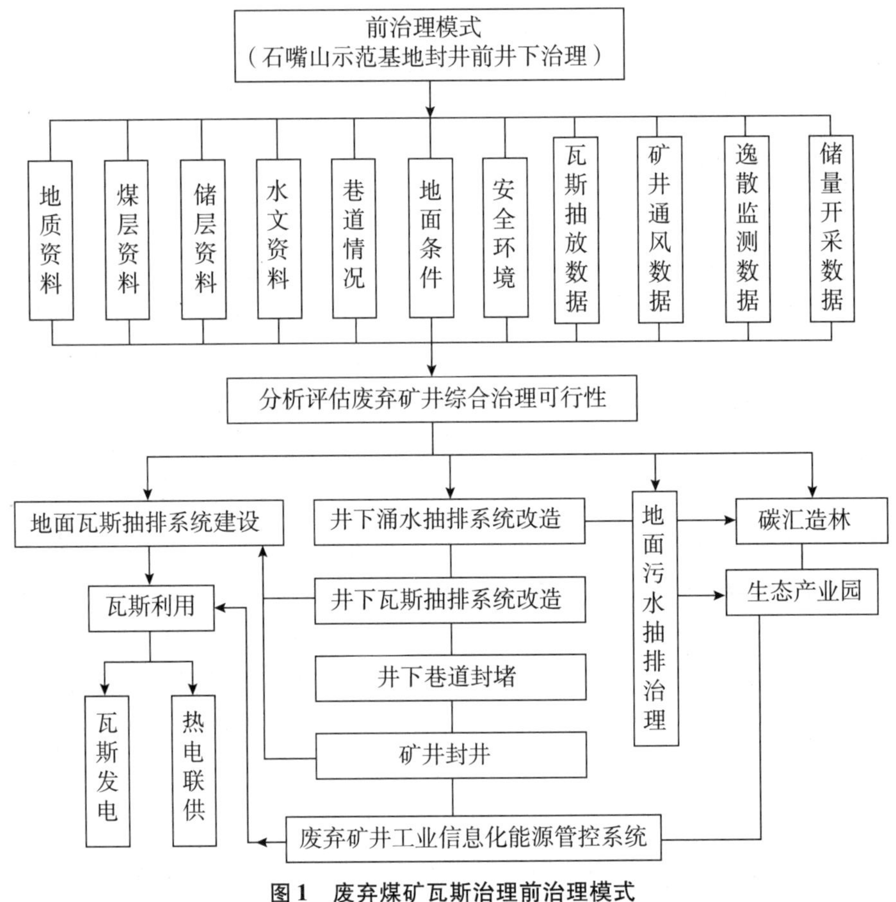


**图 1　废弃煤矿瓦斯治理前治理模式**

## 四、实施效果

中节能宁夏公司建设了国内首个示范项目基地，成立了国内首个废弃矿井瓦斯综合治理研究院。示范项目先导性方案、可行性研究报告已分别通过以中国工程院院士袁亮、武强为组长的专家组评审，并获得高度评价。

以我国煤矿矿井水治理权威专家中国工程院院士武强为组长的专家组评价："示范项目意义重大，方案可行，技术路线合理，研究内容创新性突出，填补了我国废弃矿井瓦斯综合治理和资源化利用领域的空白，对于解决我国即将面临大量关闭矿井的瓦斯综合治理及资源化利用难题，具有重要的理论指导意义和工程实用价值，推广应用前景广阔。"

以我国煤矿瓦斯综合治理权威专家中国工程院院士袁亮为组长的专家组评价："该项目基础工作扎实，资料可靠，论证充分，结论可信，方案本身可操作性强，项目实

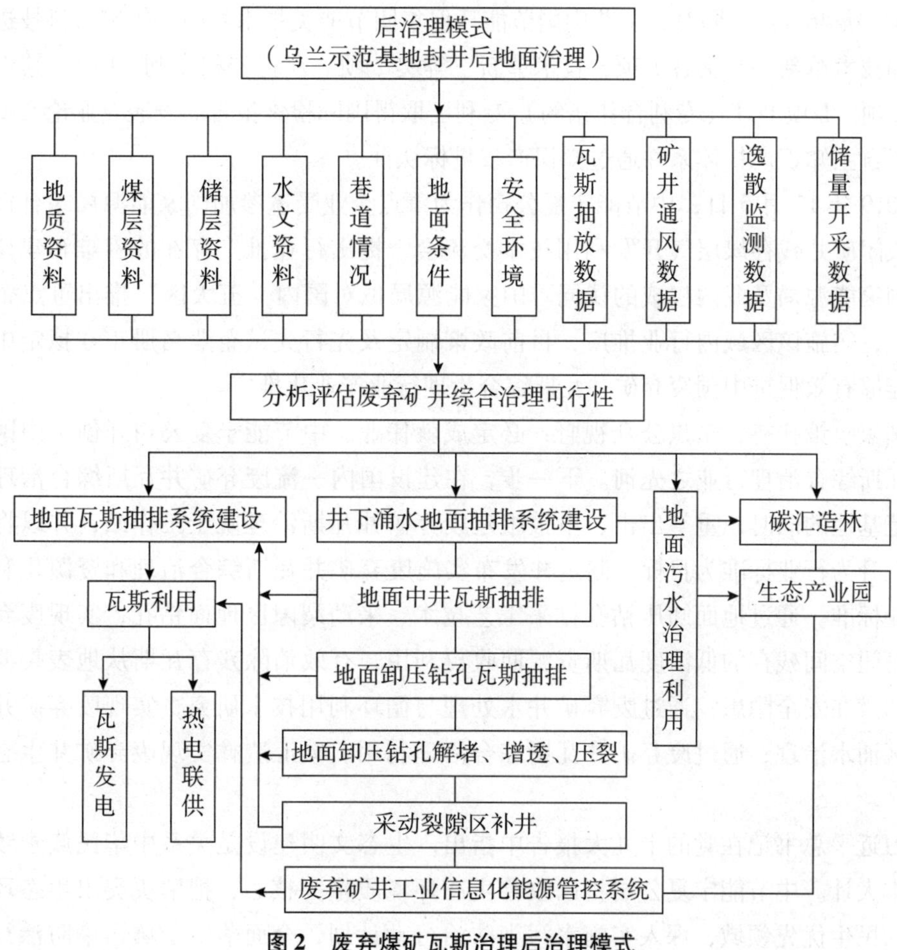

**图 2　废弃煤矿瓦斯治理后治理模式**

施能够保护当地大气环境，减少温室气体排放，实现矿区生态环境治理与恢复，带动相关产业的配套发展，具有安全、环境、社会和经济等多重效益。方案具有可行性。”

自主创新“废弃矿井瓦斯综合治理关键技术”成果被评价为“国际领先”水平，并于 2018 年 6 月录入国家科技成果库；该项技术取得 2018 年度自治区科学技术进步二等奖和绿色矿山科学技术奖技术研发类三等奖。该项技术通过在公司示范基地的应用，2015 年 1 月至 2019 年 11 月累计发电量 19632.48 万千瓦时，减排二氧化碳 109.07 万吨，2016 年至今累计科技成果转化收入 7960.09 万元。

中节能宁夏公司被认定为国家高新技术企业、宁夏回族自治区“专精特新”企业及科技中小型企业、国家级科技型中小企业，被评为宁夏回族自治区第一批资源综合利用示范企业和第二批自治区级中小企业创业创新梯队企业（成长之星）。“废弃矿井瓦斯综合治理和资源化利用示范项目云网管理平台”被列为国家工信部制造业“双创”平台试点示范项目。该项目获得国家科技部组织的第六届中国创新创业大赛宁夏赛区二等奖、国赛优秀企业奖；国家工业和信息化部组织的“创客中国”双创大赛企业组

100 强（第 46 名）。同时，荣获中国节能环保集团节能类技术发明一等奖、科技进步二等奖和技术革新一等奖各 1 项，技术革新三等奖 2 项。获得授权专利 19 项，其中发明专利 2 项。1 项 PCT（专利合作条约）专利已取得国际检索报告。发表专业论文 11 篇，形成了自主知识产权体系并通过知识产权贯标认证。

2019 年 12 月 5 日，中节能宁夏公司作为重点企业受邀参加国家能源局综合司关于召开关闭矿井残存煤层气开发利用技术交流会，提出行业推广存在的困难和建议，取得了国家能源局及业内权威的认同。国家能源局拟对国内“五大区”推出重点企业先行先试，实施该区域内行业推广，目前政策制定及先行先试企业名册正在拟定中，出台后能够有效促进中国废弃矿井瓦斯综合治理行业产业化推广。

国家政策扶持，聚焦公众视野，必定成就伟业。中节能宁夏公司开创了中国废弃矿井瓦斯综合治理行业之先河。下一步，在建设国内一流废弃矿井瓦斯综合治理及利用示范基地的同时，重拳出击，申报组建废弃矿井瓦斯治理院士工作站，并以将企业标准上升为行业标准为目标，制定并发布实施废弃矿井瓦斯综合治理和资源化利用系统企业标准。通过地面卸压钻孔排采工艺技术、采动裂隙区地面钻孔，实现废弃矿井井下密闭空间残存的低浓度瓦斯资源回收再利用，有效消除残存瓦斯从地表裂缝逸出造成的潜在安全隐患；通过废弃矿井水处理与循环利用技术研究，实现废弃矿井井下采空区涌水治理；通过废弃矿井瓦斯综合治理利用、碳汇造林实现废弃矿井生态环境修复。

习近平总书记在党的十九大报告中指出，生态文明建设是关系中华民族永续发展的根本大计。中节能宁夏公司将以改善生态环境质量为核心，把解决突出生态环境问题作为民生优先领域，深入实施水污染防治行动计划，全面落实土壤污染防治行动计划，加快补齐生态环境短板。宏伟蓝图已经铺就，科技创新驱动发展，勇于担当的“节能人”不会停下追梦青山绿水的脚步，终将打赢蓝天保卫攻坚战。

主创人：于志军　赵彦

参与人：祁铭　向其芝　汪伟

# 基于一体化信息平台的数据挖掘与效益效率提升

甘肃电投武威热电有限责任公司

## 前言

甘肃电投武威热电有限责任公司（以下简称“武威热电公司”）一体化信息平台是将电厂所有业务集成于同一平台的智慧电厂管理系统，囊括了企业门户、办公自动化、行政管理、财务管理、经营管理、设备管理、生产管理、安全管理、人力资源管理、厂级监控（SIS）以及视频监控系统等，杜绝了“信息孤岛”的存在，真正意义上实现了信息共享。同时，一体化信息平台结合了阿米巴经营管理思想无缝集成的智慧电厂管理系统，以阿米巴经营管理思想为核心，实现了智能化、一体化、自适应以及传统管理与智慧管理的完美结合。

在此基础上，一体化信息平台依靠 MIS（管理信息系统）、SIS（安全仪表系统）海量数据，进一步利用大数据技术，挖掘开发综合应用，实现了单元体经营效益核算，单体设备效益、效率核算，经营驾驶舱决策管理，重大事项监控管理等典型应用模式；同时实现了物资网络询报价、人力资源网络招聘、巡点检一体化管理、预算精细化管理、手机移动办公等功能，大幅度提高了工作效率，提升了经营效益。

## 一、成果背景

### (一) 常规的信息平台规划不系统，数据无法集成

很多电厂建立了功能较为独立的多套系统的信息化平台，造成数据共享难度大，系统集成性、操作性差，硬件资源浪费严重，无法做到全面的数据收集和统计分析。在企业管理过程中，各体系之间的接口、体系要素之间的协调，随着时间的动态变化而越来越复杂，矛盾越来越多，数据接口、数据交换成本高，问题解决起来也会越来越困难。

### (二) 应用开发不到位

常规的信息化建设中，能够实现规范化、标准化管控的公司很多，但能够实现提

高全员工作效率，提升公司经营效益，辅助公司决策的比较少，而开发一体化信息平台，主要是为了辅助经营决策。

### （三）大数据挖掘分析不到位

部分企业能够做到系统集成、数据集成，但对数据的挖掘和应用也仅有其表，不知道如何通过数据分析和平台管理分析指导公司的生产经营，降低生产经营成本，提升风险控制能力，提高员工的经营效益。此次创新的核心便是在电厂通过数据的挖掘获取公司整体的经营效率和经营效益。

## 二、内涵

### （一）典型应用

#### 1. 经营驾驶舱决策管理

传统的经营分析是根据月度财务报表，结合生产经营数据进行月度分析。存在的问题是数据滞后，而且不能提供一些指导经营决策的指标。当前电力市场竞争日益激烈，现货交易更是需要结合电力市场、煤炭市场等因素实时报价，迫切需要一套实时计算单位成本、单位利润等指标的决策辅助工具，为公司经营决策提供支持。

经营驾驶舱决策管理采用可视化、实时化数据及图表，展现实时的日度电成本、日度电利润、日度电燃料成本等指标，结合年累计计算的年度电成本、年度电利润、年总成本、年总收入、年总利润等指标，并根据不同的经营方案，分析边际利润，确定经营策略。真正意义上提供了一个“经营管理驾驶舱”。

经营年报通过月报数据归集，系统自动核算得出。年报数据每月更新一次，年报主要包括经营状况、利润趋势、产量、煤耗、营业收入、成本、发电成本及利润、度电成本等。通过这些指标，管理层能够清楚地掌握当前公司整体的运营情况，对下一步发展方向、经营策略、生产管理进行调整。

经营驾驶舱详解：

（1）经营状况：展示当前时间点的年度总收入、总成本、总利润。

（2）利润趋势：展示当年每月利润趋势，可与去年同期对比。

（3）产量：展示当前时间计划及与去年、本年的对比。

（4）煤耗：展示当前时间计划及与去年同期、本年的对比。

（5）营业收入：展示当前时间本年收入及占比。

（6）成本：展示当前时间本年成本占比及分析。

（7）发电成本及利润：展示本年截至当前时间的发电收入、成本以及利润，可与去年同期对比。

（8）度电成本：展示本年截至当前时间的度电成本、利润以及度电成本占比，可与去年同期对比。

（9）供热成本及利润：展示本年截至当前时间的供热收入、成本以及利润，可与去年同期对比。

（10）单位供热成本及利润：展示本年截至当前时间的单位吉焦供热成本、利润以及单位吉焦成本占比，可与去年同期对比。

经营月报通过月度结算数据导入、经营日报累计数据验证与修正、供电和供热成本及利润核算分析而形成。经营月报主要包括产量、收入/成本/利润、煤耗、每日利润趋势、耗水耗电率、燃料信息等，如表 1 所示。

**表 1　　　　经营月报**

| 核算单位：武威热电公司 | | | 单位：吨、元、吉焦、千瓦、人、小时 | | | |
|---|---|---|---|---|---|---|
| 一级科目 | 二级科目 | 三级科目 | 本月累计（不含税） | | | 备注 |
| | | | 数量 | 单价（不含税） | 金额 | |
| 收入 | 外部收入 | 供电 | 12678.53 | 0.235 | 2979.45 | 平均电价 0.275 元，含环保的除税电价 |
| | | 供暖 | 48.73 | 27.027 | 1317.03 | 供气价格 30 元/吉焦 |
| | | 其他 | | | 27.70 | |
| 生产总收入 | | | | | 4324.18 | |
| 成本 | 变动成本 | 购入电费 | | | 0 | |
| | | 水费 | | | 17.30 | |
| | | 燃料费 | 5.31 | 519.59 | 2761.30 | |
| | | 材料费 | | | 19.70 | |
| 变动成本合计 | | | | | 2798.30 | |
| 边际利润 | | | | | 1525.88 | |
| 固定费 | 检修费 | | | | 0 | |
| | 管理费 | | | | 180.90 | |
| | 人工成本 | | | | 135.20 | |
| | 财务费用 | | | | 310.30 | |
| | 折旧费 | | | | 8.10 | |
| 固定成本合计 | | | | | 634.50 | |
| 利润 | | | | | 891.38 | |

续 表

| 核算单位：武威热电公司 | | | 单位：吨、元、吉焦、千瓦、人、小时 | | | |
|---|---|---|---|---|---|---|
| 一级科目 | 二级科目 | 三级科目 | 本月累计（不含税） | | | 备注 |
| | | | 数量 | 单价（不含税） | 金额 | |
| 在岗人数 | | | | | 346 | |
| 工时 | | | | | 66432 | |
| 人均贡献值 | | | | | 2.58 | |
| 人均单位时间贡献值 | | | | | 0.39 | |
| 生产总成本 | | | | | 3432.80 | 包括财务利息和营业税金及附加 |
| 度电单位成本（元/千瓦） | | | | | 0.18 | |
| 度电利润（元/千瓦） | | | | | 0.05 | |
| 供热单位成本（元/GJ） | | | | | 24.48 | |
| 供热单位利润（元/GJ） | | | | | 6.36 | |
| 供热比 | | | | | 34.75% | |

经营日报通过每天基于市场和公司经营状况的预测分析，以及对公司的收入、成本、利润预估而形成。经营日报便于公司各个层面开展能耗指标分析、产量预测、运行方式调整、检修工作安排以及经营决策。经营日报表见表2。

2. 单体设备效益、效率核算

很多电厂的经营生产分析，只能统计到每年的材料费、折旧费、损耗等成本的投入，以及整体的产出收入，无法统计某一台设备或系统运行投入、产出以及单耗。一体化信息管理平台通过整合MIS、SIS整体数据，将某个单体设备或系统独立统计核算，在各种工况下的投入、产出数据进行统计分析，让全厂设备的运行参数和运行成本以数据的形式展现，让所有人都能清楚地掌握设备的最优运行工况，以最低的成本创造最大的效率和效益。

以磨煤机为例，对每台磨煤机投入的钢球、润滑油、耗电、缺陷、维护成本、备件更换成本以及产出的煤量进行统计分析，对每一项的单耗以及磨煤机整体的经济效益进行研究，通过每日、每月数据的对比，一方面可判断设备运行的健康情况，另一方面可分析每台设备的成本、收入以及利润，做到精益求精。

单体设备效益、效率核算以磨煤机为例，如表3所示。

从数据分析看出，A磨煤机钢球单耗明显大于B磨煤机和C磨煤机钢球单耗，经过进一步分析，A磨煤机衬板损耗严重，耗用钢球多，出力不足，计划改造为经济耐磨型衬板，提高磨煤机出力，降低磨煤机费用。

**表 2** 经营日报

| 核算单位：武威热电公司 | | | | | | | 单位：吨、元、吉焦、千瓦、人、小时 | | | |
|---|---|---|---|---|---|---|---|---|---|---|
| 一级科目 | 二级科目 | 三级科目 | 当日（不含税） | | | | 本月累计（不含税） | | | 备注 |
| | | | 数量 | 度电成本分析 | 单价（不含税） | 金额 | 数量 | 单价（不含税） | 金额 | |
| 收入 | 外部收入 | 供电 | 5372400.00 | | 0.235 | 1262514.00 | 97151704.00 | 0.235 | 22830650.44 | 平均电价 0.275 元，含环保的除税电价 |
| | | 供暖 | 28325.00 | | 31.70 | 897902.50 | 392477.00 | 31.703 | 12442698.33 | 供气价格 35.19 元 |
| | | 供汽 | | | | 0.00 | 0.00 | 0 | 0.00 | |
| | | 炉渣 | 17.30 | | 12.82 | 221.79 | 2835.46 | 12.821 | 36353.43 | 11 月 1 日开始计算 |
| | | 石膏 | | | 17.09 | 0.00 | | 17.094 | 0.00 | 11 月 1 日开始计算 |
| | | | | | 12.82 | 0.00 | 3273.54 | 12.821 | 41970.06 | 11 月 1 日开始计算 |
| | | 煤灰 | 568.38 | | 25.64 | 14573.26 | 9749.40 | 25.641 | 249984.37 | 11 月 1 日开始计算 |
| 生产总产值 | | | | | | 2175211.55 | | | 35601656.63 | |
| 成本 | 变动成本 | 购入电费 | | | | | | | | |
| | | 水费 | 5124.00 | 0.001 | 1.45 | 7429.80 | 78087.00 | 1.45 | 113226.15 | 实际发生数 |
| | | 燃料费 | 2669.28 | 0.162 | 543.80 | 1451554.46 | 40489.71 | 529.86 | 21453877.74 | |
| | | 天然气 | | 0.000 | 2.30 | 0.00 | | 2.30 | 0.00 | |
| | | 材料费 | 1.00 | 0.003 | 27397.26 | 27397.26 | 18.00 | 27397.26 | 493150.68 | 年分摊成本 |
| | 其他费用 | | | 0.000 | | | | | | |
| 变动成本合计 | | | | 0.165 | | 1486381.52 | | | 22060254.57 | |
| 边际利润 | | | | 0.077 | | 688830.03 | | | 13541402.05 | |

续 表

| 核算单位：武威热电公司 | | | | | | | 单位：吨、元、吉焦、千瓦、人、小时 | | | |
|---|---|---|---|---|---|---|---|---|---|---|
| 一级科目 | 二级科目 | 三级科目 | 当日（不含税） | | | | 本月累计（不含税） | | | 备注 |
| | | | 数量 | 度电成本分析 | 单价（不含税） | 金额 | 数量 | 单价（不含税） | 金额 | |
| 固定费 | | 检修费 | 1.00 | 0.003 | 24657.53 | 24657.53 | 18.00 | 24657.53 | 443835.54 | 按照全年成本分摊到日，当月按50%计入生产成本计算 |
| | | 管理费 | 1.00 | 0.003 | 23287.67 | 23287.67 | 18.00 | 23287.67 | 419178.06 | |
| | | 人工成本 | 1.00 | 0.008 | 68493.15 | 68493.15 | 18.00 | 68493.15 | 1232876.70 | |
| | | 财务费用 | 1.00 | 0.015 | 136986.30 | 136986.30 | 18.00 | 136986.30 | 2465753.40 | |
| | | 折旧费 | 1.00 | 0.023 | 205479.45 | 205479.45 | 18.00 | 205479.45 | 3698630.10 | |
| 固定成本合计 | | | | 0.051 | | 458904.10 | | | 8260273.80 | |
| 利润 | | | | | | 229925.93 | | | 5281128.25 | |
| 在岗人数 | | | 350 | | | 350 | | 350 | 350.00 | 在册员工 350 |
| 工时 | | | | | | 2800.00 | 18.00 | | 50400.00 | |
| 人均贡献值 | | | | | | 656.93 | | | 15088.94 | |
| 人均单位时间贡献值 | | | | | | 82.12 | | | 104.78 | 工作时间按 8 小时/日 |
| 生产总成本 | | | | 0.216 | | 1945285.62 | | | 30320528.37 | |
| 度电单位成本（元/千瓦） | | | | | | 0.22 | | | 0.20 | 按供热比分摊 |
| 度电利润（元/千瓦） | | | | | | 0.03 | | | 0.03 | |

续 表

| 核算单位：武威热电公司 | | | | | | | 单位：吨、元、吉焦、千瓦、人、小时 | | | |
|---|---|---|---|---|---|---|---|---|---|---|
| 一级科目 | 二级科目 | 三级科目 | 当日（不含税） | | | | 本月累计（不含税） | | | 备注 |
| | | | 数量 | 度电成本分析 | 单价（不含税） | 金额 | 数量 | 单价（不含税） | 金额 | |
| 供热单位成本（元/GJ） | | | | | | 27.62 | | | 28.38 | |
| 供热单位利润（元/GJ） | | | | | | 3.26 | | | 4.94 | |
| 供热比 | | | 40.21% | | | | 36.73% | | | 实际供热比 |

利润分析：当日营业利润较前一日减少，因上网电量比前一日减少40.26万千瓦时，供热量基本不变，收入降低；同时入炉标煤单价升高，成本增加。

注：本报表为全年成本分摊下的单日盈利能力对比数据，作为盈利能力分析的参考，并非财务结算数。

表3　　磨煤机2019年度单耗数据

| 序号 | 项目 | A磨煤机 | | B磨煤机 | | C磨煤机 | |
|---|---|---|---|---|---|---|---|
| | | 计划 | 累计 | 计划 | 累计 | 计划 | 累计 |
| 1 | 磨煤机运行小时数 | 7000 | 7153 | 7000 | 7148 | 5000 | 3866 |
| 2 | 磨煤机磨煤量（万吨煤） | 30.00 | 29.98 | 30.00 | 31.63 | 15.00 | 13.81 |
| 3 | 磨煤机钢球耗量（吨） | 15.0 | 18 | 15 | 16 | 7.5 | 6 |
| 4 | 磨煤机检修维护材料费（元） | 70000 | 65000 | 70000 | 72000 | 70000 | 59000 |
| 5 | 磨煤机耗电量（万千瓦时） | 900 | 793 | 900 | 962 | 400 | 393 |
| 6 | 磨煤机钢球单耗（吨/万吨煤） | 0.50 | 0.60 | 0.50 | 0.51 | 0.50 | 0.43 |
| 7 | 磨煤机电耗（万千瓦时/万吨煤） | 30.00 | 26.45 | 30.00 | 30.41 | 26.67 | 28.46 |
| 8 | 磨煤机材料费单耗（元/万吨煤） | 2333.33 | 2168.11 | 2333.33 | 2276.32 | 4666.67 | 4272.27 |

说明：1. 磨煤机运行小时数、磨煤量、耗电量从SIS系统自动获取；2. 磨煤机钢球耗量、检修维护材料费从MIS系统自动获取。

3. 单元体经营效益核算（内部公司制）

阿米巴经营就是把能够统计计算收入、支出的单元体，按独立经营体核算，实行内部公司制，分析效益、效率。

火电厂燃煤成本占总成本的65%～70%，也是变动成本的98%，火电厂在燃煤方面的经营主要方法，就是在价格较低时多进煤，价格高时少进煤，一般来讲这样做是比较经济的。但煤场贮煤会有热值损失，在电量低迷、没有发电量的情况下，煤场贮煤的效益被长期存放造成的热值损失抵消了。为了提高煤场的贮煤效益和效率，将煤场作为一个独立的经营体核算。这样做一方面可以提高煤场的效益，另一方面也可以为是否扩建煤场，增加贮煤量，提高贮煤效益提供依据。利用SIS、MIS数据，以煤场作为一个单元经营体，以火电厂为另一个单元经营体，把管理费用、折旧、账务费用按照固定资产占比分摊，确定各项成本，合理确定交易价格。燃料经营体从外部采购煤，然后再以公司确定的价格出售给发电经营体，通过煤的一进一出计算出燃料经营体的利润，如此便完成了一次内部公司交易和核算。公司经过煤场经营体核算，发现煤场经营体效益远大于火电厂经营体效益，在当前电量市场情况下，扩建煤场贮煤是更加经济的方式。为了进一步提升该经营体的效益和效率，燃料经营体自发通过煤场经营体独立核算机制，确定煤场的贮煤量为10.5万吨时最经济。燃料经营体向公司申请并将贮煤量由原来的9万吨提高至10.5万吨。

一体化平台利用SIS、MIS数据，将公司划分为多个经营体，依靠提高单个经营体效益，从而不断提高公司整体经营效益。

详细的煤场经营体报表如表4～表8所示。

**表 4　　燃料经营会计日报**

单位：吨、元、千卡

| 一级科目 | 二级科目 | 三级科目 | 标识计算 | 实际值 | | | 差异 | 备注 |
|---|---|---|---|---|---|---|---|---|
| | | | | 标煤数量 | 标煤单价 | 金额 | | |
| 收入 | 外部销售 | 标煤 | A1 | 88.66 | 891.34 | 79026.20 | | 为地区提供煤炭销售，折合为标煤计算；数字源取自外部销售统计报表合计值 |
| | 内部销售 | 标煤 | A2 | 106.41 | 785.67 | 83603.14 | | 向发电巴销售，折合为标煤计算；数字源取自内部销售统计报表合计值 |
| 销售总额 | | | A = A1 + A2 | 195.07 | 833.70 | 162629.34 | | |
| 变动费用 | 外部采购 | 标煤 | B1 | 641.56 | 630.53 | 404522.83 | | 按购买价格计算，折合为标煤计算；数字源取自外部采购统计报表合计值 |
| 采购合计 | | | B = B1 | 641.56 | 630.53 | 404522.83 | | |
| 边际利润 | | | C = B - A | 446.49 | 541.76 | 241893.48 | | 标煤数量：数据源取自本表采购合计标煤数量减去销售总额标煤数量；标煤单价：实时统计标煤价值金额除以标煤数量；金额：数据取自本表采购合计金额减去销售总额金额 |

续 表

| 一级科目 | 二级科目 | 三级科目 | 标识计算 | 实际值 | | | 差异 | 备注 |
|---|---|---|---|---|---|---|---|---|
| | | | | 标煤数量 | 标煤单价 | 金额 | | |
| 固定费 | 折旧费 | 办公面积折旧费 | D1 | | | 94.02 | | 数据源取自生产部门服务费计算明细表本值；折旧费按照20年计算，均摊到日 |
| | | 办公设备折旧费 | D2 | | | 10.96 | | 数据源取自本表生产部门服务费计算明细表本值；折旧费按照5年计算，均摊到日 |
| | | 生产设备折旧费 | D3 | | | 50684.93 | | 数据源取自生产部门服务费计算明细表本值；折旧费按照20年计算，均摊到日 |
| | | 生活面积折旧费 | D4 | | | 94.02 | | 数据源取自生产部门服务费计算明细表本值；折旧费按照20年计算，均摊到日 |
| | | 小计 | D = D1 + D2 + D3 + D4 | | | 50883.93 | | |
| | 财务费 | | E | | | 45795.54 | | 数据源取自本表折旧费小计，按照折旧费的90%计算 |
| | 管理费 | | F | | | 0.00 | | 数据源取自折旧费小计，按照折旧费的90%计算 |
| | 服务费 | 部门内部服务费 | G1 | | | 0.00 | | 部门内部统计金额 |
| | | 生产部门服务费 | G2 | | | 5063.23 | | 数据源取自生产部门服务费计算明细表本值；单位折算成元后，均摊到日，本月按照31日计 |
| | | 公司服务费 | G3 | | | 3197.16 | | 数据源取自生产部门服务费计算明细表本值；单位折算成元后，均摊到日，本月按照31日计 |
| | | 小计 | G = G1 + G2 + G3 | | | 8260.39 | | |

续 表

| 一级科目 | 二级科目 | 三级科目 | 标识计算 | 实际值 | | | 差异 | 备注 |
|---|---|---|---|---|---|---|---|---|
| | | | | 标煤数量 | 标煤单价 | 金额 | | |
| 固定费 | 其他费用 | 煤炭占用资金利息 | H1 | | | -4761.38 | 当日数据不计息 | 以库存原煤 8 万吨为基准，按照库存大于 3500 万元价值时，超出金额计算，按照年息 5% 计息；数据源取自库存统计报表合计值金额减去 3500 万元后乘以年息率，均摊到日 |
| | | 物资占用资金利息 | H2 | | | 0.00 | | 燃料巴购买物资占用利息，物资在库时间 3 个月内不计息，超出 3 个月后按照年息 5% 计算 |
| | | 其他费用 | H3 | | | -4761.38 | | |
| | | 小计 | H = H1 + H2 + H3 | | | 0.00 | | |
| | 合计 | | I = D + E + F + G + H | | | 104939.86 | | |
| 利润 | | | J = C - D - E - F - G - H - I | | | 136950.14 | | |
| 在岗人数 | | | K | | | 5 | | 取自燃料巴实际在岗在册员工；金额项按照人数统计 |
| 工时 | 正常 | | L1 | | | 40.00 | | 按照法定工时统计乘以在岗人数；金额项按照工时录数 |
| | 加班 | | L2 | | | 15.00 | | 按照当日实际工时除去法定工时后统计乘以在岗人数；金额项按照工时录数 |
| | 合计 | | L = L1 + L2 | | | 55.00 | | |
| 人均贡献值 | | | M = J/K | | | 7355.03 | | |
| 人均单位时间贡献值 | | | M = J/L | | | 668.64 | | |

**表 5** **每日外部销售统计** 单位：吨、元、千卡

| 序号 | 单位 | 车号 | 销售单价 | 吨位 | 销售热值 | 金额 | 标煤数量 | 标煤单价 | 备注 |
|---|---|---|---|---|---|---|---|---|---|
| 1 | 单位 1 | 甘 H－×××××| 430.00 | 25.00 | 3127.00 | 10750.00 | 11.17 | 962.40 | 销售单价：为单一煤种原煤合同价（包含税款），本表采用经营部核算定价 |
| | | | | | | | | | 吨位：单一煤种每辆车经过汽车衡的原煤净重 |
| | | | | | | | | | 销售热值：单一煤种每辆车出厂原煤采制样化验数据 |
| | 小计 | | 430.00 | 25.00 | 3127.00 | 10750.00 | 11.17 | 962.40 | 小计销售单价：为单一煤种合同价（包含税款），可采用单一煤种独立单价，亦可根据单一煤种的合同方式结合热值进行一辆车结算，本表格采用求和取均值；吨位：单一煤种求和值；结算热值：按照单一煤种实际热值与标煤热值同吨位正比关系进行推算出结果；金额：为单一煤种求和值；标煤数量：为单一煤种标煤求和值；标煤单价：按照单一煤种结算金额累计值除以标煤累计数量 |
| 2 | 单位 2 | 甘 H－×××××| 440.00 | 28.00 | 3345.00 | 12320.00 | 13.38 | 920.78 | 金额：按照单一煤种原煤合同单价和出厂数量乘积结果 |
| | | 甘 H－×××××| 440.00 | 29.00 | 3546.00 | 12760.00 | 14.69 | 868.62 | 标煤数量：将单一煤种原煤按照热值与吨位的正比关系折算后取得的吨位（电厂煤种管理品种较多，为了便于计算、统计、盘煤，采用标煤制） |
| | | | | | | | | | 标煤单价：按照单一煤种结算金额累计值除以标煤累计数量 |
| | 小计 | | 440.00 | 57.00 | 3447.26 | 25080.00 | 28.07 | 893.48 | |

续 表

| 序号 | 单位 | 车号 | 销售单价 | 吨位 | 销售热值 | 金额 | 标煤数量 | 标煤单价 | 备注 |
|---|---|---|---|---|---|---|---|---|---|
| 3 | 单位3 | 甘H－××××× | 450.00 | 31.00 | 3612.00 | 13950.00 | 16.00 | 871.88 | |
| | | 甘H－××××× | 450.00 | 32.00 | 3589.00 | 14400.00 | 16.41 | 877.51 | |
| | | 甘H－××××× | 450.00 | 33.00 | 3611.00 | 14850.00 | 17.02 | 872.50 | |
| | | 小计 | 450.00 | 96.00 | 3603.99 | 43200.00 | 49.43 | 873.96 | |
| 合计 | | | 443.99 | 178.00 | 3486.81 | 79030.00 | 88.66 | 891.38 | 合计原煤单价：多煤种原煤合计金额统计除以原煤累计吨位统计；吨位：多煤种原煤求和值；结算热值：按照多煤种合计原煤吨煤统计与标煤吨位同热值正比关系进行推算出结果；金额：为多煤原煤种求和值；标煤数量：多煤种标煤求和值；标煤单价：按照多煤种结算金额统计值除以标煤统计数量 |

表 6　　每日内部销售统计　　单位：吨、元、千卡

| 序号 | 煤种 | 销售单价 | 吨位 | 入炉热值 | 金额 | 标煤数量 | 标煤单价 | 班次 | 值别 | 备注 |
|---|---|---|---|---|---|---|---|---|---|---|
| 1 | 煤种 1 | 600.00 | 13.00 | 5128.00 | 7800.00 | 9.52 | 819.33 | 后夜 | | 销售单价：为单一煤种原煤合同价（包含税款），本表采用经营部核算定价 |
| | 煤种 2 | 500.00 | 14.00 | 4332.00 | 7000.00 | 8.66 | 808.31 | | | 吨位：单一煤种每辆车经过汽车衡的原煤净重 |
| | 煤种 3 | 400.00 | 15.00 | 3977.00 | 6000.00 | 8.52 | 704.23 | | | 入炉热值：单一煤种原煤入炉采制样化验数据 |
| | 小计 | 500.00 | 42.00 | 4451.60 | 20800.00 | 26.71 | 778.73 | | | 小计销售单价：为单一煤种合同价（包含税款），可采用单一煤种独立单价，亦可根据单一煤种的合同方式结合热值进行一辆车结算，本表格采用求和取均值；吨位：单一煤种求和值；结算热值：按照单一煤种实际热值与标煤热值同吨位正比关系进行推算出结果；金额：为单一煤种求和值；标煤数量：为单一煤种标煤求和值；标煤单价：按照单一煤种结算金额累计值除以标煤累计数量 |
| 2 | 煤种 1 | 600.00 | 21.00 | 5181.00 | 12600.00 | 15.54 | 810.81 | 早班 | | 金额：按照单一煤种原煤合同单价和出厂数量乘积结算 |
| | 煤种 3 | 400.00 | 22.00 | 4006.00 | 8800.00 | 12.59 | 698.97 | | | 标煤数量：将单一煤种原煤按照热值与吨位的正比关系折算后取得的吨位（电厂煤种管理品种较多，为了便于计算、统计、盘煤，采用标煤制） |
| | | | | | | | | | | 标煤单价：按照单一煤种结算金额累计值除以标煤累计数量 |
| | 小计 | 500.00 | 43.00 | 4579.84 | 21400.00 | 28.13 | 760.75 | | | |

续 表

| 序号 | 煤种 | 销售单价 | 吨位 | 入炉热值 | 金额 | 标煤数量 | 标煤单价 | 班次 | 值别 | 备注 |
|---|---|---|---|---|---|---|---|---|---|---|
| 3 | 煤种 1 | 600.00 | 20.00 | 5122.00 | 12000.00 | 14.63 | 820.23 | 中班 | | |
| | 煤种 2 | 500.00 | 19.00 | 4299.00 | 9500.00 | 11.67 | 814.05 | | | |
| | 小计 | 550.00 | 39.00 | 4721.05 | 21500.00 | 26.30 | 817.49 | | | |
| 4 | 煤种 2 | 500.00 | 31.00 | 4356.00 | 15500.00 | 19.29 | 803.53 | 前夜 | | |
| | 煤种 3 | 400.00 | 11.00 | 3799.00 | 4400.00 | 5.97 | 737.02 | | | |
| | 小计 | 450.00 | 42.00 | 4210.12 | 19900.00 | 25.26 | 787.81 | | | |
| 合计 | | 503.61 | 166.00 | 4356.00 | 83600.00 | 106.41 | 785.64 | | | 合计原煤单价：多煤种原煤合计金额统计除以原煤累计吨位统计；吨位：多煤种原煤求和值；结算热值：按照多煤种合计原煤吨煤统计与标煤吨位同热值正比关系进行推算出结果；金额：为多煤原煤种求和值；标煤数量：多煤种标煤求和值；标煤单价：按照多煤种结算金额统计值除以标煤统计数量 |

**表 7　　日销售统计**　　单位：吨、元、千卡

| 科目 | 原煤数量 | 原煤平均热值 | 标煤数量 | 销售标煤单价 | 销售金额 | 备注 |
| --- | --- | --- | --- | --- | --- | --- |
| 外部 | 178.00 | 3486.81 | 88.66 | 891.34 | 79030.00 | 数值取自汽车采购统计报表 |
| 内部 | 166.00 | 4210.12 | 106.41 | 785.67 | 83600.00 | 数值取自火车采购统计报表 |
| 合计 | 344.00 | 3969.47 | 195.07 | 833.70 | 162630.00 | |

**表 8** 日库存统计 单位：吨、元、千卡

| 科目一 | 科目二 | 原煤数量 | 原煤平均热值 | 标煤数量 | 标煤单价 | 金额 | 备注 |
|---|---|---|---|---|---|---|---|
| 采购煤 | 汽车 | 378. 00 | 3417. 20 | 184. 53 | 676. 97 | 124920. 00 | 数据取自采购统计报表 |
| | 火车 | 675. 00 | 4739. 58 | 457. 03 | 611. 77 | 279600. 00 | 数据取自采购统计报表 |
| 小计 | | 1053. 00 | 4264. 88 | 641. 56 | 630. 53 | 404520. 00 | 数据取自采购统计报表 |
| 销售煤 | 外部销售 | 178. 00 | 3486. 81 | 88. 66 | 891. 34 | 79030. 00 | 数据取自外部销售统计报表 |
| | 内部销售 | 166. 00 | 4356. 00 | 106. 41 | 785. 67 | 83600. 00 | 数据取自内部销售统计报表 |
| 小计 | | 344. 00 | 3969. 47 | 195. 07 | 833. 70 | 162630. 00 | 原煤数量：销售方式原煤种求和值；原煤平均热值：按照销售方式小计原煤吨煤统计与标煤数量同热值正比关系进行推算出结果；标煤数量：销售方式标煤求和值；标煤单价：按照销售方式小计金额统计值除以标煤统计数量；金额：销售方式原煤种求和值 |
| 昨日库存累计 | | 0. 00 | 0. 00 | 0. 00 | 0. 00 | 0. 00 | 数据取自上期经营日报表，本次按照零库存统计 |
| 今日累计库存 | | 709. 00 | 4408. 21 | 446. 49 | 541. 76 | 241890. 00 | 原煤数量：当日采购原煤数量减去销售原煤量加上昨日库存原煤量；原煤平均热值：按照库存原煤吨煤统计与标煤数量同热值正比关系进行推算出结果；标煤数量：当日采购标煤煤数量减去销售标煤量加上昨日库存标煤量；标煤单价：按照库存金额统计值除以库存标煤统计数量；金额：当日采购原煤金额减去销售原煤金额加上昨日库存原煤金额 |

4. 重大事项监控管理

重大事项监控管理对系统内流程执行情况及现场安全生产情况进行实时监控，避免造成信息失真，执行延误，使公司生产运营一览无余。

（1）全局流程监控

流程监控是平台运行的基础，是平台内业务处理效率的关键因素。平台内配置了流程统计分析、流程跟踪、流程报警、流程阻塞点分析等功能。

流程分析一方面可对不合理的流程进行优化，使公司业务流程越来越平顺，另一方面可对流程阻塞节点进行分析，对流程处理人工作量或工作能力进行评估，根据评估结果，对相关人员或相关岗位职责进行优化调整，提高流程处理的平顺性，提高公司各部门间的协同能力和工作效率。流程报警功能是将超时未处理流程自动转发至当前流程处理人上一级领导处，由领导跟踪督促流程执行与处理。

以物资需求计划流程为例，见图1、表9。

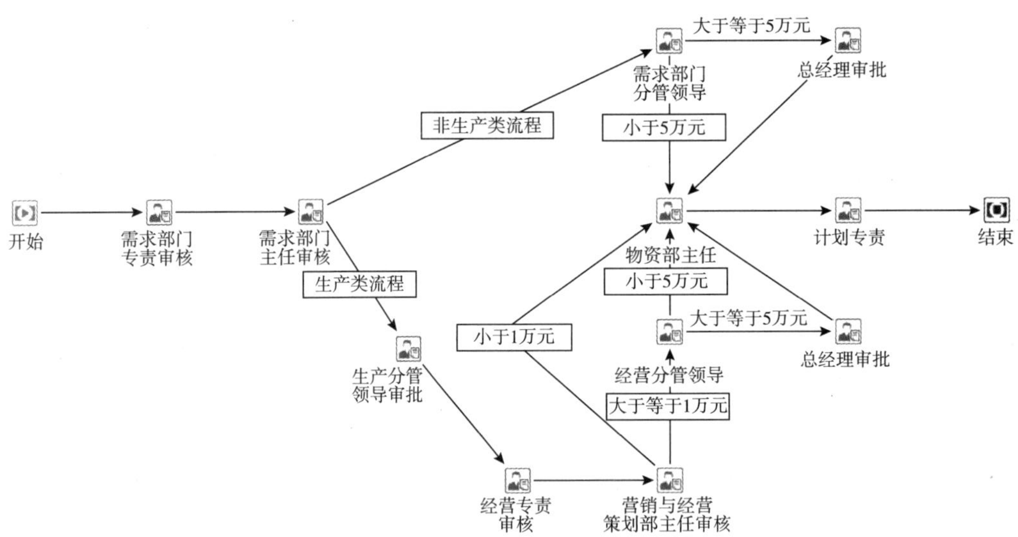


**图1　物资需求计划流程监控**

通过不断的分析，不断的督促，不断的优化，整体工作效率也将不断地提升，最终必将转化为公司整体的效益。

（2）安全生产实时监控

视频监控系统共计安装366个摄像头，完全覆盖全厂所有关键位置及设备，为安全管理、生产管理提供最实时的现场画面。一体化平台集成视频监控系统的所有画面，按照不同的管理范围，对用户进行授权，一旦现场发生影响安全生产事件，在整个事件处理过程中，相关管理人员可通过一体化平台，直接调取现场画面，从而防止现场人员汇报信息失真，误传误报或假传假报，管理人员无法第一时间掌握现场处理情况，

表 9　　物资需求计划流程监控

| 流程名称 | 流程节点 | 平均耗时（小时） | 是否正常 |
|---|---|---|---|
| 物资需求计划 | 申请人提交 | 0 | |
| | 需求部门专责审核 | 3.85 | 是 |
| | 需求部门主任审核 | 4.28 | 是 |
| | 需求部门分管领导 | 16.9 | 是 |
| | 生产分管领导审批 | 7.82 | 是 |
| | 经营专责审核 | 24.85 | 否 |
| | 经营部主任审核 | 10.62 | 是 |
| | 经营分管领导审核 | 8.66 | 是 |
| | 物资部主任核准 | 14.86 | 是 |
| | 总经理审批 | 25.23 | 是 |
| 合计 | 流程平均总耗时 | 117.07 | 是 |

导致事件无法得到合理处理。

2017 年年底，机组初投产，由于煤炭市场过于紧张，武威热电公司所采购的煤质量差、热值低、易结焦，加上运行过程中因结焦严重，落渣孔严重堵塞，机组随时都有停运、发电供暖供气中断的危险。针对这种情况，总经理、各部门管理人员密切关注锅炉燃烧结焦与清焦情况，并通过一体化平台视频监控画面实时掌握现场处理进度，并及时协调督办。

总结：①现场所有设备及系统均可以按单体设备效益核算的方法进行管理，与设备算账，用金额表示出所有设备的运行状况。②任何可独立计算收入的经营体，均可实现单元体经营核算，实现内部公司制管理。③利用经营驾驶舱决策功能，实现全公司整体效率、效益的实时掌控并及时作出科学决策。

### （二）其他应用

#### 1. 实现物资网络报价

一体化平台通过网络发布物资需求信息，供应商自行报价，采购员进行报价汇总并择优采购。传统的人工询报价由于工作量大，对比分析难度大，只能在有限的三四家单位间进行报价，同时人为参与过多，存在人为操作询报价的情况，最终导致公司成本增加的风险。该系统上线后，一方面，可以实现更多供应商同时报价，降低了公司采购成本，同时在很大程度上节省了人力投入，武威热电公司网络报价上线应用后，全公司采购员仅 2 名，且可完全满足工作需要。另一方面，整个报价过程价格数据全部隐藏，直至报价结束后，系统一次性将报价全部显示，且数据无法进行修改，大大降低了由于人为因素造成的公司损失风险。

2. 实现人力资源网络招聘

招聘流程：制订招聘计划、应聘人员通过网络填报、自动汇总报名信息、录用审批、员工入职。

应用效果：一方面，在简历收集过程中，较以往邮箱投递的工作量断崖式减少，人工大约需要十分钟甚至更多时间才能把一名应聘者信息从邮箱整理到表格中，而网络招聘实现自动归类统计、查阅打印，最终应聘成功后，简历信息自动转移至人力资源模块，作为员工基础信息，一次录入，永久使用。另一方面，凡是在系统中投递过简历的人，都将永久保存在招聘人才库中，为公司人才储备提供了保障。

3. 实现全面预算管理

预算管理系统实现公司年度预算建立、执行、调整、预警、控制、分析的全过程管理，完成公司材料费、检修费、管理费、资产购置、技改项目、职工薪酬的全范围覆盖，为企业的事前计划、事中控制、事后分析提供了有效的工具和必要的手段。

## 三、主要做法

1. 平台未定，规划先行

武威热电公司建厂一开始就编制《全厂信息化规划方案》，确定信息化建设原则为系统性和完整性、实用性和先进性、标准化和开放性、安全性和可靠性、经济性和灵活性；确定信息化建设目标为基建/生产一体化、生产/经营一体化、MIS/SIS（管理信息系统/厂级监控信息系统）一体化，实现设备全寿命周期管理，实现从结果到过程追溯的辅助决策；确定 MIS、SIS、视频监控等信息化平台功能定位及信息化最终目标，就是要把信息化建设成为国内领先、省内一流的信息化平台。

2. 系统选型，有理有据

首先，武威热电公司严格依据信息化建设规划方案所提出的要求，对信息化实施比较成功、应用效果较好的电厂进行了多次学习调研，学习信息化实施过程中的经验、信息化管理模式等。通过对电厂的调研，确定几家关键的软件供应商，然后对其软件的基本信息进行调研，包括软件架构、软件功能、软件二次开发难度、软件价格、使用方便性、公司实力以及对该项目的重视程度等。其次，为了使信息化更加符合武威热电公司经营生产的思想，公司组织员工对热电厂经营管理方面进行系统学习，使新的经营思想融入公司整个系统中，最终确定信息化系统统一的管理平台。

### 3. 信息投入，软硬兼行

确定软件平台后，根据软件平台对信息化硬件平台系统提出的要求，对信息化服务器、数据存储、网络传输、安全防护等硬件进行详细的确认和选型，重点针对系统运行可靠性、安全性对信息化硬件进行组织安装，以实现功能。

### 4. 集成平台，杜绝孤岛

由于受各部门的制约，每个部门只考虑自己的情况，分别按自己的要求各自建设不同品牌信息化系统，而忽略了各部门之间的配合，最后信息化数据共享不得不以数据接口方式来实现。武威热电公司为避免这种情况的出现，依据信息化建设规划及系统平台选型，使所有软件功能都建设在同一个平台之上，实现了所有数据系统内部共享，消除了信息孤岛。财务数据分析、人工效率分析、绩效分析、成本分析、燃料信息等全部集成于同一个系统内，对后期系统升级、大数据挖掘、数据二次分析等提前打下良好的基础，使系统可靠性、稳定性等得到大幅度提升。

### 5. 精细实施，思想融入

以管理思想指导一体化信息平台实施。电厂一体化智能信息管理平台实施主要方向有两个，一是平台生态化，就是建立信息化生态系统，使所有的管理信息、生产信息、监控信息等信息流互相扶持、互相依存，这样的好处是共享度高、后续可扩展性强；二是基于目前大数据、云计算、物联网等信息技术的发展，实现平台的移动化、实时化、自动化、准时化、智能化和精细化。

系统主要功能介绍：一体化信息平台以安全、经济运行管理为重点，以设备检修为基础，以完成发电量为目标，以电厂的资产管理为主线来优化电厂的机组性能指标，整合生产计划和策略，协调各个部门的运转，实现全厂的安全、高效、经济运行。主要规划建设的功能模块为：设备管理、物资管理、运行管理、人力资源管理、生产统计管理、燃料管理、计划管理、安全监督管理、项目管理等。

（1）设备管理

以统一的编码体系（包括 KKS 编码）为纽带，从逻辑设备、设备位置和设备类型三维角度建立电厂全部设备的整体框架和各类设备管理台账，对设备的基础信息、检修历史、成本信息、备品备件清单、可靠性信息、启停记录、报警记录、生产实时参数和相关文档等信息进行综合管理。通过设备数据库形成设备知识库，并构建树状结构，可以快速地查询、显示有关设备的运行状况、检修历史、异动状况等信息，能够及时采取措施，保障正常安全生产，从而使设备管理达到自动化、信息共享化，以满足设备管理需求。

（2）缺陷管理

设备缺陷管理模块是系统的重要组成部分，通过日常缺陷处理过程中的数据积累为系统的分析、统计提供数据来源。该模块采用工作流驱动，通过缺陷登录、缺陷处理、缺陷验收、缺陷统计、缺陷考核等步骤，对缺陷进行登记、审核、批准、跟踪、统计，使电厂对缺陷进行有序处理。

（3）故障体系

创建某类设备可能发生的所有故障，建立故障代码、症状代码、原因代码、解决措施代码，并建立与设备、设备位置或设备类型的对应关系。设备症状树是对大量设备缺陷和检修工作经验的总结，而这些经验反过来将指导设备检修工作。

（4）预防性维护检修

预防性维护检修是对关键设备根据其使用情况、设备质量、运行环境等建立维护检修方案，定期地进行设备检修或零备件更换，希望把一些可能引起设备失效的因素限制在发生之前，目的是保证关键设备始终处于良好的运行状态中。同时把对每一设备或功能位置的定期保养方案合并为一个针对该设备或运行位置的预防性维修记录来进行集中管理。

（5）巡点检管理

巡点检系统实现了对点检工作的管理，使巡点检工作从策划、现场巡点检、巡点检结果上传到系统得以实现闭环。按设备检修类别建立检修项目，电厂可以根据设备的实际运转情况，调整个别的巡点检周期，使巡点检更加合理。围绕巡点检制的要求和特点，在确保管理顺畅、切合实际的前提下，尽最大可能简化、优化流程，减少巡点检人员的劳动强度。

（6）项目管理（PM）

项目管理包括项目策划管理、项目进度管理、项目费用管理、项目采购管理、项目设备管理、项目质量管理、项目合同管理、项目分析等。

（7）工单管理

工单管理是对由缺陷产生的工单、预防性维护工单、由项目产生的请求工单，进行工单的计划、审批、执行、检查和完工处理。工单管理通过工作流的运行机制推动事务向既定的方向发展，从而有效控制设备维护工作的进程，跟踪工单状态。汇总维修、维护任务成本，进行实际成本与预算的分析比较，实时调整相应预算。

（8）物料管理

物料管理包括采购件信息、库存件信息、供应商管理、采购件供应商管理、物资采购计划、物料询价、物资采购订单、物资入库、物料库存、领用申请、物资出库、物资盘点、库存转移、库存报废、月结统计（对接财务部）、按项目统计（对接计划合同部）、按班组统计（对接工程技术部）等。最终实现物料的全生命周期管理。

（9）运行管理

运行管理包括运行日志、试验卡管理、操作票管理、交班指标、设备运行状态、运行巡检、定期试验与切换、运行分析、值长报告等。

（10）安全监督管理

安全监督管理包括安全目标管理、安全组织管理、制度管理、安全教育培训、应急管理、安全事件管理、隐患治理、风险管理、两票管理、职业健康管理、问题库管理等。

（11）技术监督

技术监督包括电能质量、金属、化学、绝缘、热工、电测、环保、继电保护、节能、锅炉、汽机、励磁十二项监督，是对设备健康水平与安全、质量、经济运行方面的重要参数、性能与指标进行监督、检查、调整及评价。

（12）计划管理

计划管理包括个人周/月/年计划管理、部门周/月/年计划管理、经营周/月/年计划管理、生产周/月/年计划管理、公司周/月/年计划管理、党群计划管理。

（13）生产统计管理

生产统计管理包括生产日报管理、生产月报管理、生产季报管理、生产年报管理以及各专业指标统计等相关报表管理。

（14）燃料管理

燃料管理包括燃料计划管理、燃料合同管理、燃料入厂管理、燃料报表管理、燃料化验管理、燃料掺烧管理、数字化煤场、燃料结算管理、粉煤灰销售管理等。

（15）人力资源管理

人力资源管理包括员工基本信息管理、组织结构管理、职位结构管理、劳动合同、考勤管理、请假管理、薪酬管理、保险福利、绩效管理、培训管理、劳保管理、出差管理、岗位变动、门户自助、在线学习等。

## 四、实现效果及应用情况

### （一）实现效果

①实现了火电企业信息化规划在全国的两个第一。一是全国第一套将电厂所有业务集成于同一平台的智慧电厂管理系统。囊括企业门户、办公自动化、行政管理、财务管理、经营管理、设备管理、生产管理、安全管理、人力资源管理以及厂级监控等，杜绝信息孤岛存在，真正意义上实现了信息共享。二是全国第一家将阿米巴经营管理模块无缝集成的智慧电厂管理系统，以阿米巴经营管理思想为核心，实现了智能化、一体化、自适应以及传统管理与智慧管理的完美结合。

②实现了火电企业信息化规划在全国的三个先进。一是 MIS 系统与 SIS 系统完美结

合，实现现场实时数据的灵活穿透和历史数据的完整追溯。二是燃料管理系统引入先进的全套智能化燃料管理思想，并在同一平台上二次开发实现，数据共享无障碍。三是实现了 MIS、SIS 系统硬件资源合理分配。通过共享网络交换机、存储备份设备，省去 MIS、SIS 系统之间的安全隔离设备，既节约了硬件投资，又增加了设备可靠性。采用先进的虚拟化技术，按 MIS、SIS 系统需求自动分配硬件资源，单机故障不影响整体系统运行，提高了系统运行可靠性，同时实现了多套应用系统同时在一套服务器组平台上运行且互不影响。

### （二）应用情况

一体化智能信息平台是以经营会计为核心的信息化平台，最终目标是形成经营数据集成并以驾驶舱为载体展现，为公司决策、经营、生产提供了准确的数据支撑。

①传统电厂经营管理中，经营数据为月报形式，每月进行一次经营分析，管理层只能通过近几个月的数据对下个月的经营目标进行分析、指导和决策。自从应用该经营管理模式后，管理层通过经营驾驶舱日数据的展示和分析，可每日对次日生产、经营目标进行指导和管控，使经营管理更加精细化。

②经营驾驶舱数据不光是数据的累积，也是生产方式方法的累积。传统的经营月报管理方式，要想对各种经营模式下的利润进行分析，只能做到每月一次，而且各种不同的生产方案测试也是只有在月底才能计算出对经营的影响，效果反馈慢且多次测试无法进行。自从应用该经营管理模式后，经营驾驶舱以日报形式反馈生产方案对经营的影响程度，管理层每日都可进行生产方案的调整，从而实现利润最优，且方案成形快。因此，在这种模式下，管理层决策以日报数据为支撑，使得经营管理方案调整更快更优。

③经营驾驶舱实现多模块、多数据的统一数据集成，实现了生产经营数据的共享，利用生产实时画面数据，可以直接对设备进行管理，方便快捷。年度目标、月度目标以图表形式实现了对热电厂生产经营的收入、利润及成本等指标的直观展示和分析，对下一步的工作安排更加明确和详细。

④实际效益。

- 库存相比往年平均下降 12%，采购员岗位仅需 2 名员工。
- 设备消缺时间由原来的平均 8 小时降低到 4 小时。
- 物资周转周期由原来的 120 天降低到 81 天。
- 设备故障次数降低 20%。
- 设备检修周期预计减少 1/4。
- 近两年检修成本降低 2% 以上。
- 企业员工工作效率提高 25% 以上（流程报警）。
- 精细化预算管理（预算报警）。

➢ 企业内部信息共享，透明化管理，实现资源优化配置。

➢ 实现安全管理、设备管理、物资管理、财务管理一体化，降低企业运营成本。

➢ 减少招聘周期 25% 以上。

➢ 该系统成为企业设备管理可持续化发展目标的有效支撑。大量的检修文件包、运维文件包的标准化使用，使知识和经验得以传承、沉淀、积累。

➢ 该系统为发电企业信息化管理创新探索了一种成功的模式。由于发电企业管理模式的相似性，该系统可以在发电行业广泛推广。通过该管控平台，可以使发电企业的创新能力、团队协作战斗力、对发电企业文化理念制度流程贯彻执行的能力都能得到不同程度的提升。

➢ 未来展望：更安全、更经济、更先进、更高效、更环保。

创造人：杜新丰　王建宏

参与人：王海文　梁达志　庄伟平

# 基于“以孔代巷”瓦斯治理模式实践的煤矿企业创新体系建设

淮河能源集团地质勘探工程处

## 前言

淮南矿区煤层赋存地质条件和地质构造复杂，瓦斯灾害时刻威胁着矿井生产，是中国瓦斯灾害严重矿区的典型代表。经过持续探索，淮河能源集团地质勘探工程处（以下简称“勘探处”）创立了多项瓦斯治理技术体系，形成了二十余项创新成果，使矿区安全生产状况得到了根本改变，为推动全国煤矿瓦斯治理技术进步作出了突出贡献。

勘探处按照淮河能源控股集团煤业公司职能定位，以打钻为“首”，以治瓦斯、治水为“两翼”，坚持治瓦斯治水并重，着力构建井下、地面立体化矿井灾害治理模式，为淮南本土煤业安全基本面稳定保驾护航。14 年的专业化队伍建设，推动了打钻卸压抽采瓦斯成为井下瓦斯治理的主要手段，有效支撑了“一通三防”成为瓦斯治理的“定海神针”，钻孔瓦斯治理效果为业内同行所称道。

当前，勘探处积极响应党的十九大号召，积极贯彻创新、协调、绿色、开放、共享的发展理念，实行技术创新与创新能力建设并重，推动企业高质量发展。

从自身产业发展实际出发，针对现有工作面上隅角瓦斯治理技术的不足，结合国内外煤矿井下定向钻进技术现状，勘探处创新提出了利用井下高位大直径定向长钻孔替代高抽巷的瓦斯治理思路，即“以孔代巷”。通过技术创新，形成了适用于淮南矿区复杂岩层顶板高位定向长钻孔布孔方法、成孔工艺及装备配套，并成功完成了成果转化，取得了可观的经济、社会和环境效益。

## 一、实施背景

### （一）“以孔代巷”瓦斯治理技术的高标准要求

“以孔代巷”瓦斯治理技术是目前国内煤矿井下回采工作面上隅角瓦斯治理的研究热点，已在淮南矿区示范成功，并取得了多项创新成果。淮南矿区采用当前煤矿井下最先进的随钻测量定向钻进技术及大功率定向钻进装备，钻孔设计、成孔工艺、配套装备等工作与目前大量使用的常规钻进技术和装备大有不同，主要表现在以下三个方面。

1. 钻孔设计

高位定向钻孔布孔特点是沿煤层顶板裂隙带延伸，使钻孔保持最佳抽采效果，具有瓦斯抽采浓度高、流量稳定的优点。钻孔设计要求钻孔从工作面回风巷开孔，轨迹爬升进入目标层后沿该层延伸，钻孔轨迹轴线呈现为一条空间三维曲线，通过随钻测量定向钻进技术可以确定实测钻孔轨迹轴线上每一测点的空间坐标，并使钻孔轨迹沿设计轨迹精确钻进。轨迹设计及实钻数据处理需要借助专业的软件，较常规钻孔轨迹直线设计方法更专业，也更科学、精确。

2. 成孔工艺

顶板高位定向钻孔施工一般采用“定向钻进 + 扩孔钻进 + 筛管护孔”的施工工艺流程，成孔深度一般可达到500 米以上（超过常规钻孔深度的3 倍）；高位定向孔孔身结构一般由“爬升段”“降斜段”和“稳斜段”组成，在淮南矿区复杂的顶板条件下，不同孔段采用的钻进工艺及配套钻具也有所不同；高位定向钻孔要求全孔段扩孔，采用复合扩孔工艺，同时钻孔采用长距离筛管完孔工艺，这对司钻人员控制操作水平提出了很高的要求。因此，尽管淮南矿区已经形成了复杂顶板条件下高位大直径定向钻孔施工的成套作业规程，但对实施人员的专业理论、技术、操作、创新等能力提出了更高的要求。

3. 配套装备

高位大直径定向钻孔配套装备主要由大功率定向钻机、泥浆脉冲无线随钻测量系统、钻具、钻头等组成，装备组成类型多、数量大、系统复杂，保养、维护、储存专业化要求高。

### （二）现有管理制度存在不足

针对井下高位大直径定向钻孔技术与装备的特点，为推动创新成果服务于生产，推动企业高质量发展，勘探处认真总结了现有管理制度的不足。

1. 创新团队不健全

重点项目多与外部单位合作开展，勘探处根据项目特点组建专门的创新研究团队，一般由项目负责人、骨干研究人员组成，负责项目申报、协调和组织执行，班组人员由各队组临时抽调，专业化及创新能力不够，导致项目实施过程中困难重重，也不利于创新成果转化。

2. 创新成果转化考核机制不完善

缺乏创新成果转化考核机制，“怕麻烦”“乐于现状”的消极思想影响着生产单位对创新成果转化、推广的积极性；此外，原有考核制度体系不适用于当前的新技术，无法达到激励员工的目的。

3. 过程管理不规范

过程管理不够周到细致，缺乏相应的时间节点考核依据，责任没有明确落实到人，造成施工过程执行力不足。

针对上述问题，勘探处以“以孔代巷”项目为依托，以问题为导向，以上率下找差距抓落实，探索创新创效的科学管理模式，进一步推进企业创新能力建设，促进企业的高质量可持续发展。

## 二、内涵

勘探处为保障“以孔代巷”瓦斯治理技术创新成果服务于生产，在现有技术管理制度体系的基础上，形成了创新创效团队建设及管理机制。健全技术创新管理体制和机制，构建了技术创新体系；成立创新管理团队，注重技术人才的储备和培养，加强交流学习，取长补短，互相借鉴，增强团队创新意识，依托技能大师工作室、技能竞赛、师徒结对子等工作的开展推进集体创新能力建设，提高成员技能水平，增强团队整体实力；针对定向长钻孔施工高标准、高精度的要求，不能盲目追求进尺的特点，应以提高职工的学习热情和技能水平为目标，激发技术创新能力，通过不断完善，形成了定向长钻孔施工的考核机制；强化技术攻关流程管理，把握创新方向，完成创新成果转化。

## 三、主要做法

以问题为导向，不仅要深刻剖析找问题，还要勇于担当抓落实，通过勘探处从上到下自省自查、自我剖析，针对企业管理阻碍企业创新创效、高质量发展的各种问题和不足，结合“以孔代巷”瓦斯治理技术攻关及创新成果转化工作，做到找出一样，落实一样，发现一样，解决一样，找出问题的根源，并从根本上解决问题，做到源清流洁、本盛木荣。

### （一）构建创新体系，保障创新能力

按照“确保安全、提高效率、增加效益、激发活力”的总体要求，勘探处健全了技术创新管理体制和机制，构建了技术创新体系，以保障企业创新能力建设。

1. 成立领导小组，明确管理职责

勘探处成立了技术创新工作领导小组。处长任组长，党委副书记、总工程师、副处长任副组长，副总工程师、各机关部门、基层单位负责人为小组成员，通过对各岗位、各成员的责任细化，加强过程管理，监督执行落实，提高项目执行水平。

2. 推进协同创新，鼓励自主创新

坚持问题导向，勘探处围绕井下打钻、地质防治水、地面勘探、注浆工程、综合物探、抢险救援六大职能中的安全生产技术难题组织攻关，需要外协单位共同完成的，积极联系科研院校和企业，按照上级部门相关规定组织申报、立项和研究工作。为激发基层工区自主创新活力，提升自主创新水平，要求基层单位组建创新团队，紧紧围绕制约本单位安全生产效率和效益的瓶颈问题进行技术攻关。

3. 强化过程管理，落实主体责任

为确保技术创新项目管理及创新工作有序开展，勘探处设置岗位、专人负责技术创新管理工作，严格按照“项目申报、立项—项目实施—项目验收、结项”的管理流程实施。要求基层单位同期必须开展1~2个自主创新项目，项目负责人具体负责创新项目的组织、开展、实施、总结、费用归集等工作；机关相关部门履行职责，做好技术创新管理及服务工作。

4. 完善转化考核机制

针对创新成果转化考核机制不完善的问题，勘探处建立健全了创新推广和激励机制。做好创新项目阶段总结工作，每季度召开一次创新成果推广会，并适时组织现场交流会，对好的创新成果进行推广应用。强化激励政策，开展年度技术创新评先评优活动，对技术创新成果和“技术创新之星”进行表彰奖励；完善考核机制，给予创新人才更高的政治待遇，将技术创新成果纳入年度考核加分内容，对于技术创新人才，优先评优定级，优先提拔使用。

（二）加强团队建设，提升创新水平

1. 成立创新团队

针对创新团队不健全问题，在技术攻关阶段，重视专业班组在创新工作中的作用，成立技术攻关小组，成员由专业技术人员、班组管理人员、技术能手等组成，具体负责项目现场实施，对创新成果与现场生产实际适应性进行把关。同时对现场存在的问题和不足进行修正和完善，在项目的实施过程中逐渐形成专业技能班组，在后期的成果转化以及工程示范中起到先锋队的作用。

为推动“以孔代巷”瓦斯治理技术创新成果转化，勘探处在原专业技能班组的基础上成立了定向长钻孔施工团队。团队以“敬业、协作、创优、奉献”为精神理念，发扬“忠诚、敬业、坚韧、开放、创新、协同”的企业精神，以争创“强化基础管理、练就高效队伍、开创一流业绩”的专业化钻探团队为目标，积极开展“青年文明号”创建活动，并在荣获市级“青年文明号”的基础上，积极申报创建省级“青年文明号”，成为淮河能源大直径定向长钻孔施工团队。

2. 注重人才队伍建设

勘探处健全了以总工程师为首，工程技术人员、高技能拔尖人才、技术大拿、比武状元、优秀青年员工等广泛参与的人才梯队，通过开展集群创新，不断攻克技术难题。一方面，坚持固化已有创新成果，并推广应用；另一方面，紧跟行业技术前沿，做到创造性地开展工作，坚持产学研联合，开辟新的创新领域。

为打造一流的井下复杂岩层高位大直径定向长钻孔专业化施工团队，勘探处注重人才队伍建设，加强技术人才和高技能人才的储备和培养，保障技术创新人才需求。不断吸纳青年人才进入团队，补充技术创新的生力军，经过 3 年的建设，团队现有成员 85 人，35 岁以下成员 64 人，其中高级工程师 1 名，工程师 4 名，助理工程师 2 名，高级工 16 名，中级工 12 名，另有大中专毕业生 32 名。

3. 通过交流学习，提高技能水平

为不断提高员工专业化技术水平，应加强交流学习，取长补短，互相借鉴。勘探处组织内部交流研讨会、创新论坛等，对施工工艺、创新成果、工程施工情况等进行交流学习；邀请专家、科研单位人员、技术大拿等围绕设备、装置及施工工艺等开展专项培训，组织技术、生产骨干参与，提高其技能水平。

4. 开展创新创效创优活动

为不断完善高位大直径定向钻孔设计方法、成功工艺、事故处理工艺、配套装备，持续开展创新创效创优活动，通过开展“周周学”活动，“你提问、我解答”活动，“五小”创新，专利申报等工作，营造创新氛围，提高创新水平；依托技能大师工作室、技能竞赛、师徒结对子等工作的开展，提高成员技能水平，增强团队整体创新实力。

## （三）创新考核机制，激发创新活力

勘探处根据定向钻进技术特点创新了井下定向钻孔考核机制，优化了分配方案。与普通钻孔施工相比，“以孔代巷”定向长钻孔施工要求高标准、高精度，不能盲目追求进尺，所以不能采用常规的以米计资方法。为了提高职工的学习热情和技能水平，激发技术创新活力，通过不断探索，勘探处形成了适用于定向长钻孔施工的考核机制。采取以技能水平定分配系数的方案进行工资分配，加尺人员系数范围0.8~0.9，钻机操作人员系数范围1.0~1.3。具体根据钻孔施工情况结合轨迹控制、解决实际问题能力等情况确定每名职工的分配系数。因此调动了职工的学习和工作积极性，使其养成了在工作中多思考的习惯，短时间内培养了一大批具有相当业务水平的定向钻专业人员。

### （四）强化流程管理，把握创新方向

#### 1. 加强与科研单位合作，研制配套钻具

淮南矿区煤层赋存地质条件复杂、顶板稳定性差，顶板大直径高位定向长钻孔施工存在成孔困难、钻具安全性差、钻进效率低等问题。勘探处通过与科研单位合作，研制了高韧性高强度扩孔专用钻杆、整体式宽翼片螺旋钻杆、岩层PDC（聚晶金刚石复合片）定向钻头和扩孔钻头、螺旋形螺杆马达、螺旋无磁钻杆和小直径扭冲工具等，选配了大功率ZDY15000型定向钻机、高泵压大泵量泥浆泵车和矿用泥浆脉冲无线随钻测量装置等，形成了适合淮南矿区的成套顶板大直径高位定向钻孔钻进装备。

#### 2. 优化布孔设计

高位顶板定向钻孔布孔要求是钻孔轨迹沿煤层顶板裂隙带延伸，以确保钻孔保持最佳抽采效果。布孔设计方案是影响钻孔施工及抽采效果的重要因素。为提高技术人员设计钻孔轨迹的专业水平，勘探处配备专职技术人员负责，要求按照"地质先行、整体设计、单孔调整、先设计后施工"的原则，借助专业软件，设计出更科学、精确的钻孔轨迹，以更好地指导钻孔施工。

#### 3. 成套技术研究

针对淮南矿区地质条件复杂的特点，勘探处立项开展复杂顶板岩层高位定向长钻孔施工工艺研究，建立了"制订研究方案—开展工艺研究—形成技术方案—现场试验—效果分析—总结验收"的项目实施流程。实施过程中，以问题为导向，解决问题为目的，进行了复合定向钻进工艺、扩孔钻进工艺和复杂孔段成孔工艺的研究，分别制订了复合定向钻进轨迹控制技术、扩孔技术和成孔技术方案。通过现场试验，后期进行抽采及效果数据考察分析，最终形成了适用于淮南矿区的复杂顶板高位定向长钻孔施工成套技术。具体项目实施流程如图1所示。

## 四、实施效果

通过创新管理建设，在集团公司领导下，在同行兄弟单位的大力协助下，勘探处

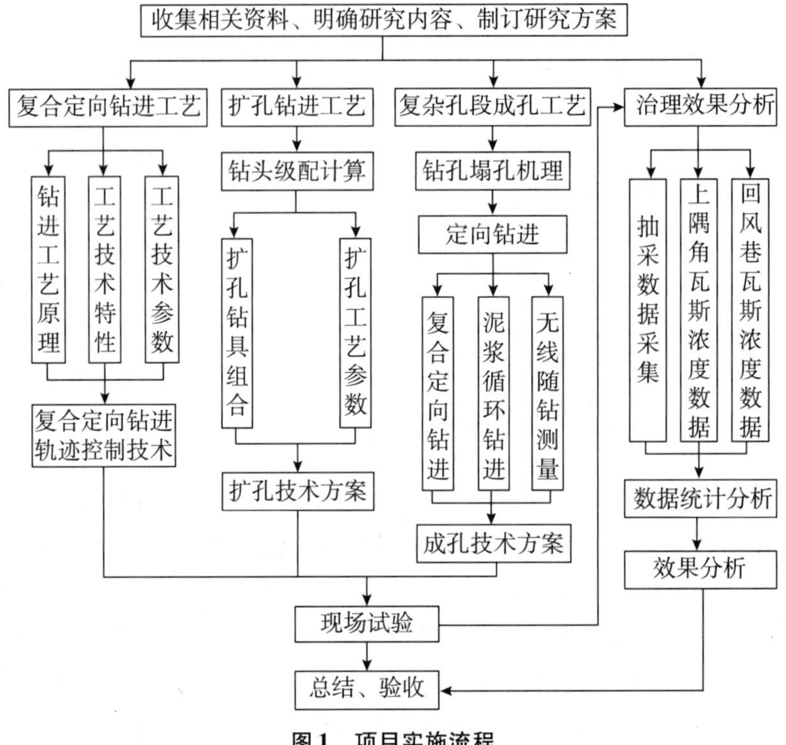


**图1　项目实施流程**

成功攻克了淮南矿区复杂顶板条件高位大直径定向长钻孔成孔难题，形成了井下高位大直径定向长钻孔成套施工工艺及配套装备，瓦斯抽采效果显著，达到了“以孔代巷”的目标，取得的多项创新成果达到国际领先水平，为煤矿井下工作面上隅角瓦斯治理探索出新的途径。

经过三年多的努力，勘探处成功完成了“以孔代巷”技术成果转化，打造出一支一流的井下顶板高位大直径定向长钻孔专业化团队，机组规模达到3套，年钻进进尺量达到35317米，年减少高抽巷掘进3500米，减少瓦斯排放量（新增瓦斯利用量）560.4万立方米，减少矸石堆放量4.79万立方米，实现了绿色、安全、高效开采，推动了企业高质量发展。

通过创新企业管理，勘探处从上到下创新氛围焕然一新，形成了一股创先争优风气，核心技术全面掌握，核心竞争力有效提高，勘探文化软实力更加雄厚，勘探品牌更加过硬，行业影响力明显提升，企业活力有效迸发，企业发展步入良性轨道。

创造人：赵俊峰　李泉新

参与人：丁同福　刘德贵　方有向　许超　万玉柱

# 以“党建绩效评价”推动党支部工作高质量发展

路安集团漳村煤矿

## 前言

党的十九大报告强调，“要以提升组织力为重点，突出政治功能，把企业、农村、机关、学校、科研院所、街道社区、社会组织等基层党组织建设成为宣传党的主张、贯彻党的决定、领导基层治理、团结动员群众、推动改革发展的坚强战斗堡垒”。2018年7月，习近平总书记在全国组织工作会议上指出，要“加强支部标准化、规范化建设”。标准决定质量，有什么样的标准就有什么样的质量。新形势下，如何运用标准化的原理、方法，提高基层党建工作质量，是国有企业亟待破解的重大现实课题。山西潞安集团漳村煤矿党委（以下简称“漳村煤矿党委”）通过开展党支部质量标准化规范化建设，以建强基层组织来夯实基础工作、提升基本能力，加强“三基建设”，提升基层党建工作质量。

## 一、实施背景

2009年3月9日，习近平总书记对山西潞安集团党建工作作出重要批示，“潞安集团党委的实践为探索现代企业制度下国有企业党的建设规律提供了有益参考”。2018年10月，中央印发了《中国共产党支部工作条例（试行）》，明确提出“全面提升党支部组织力，强化党支部政治功能，充分发挥党支部战斗堡垒作用”“加强分类指导和督促检查”“加强党支部标准化、规范化建设”等具体要求。

通过近两个月的调查研究，漳村煤矿党委发现基层党支部建设还存在一定的问题。比如：党建工作标准不够高、要求不够严、考评不够细，离中央要求的标准化、规范化建设还有一定的差距；党建工作评价不规范，关注定量的多，考评重点多集中在会议是否召开、记录是否齐全、活动是否开展上，衡量工作好坏、质量高低缺乏规范的流程和统一的标准；政工干部年龄结构老化、队伍梯次失衡，同时受政工工作软指标、潜绩效等因素的影响，岗位交流困难，工作动力不足，不能很好地适应新时代党建工作创新发展的现状，政治理论素养和业务工作能力有待进一步提升；围绕安全生产、企业发展，党建创新力度不够，党员作用发挥平台不多，虽有品牌建塑但不尽如人意，党建优势、党建作为、党建活力在生产经营过程中彰显不足；等等。

为深入贯彻习近平总书记在全国国有企业党的建设工作会议上的讲话精神，以及对山西潞安集团党建工作的重要批示精神，漳村煤矿党委根据《中国共产党章程》《中国共产党支部工作条例（试行）》等文件精神，突出问题导向、目标导向、实践导向，将企业管理的质量标准引入党建工作，在全矿推行了党支部工作质量标准化规范化建设和“四讲四有”党员竞赛，将党建工作绩效管理的实践探索延伸到了基层党支部、落实到了普通党员，着力解决“党建工作要求不严、质量不高、运行不规范、评价不科学”的问题，进一步推动了企业党建工作质量稳步提升。

## 二、内涵

2019年以来，漳村煤矿党委认真落实新时代党的建设总要求，对标《潞安集团党建工作评价大纲（试行）》《党建工作绩效评价审核标准和评分标准（试行）》，构筑运行了党支部质量标准化考评体系，通过工作标准化、运行规范化、考评精准化，进一步提升党建质量，实现精简高效。以社会主义思想为指导，借鉴运用现代企业生产经营中全面质量管理理念，根据《中国共产党支部工作条例（试行）》，制定了《漳村煤矿党支部工作质量标准化考评办法（试行）》，按照“分类定标、达标创优、督导巡查、绩效评价、追责问责”五步工作法，将党建工作绩效管理延伸到支部、落实到党员，推动党支部工作标准化规范化建设。《漳村煤矿党支部工作质量标准化考评办法（试行）》分“质量标准”和“运行机制”两部分。其中，“质量标准”部分围绕政治建设、思想建设、组织建设、作风建设、纪律建设、服务党员群众、服务中心工作、分类指导突出特色，设置了八个项目共780分。这是《中国共产党支部工作条例（试行）》中规定的党支部基本任务的主要内容，突出强调了以基层组织、基础工作和基本能力为核心的支部“三基建设”。同时，根据分类指导、突出特色的原则，将支部划分为机关后勤系统、地面生产系统、井下生产一线、井下生产二线四个类型，各设置100分，按照其工作侧重点不同，指导其在创建学习型、服务型、创新型党支部中发挥典型示范作用。“运行机制”部分设置了领导与保障、评价与督办、奖励与处罚三个项目共220分，将廉洁从业、安全生产、信访治安等工作放在讲政治的高度来考评，设置为否决项，使支部工作有了标准，考评有了依据，“软指标”变成了“硬考核”。根据《中国共产党章程》及“两学一做”学习教育的要求，对党员实行量化积分考核，制定了《“四讲四有”党员考评办法（试行）》，将党员发挥先锋模范作用具体设置为讲政治有信念、讲规矩有纪律、讲道德有品行、讲奉献有作为四项考评指标。

## 三、主要做法

### （一）《党支部质量标准化建设》的运行机制

科学的标准是提高党支部工作质量的基础，认真督促检查是全面从严治党的动力和保障。为了促进党支部工作标准化建设，漳村煤矿党委充分运用绩效评价和党建调度两个平台，形成了日调度、周通报、月考评、季督查、年定级的督导评价模式，使支部工作评价有依据、绩效看得见，解决了党组织弱化、虚化、边缘化的问题。各党支部每月提前进行自我评价，围绕当月《月度任务书》中确定的工作内容，对照评价标准，逐一进行自查。各政工部门每月对党支部各项工作完成情况，从基础信息、重点信息、动态信息三个方面进行采集，并对考评项目完成数量和质量进行科学考评，在支部书记例会上通报考评结果并进行追责问责，使考评更加具体和透明。支部层面，由党委主体实施，按照模范、先进、合格、软弱涣散的要求，对各党支部进行认真考评。党员层面，由党支部主体实施，按照模范、优秀、合格、不合格的要求，对党员进行认真考评。

### （二）《党支部质量标准化建设》的两个动力源

#### 1. 以党建创新推动党支部质量标准化建设

习近平总书记指出，抓创新就是抓发展，谋创新就是谋未来。漳村煤矿党委持续强化“没有创新的党组织是不合格党组织、没有创新的党员是不合格党员”的理念，实施《漳村煤矿党建创新评审办法（试行）》，以“提升基层组织活力、提高基层党建质量”为目标，明确了理想信念教育和党规党纪教育、党内政治文化与政治生态建设等10个方面的类型，按照调研、申报、立项、实施、考评、评审、命名、推广八个步骤进行，加大党建创新力度，最终达到带动、突破、原创示范引领作用，着力打造一批上档次、有活力、管长久、可参学、能推介的基层党建创新案例，以点带面辐射带动全矿基层党建提质增效。

#### 2. 以典型选树彰显党支部质量标准化建设成效

《中国共产党支部工作条例（试行）》明确规定，国有企业党支部要围绕企业生产经营开展工作，按规定参与企业重大问题的决策，服务改革发展、凝聚职工群众、建设企业文化，创造一流业绩。漳村煤矿党委开展了“创建优质党建品牌、展示新时代共产党员光辉形象”活动，通过比学赶帮超，积极对标对表，选树先进典型，推动学习型、服务型、创新型党组织建设，充分发挥党建品牌的辐射和示范带动作用，引导动员基层党支部和广大党员干部，以“不忘初心、牢记使命”主题教育为契机，紧紧围绕“安全生产、降本增效、创新创效、重点工作、服务群众”等中心任务开展工作。结合工作实际，重点抓细抓实了以下三个党建品牌：一是党员先锋岗。党员先锋岗以爱岗敬业、技术精湛为标准，通过党员的先锋模范作用达到工作质量标准的最优化。二是主题活动和攻坚战。主题活动的目的是要解决企业的发展问题，按照“岗位贡献、建言献策、提质增效、难题攻关”的方法和途径，发挥党员先锋模范作用。攻坚战的目的是围绕企业“急难险重”任务，发挥好党支部的战斗堡垒作用和党员的先锋模范作用。三是党员志愿服务站。党员志愿服务站是为了充分展示和发挥党员的先进性和纯洁性，通过承诺践诺、设岗定责、义务奉献等，结合个人特长，为党员在工作之余提供的一个服务职工群众的平台。

## 四、实施效果

漳村煤矿党委通过开展党支部工作质量标准化规范化建设，初步实现了漳村煤矿党支部组织体系设置、班子队伍建设、党员教育管理、工作运行机制、基本制度保障等方面的标准化规范化，做到了党支部工作定有标尺、干有方向、评有依据。

### 1. 夯实基础管理，提高了支部工作质量。

通过党支部工作质量标准化建设，各项基础工作进一步夯实，各类台账资料更加完善，支部基本任务、支部书记及各支委委员基本职责进一步明确，支部“三会一课”、组织生活会、民主评议党员等基本制度更加规范，党支部建设质量稳步提升，党员队伍充满活力，场所功能更加务实管用，工作载体更加形式多样，制度机制更加健全完善，基础保障更加充分有力，支部工作在巩固中创新，在创新中发展，在发展中提高，基层党组织的创造力、凝聚力和战斗力进一步增强，有力地推动了企业安全生产等中心工作的落实。

### 2. 强化典型选树，营造了创先争优氛围

在党支部工作质量标准化建设过程中，漳村煤矿党委突出典型引领，从选树典型到推广典型，再到关爱典型，形成了一套比较成熟的典型选树推广机制，使各党支部、全体党员学有方向、赶有目标。漳村煤矿党委开展“为党员过政治生日”“党支部书记论坛”“三联式”思想教育，以及综采队党支部“服务职工项目清单”、开拓二队党支部“桌面文化”、教育科党支部“三违”强训“五步工作法”等活动，助力安全生产，推动降本增效，促进和谐稳定，发挥了示范引领作用。同时涌现出了“安全卫士”史明宇、“技能大师”岳书庆、“创新能手”郄芳芳等一大批模范先进共产党员。

### 3. 突出党建品牌，实现了党政有机融合

漳村煤矿党委坚持以主题活动和攻坚战为载体，解决了许多制约企业发展的瓶颈难题，实现了党政工作有机融合。每年围绕一个主题开展活动，先后开展了“与矿山同发展、与企业共奋进”“降本增效、我能做什么”“六比六看六提升”等主题活动。攻坚战每年确定 2 ~ 3 项重点工作，完成安全生产、经营管理中的“急难险重”任务，将党建工作的政治优势、组织优势、思想优势主动融入岗位工作中，严格落实干部值班带班下井、“三必到、三走到”等制度，深入开展“党员先锋行”、“党员就是安全

员”、党员承诺践诺等特色活动，党支部的战斗堡垒和党员的先锋模范作用进一步彰显。

## 五、探讨

质量标准是基础，绩效评价是手段，提高党建质量才是目标。通过运行，漳村煤矿党委有以下三点收获。

1. 有标准，党建工作才有高质量

习近平总书记指出，“标准决定质量，有什么样的标准就有什么样的质量，只有高标准才有高质量”。提高党建质量，只有坚持高标准、严要求，才能取得高质量的党的建设效果。党建质量是通过党章党规党纪体现出来的，必须用高标准的纪律来衡量党的建设新的伟大工程。漳村煤矿党委树立党的一切工作到支部的鲜明导向，把党支部规范化建设作为最重要的基本建设来推进，打通党建工作的“最后一公里”，使支部工作实现了标准化规范化，党员实现了量化管理，创先争优的目标更加具体，绩效评价更加明确，支部工作更加突出、特色更加鲜明、方法更加科学高效，党建质量稳步提高。

2. 有标准，党建评价才能更精准

全面从严治党永远在路上，要实现管党治党常态化，推进基层党建标准化建设是关键，这是一个符合国企实际、务实管用的工作方法，有利于提高党建工作的规范性与实效性。标准是评价的依据，标准高，评价才能更科学、更精准，才能见实效、提质效。把质量要求纳入党的建设，是党建理论的创新。抓党建不仅要全面、要严格，而且要在质量、效果上下功夫。为进一步增强党建工作的实效性，漳村煤矿党委突破长期以来对党的建设缺乏衡量标准、评价模糊、责任虚化等问题，把标准和责任有形化，真正突出问题导向、目标导向、实践导向，增强党建工作实效性，不断提高党建工作质量。

3. 有标准，党建运行才会更规范

党建标准是基层党建工作的行动指南，也是上级组织评价的科学依据。标准科学是否务实，关系到基层党建工作是否能有序有效有力开展和推进。漳村煤矿党委用“标准化党建”理念，破解支部工作“干什么、怎么干、干得怎么样”的问题，统筹党建考核标准和考核方式的科学化，突出不同系统、不同岗位的差异性和针对性，做到了分类考评；突出目标考核的可操作性，多角度、多层面广泛吸收了基层党员和群众的意见建议；突出考评标准的科学化、规范化，加大考评结果运用，并与绩效考核、评先选优、干部升迁挂钩，形成了责任清晰、各司其职的长效机制，使党组织在助推企业改革发展中的引领力、执行力、战斗力不断提升，实现党建工作与中心工作同心同向、同频共振。

工作中，漳村煤矿党委虽然取得了一些成绩，但深知还有很多差距和不足，党建工作的质量还有待进一步提升，党建创新的载体还不够丰富、效果还不够明显，党建工作科学化水平仍有一定差距。下一步，漳村煤矿党委将积极探索“互联网＋党建”的模式，将智慧党建引入党支部工作标准化规范化建设，推动党支部工作简易变、精易强、灵易活，真正实现党支部工作的数字化、科学化。

主创人：李红峰
参与人：张裕军　贾志盛　宋统亚

# 轨道交通工业企业集团化战略管理的探索

中铁电气工业有限公司

## 前言

中铁电气工业有限公司（以下简称“中铁电工”）是中铁电气化局集团有限公司旗下的工业制造企业，目前拥有5个子（分）公司，即保定铁道变压器分公司、江西环保分公司、天津分公司、保定制品有限公司、德阳制品有限公司；1个控股合资公司，即中铁高铁电气装备股份有限公司（原宝鸡器材公司，以下简称“中铁高铁电气”）；以及中铁高铁电气装备股份有限公司（以下简称“股份公司”）所属的控股子公司宝鸡保德利电气设备有限责任公司。另外，还有2个由中铁电气化局集团授权代管的公司，即北京赛尔克瑞特电工有限公司（以下简称“北赛公司”）、中铁宝鸡轨道电气设备检测有限公司（以下简称“宝鸡检测公司”）。

中铁电工是轨道交通“四电”技术发展的引领者，是国内规模最大的轨道交通供电系统集成服务商。主营产品是电气化铁路接触网供变电设备及器材、城市轨道交通供变电设备及器材、中低速磁浮供电设备、电力电子产品及成套设备、电力器材以及汽车零配件等机械加工产品、声屏障制造及安装。现有在岗职工1298人，2017年完成新签合同额40.02亿元，工业产值27.46亿元，销售额24.71亿元，实现净利润1.37亿元。

中铁电工自1958年参建中国第一条电气化铁路宝成线以来，几乎参建了京沪线、京津线、哈大线、武广线等所有国家重点电气化铁路项目，在重载、高寒、高风区、高海拔等技术领域，创造了一系列“国家第一”“世界第一”。通过引进、消化、吸收、再创新，中铁电工全面实现核心技术及产品的国产化，成功完成了由电气化铁路普速技术向高速铁路技术的跨越。从国内第一条高速铁路——京津城际，到目前世界运营速度最高的京沪高铁，中铁电工全系列国产化的牵引供电设备器材创下了486.1千米/小时国内最高行车速度纪录，“高强高导”系列产品更是被赞为“皇冠上的明珠”，荣获国家科学技术奖。各类产品先后出口德国、伊朗、阿根廷、澳大利亚、俄罗斯等几十个国家，为“中国高铁走出去”打下坚实基础，赢得市场先机。

中铁电工目前共持有各类有效技术专利177项，其中发明专利22项；荣获各类科技创新奖66项，其中省部级以上奖项24项；共参编接触网产品、输变电产品、轨道交通供电设备等国家、行业标准33项。

面向未来，中铁电工秉承“以市场需求为导向，以用户信赖为宗旨，自主经营、开放经营、协同经营，互利共赢”的经营理念，借助“中国高铁走出去”“中国制造2025”“一带一路”等重大战略和倡议，放眼全球、引领发展，将力争成为轨道交通“四电”领域“技术最先进、链条最完整、质量最可靠、服务最完善”的系统产品制造商、方案解决者。

## 一、中铁电气化局集团工业企业集团化发展管理模式背景

### （一）工业企业集团化发展符合国内外企业的发展趋势

纵观世界高新技术产业的发展历程，基本经历了由“单个企业向同类企业集群，再到产业链，直至产业集群”的发展路径演变。高新技术产业只有集群化发展，才会激发出更大的能量。因此，中铁电气化局集团工业企业在现实条件下实施企业集团化发展战略，是市场经济规律的客观要求，企业集团在激烈的市场竞争中对于优化资源配置和分散风险具有无可比拟的优越性。随着全球经济一体化，企业边界将变得模糊，未来的竞争也将不再是企业之间竞争，而是企业集团或产业集群的竞争，企业集团将成为经济发展的助推力和社会财富的重要源泉。我国企业普遍缺乏规模效益，产业集中度低，竞争力不强，因此，推进企业集团化势在必行。推进企业集团化要以企业为主体，以提高企业竞争力为目的，力求循序渐进，审慎规范，扎实有效。我国企业集团化的问题，与经济体制改革、国企走出困境、经济结构调整等问题是密切联系的。集团化经营课题是一项艰巨而又复杂的系统工程。铁路工业属资金、技术密集型行业，是规模经济效益显著的领域，如何组建集团以适应市场经济的要求和参与国际竞争，如何建立集团化组织和管理体制，按国际惯例进行经营和资产运作，已成为工业企业迫在眉睫需要思考的问题。

### （二）工业企业集团化发展是中铁电气化局集团发展的迫切需要

工业制造是电气化产业链中的重要一环，也是中铁电气化局集团核心竞争力的重要体现。为了加快集团转型升级步伐，中铁电气化局集团对工业企业提出了跨越式发展思路的要求，引领国际轨道交通“四电”发展方向，突出产业链一体化优势，做强轨道交通、房屋建筑、工业制造和海外四大业务。虽然工业企业已被确定为集团四大支柱企业之一，但是中铁电气化局集团整个工业企业目前的新签合同额及营业额在集团的整体占比还不到7%，这与其支柱产业地位的定位极不相称。尽管工业企业目前在铁路市场以及部分城轨市场仍处于领先地位，具有一定的市场影响力，但与业内优秀企业相比，中铁电气化局集团在装备水平、现代化程度、产品结构、盈利水平、人才

储备、创新能力、发展速度等方面都存在较大差距，如果不尽快奋起直追，工业企业目前的市场地位将难以保持。因此，从企业内外部形势来看，中铁电气化局集团努力加快工业企业发展，全面提升工业发展质量，是当前刻不容缓的大事。

面对激烈的市场竞争，工业企业应该如何发展，是中铁电工急需解决的问题。2014年7月，股份公司实施了新一轮的企业重组，中铁电气化局集团下属的设计院及部分工程公司从集团整体分离。为了顺应这一重大变化，同时为了积极应对未来竞争，将集团战略落到实处，中铁电气化局集团加快了企业转型发展的步伐，大力实施创新驱动战略，决定在将施工企业做专、做精的同时也要将工业企业做优、做大和做强。工业制造是轨道交通产业链中的重要一环，是中铁电气化局集团核心竞争力的重要体现。中铁电气化局集团有别于其他工程集团或专业集团的最显著的特征就是其产业链条最完整，而产业链条最完整则主要体现在中铁电气化局集团打造的是整个牵引供电系统，因此如何使这个系统达到最优则是企业提高核心竞争力的关键。对标国内外同行竞争企业的发展情况，不难看出中铁电气化局集团的快速发展单靠施工是不可持续的，所以中铁电气化局集团一定要加快整体转型升级。为充分发挥工业系统的整体优势，中铁电气化局集团在2014年8月25日的党政联席会议上作出重大决定，在集团公司现有工业系统的基础上，通过资源整合的方式新组建全资子公司——中铁电工，将原来由中铁电气化局集团直管的宝鸡器材、保定制品、德阳制品、铁电通联、保定铁道变压器、宝鸡检测6个全资子（分）公司统一划归中铁电工，并由中铁电工代表集团履行北赛公司出资人权责。通过股份公司和中铁电气化局集团的内部重组，中铁电气化局集团的产业链条、企业结构、市场布局和队伍规模等都发生了很大变化，中铁电气化局集团又进入了一个新的发展时期。通过这次重组初步形成了集研发、生产制造、安装、维护服务于一体的工业企业集团，中铁电工作为企业集团的核心企业——母公司，实质上也就变成了集团公司，从而使工业企业具备了进一步做大做优做强的基础和实力。

### （三）工业企业集团化发展符合自身管理需要

长期以来，工业系统的发展存在许多不足：一是生产基地分散，规模偏小，未形成与企业和行业发展相匹配的规模效应，规模占比偏小。二是核心产品不突出，与新技术结合不够紧密，产品附加值不高。三是设计研发、施工生产、工业产品联动发展的作用未充分体现。四是工业产品对企业的引领以及带动整个行业发展的作用未充分体现。五是工业企业整体管理粗放，毛利率不高、引导力不强。六是中铁电气化局集团旗下部分工业企业的主要产品相互重叠，如德阳公司与保定制品公司的接触网支柱及钢结构产品；原宝鸡器材公司与保德利公司的接触网零部件产品；原铁电通联公司与德阳制品公司、保定制品公司的声屏障产品；原铁电通联公司与保定铁道变压器分公司的低压电气产品；等等，导致工业产业整体布局不尽合理。目前，随着工业企业改制重组工作的不断深入，中铁电工旗下共形成了5个子（分）公司、1个控股合资公司及2个代管公司，不久的将来由中铁电气化局集团所持有的北赛公司股权也将划入中铁电工。中铁电工及其全资子公司、控股公司实际上已经形成了一个企业集团，因此，工业企业向着集团化发展也就成为必然。未来随着公司规模的不断扩大，这个企业集团终将会由四个层级组成，由内到外依次为由中铁电工组成的核心层、由全资子公司组成的紧密层、由合资公司组成的半紧密层、与全资子公司及合资公司有关的关联企业组成的松散层。对这个庞大而又复杂的组织体系采用集团化管理就成为中铁电工发展壮大过程中的必然选择，因此，在激烈的市场竞争中如何管理好企业集团、如何最大限度地发挥企业集团的整体优势以实现国有资产的保值增值也就成为中铁电工必须首先要解决好的两个问题。

## 二、工业企业集团化发展的内涵和主要做法

### （一）集团化发展的内涵

所谓集团化是指一个企业由于业务发展、市场扩张或竞争的需要，通过新建、资产兼并、股权运作或相关协议等方式，由单一经营方式向多种经营方式转化的过程。中铁电工及其所属子（分）公司组成的企业集团，是以中铁电工为核心，以单一的变压器类产品向接触网供电设备、杆塔、钢结构、线缆、环保产品等多元化发展，中铁电工通过产权、资金、技术、人事等纽带，对所属公司进行较强的控制和协调。中铁电工所属子公司仍然是独立经营的企业法人，有独立的财产和利益，中铁电工同时利用市场和组织两种方式协调各子（分）公司之间的关系。这样，中铁电工可以借助企业集团在市场上的整体优势，在一定程度上享有集团的规模和范围经济，既能享受较高的市场回报，又能分散风险，并且避免了一体化高昂的管理和协调费用。

### （二）集团化发展的主要做法

集团化的管理从总体上要解决集权与分权的关系问题。公司内部或者集团内部的管理权限配置，都没有统一标准，有的强调集权，有的则强调分权。但是，大都遵循“有控制的分权”这一基本的管理信条，即所有权的对外延伸和分解要以有效控制为前提，无控制的放权等于弃权或失控。

#### 1. 合理构建管控模式

集团管控问题是企业成长过程中必然会遇到的问题。问题的核心在于有着集团公司结构的企业必须要证明，联合成一个整体的这些企业可以创造出比单独运作更多的效益，如此一来集团公司的存在才是有意义的。目前国内企业集团管控总是有一些特别的背景，如受计划经济的影响、企业原有的治理体制相对薄弱、中国公司特有的公

司政治以及国际国内经济环境可能的大幅调整等，都会给集团管控的实施增加难度和不确定性。因此，中铁电工认为，在目前的形势下只有明确公司管控目标，搭建有效的三级管控框架体系（三个层级之间是层层递进的逻辑关系，上级的输出是下级的输入，最终实现管控目标），才能很好地解决集团管控问题。

三级管控框架体系的具体内容如表1所示。

**表1　　三级管控框架体系**

| | 一级框架 | 二级框架 | | | 三级框架 |
|---|---|---|---|---|---|
| 管控目标 | 集团战略定位 | 集团管控模式设计 | 集团组织设计与权责划分 | 管控体系设计 | 管控效果评估 |
| 输出结果 | ➢集团总体战略定位<br>➢业务战略定位<br>➢集团与下属企业的关系<br>➢治理结构设计 | ➢集团管控模式<br>➢集团职能定位<br>➢集团核心管控权限 | ➢集团与下属企业组织结构设计<br>➢集团与下属企业权责划分 | ➢流程/制度<br>➢管控系统（财务、审计、人力资源……） | 管控效果评估 |

中铁电工对总部职能的定位主要是战略规划、监控与服务，其核心功能为资产管理和战略协调。因此，通过对国际上目前几种主流管控模式的研究，中铁电工认为采用战略管控型管理模式较为适合，与子（分）公司的关系则通过战略协调、财务、人事控制和服务而建立。中铁电工不从事具体日常生产，通过掌握子公司股份，利用控股权或通过影响股东大会和董事会议，支配被控制公司的重大决策和经营活动。中铁电工企划部主要通过战略规划对下属子（分）公司进行战略引导；财务部则通过预算体系、资金管理体系和财务报告体系对下属子（分）公司进行财务监控；市场营销中心则对整个公司的市场开发进行统一管理；人力资源、法律事务部等部门则主要为各子（分）公司提供专业化服务。中铁电工将通过战略指标体系对子（分）公司领导班子进行考核，但不直接考核下属公司的职能部门。下属公司作为独立的业务单元和利润中心将对其经营活动享有高度的主权。中铁电工总部的核心管控权限将主要集中在战略规划权、投资决策权、物资采购权、经营计划与费用预算权、业务控制权、人事权、财务控制权、制度优化权以及品牌、文化管理权九大方面。

中铁电工基于目前尚处在管控体系二级框架构建阶段的事实，下一阶段构建管控体系的主要工作计划分三步在全公司范围内快速展开。

（1）进一步优化组织结构，实现高效管理

中铁电工本部机关的机构设置及定员定编工作已经基本完成，根据公司实际情况，需进一步优化子（分）公司组织结构，合理设置部门，避免职能交叉、缺失或权责过于集中，做到职责明晰，精简高效。原则上应本着保持本级机关与中铁电工有关部门职能有效对接的原则进行调整，对体量较小的公司，可根据实际情况适当缩减部门数量。最终的部门设置与调整方案需经中铁电气化局集团批准。

（2）编制工作量清单和责任矩阵，找准找全接口

在组织机构设置与调整方案落实到位后，中铁电工机关各业务部门需结合本部门业务特点及管理现状提出本业务企业的管理界面、管理方式，并牵头组织各子（分）公司的对口业务部门制定中铁电工的工作量清单和责任矩阵，各子（分）公司业务部门也要编写各自企业的工作量清单和责任矩阵，需做到责权明晰。要着重解决好二、三级公司之间及三、四级公司之间的接口问题。

（3）编制流程制度，规范行为准则

中铁电工机关各业务部门要按照责任矩阵中的工作内容修改和完善各自的业务流程及相应管理制度，各子（分）公司业务部门也要同步修改和完善各自的业务流程及相应管理制度，要做到事项明晰、程序合理、简单有效、责权相当、分级管理、各负其责。要重点解决好工作流程问题。

如果能高质量地完成以上三个方面内容，中铁电工的整体管理水平就能得到全面提升，就能真正实现“以法治企”。

### 2. 加快生产研发基地建设

为扩大生产规模、改善企业软硬件条件、增强研发创新能力、迅速提升企业综合实力，中铁电工按照中铁电气化局集团在近几年将重点打造“一链四地”产业布局的统一布署，加大了打造轨道交通牵引供电系统完整产业链及推进所属三大产业基地建设的工作力度，即保定电力电子变电产品生产研发基地、宝鸡接触网供电器材生产研发基地和山东阳谷轨道交通线缆生产研发基地。

（1）保定电力电子变电产品生产研发基地

为全面落实集团公司与保定市签订的战略合作框架协议，中铁电工依托保定铁道变压器分公司，在保定市高新技术开发区着力打造中铁保定轨道交通产业园，重点发展电力电子变电产品。产业园一期工程主要是保定铁道变压器分公司的新建厂区，总占地面积112亩，计划投资2.48亿元，建成投产满产后年目标总产能将达到15亿元。产业园二期工程主要是发展电力电子及开关柜产品，总占地面积106亩，计划投资1.94亿元，建成投产满产后年目标总产能将达到8亿元。2017年，产业园一期工程已经竣工投产，二期工程正在做前期调研及设计招标的准备工作，计划2020年内正式开工建设。

（2）宝鸡接触网供电器材生产研发基地

中铁电工依托中铁高铁电气股份有限公司，计划在宝鸡地区重点发展高速铁路接触网供电器材，着力打造世界一流的电气化接触网供电器材生产研发基地。一方面是对老厂区进行技术升级改造，另一方面是投资新建产业园区，总占地面积280亩，计划投资5亿元，重点发展高铁接触网件、高强度紧固件、复合材料、铝镁合金铸件、

屏蔽门、电气设备等产品。另外，中铁电工还将对保德利公司现有设备进行全面升级，引入计算机仿真、3D 打印技术，实现产品的全智能化柔性生产，使公司成为全球顶级的高速铁路接触网配件制造商。整体改造计划在 3 年内完成，计划投资 1 亿元。宝鸡接触网供电器材生产研发基地全部建成达产后年产能可达 30 亿元。

（3）山东阳谷轨道交通线缆生产研发基地

为快速拓展电缆产品，加快轨道交通线缆生产研发基地的落地，中铁电工配合中铁电气化局集团与阳谷电缆集团在阳谷县祥光工业园区投资购买 150 亩土地新建生产研发基地，项目建成后北赛公司的总部和邢台分公司将全部迁往阳谷县，项目总投资额约 2 亿元。主要产品为轨道交通接触网导线、承力索、绞线及电缆等线材产品。该基地全部建成达产后年产能可达 6 亿元。

### 3. 完善一体化发展机制

为了实现企业集团的整体发展目标，中铁电工坚持母子公司发展战略一体化、投资方向一体化、项目审定一体化，深入开展战略预算管理，将公司战略与预算、年度资源平衡联系起来，支撑规划目标和战略目标的实现。另外，为了最大限度地节约时间成本和资源成本，中铁电工要求子公司要明确自己在实现集团企业战略目标中的任务和使命，子公司的发展计划、技改投资、开发项目等要从行动上真正与中铁电工整体发展规划保持一致。

### 4. 创新营销模式

为推进工业企业与施工企业的深度融合，实现集团整体利益最大化，建立健全集团内部市场系统集成供货运行机制，中铁电工以落实《关于支持集团工业企业发展的决定》［电企 90 号］文件为切入点，全面构建集团内部市场系统集成供货运行机制，快速建立健全包括集团内部产品价格核算结算体系、项目综合业绩考核体系、工程项目与工业企业利益平衡体系在内的支撑体系，并在现有产品范围内选择合适的项目试运行，逐步形成了成熟、合理的运作模式。另外，为了充分发挥资源整合优势，中铁电工大力推行区域化的大经营管理模式，建立了重大项目以中铁电工统一经营为主，小项目以各子（分）公司独立经营为主相结合的市场营销开发管理体系。

### 5. 建立人才梯队体系

为提高公司发展质量，增强发展源动力，建立结构科学的人才体系，为公司集团化发展提供充足的人才保证，中铁电工根据工业企业未来发展需要，加大政策倾斜力度，在以下五个方面放宽了政策限制：一是放宽对员工总量的控制；二是放宽对人才引进（大学生引进和社会人才引进）数量、专业的限制；三是放宽工资总额限制；四是放宽对 B 类、C 类等编制外人才转编的限制；五是放宽对优秀工人转干的限制。目前，随着公司的快速发展，中铁电工的各方面人才虽然依然处在严重不足的状态之中，但是随着近几年人才战略的稳步实施，中铁电工的人才梯队雏形已经初步显现，不久一定会形成良好的人才梯队结构。

6. 扩大对外合作

为充分利用集团市场优势，中铁电工根据目前企业产品的缺项情况，确定了下一步的重点发展方向，与设计院、高校、业内优秀企业展开全方位合作，完善工业企业产业链。对那些科技含量较高，尚处于市场培育期或成长期的产品，通过合资、合作、收购或兼并等方式迅速掌握其核心技术。对于科技含量较低，但是市场用量又较大的市场成熟期产品，通过项目合作的方式迅速增加利润增长点。目前，中铁电工已经与中国船舶重工集团第七一二研究所合作，推出了轨道交通1500伏直流开关柜产品；与西门子公司合作，推出了低压开关柜产品；与中材高新材料股份有限公司正在商谈合作推出铁道棒形绝缘子产品；与西北工业大学合作共建材料实验室，重点研究新型复合材料在轨道交通产品中的推广应用；与许继集团有限公司正在商谈合作推出中高压开关柜系列产品；与中国铁路设计集团有限公司合作推出新型减载式声屏障产品。下一步中铁电工将根据市场情况逐步推出预装式变电站、复合式气体绝缘组合电器（HGIS）等产品。

7. 提升各项管理水平

企业要想实现永续经营的目标，就一定要在加大市场经营的同时，强化和优化内部管理，只有这样才能真正实现降本增效。几年来，中铁电工大力推进全面预算管理，逐步建立了全方位、全过程、全员参与编制与实施的预算管理体系，强化经济运行管控；制定和完善财务内部管理制度，加大监管力度，降低财务风险；坚持资金集中管理，提高资金使用效率；深化安全质量管理，强化责任意识，推进管理规范化、精细化；提高生产组织水平，增强生产供货能力，降低制造成本；加大科研力度，深入研究相关领域核心产品的制造技术，立足于工业产品系列化，丰富并完善工业制造技术体系。

8. 助推优质资产新三板挂牌

中铁高铁电气是国内同行业中建厂最早、规模最大、技术最先进、品种最全、市场覆盖面最广的电气化铁路接触网零件及城市轨道交通供电金具研发、生产和系统集成产品供应商。它是国内轨道交通供电设备的龙头企业。近年来，随着国家铁路和城市轨道交通建设的跨越式发展，中铁高铁电气生产规模的不断扩大，生产场地狭小、流动资金短缺、体制机制不活等问题日益凸显，严重制约了中铁高铁电气的快速发展。为适应国内市场发展和“中国高铁走出去”的需要，利用资本市场推动中铁高铁电气实现规范发展，获得长期稳定的资本性资金，推动中铁高铁电气转型升级，有效提升企业的品牌价值和市场影响力，从而做强电气化铁路接触网器材和城市轨道交通供电设备制造业务，提升中铁电气化局集团的整体竞争力，中铁电工配合中铁电气化局集团全面推动中铁高铁电气在新三板挂牌的各项工作，2018 年，已经完成了挂牌前的各项准备工作和公司股份制改造，向全国中小企业股份转让系统有限责任公司提交了新三板挂牌申请材料，2018 年 7 月实现挂牌目标。

中铁高铁电气在新三板挂牌对其自身发展来说具有极其重要的战略意义，而且它还能为中铁电气化局集团工业企业的整体发展搭建一个很好的发展平台。中铁高铁电气挂牌新三板是集团公司下属企业进入资本市场的第一步尝试。挂牌成功后，中铁电气化局集团可以择机对旗下工业企业业务重新进行整合。首先，可考虑将德阳制品公司与保定制品公司的声屏障业务并入中铁电工；将德阳制品公司、保定制品公司及中铁曙光电气化器材有限公司进行重组合并，组建一家实力最强的制品公司；将保定变压器分公司的开关电气业务分拆出来组建开关电气公司，为后续的挂牌或上市打好基础。其次，借鉴中铁高铁电气的挂牌经验，通过定向增发的方式陆续将开关电气公司、制品公司及北赛公司的资产注入挂牌企业，最终甚至可以将中铁电工一并注入挂牌企业，以扩大挂牌公司的企业规模，实现工业企业整体挂牌或上市的目标，以充分挖掘其溢价潜力。最后，还可以充分利用新三板的融资功能对一些目标企业择机进行收购或并购，以进一步增强中铁电气化局集团工业企业的整体实力，为实现将工业企业打造成为轨道交通“四电”领域“技术最先进、链条最完整、质量最可靠、服务最完善”的一流系统产品制造商和方案解决者的目标奠定坚实基础。

## 三、工业企业集团化发展管理模式的实践效果

### （一）企业主体地位不断凸显

中铁电工的前身是中铁电气化局集团工厂处，三十多年以来，在中铁电气化局集团的正确领导以及工厂处的管理下工业企业日益发展壮大，由于工厂处既不是集团公司的管理部门，也不是独立法人单位，没有市场主体地位，在日常管理工作中对工业企业的管控能力有限，尤其是在工业企业更好地协同发展方面协调能力有限。因此，现有分散式的管理模式显然已经不能满足工业企业规模化发展的需要。在当前铁路和城市轨道交通迅猛发展、高铁国际化进程不断加快、市场竞争日益加剧等新的市场形势下，随着中铁电工的注册成立，中铁电气化局集团工业企业整体市场竞争力和发展质量提升明显，工业企业的整体实力、协同发展能力明显得到加强，近几年来，中铁电工的主体地位在日常经营活动中正在不断凸显。

### （二）企业盈利能力不断增强

四年来，中铁电工在历经改制重组、机关搬迁、整章建制、“宏远”项目、北赛公

司股权转让、压减法人等一系列重大事件下，砥砺前行，较好地完成了各项工作。改制重组后四年与前四年完成指标相比，新签合同额由94.72亿元提高到159.47亿元，增长了68.36%；销售收入由73.91亿元提高到107.18亿元，增长了45.01%；工业产值由67.44亿元提高到118.07亿元，增长了75.07%；利润总额由5320.51万元提高到49910.57万元，增长了8.38倍；科技投入20669.9万元，实现新产品销售收入72.35亿元；2017年在岗职工人均收入达到8.96万元，比改制重组前的6.07万元增长了47.61%。从四年来公司主要经济指标看，公司经济效益良好，职工收入稳步增长，工业企业整体实力和核心竞争力明显增强，企业集团化优势逐步凸显。

### （三）企业管理水平得到显著提升

中铁电工以构建公司三级管控体系为主线，以实现“全员、全业务、全流程精细化管理”为目标，按照“自上而下、上下结合”的总体推进思路，狠抓整章建制工作，扎实系统地梳理业务流程，夯实了基础管理；以降本增效为核心，提升了公司管理质量；以优化公司机构设置为手段，理顺了管理关系；以找准各层级职能定位为切入点，规范了公司管理界面；以“标准化、规范化、集约化、信息化”为根本要求，提升了公司管理水平。四年来，中铁电工共组织编制和出台了230项管理办法，公司管理体系基本建立，虽然尚不能保证这些已经出台的管理制度完全符合企业工作实际，但至少中铁电工日常管理工作已经基本可以做到“有法可依”了，公司各项管理工作逐步规范，企业管理水平得到显著提升。

### （四）创新能力与管理水平不断增强

四年来，中铁电工主持或参加了9项国家或行业标准编制和修订工作。共取得49项科技成果，其中国家级科研项目1项，铁总级1项，股份公司级6项，局级41项。公司共持有有效专利知识产权177项，其中发明专利22项，实用新型150项，外观设计4项，软件著作权1项。目前，中铁电工成果水平达到国际先进15项、国内领先或国内先进科研产品达34项，创新能力持续加强。

主创人：纪小军
参与人：杨策　苏立勋　魏冬华